W0404984

Operatoren, die Leistungen im **Anforderungsbereich III (Reflexion und Problemlösung)** verlangen:

Operator	Beschreibung der erwarteten Leistung
begründen	Zu einem Sachverhalt komplexe Grundgedanken unter dem Aspekt der Kausalität argumentativ und schlüssig entwickeln
beurteilen	Den Stellenwert von Sachverhalten oder Prozessen in einem Zusammenhang bestimmen, um kriterienorientiert zu einem begründeten Sachurteil zu gelangen
bewerten **Stellung nehmen**	Wie beurteilen, aber zusätzlich mit Reflexion individueller und politischer Wertmaßstäbe, die Pluralität gewährleisten und zu einem begründeten eigenen Werturteil führen
entwerfen	Ein Konzept in seinen wesentlichen Zügen erstellen
entwickeln	Zu einem Sachverhalt oder zu einer Problemstellung ein konkretes Lösungsmodell, eine Gegenposition, ein Lösungskonzept oder einen Regelungsentwurf begründend skizzieren
erörtern	Zu einer vorgegebenen Problemstellung eine reflektierte, kontroverse Auseinandersetzung führen und zu einer abschließenden, begründeten Bewertung gelangen
gestalten	Produktorientierte Bearbeitung von Aufgabenstellungen. Dazu zählen unter anderem das Entwerfen von eigenen Reden, Strategien, Beratungsskizzen, Karikaturen, Szenarien, Spots und von anderen medialen Produkten sowie das Entwickeln von eigenen Handlungsvorschlägen und Modellen
problematisieren	Widersprüche herausarbeiten, Positionen oder Theorien begründend hinterfragen
prüfen, überprüfen	Inhalte, Sachverhalte, Vermutungen oder Hypothesen auf der Grundlage eigener Kenntnisse oder mithilfe zusätzlicher Materialien auf ihre sachliche Richtigkeit bzw. auf ihre innere Logik hin untersuchen
sich auseinander setzen **diskutieren**	Zu einem Sachverhalt, zu einem Konzept, zu einer Problemstellung oder zu einer These etc. eine Argumentation entwickeln, die zu einer begründeten Bewertung führt

Ministerium für Schule und Berufsbildung des Landes Schleswig-Holstein (Hrsg.), Fachanforderungen Wirtschaft/Politik – Allgemein bildende Schulen, Juli 2016, S. 50 f.

Um einen abwechslungsreichen und spannenden Unterricht auch in heterogenen Klassen zu gewährleisten, werden innerhalb der Aufgaben teilweise Operatoren verwendet, die in den schleswig-holsteinischen Fachanforderungen nicht explizit aufgeführt sind. Diese Operatoren sind jeweils nach den Vorgaben der Einheitlichen Prüfungsanforderungen in der Abiturprüfung Sozialkunde/Politik (Beschluss der Kultusministerkonferenz vom 1.12.1989 i. d. F. vom 17.11.2005, S. 17 f.) einem der drei Anforderungsbereiche zugeordnet.

[redacted]

Politik & Co.

Wirtschaft/Politik
für die Sekundarstufe I

Schleswig-Holstein

Herausgegeben von
Hartwig Riedel

Bearbeitet von
Erik Müller
Stephan Podes
Hartwig Riedel
Martina Tschirner

Unter Beratung von
Johannes Schmidt

C.C.Buchner Verlag • Bamberg

Politik & Co.

Wirtschaft/Politikfür die Sekundarstufe I

Schleswig-Holstein

Herausgegeben von
Hartwig Riedel

Bearbeitet von
Erik Müller
Stephan Podes
Hartwig Riedel
Martina Tschirner

Unter Beratung von
Johannes Schmidt

Zu diesem Lehrwerk ist erhältlich:
- „click & teach" Digitaler Lehrerassistent (BN 710181)

Dieser Titel ist auch als digitale Ausgabe unter www.ccbuchner.de erhältlich.

1. Auflage, 1. Druck 2017
Alle Drucke dieser Auflage sind, weil untereinander unverändert, nebeneinander benutzbar.

Dieses Werk folgt der reformierten Rechtschreibung und Zeichensetzung. Ausnahmen bilden Texte, bei denen künstlerische, philologische oder lizenzrechtliche Gründe einer Änderung entgegenstehen.

Die Mediencodes enthalten ausschließlich optionale Unterrichtsmaterialien. Auf verschiedenen Seiten dieses Buches finden sich Verweise (Links) auf Internetadressen. Haftungshinweis: Trotz sorgfältiger inhaltlicher Kontrolle wird die Haftung für die Inhalte externer Seiten ausgeschlossen.

© 2017 C.C. Buchner Verlag, Bamberg
Das Werk und seine Teile sind urheberrechtlich geschützt. Jede Nutzung in anderen als den gesetzlich zugelassenen Fällen bedarf der vorherigen schriftlichen Einwilligung des Verlags. Das gilt insbesondere auch für Vervielfältigungen, Übersetzungen und Mikroverfilmungen. Hinweis zu § 52 a UrhG: Weder das Werk noch seine Teile dürfen ohne eine solche Einwilligung eingescannt und in ein Netzwerk eingestellt werden. Dies gilt auch für Intranets von Schulen und sonstigen Bildungseinrichtungen.

Redaktion: Simon Hameister
Grafische Gestaltung: Wildner + Designer GmbH, Fürth
Druck und Bindung: Brüder Glöckler GmbH, Wöllersdorf

www.ccbuchner.de

ISBN 978-3-661-**71008**-2

Inhaltsverzeichnis

II Jugendliche in der sich wandelnden Gesellschaft

III Wirtschaft betrifft uns

Die Themen Berufsorientierung und Berufswahl stellen wir dir als Online-Angebot zur Verfügung. Du kannst über den QR-Code oder nach Eingabe des Mediencodes im Suchfeld auf www.ccbuchner.de direkt darauf zugreifen.

Mediencode: 71008-01

Anhang

Das Schulbuch **Politik & Co.** wurde eigens für die neuen schleswig-holsteinischen Fachanforderungen entwickelt. Die Konzeption des Unterrichtswerks ermöglicht es Schülerinnen und Schülern, die zentralen Kompetenzen des Faches Wirtschaft/Politik zu erwerben. Für Lehrerinnen und Lehrer ist das Buch eine Hilfe, um einen modernen Unterricht zu verwirklichen.

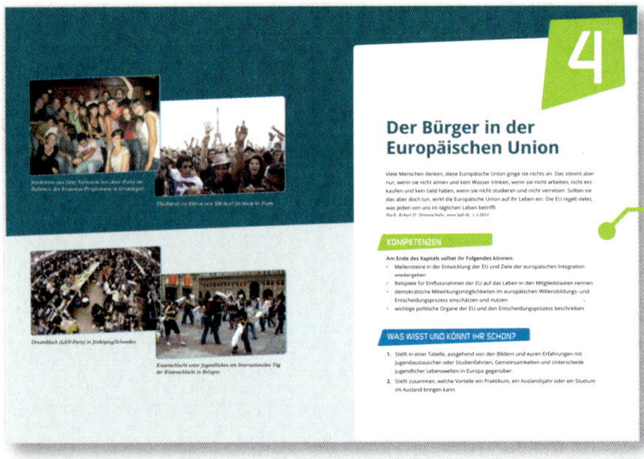

Jedes Kapitel beginnt mit einer **Auftaktdoppelseite**. Eine Materialseite und offene Aufgaben ermöglichen euch eine erste Annäherung an die Inhalte des neuen Kapitels. Dabei könnt ihr auch zeigen, was ihr schon über das Thema wisst. Außerdem hilft euch ein kleiner Einführungstext, einen Überblick zu erhalten. Über welches Wissen und Können ihr am Ende des Kapitels verfügen solltet, könnt ihr unter „**Kompetenzen**" nachlesen.

Aufgebaut sind die einzelnen Unterkapitel ganz einfach: Die Inhalte des Kapitels könnt ihr euch in der Regel auf **Doppelseiten** erarbeiten. Diese Materialien sind immer mit „**M**" gekennzeichnet und durchnummeriert.

= Fordern = Helfen

Am Ende jeder Unterrichtseinheit ist ein **Aufgabenblock** platziert. Die Aufgaben enthalten immer konkrete Handlungsanweisungen **(Operatoren)**.

Natürlich lernt und arbeitet nicht jeder gleich schnell. Deswegen gibt es in der **Randspalte** oft **Tipps** und **Hilfen** oder auch **Zusatzangebote** zu den einzelnen Aufgaben. Die Symbole **H** und **F** helfen euch bei der Orientierung: Wenn man z. B. auf dem „Schlauch" steht, kann man den Hinweis mit dem Symbol **H** lesen. Wenn du mal deine Aufgabe viel schneller erledigt hast als die anderen, stehen für dich über das Symbol **F** zusätzliche Aufgaben und Herausforderungen bereit. Die **Aufgabennummerierungen** sind mithilfe einer **farblichen Hinterlegung** den drei Anforderungsbereichen „Reproduktion", „Reorganisation und Transfer" sowie „Reflexion und Problemlösung" zugeordnet. Ganz am Anfang des Buches finden sich hierfür zusätzlich **Hinweise zur Bearbeitung der Aufgaben** mit einer **Beschreibung der erwarteten Leistung**.

Im Unterricht sollt ihr nicht einfach Fakten stur auswendig lernen. Vielmehr geht es darum, dass ihr am Leben in einer Demokratie teilhaben und es aktiv mitgestalten könnt. Ihr lernt im Fach Wirtschaft/Politik also gesellschaftliche, politische und wirtschaftliche Fragen und Probleme zu verstehen und zu beurteilen. Um diese Fähigkeiten und Fertigkeiten schrittweise zu erlernen und einzuüben, gibt es im Buch speziell ausgewiesene „**Methodenseiten**“.

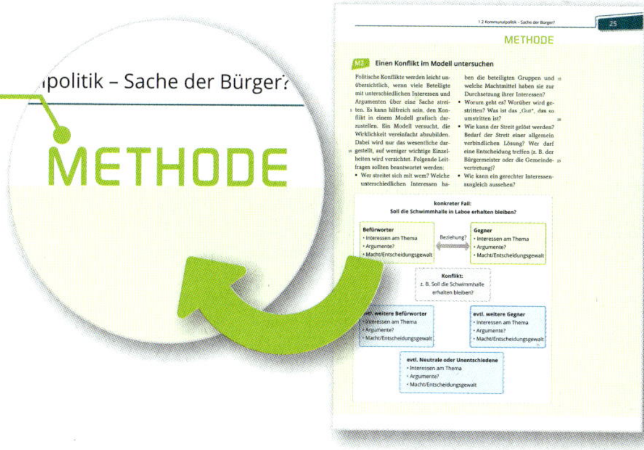

Die Seiten **Was wir wissen** und **Was wir können** schließen jedes Unterkapitel ab. Hier könnt ihr die wesentlichen Inhalte des vorangegangenen Unterkapitels noch einmal verständlich zusammengefasst nachlesen sowie zeigen, ob ihr die im Kapitelverlauf erworbenen Kompetenzen in einer konkreten Entscheidungssituation sinnvoll anwenden könnt.

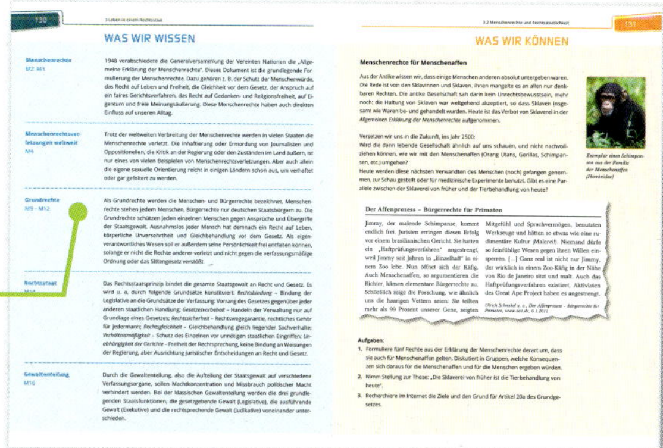

Ein **kleines Politiklexikon** zum Nachschlagen wichtiger Grundbegriffe und ein **Register** im **Anhang** des Buches zum Auffinden von Querverweisen sind wichtige Hilfsmittel und erleichtern das selbstständige Arbeiten mit dem Buch.

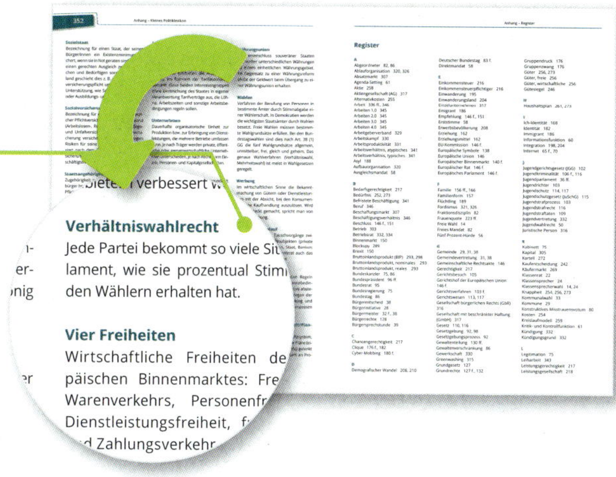

Über **QR-Codes** könnt ihr in verschiedenen Kapiteln **Erklärfilme** zu ausgewählten Themen, **Vertiefungsmaterialien** sowie ein **Zusatzkapitel** zur Berufsorientierung und Berufswahl direkt ansteuern. Diese können außerdem über die Eingabe der **Mediencodes** im Suchfeld auf www.ccbuchner.de aufgerufen werden.

Hinweise: Materialien ohne Quellenangaben sind vom Bearbeiter verfasst. Aufgrund der besseren Lesbarkeit wird im Folgenden darauf verzichtet, immer beide Geschlechter anzusprechen („Schülerinnen und Schüler“), auch wenn selbstverständlich beide gemeint sind.

Nord-
friesland
Schleswig-
Flensburg
Rendsburg-
Eckernförde
Plön
Ost-
holstein
Dithmarschen
Helgoland
(zu Pinneberg)
Steinburg
Segeberg
Pinne-
berg
Stor-
marn
Herzogtum
Lauenburg
1
2
3
4
Kreisfreie Städte
1 Flensburg
2 Kiel
3 Lübeck
4 Neumünster

1

Mitwirkung in Schule und Gemeinde

Politik ist langweilig, Politik ist Erwachsenensache? – Schau dich um! Viele Situationen innerhalb und außerhalb der Schule sind beeinflussbar und veränderbar – wenn du es willst. Dazu musst du natürlich deine Interessen formulieren, Farbe bekennen, dich mit anderen zusammentun und auseinandersetzen. So kannst du wünschenswerte Ziele verwirklichen oder wenigstens Veränderungen erreichen.

KOMPETENZEN

Am Ende dieses Kapitels solltet ihr Folgendes können:

- verschiedene Formen der Mitwirkung in der Schule beschreiben
- am Beispiel von Klassensprecherwahlen und SV-Arbeit Möglichkeiten demokratischer Interessenvertretung erklären
- darstellen, wie Politik in der Gemeinde funktioniert
- Chancen und Möglichkeiten politischer Einflussnahme auf Gemeindeebene erläutern und beurteilen

WAS WISST UND KÖNNT IHR SCHON?

Vollendet die folgenden Satzanfänge:

1. In der Schule mitbestimmen kann heißen ...
2. In der Gemeinde mitbestimmen kann heißen ...

1.1 Mitbestimmung in der Schule – ist das schon Demokratie?

Wer soll Klassensprecher werden?

Ideen für Klassenaktionen liefern.

Die Probleme der Klasse lösen.

In der Pause die Klasse beaufsichtigen.

Der Beliebteste in der Klasse sein.

Die Interessen der Klasse vertreten.

Einer der besten Schüler der Klasse sein.

Bei Streit in der Klasse vermitteln.

Schüler bei Schwierigkeiten mit Lehrern unterstützen.

M1 Klassensprecher gesucht

In der Klasse 9 b der Willy-Brandt-Schule in Lübeck herrscht getrübte Stimmung. Jonas, der bei allen beliebte Klassensprecher, ist quasi über Nacht verschwunden. Sein Vater hat ganz kurzfristig einen neuen Job in Karlsruhe angeboten bekommen. Das Angebot war so interessant, dass die Familie mit umgezogen ist.
Wegen der anstehenden Neuwahl entspinnt sich eine Debatte darüber, was einen „guten" Klassensprecher eigentlich ausmacht und wofür er genau zuständig ist. Vor der Wahl überlegt die 9 b, was sie von einer Klassensprecherin oder einem Klassensprecher erwartet – und was sie NICHT erwartet.
Die Ideensammlung ergibt das Bild in der Randspalte.

M2 Was sieht das Schulgesetz vor?

§ 79 Wesen und Aufgaben

(2) Die Schülervertretung hat folgende Aufgaben:
1. die Wahrnehmung gemeinsamer Anliegen der Schülerinnen und Schüler gegenüber der Schulleiterin oder dem Schulleiter, den Lehrkräften, den Elternvertreterinnen und Elternvertretern und Schulaufsichtsbehörden,
2. die Wahrnehmung selbstgestellter kultureller, fachlicher, sozialer und sportlicher Aufgaben innerhalb des Schulbereichs und
3. die Mitwirkung an der Gestaltung des Schullebens.

(3) Schülervertreterinnen und Schülervertreter können eine Schülerin oder einen Schüler ihrer oder seiner Schule auf deren oder dessen Wunsch bei der Wahrnehmung von Rechten gegenüber der Schulleiterin oder dem Schulleiter und den Lehrkräften, insbesondere bei Ordnungsmaßnahmen und Beschwerdefällen, unterstützen.

§ 80 Tätigkeit der Schülervertreterinnen und Schülervertreter

(1) Die Schülervertreterinnen und Schülervertreter sind ehrenamtlich tätig und als Mitglied in der Klassensprecherversammlung und der Schulkonferenz an Aufträge und Weisungen nicht gebunden. Schülervertreterinnen und Schülervertreter dürfen wegen ihres Amtes von der Schulleiterin, dem Schulleiter oder den Lehrkräften weder bevorzugt noch benachteiligt werden. [...]

§ 81 Schülervertretung in der Schule

(2) Die Schülerinnen und Schüler einer Klasse wählen die Klassensprecherin oder den Klassensprecher aus ihrer Mitte. Ihr oder ihm ist Gelegenheit zu geben, Fragen der Schülervertretung mit der Klasse zu erörtern.

Schleswig-Holsteinisches Schulgesetz i. d. F. vom 4.2.2014

M3 Kandidatenprofile

Phung ist eine sehr gute, aber auch stille Schülerin. Sie ist selten im Unterricht aktiv, schreibt aber ausschließlich Einsen und Zweien. Sie ist sehr freundlich zu allen und bekommt immer gute Noten. Sie lässt auch andere in der Klassenarbeit und von ihren Hausaufgaben abschreiben. Phung ist zwar schüchtern, kommt aber mit allen gut aus. Ihre Schwester ist die Schülersprecherin.

Tim ist ein hervorragender Schüler in Sport und Englisch. Seine Mutter ist Amerikanerin und Tim verbringt meistens die Ferien bei Verwandten in Chicago. Er hat immer die neueste Kleidung und tolle technische Geräte, gibt aber überhaupt nicht damit an. Tim ist sehr großzügig und lädt zu seinem Geburtstag die ganze Klasse zu sich nach Hause ein. Wenn es Konflikte in der Klasse gibt, dann versucht Tim sich immer neutral zu verhalten, so kommt er mit allen gut aus.

Philipp ist ein recht guter Schüler, der sich in allen Fächern stark beteiligt. Vor allem die Lehrer mögen Philipp, weil er sehr zuverlässig ist und den Unterricht trägt. Wenn jemand krank geworden ist, wird Philipp beauftragt, die Hausaufgaben zu übermitteln. Viele Schüler bewundern ihn, weil er im örtlichen Sportverein ein erfolgreicher Fußballspieler ist, der auch bei überregionalen Turnieren eingesetzt wird. Die Schule geht bei Philipp aber trotzdem immer vor.

Lea ist eine mittelmäßige Schülerin, die aber in Diskussionen und bei der Projektarbeit sehr engagiert ist. Sie kleidet sich sehr lässig und hat guten Kontakt zu den älteren Schülerinnen und Schülern. In Konfliktfällen setzt sie sich sehr entschlossen für Schwächere ein. Einige Lehrer mögen Lea nicht sehr, weil sie häufig im Unterricht Musik hört oder Zeitung liest. Es wird auch behauptet, dass Lea raucht.

AUFGABEN

1. Was erwartest du von einem Klassensprecher? Sortiere die in **M1** aufgelisteten Erwartungen danach, ob sie für das Amt nützlich sind oder nicht. Ergänze die Liste!
2. Das Schulgesetz beschreibt die Aufgaben der Schülervertretung in einer abstrakten Sprache (**M2**). Erläutert Beispiele für die genannten Aufgaben.
3. Begründe, welchen der vier Kandidaten du am geeignetsten für das Amt des Klassensprechers hältst (**M3**). Bearbeitet die Aufgaben nach dem Placemat-Verfahren (siehe Abbildung in der **Randspalte**).

Das Placemat („Platzdeckchen")

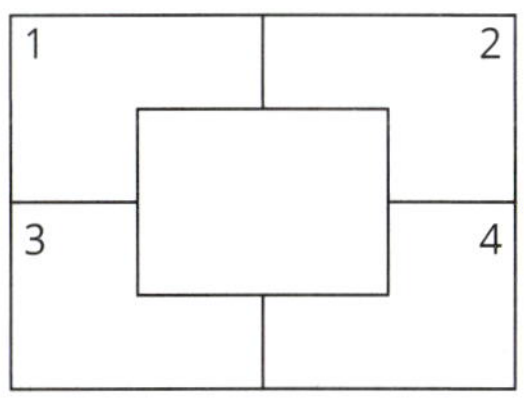

Die Klassensprecherwahl – unnötig kompliziert?

M4 Regeln für die Klassensprecherwahl

Aus dem Schulgesetz:

§ 68 Verfahrensgrundsätze

(7) Wahlen sind geheim; sie können offen erfolgen, wenn alle anwesenden Wahlberechtigten zustimmen. Gewählt ist, wer von den abgegebenen Stimmen die meisten erhalten hat. Bei Stimmengleichheit entscheidet das von der Leiterin oder dem Leiter der Wahl zu ziehende Los.

Aus dem Musterstatut für Schülervertretungen:

§ 3 Klassensprecherin oder Klassensprecher

(1) Die Schülerinnen und Schüler jeder Klasse wählen für die Dauer eines Schuljahres aus ihrer Mitte eine Klassensprecherin oder einen Klassensprecher und eine Stellvertreterin oder einen Stellvertreter. *Die Ämter sollen mit einer weiblichen und einer männlichen Person besetzt werden. Die Wahlen finden spätestens vier Wochen nach Unterrichtsbeginn im Schuljahr statt. [...]*

(3) Die Wahl zur Klassensprecherin oder zum Klassensprecher findet unter der Leitung der oder des [...] *(z. B. ältesten Schülerin oder Schülers, die oder der sich nicht um das Amt bewirbt, Klassenlehrerin oder Klassenlehrers)* statt.

M5 Grundsätze einer freien Wahl

Art. 38 GG
(1) Die Abgeordneten des Deutschen Bundestages werden in allgemeiner, unmittelbarer, freier, gleicher und geheimer Wahl gewählt.

1. Allgemeine Wahl: Alle Mitglieder der Gemeinschaft (Klasse, Schule, Land u. a.) sind wahlberechtigt, wenn sie die Voraussetzungen (Anmeldung, Wohnsitz, Alter) erfüllen. Niemand darf aus sozialen, politischen oder wirtschaftlichen Gründen ausgeschlossen werden.

2. Freie Wahl: Niemand darf zur Stimmabgabe oder zu einer bestimmten Wahlentscheidung gezwungen werden. Nach der Wahl darf niemand wegen seiner Entscheidung benachteiligt werden.

3. Unmittelbare Wahl: Die Wähler geben ihre Stimme direkt für die Kandidaten oder Parteien ab. Es darf niemand dazwischen eingesetzt werden, z. B. Lehrer oder „Wahlmänner", die dann deine Stimme für dich weitergeben.

4. Gleiche Wahl: Alle Wahlberechtigten haben gleich viele Stimmen. Jede Stimme zählt gleich viel.

5. Geheime Wahl: Jeder muss seine Stimme so abgeben können, dass niemand anderes feststellen kann, wie er gewählt hat.

M6 Können Klassensprecher auch wieder abgewählt werden?

Marie: Wir haben Anfang des Jahres die Klassensprecher gewählt. Zuerst wirkten sie vertrauenswürdig, doch nun haben wir bemerkt, dass es ihnen nicht um unsere, sondern nur um ihre persönlichen Interessen geht. Können wir Klassensprecherinnen oder Klassensprecher abwählen?

Marie (13)

Hannes: Ihr könnt eure Klassensprecherin oder euren Klassensprecher jederzeit abwählen, denn jedes Gremium (das ist in diesem Fall die ganze Klasse) kann die Personen abwählen, die es gewählt hat. Ihr könnt also jederzeit mit einer Zweidrittelmehrheit eure Klassensprecherin oder euren Klassensprecher abwählen, wenn ihr merkt, dass sie oder er doch nicht das umsetzt, was ihr von ihr oder ihm erwartet.

Hannes (14)

Nach: Broschüre „Nutze dein Recht", Schulrecht für Schülervertretungen, Landesschülervertretung der Gymnasien in Schleswig-Holstein, o. J., S. 4

AUFGABEN

1. Führt mit den Kandidaten aus **M3** von S. 13 eine Klassensprecherwahl nach den Regeln von **M4** durch. An welcher Stelle muss das Verfahren noch präziser beschrieben werden? Entwickelt entsprechende Regeln.
   Fertigt eine Schritt-für-Schritt-Anleitung an, die in der richtigen Reihenfolge alle nötigen Schritte enthält.
2. Die Regeln für Klassensprecherwahlen sind nur teilweise vom Schulgesetz vorgeschrieben. Die in **M4** kursiv gedruckten Bestimmungen kann die Schülervertretung jeder Schule auch anders beschließen. Diskutiert mögliche Alternativen.
3. Bei Stimmengleichheit zweier Kandidatinnen oder Kandidaten wird gelost. Erörtert, ob diese Regel a) fair und b) nützlich ist.
4. Erörtert die Bedeutung der Grundsätze (**M5**) für die Klassensprecherwahl: Welche Folgen hätte es, wenn man auf den jeweiligen Grundsatz verzichtet? Hängen einzelne Grundsätze miteinander zusammen? Sind alle Grundsätze in **M4** und euren Ergänzungen enthalten?
5. Diskutiert, welche persönlichen Interessen eines Klassensprechers so schwerwiegend sein könnten, dass dieser von der Klasse abgewählt wird (**M6**).
6. Nennt Folgen, die eine Abwahl des Klassensprechers für eure Klasse konkret nach sich ziehen würde.

Die Schülervertretung – lohnt sich das Engagement?

M7 Mitarbeit in der SV – Last oder Chance?

„Bist du blöd, so viel Freizeit für die Schule zu opfern!", bekomme ich oft zu hören. Ich finde es aber wichtig, meine Umwelt gestalten zu können und Dinge zu verbessern, die mich stören. Ich finde es nicht o.k., wenn man an allem rumnörgelt und dann nichts unternimmt, um etwas zu verändern. Darum habe ich beschlossen, mich in der SV zu engagieren.

Meike, 16

Es gibt oft Momente, da möchte man am liebsten verzweifeln, wenn man sieht, wie wenig sich die eigenen Mitschülerinnen und Mitschüler für das interessieren, was man tut. Dabei liegt es doch auch in ihrem Interesse, ob an der Schule was läuft oder nicht.

Sven, 13

Nach einem halben Jahr als Schulsprecher bin ich zurückgetreten. Es hatte sich schnell herausgestellt, dass ich die ganze Arbeit alleine machen musste, obwohl wir zu dritt waren. Viele Diskussionen und endloses Geschwätz – herausgekommen ist dabei gar nichts. Schließlich habe ich dann das Handtuch geworfen.

Stefan, 18

Die SV-Arbeit bietet mir die Chance, meine Fähigkeiten zu entwickeln, mich selbst zu verwirklichen. Durch meine Position werde ich von anderen Schülerinnen und Schülern respektiert und auch von den Lehrern anerkannt. Teamfähigkeit, Organisationstalent und Durchsetzungsvermögen sind nur einige der Fähigkeiten, die man als Schulsprecher braucht.

Tao, 15

M8 Organisation der Schülervertretung

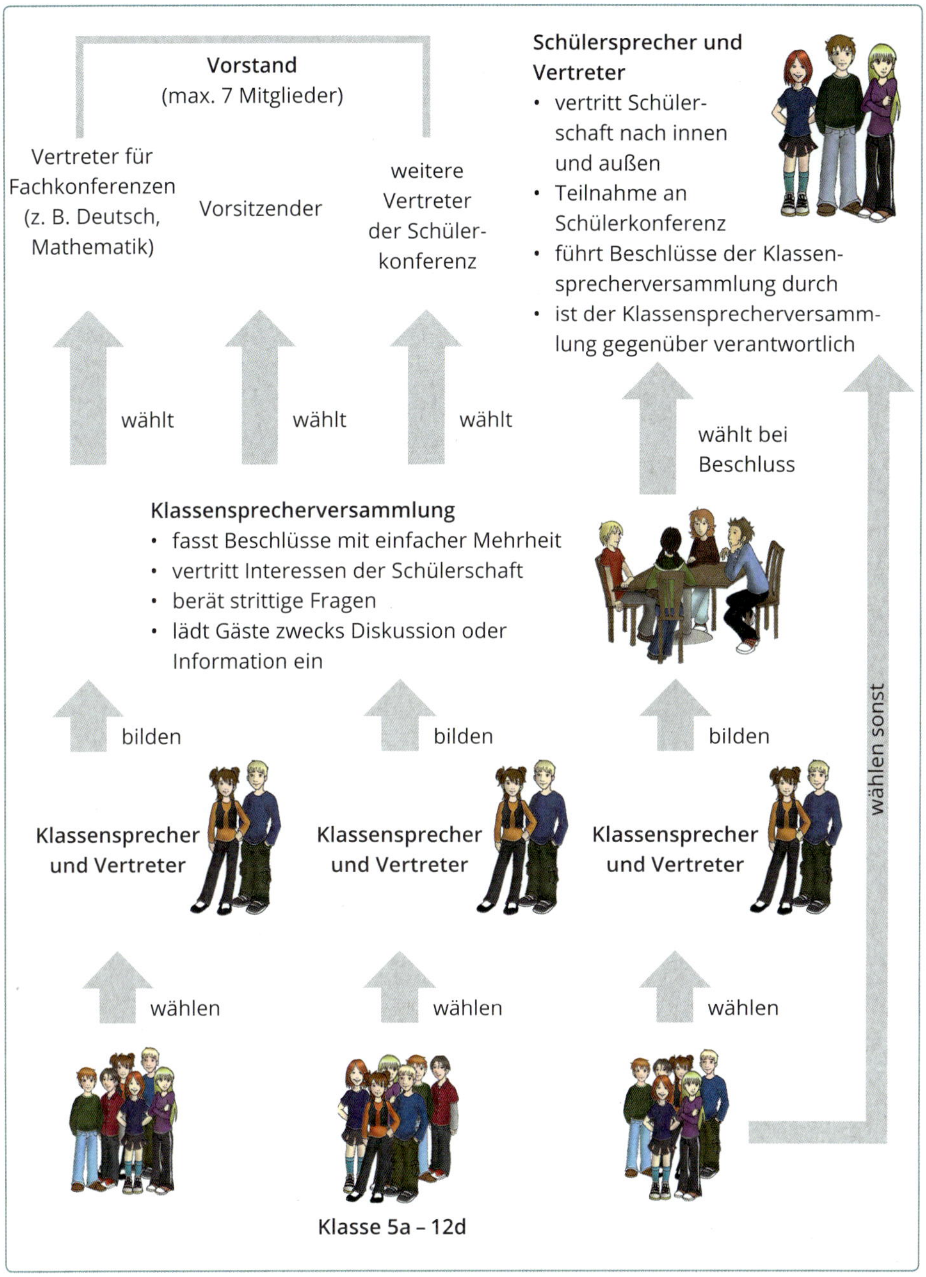

Internettipp: „SV-Arbeit lohnt sich – Infos, Rechtliches, Tipps und Tricks“
http://www.schleswig-holstein.de/DE/Fachinhalte/S/schuelerinnen_und_schueler/Downloads/Flyer.pdf?__blob=publicationFile&v=1

Internettipp: Informationen der Landesregierung zu den Landesschülersprecherinnen und -sprecher in Schleswig-Holstein
http://www.schleswig-holstein.de/DE/Fachinhalte/S/schuelerinnen_und_schueler/landesschuelervertretung.html

AUFGABEN

1. Diskutiert die Vor- und Nachteile eines Engagements in der Schülervertretung. Nehmt Stellung zu den Positionen in **M7**.
2. Erläutert, worin die Bedeutung einer organisierten SV besteht (**M8**).
3. Diskutiert, ob die Möglichkeiten zur Mitgestaltung, die das Schulgesetz Schülerinnen und Schülern bietet, ausreichen.

Konflikte im Schulalltag – wie können sie geregelt werden?

M9 Das Schulgesetz regelt das Zusammenleben

Das Schulgesetz für das Land Schleswig-Holstein bildet die rechtliche Grundlage für das Zusammenleben an der Schule, für die Gestaltung des Schullebens und die Mitwirkung der Schülerinnen und Schüler. Es beschreibt die Rechte und Pflichten der am Schulleben Beteiligten. Mit den Einzelheiten rechtlicher Probleme rund um die Schule müssen sich Schülervertreterinnen und -vertreter normalerweise nicht befassen. Trotzdem ist es gut und wichtig zu wissen, wo man nachschauen kann, wenn es Probleme gibt. Stellt euch vor, ihr werdet mit den folgenden Konfliktfällen (**M10**) aus dem Schulalltag konfrontiert und müsst eine Lösung dafür finden.

M10 Fälle aus dem Schulalltag

Sören und Henrike (14): „Wir haben Anfang des Jahres den Klassensprecher für unsere 8 b gewählt. Zuerst wirkte er vertrauenswürdig, doch nun hat die Mehrheit in der Klasse bemerkt, dass es ihm nicht um unsere Interessen geht, sondern nur um seine persönlichen. Was können wir tun?"

Hannah (14): „Ich möchte an einem fünftägigen Seminar mit belgischen Schülern in Brüssel teilnehmen, um mich über die Europäische Union zu informieren. Da das Seminar während der Schulzeit stattfindet, habe ich meine Klassenlehrerin gebeten, mich für diesen Zeitraum zu beurlauben. Das hat sie abgelehnt. Darf sie das?"

Nursan (15): „Ich habe mehrfach die Hausaufgaben nicht gemacht. Jetzt will der Lehrer mich nach der Schule dabehalten. Darf mich ein Lehrer nachsitzen lassen?"

In der 5. und 6. Stunde soll der gesamte 8. Jahrgang der Schule in der Aula die Literaturverfilmung „Die Leiden des jungen Werther" sehen. Anna und Lea (14) haben diesen Film vor einer Woche mit ihren Eltern im Kino gesehen. „Wir wollen lieber im Klassenraum bleiben und für die Grammatikarbeit lernen. Der Klassenlehrer verbietet das."

In der 9 b hat Justin (15) eine Schülerin mehrfach wegen ihrer Herkunft beschimpft und ihr in der Stunde den Stuhl weggezogen, so dass sie sich eine Prellung zuzog. Der Lehrer lässt ihn den Satz „Ich darf meine Mitschüler nicht ärgern." hundertmal schreiben. Justin beschwert sich über diese Strafe.

M11 Was sagt das Schulgesetz?

§ 15 Beurlaubung

Eine Schülerin oder ein Schüler kann auf Antrag aus wichtigem Grund vom Schulbesuch oder von der Teilnahme an einzelnen Unterrichts- oder Schulveranstaltungen beurlaubt werden.

§ 17 Weisungen, Beaufsichtigung

(1) Die Schülerinnen und Schüler haben in der Schule und bei sonstigen Schulveranstaltungen die Weisungen der Schulleiterin oder des Schulleiters und der Lehrkräfte zu befolgen, die dazu bestimmt sind, die pädagogischen Ziele der Schule zu erreichen und die Ordnung an der Schule aufrechtzuerhalten.

§ 25 Maßnahmen bei Konflikten mit oder zwischen Schülerinnen und Schülern

(1) Die Erfüllung des Bildungsauftrages der Schule ist vor allem durch pädagogische Maßnahmen zu gewährleisten. In die Lösung von Konflikten sind alle beteiligten Personen einzubeziehen. Zu den Maßnahmen gehören insbesondere gemeinsame Absprachen, die fördernde Betreuung, die Förderung erwünschten Verhaltens, das erzieherische Gespräch mit der Schülerin oder dem Schüler, die Ermahnung, die mündliche oder schriftliche Missbilligung, die Beauftragung mit Aufgaben, die geeignet sind, die Schülerin oder den Schüler Fehler im Verhalten erkennen zu lassen, das Nachholen schuldhaft versäumten Unterrichts nach vorheriger Benachrichtigung der Eltern und die zeitweise Wegnahme von Gegenständen.

§ 84 Amtszeit, Verfahrensgrundsätze

(1) Die Schülervertreterinnen und Schülervertreter werden jeweils für ein Schuljahr gewählt. Sie bleiben bis zur Neuwahl im Amt, soweit sie nicht nach den Absätzen 2 bis 6 ausscheiden.

(2) Eine Schülervertreterin oder ein Schülervertreter kann durch das Gremium, das sie oder ihn gewählt hat, mit einer Mehrheit von zwei Dritteln der Stimmberechtigten abberufen werden.

(3) Eine Klassensprecherin oder ein Klassensprecher verliert das Amt mit dem Ausscheiden aus der Klasse.

Schleswig-Holsteinisches Schulgesetz i. d. F. vom 4.2.2014

AUFGABE

Versetzt euch in die Lage eines SV-Mitglieds, das von den in **M10** genannten Schülerinnen und Schülern um Unterstützung gebeten wird.

a) Findet heraus, welche Vorschriften jeweils zu berücksichtigen sind, und beurteilt die einzelnen Situationen vor diesem Hintergrund (**M11**).

b) Legt dar, was man den betroffenen Schülerinnen und Schülern raten könnte.

c) Diskutiert anhand der einzelnen Fälle, ob ihr die Regelungen im Schulgesetz für zweckmäßig haltet (**M11**). Begründet eure Auffassung.

Wie können Konflikte in der Klasse gelöst werden?

M12 Wenn zwei sich streiten, ist das ein Fall für Annica

Annica ist Konfliktlotsin an ihrer Schule. Ihre Aufgabe: Streit schlichten und Frieden schaffen.

Annica ist 15 Jahre alt, sie geht in die 9. Klasse. Und manchmal kommt sie zu spät zum Unterricht. Wie andere auch. Nur: Annica darf das. Die 15-Jährige ist seit einem halben Jahr eine sogenannte Konfliktlotsin oder Mediatorin, wie es in der Fachsprache heißt. Übersetzt heißt das: Als Michael aus der 7. Klasse auf dem Schulhof seinen Klassenkameraden mit „Scheiß-Ausländer" anbrüllte und dazu die Faust reckte, hatte Annica ihren ersten Fall. Sie sollte den Streit schlichten. Die Lehrer schickten die beiden Gegner zu ihr.

Annica hatte an diesem Tag im Mai Sprechstunde – im ehemaligen Erste-Hilfe-Zimmer. Jeden Tag wartet hier in der Pause ein Zweier-Team der Schlichter darauf, dass entweder zwei Streitende freiwillig kommen oder die Lehrer Druck machen. Die große Pause reichte für Michael und seinen Klassenkameraden nicht. Eine weitere Pause und eine Sitzung nach der Schule waren notwendig. Eineinhalb Stunden dauerte das Gespräch insgesamt, bis die beiden Jungs friedlich auseinandergingen – „jeder im Gefühl gewonnen zu haben", sagt Annica. „Wir haben die Lösung dann schriftlich in einem Vertrag festgehalten. Das Wichtigste ist, dass wir uns neutral verhalten."

Nach: Matthias Eggert, fluter, September 2003, S. 48 f.

M13 Fünf Schritte zur Konfliktlösung

1. Schritt: Die Streitschlichter erklären den Streitenden wichtige Regeln. Dazu zählen:
- Wenn einer spricht, hört der andere ihm zu und unterbricht ihn nicht.
- Jeder sagt, was er denkt, offen und ehrlich.
- Beleidigungen sind strengstens verboten.

2. Schritt: Jeder erhält die Gelegenheit, die eigene Sicht des Streits ausführlich darzustellen. Bei Unklarheiten kann der Streitschlichter nachfragen.

3. Schritt: Der Schlichter fordert die Streitenden dazu auf, die Sichtweise des jeweils anderen einzunehmen und sich in dessen Gefühle zu versetzen. Beide sollen damit Verständnis füreinander entwickeln.

4. Schritt: Die Streitparteien entwickeln eigene Vorschläge zur Streitlösung und verständigen sich. Nur im Notfall bzw. auf Wunsch der jeweiligen Parteien können Vorschläge auch durch die Streitschlichter erfolgen.

5. Schritt: Die Lösung wird schriftlich festgehalten und von den Streitenden vertraglich besiegelt. Nach der Unterschrift reichen sich die ursprünglichen Kontrahenten zur Versöhnung die Hand.

M14 Wie ist das Klassenklima?

	JA	NEIN
Ich fühle mich in meiner Klasse wohl.		
Mitschüler lassen mich nicht zu Wort kommen.		
Was ich sage oder mache, wird ständig von Mitschüler(innen) kritisiert.		
Mitschüler wollen nicht mit mir zusammenarbeiten.		
Ich werde von anderen wie Luft behandelt.		
Mitschüler sprechen hinter meinem Rücken schlecht über mich.		
Mitschüler machen mich vor anderen lächerlich.		
Jemand macht mein Aussehen oder meine Kleidung lächerlich.		
Ein Mitschüler droht mir mit körperlicher Gewalt.		
Ich fühle mich von meinen Lehrern ernst genommen.		
Ich bin schon häufiger von meinen Lehrern unfair behandelt worden.		
...		

F Ergänze den Fragebogen um weitere Aussagen zur Ermittlung des Klassenklimas.

M15 Ein Konflikt in der Klasse

Er kam früh in die Schule, ging in den Klassenraum, setzte sich an sein Pult. Dort war er relativ sicher. [...] Es waren ein paar Mädchen im Raum, aber sie ignorierten ihn, falls nicht das prustende Gelächter, das er hörte, als er sein Lesebuch herausholte, etwas mit ihm zu tun hatte. Was gab es da zu lachen? Eigentlich nichts, außer man gehörte zu den Menschen, die permanent auf etwas lauerten, worüber sie lachen konnten. Unglücklicherweise waren das seiner Erfahrung nach genau die Menschen, zu denen die meisten Kinder zählten. Sie [...] lauerten [...] auf die falsche Hose, den falschen Haarschnitt oder die falschen Turnschuhe [...]. Da er normalerweise die falschen Turnschuhe oder die falsche Hose trug und sein Haarschnitt immer falsch war, an jedem Tag der Woche, musste er sich nicht sehr anstrengen, damit sie sich über ihn totlachten.

Nick Hornby, About a Boy, übersetzt von Clara Drechsler-Hellmann/Harald Hellmann, München 2000, S. 21 f.

Mobbing
Mobbing bedeutet, dass jemand z. B. in der Schule schikaniert, belästigt, drangsaliert, beleidigt, ausgegrenzt wird. Wenn man eine negative Handlung als Mobbing bezeichnen möchte, dann muss diese häufig und wiederholt auftreten und sich über einen längeren Zeitraum erstrecken. Das Mobbingopfer ist der Situation hilflos ausgeliefert und leidet stark unter der Situation.

AUFGABEN

1. Beschreibe die Arbeit eines Konfliktlotsen (**M12**).
2. Arbeite für jede Stufe heraus, welche Schwierigkeiten sich bei der Konfliktlösung ergeben könnten (**M12**, **M13**).
3. Ermittelt, wie das Klima in eurer Klasse derzeit ist. Führt dazu eine anonyme Umfrage durch und wertet die Ergebnisse aus (**M14**).
4. Überprüfe, ob es sich in **M15** um einen Fall von Mobbing handelt.

METHODE

M16 Demokratie im Klassenzimmer – der Klassenrat

1. Der Klassenrat – was ist das?

Der Klassenrat ist ein Rat aller Schüler einer Klasse. Im Klassenrat können alle Fragen behandelt werden, die die Klasse betreffen: gemeinsame Projekte und Ausflüge, aktuelle Ereignisse, Konflikte, positive und negative Aspekte des Klassen- und Schullebens. Der Klassenrat ist kein Gremium, das die Interessen der Klasse „verwaltet", sondern ein lebendiges Diskussionsforum, an dem alle Mitglieder der Klasse gleichberechtigt teilnehmen. Er ist ein Instrument für mehr Demokratie in der Klasse. Der Klassenrat unterscheidet sich auch von einzelnen SV-Stunden, in denen aktuelle Fragen und Probleme besprochen werden, denn der Klassenrat findet regelmäßig statt, z. B. wöchentlich oder alle zwei Wochen.

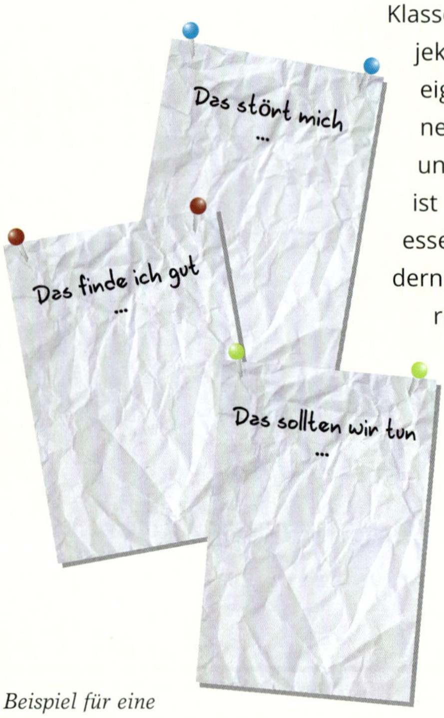

Beispiel für eine Wandzeitung

Damit diese regelmäßigen Sitzungen gut funktionieren, müsst ihr in eurer ersten Sitzung klären, mit welcher Mehrheit (einfache Mehrheit oder z. B. 2/3 Mehrheit) ihr Beschlüsse im Klassenrat fassen wollt und ab welcher Personenzahl der Klassenrat beschlussfähig ist.

2. Wie funktioniert der Klassenrat?

Sitzung vorbereiten

Hängt im Vorfeld der Sitzung eine Wandzeitung aus, auf die jeder aus der Klasse seine Wünsche, Themen, Probleme oder Ängste notieren kann, die im Klassenrat besprochen werden sollen. Ihr müsst daraus dann eine Tagesordnung für den Klassenrat erstellen, d. h. eine Liste der Punkte, die in dieser Sitzung besprochen werden sollen. Bei Problemen in der Klasse können Wünsche auch anonym an die Vorbereitungsgruppe übergeben werden.

Sitzung durchführen

Die Sitzungen des Klassenrates finden immer im Sitzkreis statt, damit ihr offen miteinander diskutieren könnt. Der Diskussionsleiter eröffnet die Sitzung und gibt die Themen der Tagesordnung bekannt. Nun können sich alle zu den einzelnen Punkten äußern. Achtet in der Diskussion unbedingt darauf, dass die Diskussionsregeln eingehalten werden. Wenn die Diskussion beendet ist, könnt ihr über die einzelnen Punkte abstimmen.

Diskussionsregeln

- Jeder hat Rederecht.
- Jeder, der etwas im Klassenrat sagen will, muss sich melden. Führt dazu eine Rednerliste.
- Jeder darf ausreden.
- Jede Meinung muss respektiert werden.
- Es darf keine Beleidigungen und persönlichen Angriffe geben.
- Die Gesprächspartner müssen sich immer direkt ansprechen.
- Im Klassenrat sollte nicht über Abwesende gesprochen werden.
- Betroffene Schüler oder Lehrer dürfen zuerst Stellung nehmen

METHODE

und einen Vorschlag zur Lösung des Problems machen, bevor der Klassenrat darüber diskutiert.

Sitzung nachbereiten

Die Protokollanten sammeln die Ergebnisse der Klassenratssitzung und fertigen ein Protokoll an, das sich jeder Schüler anschauen darf. Wenn es Probleme in der Klasse oder im Unterricht gab, dann könnt ihr – auch mithilfe des Protokolls – in der folgenden Sitzung darüber sprechen, ob eure Maßnahmen, die ihr beschlossen habt, erfolgreich waren oder nicht.

Wenn ihr erste Erfahrungen mit dem Klassenrat gesammelt habt, dann solltet ihr eine Sitzung abhalten, in der ihr über Chancen, Möglichkeiten, Vor- und Nachteile des Klassenrates diskutiert.

Welche Ämter müssen für den Klassenrat besetzt werden?

Da der Klassenrat ein Rat aller Schüler einer Klasse ist, gibt es kein Amt, das immer von der gleichen Person ausgeführt wird. Jeder sollte im Laufe eines Schuljahres verschiedene Ämter ausüben. Einigt euch dabei auf Regeln, wie die Ämter verteilt werden.

- Die Vorbereitungsgruppe: Die Vorbereitungsgruppe wertet die Wandzeitung aus und bereitet die Tagesordnung vor.
- Der Diskussionsleiter: Ein Schüler aus der Vorbereitungsgruppe übernimmt die Diskussionsleitung und achtet darauf, dass die Diskussionsregeln eingehalten werden.
- Die Zeitwächter: Sie achten darauf, dass sich die Teilnehmer an die Redezeit halten, und sie erinnern zehn Minuten vor Ende der Stunde an die Zeit, damit ihr noch abstimmen könnt oder den Klassenrat in Ruhe beenden oder vertagen könnt.
- Die Protokollanten: Sie notieren die Beschlüsse des Klassenrats und fertigen zu Hause ein Protokoll an und heften es im Protokollordner ab.
- Die Beobachter: Sie notieren Störungen der Diskussionsregeln oder andere Probleme und bringen diese kurz vor Ende des Klassenrats zur Sprache.
- Der Lehrer: Er leitet zu Beginn den Klassenrat. Nach und nach übergibt er die Leitung an die Schüler. Auch der Lehrer ist Mitglied des Klassenrats und muss sich deshalb an die Diskussionsregeln halten.

Der Klassenrat entscheidet über alle Probleme und Fragen, die die Klasse betreffen.

WAS WIR WISSEN

Klassensprecher/in
M1 – M3

Die Schülervertretung (SV) ist eine Möglichkeit, Einfluss auf das Zusammenleben in der Schule zu nehmen. Als Klassensprecher oder Klassensprecherin ist man Teil der SV. Die wichtigste Aufgabe des Klassensprechers besteht darin, die Interessen der ganzen Klasse gegenüber Lehrern, Schulleitung und Eltern zu vertreten. Der Klassensprecher ist verpflichtet, an den SV-Sitzungen teilzunehmen. Er berichtet anschließend in der Klasse über wichtige Ergebnisse aus den Gremien der SV.

Klassensprecherwahl
M4 – M6

Jede Klasse wählt aus ihrer Mitte für die Dauer eines Schuljahres einen Klassensprecher und einen Stellvertreter. Dabei sollen beide Geschlechter vertreten sein. Die Klassensprecherwahl folgt genauen Bestimmungen, die sicherstellen sollen, dass die Wahl auch nach demokratischen Grundsätzen durchgeführt wird. So müssen Wahlen allgemein, frei, unmittelbar, gleich sein, auf Wunsch auch nur eines Klassenmitglieds müssen sie zudem geheim durchgeführt werden.
Wenn ein Klassensprecher nicht das umsetzt, was von ihm erwartet wird, kann er mit einer Zweidrittelmehrheit durch die Schüler der Klasse auch wieder abgewählt werden.

Schülervertretung (SV)
M7, M8

Die Schülervertretung dient der Mitwirkung der Schülerschaft in vielen Angelegenheiten, die Schulleben und Unterricht betreffen. Die SV-Vertreter sind unabhängig und weder durch die Klassen weisungsgebunden noch durch die Schulleitung zu beeinflussen. Die Klassensprecherversammlung ist das oberste Gremium der Schülervertretung. Aus ihrer Mitte werden Vertreter für die Fachkonferenzen und die Schulkonferenz gewählt.

Schulkonferenz

Die Schulkonferenz ist das höchste Gremium der Schule, sie wird vom Schulleiter / der Schulleiterin geleitet. In der Schulkonferenz beraten und beschließen die gewählten SV-Vertreter mit der gleichen Anzahl an Elternvertretern und Vertretern des Kollegiums über wichtige Fragen der Schulgestaltung.

Konflikte und Konfliktlösung an der Schule
M9 – M16

Auch in der besten Klassengemeinschaft kommt es zu Zusammenstößen oder Konflikten. Dabei lassen sich viele Konflikte entschärfen, wenn man einfache Verhaltensregeln beachtet. Pauschale Vorwürfe, Beleidigungen und Unterstellungen verhindern eine Konfliktlösung. Vielfach ist es sinnvoll, wenn bei schwierigen Konflikten neutrale Streitschlichter vermitteln. Sie versuchen, in Gesprächen das Problem genau zu benennen, damit die Streitparteien auf dieser Basis eine Lösung selbst erarbeiten können, die beide Seiten akzeptieren. Eine Form, wie Konflikte in der Klasse besprochen und gelöst werden können, ist der Klassenrat. Er ist kein Gremium, das die Interessen der Klasse „verwaltet", sondern ein lebendiges Diskussionsforum, an dem alle Mitglieder der Klasse gleichberechtigt teilnehmen. Im Klassenrat können alle Fragen behandelt werden, die die Klasse betreffen.

WAS WIR KÖNNEN

Begriffsreihen

1.	Klassensprecher	Schülersprecher	Schulleiter	Schülerrat
2.	Geheime Wahl	Meinungsumfrage	Stimmzettel	Kandidaten
3.	Konflikt	Lösung	Streitschlichter	Eltern
4.	Gewalt	Mobbing	Klassenklima	Pause

Aufgabe
Welcher Begriff passt nicht in die jeweilige Reihe? Begründe deine Entscheidung.

Qual der Wahl

Zum Schuljahresbeginn stehen in der 10 a Klassensprecherwahlen an. Frau Tönnes, die Lehrerin der 10 a, gibt vor der Wahl bekannt, dass nur die Stimmen der Schülerinnen und Schüler gezählt werden, die im vergangenen Schuljahr im Fach Wirtschaft/Politik mindestens die Zeugnisnote „befriedigend“ hatten. Die Stimmen derjenigen mit der Note „sehr gut“ zählen doppelt. Sie schlägt vor, dass die Wahl der Einfachheit halber durch Handzeichen entschieden werden soll. Die Kandidaten werden an die Tafel geschrieben und nacheinander aufgerufen. Die Wunschkandidaten von Frau Tönnes werden mit einem kleinen Sternchen markiert. Die Lehrerin zählt dann die per Handzeichen abgegebenen Stimmen. Derjenige, der die meisten Stimmen erhalten hat, gewinnt die Wahl. Der mit der zweithöchsten Stimmenzahl wird zum Stellvertreter ernannt.

Aufgabe
Überprüft (in Partnerarbeit), welche der Wahlrechtsgrundsätze einer freien Wahl in diesem Beispiel verletzt wurden. Beschreibt, wie deren Einhaltung bei der Klassensprecherwahl sichergestellt werden kann. Übertragt dazu die Tabelle in euer Heft.

Wahlrechtsgrundsätze	verletzt ja/nein	Begründung	Einhaltung sichern durch ...

1.2 Kommunalpolitik – Sache der Bürger?

Wie kann man sich einmischen?

M1 Bad benötigt 860 Stimmen

Rund 4.300 wahlberechtigte Laboer sind am Sonntag, 21. September, zur Teilnahme am Bürgerentscheid aufgerufen. Wenn mindestens 20 Prozent von ihnen für den Erhalt der Meerwasserschwimmhalle stimmen, kann die Gemeinde sie nicht (wie beabsichtigt) schließen.

Gegen die Pläne der Gemeinde hatte sich im März 2012 die Bürgerinitiative zur Rettung der Schwimmhalle gegründet, aus der im Juli der Förderverein Hallenbad hervorging. Sehr schnell engagierten sich immer mehr Bürger für den Erhalt des Bades, der Förderverein zählt heute knapp 600 Mitglieder. Die sind zwar nicht alle aus Laboe und damit nicht alle wahlberechtigt, doch für das Bürgerbegehren hatten rund 800 Laboer unterschrieben. Sollte aber am Sonntag eine Mehrheit von 800 Ja-Stimmen abgegeben werden, wäre das Schicksal der Halle dennoch besiegelt, denn in Schleswig-Holstein müssen mindestens 20 Prozent der Wahlberechtigten dafür stimmen. Für einen Erfolg des Bürgerbegehrens wären also rund 860 Ja-Stimmen erforderlich. Für die Fraktionen von SPD (fünf Sitze), LWG (fünf Sitze), CDU (vier Sitze), und Wir für Laboe (zwei Sitze) ist der Bürgerentscheid gleichzeitig eine Abstimmung „über die Zukunftsfähigkeit unserer Gemeinde", heißt es in einer gemeinsamen Erklärung. Das Defizit der Schwimmhalle betrage derzeit mehr als 500.000 Euro mit steigender Tendenz und könne von Laboe als einer der höchstverschuldeten Gemeinden im Kreis nicht länger getragen werden, zumal für die 1970 gebaute Halle erheblicher Sanierungsbedarf bestehe. Ein Weiterbetrieb würde nach Ansicht der vier Fraktionen die Gemeinde zur deutlichen Erhöhung von Steuern, Gebühren und Abgaben sowie zur Einführung einer Straßenausbaubeitragssatzung zwingen.

Die Befürworter machen eine ganz andere Rechnung auf. Abgesehen davon, dass sie von einem geringeren Defizit ausgehen, das zudem durch höhere Eintrittspreise, niedrigere Energiekosten, mehr Besucher und ehrenamtliches Engagement weiter gesenkt werden könne, verweisen sie vor allem darauf, dass die Schwimmhalle kein wirtschaftliches Unternehmen sei, sondern eine öffentliche Einrichtung, die der Gesundheit, dem Sport und der Erholung diene. „Der Nutzen des Hallenbades für Laboe geht über Eintrittsgelder weit hinaus", heißt es in einer Erklärung des Fördervereins. Ohne die Halle gebe es auch keinen Schwimmunterricht der Schulen und keine Trainingsmöglichkeit für Rettungsschwimmer mehr. Bis 18 Uhr können die Laboer am Sonntag die Frage zum Weiterbetrieb der Schwimmhalle mit Ja oder Nein beantworten.

Thomas Christiansen, Kieler Nachrichten, 16.9.2014

METHODE

M2 Einen Konflikt im Modell untersuchen

Politische Konflikte werden leicht unübersichtlich, wenn viele Beteiligte mit unterschiedlichen Interessen und Argumenten über eine Sache streiten. Es kann hilfreich sein, den Konflikt in einem Modell grafisch darzustellen. Ein Modell versucht, die Wirklichkeit vereinfacht abzubilden. Dabei wird nur das wesentliche dargestellt, auf weniger wichtige Einzelheiten wird verzichtet. Folgende Leitfragen sollten beantwortet werden:

- Wer streitet sich mit wem? Welche unterschiedlichen Interessen haben die beteiligten Gruppen und welche Machtmittel haben sie zur Durchsetzung ihrer Interessen?
- Worum geht es? Worüber wird gestritten? Was ist das „Gut", das so umstritten ist?
- Wie kann der Streit gelöst werden? Bedarf der Streit einer allgemein verbindlichen Lösung? Wer darf eine Entscheidung treffen (z. B. der Bürgermeister oder die Gemeindevertretung)?
- Wie kann ein gerechter Interessenausgleich aussehen?

konkreter Fall:
Soll die Schwimmhalle in Laboe erhalten bleiben?

Befürworter
- Interessen am Thema
- Argumente?
- Macht/Entscheidungsgewalt

Beziehung?

Gegner
- Interessen am Thema
- Argumente?
- Macht/Entscheidungsgewalt

Konflikt:
z. B. Soll die Schwimmhalle erhalten bleiben?

evtl. weitere Befürworter
- Interessen am Thema
- Argumente?
- Macht/Entscheidungsgewalt

evtl. weitere Gegner
- Interessen am Thema
- Argumente?
- Macht/Entscheidungsgewalt

evtl. Neutrale oder Unentschiedene
- Interessen am Thema
- Argumente?
- Macht/Entscheidungsgewalt

M3 Üblicher Ablauf einer Bürgerinitiative

Phase 1
Einzelne Bürger empfinden bestehende Verhältnisse als misslich oder wollen die Verwirklichung öffentlicher Planungen verhindern.

Phase 2
Die Bürger betreiben Öffentlichkeitsarbeit: Flugblätter, Zeitungsanzeigen, Artikel in der Lokalzeitung.

Phase 3
Briefe an Verwaltung, Gemeinderat, Fraktionen und Parteien. Sie bleiben ohne Erfolg.

Phase 4
Gründung einer Bürgerinitiative (Schaffung eines organisatorischen Rahmens; Wahlen), Öffentlichkeitsarbeit, Gewinnung von Mitstreitern, Einschaltung von Experten.

Phase 5
Parteien schalten sich ein: Presseerklärungen, Anfragen an die Verwaltung.

Phase 6
Verwaltung und Mehrheitsfraktion(en) suchen nach Kompromissmöglichkeiten.

Phase 7
Mögliche Kompromisslösungen prüfen. Die Bürgerinitiative muss sich entscheiden, ob sie sich zufrieden geben und auflösen will oder eine neue Aktion einleitet.

Horst Pötzsch, Die deutsche Demokratie, 4. Aufl., Bonn 2005, S. 48

zur Vertiefung: Bürgerentscheide – mehr Demokratie auf Gemeindeebene?

Mediencode: 71008-02

M4 Zeitleiste zum Laboer Schwimmhallen-Streit

1970	Eröffnung der Schwimmhalle
1990er-Jahre	Diskussion Schließung oder Renovierung?
1998	Dachsanierung, Modernisierung
2004	Sauna-Anbau
2012	Gemeinde leitet Interessenbekundungsverfahren ein, um Interessenten für eine zukünftige Nutzung des Schwimmhallengeländes (Hotel o. ä.) zu ermitteln.
Juli 2012	Gründung eines Fördervereins zum Erhalt der Schwimmhalle
November 2012	Gründung einer Bürgergenossenschaft, die bereit wäre, den Betrieb der Schwimmhalle von der Gemeinde zu übernehmen.
Januar 2013	Das Konzept einer Projektgemeinschaft „Beach und Wellness-Hotel Laboe" sieht den Bau eines Vier-Sterne-Hotels mit Schwimmbad vor.
Juli 2013	Mitglieder der Genossenschaft initiieren ein Bürgerbegehren.
November 2013	Gespräche zwischen Gemeinde und Genossenschaft über einen Betrieb des Bades durch die Genossenschaft scheitern.
Mai 2014	Die Gemeindevertretung beschließt einen Bürgerentscheid zur Frage „Stimmen Sie für den Weiterbetrieb unserer Meerwasserschwimmhalle?" Der Bürgerentscheid wird mit dem Bürgerbegehren zusammengelegt.

H ZU AUFGABE 1
Liste zunächst Argumente der Befürworter und Gegner in dem Streitfall auf. Nutze dafür die Methode **M2**.

F
a) Erstelle einen Flyer für die Bürgerinitiative (**M1**).
b) Bereite einen Redebeitrag für eine Sitzung der Gemeindevertretung vor. Nimm dabei die Position eines Befürworters oder eines Gegners ein.

AUFGABEN

1. Analysiert den Laboer Schwimmbad-Konflikt (**M1**) mithilfe der Methode **M2**.
2. Welche Möglichkeiten haben die Bürger, Ihre Interessen durchzusetzen? Welche haben sie bereits genutzt (**M3**, **M4**)? Ordne die Entwicklung der Auseinandersetzung (**M4**) den Phasen des Modells zum Ablauf einer Bürgerinitiative (**M3**) zu.

Welche Aufgaben hat die Gemeinde?

M5 Die Gemeinde betrifft uns

Jeder lebt in einer Stadt oder Gemeinde („Kommune") und nimmt täglich ihre Leistungen in Anspruch. Ob wir mit dem Bus fahren, zur Schule gehen, das Schwimmbad oder die Bibliothek besuchen – die Gemeinden regeln alle Angelegenheiten der örtlichen Gemeinschaft. So steht es im Grundgesetz. Rechtlich werden Gemeinden als Gebietskörperschaften bezeichnet. Die Landtage erlassen die Gemeindeordnungen, in denen die wichtigsten gesetzlichen Bestimmungen wie z. B. das Wahlrecht oder die Rechte der Gemeindevertretung festgelegt sind. Diese gelten auch für Städte. Schleswig-Holstein ist ein Land mit vielen selbstständigen Gemeinden – mit und ohne Stadtrecht. Zurzeit sind es 1.110. Sie verteilen sich auf elf Kreise, die unterschiedlicher nicht sein können. In ihnen zeigt sich die Vielfalt des nördlichsten Bundeslandes und seiner Menschen. Außerdem gibt es mit Kiel, der Hansestadt Lübeck, Flensburg und Neumünster vier kreisfreie Städte. Die meisten Gemeinden in Schleswig-Holstein sind klein und überschaubar. Über 900 von ihnen haben weniger als 2.000 Einwohnerinnen und Einwohner. Sie werden von ehrenamtlichen Bürgermeistern oder Bürgermeisterinnen geleitet. Die Verwaltung der kleineren Gemeinden übernimmt in der Regel ein „Amt", das für mehrere Gemeinden zuständig ist. In den letzten Jahren haben sich viele kleinere Ämter zusammengeschlossen. Die aktuelle Zahl der Ämter beträgt 85. Nach dem Bund und den Ländern bilden die Gemeinden die kleinsten Verwaltungseinheiten.

M6 Wofür ist die Gemeinde zuständig?

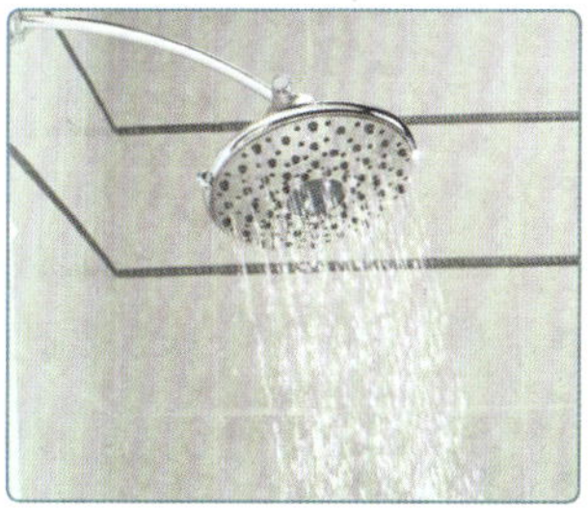

Subsidiaritätsprinzip
Prinzip, das die Eigenleistung und die Selbstbestimmung des Individuums, der Familien und der Gemeinschaften (z. B. der Kommunen) fördern will. Das Subsidiaritätsprinzip fordert, dass staatliche Eingriffe (EU, Bund) und öffentliche Leistungen grundsätzlich nur unterstützend erfolgen sollen, also nur dann, wenn die jeweils tiefere Ebene (Länder, Kommunen, Familien) nicht in der Lage ist, die erforderliche Leistung zu erbringen.

Eigentlich ist die Gemeinde für alles zuständig, was sie selbst für wichtig hält und nicht in die Zuständigkeit der Landes- oder Bundesverwaltung fällt. Neben Pflichtaufgaben wie Abfallbeseitigung und Straßenreinigung gibt es freiwillige Leistungen wie Bau und Unterhalt von Sportanlagen, Theatern oder Bibliotheken. Der Umfang dieser freiwilligen Aufgaben hängt auch von der Größe und Leistungsfähigkeit der Kommune ab. Der Artikel 46 der Schleswig-Holsteinischen Verfassung bestätigt die Rechte der Gemeinden und § 1 der Schleswig-Holsteinischen Gemeindeordnung sieht in der Gemeinde die Grundlage des demokratischen Staates. Dort heißt es: „Den Gemeinden wird das Recht der freien Selbstverwaltung in den eigenen Angelegenheiten als eines der Grundrechte demokratischer Staatsgestaltung gewährleistet. Sie haben das Wohl ihrer Einwohnerinnen und Einwohner zu fördern. Sie handeln zugleich in Verantwortung für die zukünftigen Generationen." Bei den Aufgaben, die die Gemeinde übernimmt, unterscheidet man im Allgemeinen zwischen:

Öffentliche Aufgaben (Aufgabenerfüllung in der Regel durch die Gemeinde in eigener Verantwortung)			Staatliche Aufgaben
Freiwillige Aufgaben	**Weisungsfreie Pflichtaufgaben**	**Pflichtaufgaben zur Erfüllung nach Weisung**	
Darunter fallen Aufgaben, die allein in die Zuständigkeit der Gemeinde fallen und deren Erfüllung vollständig in der Verantwortung der Gemeinde liegt. So entscheidet die Gemeinde selbst, ob eine Eissporthalle errichtet werden soll, wo diese stehen soll und welche Architektur das Gebäude haben soll. Stellt sich heraus, dass ein Vorhaben die Finanzkraft einer Gemeinde übersteigt, so kann sie darauf auch verzichten. *Beispiele: Sportplätze, Theater, Freibäder, Musikschulen ...*	Diese Aufgaben der Grundversorgung muss eine Gemeinde zwingend übernehmen. Sie verfügt dabei aber über Ermessensspielräume, wie sie diese ausgestaltet. Ein Beispiel: Durch ein Neubaugebiet wächst die Einwohnerzahl einer Gemeinde erheblich. Sie muss nun eine neue Schule errichten. Wie sie diese Schule gestaltet, kann sie aber selbst bestimmen. *Beispiele: Trinkwasser- und Energieversorgung, Abfallbeseitigung, Unterhalt von Straßen, Kindergärten ...*	Diese Aufgaben müssen nicht nur erledigt werden, sondern es gibt auch genaue Anweisungen, wie das zu tun ist. *Beispiele: Auszahlung von Sozialhilfe und Wohngeld, Bauaufsicht, Melde- und Passwesen, Rettungswesen ...*	Hier bedient sich der Bund lediglich der Gemeinden als untere staatliche Verwaltungsbehörde. *Beispiele: Durchführung von Landtags- oder Bundestagswahlen.*

AUFGABEN

1. Erläutere den Aufbau des Landes Schleswig-Holstein (**M5**, **Karte Auftaktseite**).
2. Ordne die Bilder den einzelnen Aufgabenbereichen der Gemeinde zu (**M6**).
3. Nennt weitere euch bekannte „Freiwillige Aufgaben", die eure Gemeinde übernimmt.
4. Diskutiert Vor- und Nachteile für die Gemeinde, „Weisungsfreie Pflichtaufgaben" gegen Geld von Unternehmen erledigen zu lassen.

Internettipp: „zufish (Zuständigkeitsfinder Schleswig-Holstein)"
http://zufish.schleswig-holstein.de/portal/

Bürgermeister und Gemeindevertretung – wer regiert im Ort?

M7 Der Aufbau einer Gemeinde in Schleswig-Holstein

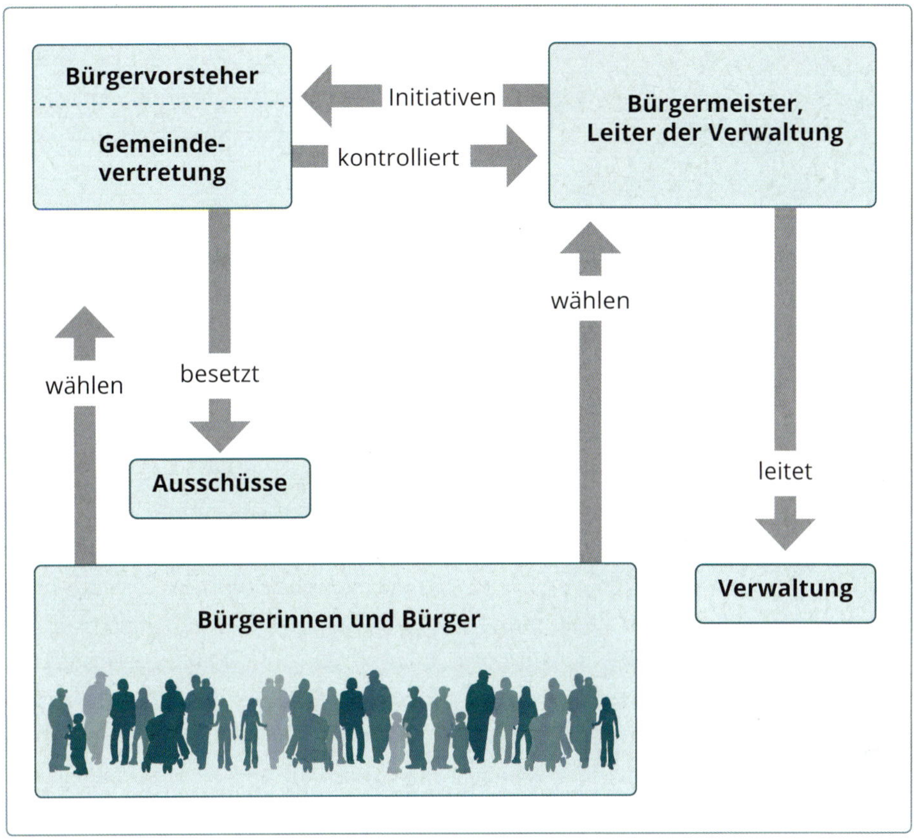

Organisation der Städte und Gemeinden in Schleswig-Holstein
Diese ist in der „Gemeindeordnung" einheitlich geregelt, die Benennung der Gremien können die Städte und Gemeinden jedoch selbst festlegen. Bezeichnungen für die Gemeindevertretung:

- in Städten allgemein: Stadtvertretung
- in Kiel: Ratsversammlung
- in Lübeck: Bürgerschaft
- in Husum, Heide, Elmshorn: Stadtverordnetenkollegium

Bürgervorsteher heißen in vielen größeren Städten „Stadtpräsidenten".

M8 Die Gemeindevertretung – das Parlament der Gemeinde

Die Gemeindevertretung repräsentiert die Gemeindebevölkerung. Sie setzt sich aus den von den Bürgern der Gemeinde gewählten Gemeindevertretern zusammen. Die Gemeindevertretung berät und beschließt über alle wichtigen Entscheidungen in Selbstverwaltungsangelegenheiten der Gemeinde sowie über den Gemeindehaushalt, sie stellt die Weichen für die zukünftige Entwicklung der Gemeinde und erlässt Ortsrecht in Form von Satzungen. Vorsitzender der Gemeindevertretung ist in Gemeinden ohne eigene Verwaltung in der Regel der ehrenamtliche Bürgermeister, in Gemeinden mit eigener Verwaltung, die deshalb einen hauptamtlichen Bürgermeister haben, der Bürgervorsteher. Seine Aufgaben bestehen unter anderem in der Einberufung und Leitung der Sitzungen der Gemeindevertretung.

Nach: Ministerium für Inneres und Bundesangelegenheiten des Landes Schleswig-Holstein (26.3.2015)

M9 Bürgermeister – die Spitzen der Gemeinden

Bernd Saxe, seit 2000 Bürgermeister der Hansestadt Lübeck

Der Bürgermeister muss dafür sorgen, dass die Gemeinde ihre gesetzlich vorgegebenen Pflichten erfüllt, also z. B. einen wirksamen Feuerschutz bereitstellt. Er arbeitet sehr eng mit den gewählten Gemeindevertretern („Rat") zusammen. So bereitet er Sitzungen und Beschlussvorlagen vor. Dem wichtigsten Ausschuss (Hauptausschuss) muss er über seine Arbeit berichten. Fassen die Gemeindevertreter wichtige Entscheidungen, dann muss er dafür sorgen, dass seine Verwaltung diese realisiert, z. B. wenn ein neues Jugendzentrum gebaut werden soll. Auch innerhalb der Verwaltung gibt es viel zu tun: Der Bürgermeister gliedert sie in sinnvolle Fachgebiete, hat wesentliches Mitspracherecht bei Personalentscheidungen und ist für die Angestellten und Beamten der Gemeinde verantwortlich. In Notfällen darf er dringende Maßnahmen auch ohne Rücksprache anordnen, muss dieses aber der Gemeindevertretung mitteilen. Diese kann solche Eilentscheidungen anschließend auch wieder kippen. Ein Bürgermeister kann auch wieder abgewählt werden. Allerdings bestehen dazu hohe Hürden. Eine Möglichkeit besteht zum Beispiel darin, dass zwei Drittel der Gemeindevertreter einen solchen Beschluss fassen und unterschreiben.

Die Bürgermeisterin oder der Bürgermeister wird von den mindestens 16 Jahre alten Bürgern nach den Wahlgrundsätzen einer freien Wahl in unmittelbarer, allgemeiner, freier, gleicher und geheimer Wahl und nach den Prinzipien der Mehrheitswahl gewählt. Die Kandidaten müssen am Wahltag 27 Jahre oder älter sein und die Staatsbürgerschaft eines EU-Mitgliedstaates besitzen. Sie dürfen auch nicht älter als 60 Jahre sein, wenn es die Erstwahl für sie ist. Die Dauer der Amtszeit beträgt je nach Gemeindebeschluss sechs bis acht Jahre. In kreisfreien Städten wie z. B. Neumünster wird der Amtsinhaber als Oberbürgermeister bezeichnet.

AUFGABEN

1. Weder der Bürgermeister noch die Gemeindevertretung können die Politik in einer Gemeinde allein bestimmen. Erläutere das Zusammenspiel von Gemeindevertretung und Bürgermeister (**M7 – M9**).

2. „Der Bürgermeister ist der mächtigste Akteur im Ort." – Bewerte diese Aussage.

Kommunalwahlen – wie kommen Politiker ins Rathaus?

M10 Wer wird gewählt?

Seit 1998 werden in Schleswig-Holstein die hauptamtlichen **Bürgermeisterinnen** und **Bürgermeister** nicht mehr von der jeweiligen Gemeinde- oder Stadtvertretung, sondern von den Bürgerinnen und Bürgern direkt gewählt. Die Wahl erfolgt nach den Grundsätzen der Mehrheitswahl. Es ist diejenige oder derjenige gewählt, die oder der mehr als die Hälfte der abgegebenen gültigen Stimmen erhält. Wird bei der Wahl nicht die erforderliche Mehrheit erreicht, findet binnen 28 Tagen eine Stichwahl zwischen den zwei Bewerberinnen oder Bewerbern statt, die die höchsten Stimmenzahlen erreicht haben. Jede Wählerin und jeder Wähler hat eine Stimme.

Die **Gemeinde-** und **Kreisvertretungen** in Schleswig-Holstein werden für einen Zeitraum von 5 Jahren nach dem System der personalisierten Verhältniswahl gewählt. [...] Gewählt wird in rund 1.080 kreisangehörigen Gemeinden, in den 4 kreisfreien Städten und in den 11 Kreisen. [...] In den 28 Kleinstgemeinden bis zu 70 Einwohnerinnen und Einwohnern wird keine Gemeindevertretung gewählt; an ihre Stelle tritt die aus den Bürgerinnen und Bürgern der Gemeinde bestehende Gemeindeversammlung unter Vorsitz der Bürgermeisterin oder des Bürgermeisters.

Nach: www.schleswig-holstein.de, Wahlen in Schleswig-Holstein (26.3.2015)

M11 Wie wird gewählt?

Bei den Kommunalwahlen in Schleswig-Holstein wird ein personalisiertes Verhältniswahlrecht angewendet. Bei dieser Mischform werden die Wählerstimmen nach dem Prinzip der Mehrheitswahl und nach dem Prinzip der Verhältniswahl in Ratssitze umgerechnet. Zum einen wählt man Personen – Direktkandidaten von Parteien oder Wählergruppen sowie Einzelbewerber – in seinem Wahlkreis. Jeder Wähler hat dabei so viele Stimmen, wie Bewerber im Wahlkreis zu wählen sind. Die Anzahl richtet sich also nach der Einwohnerzahl. In Gemeinden mit bis zu 10.000 Einwohnern können zwischen zwei und sieben Stimmen vergeben werden. Allerdings darf man für einen Bewerber nur eine Stimme abgeben. Ein „Häufeln" mehrerer Stimmen auf einen Bewerber (Kumulieren) ist nicht zulässig. Es ist aber erlaubt, für Kandidaten aus verschiedenen Parteilisten zu stimmen (Panaschieren). Bei der Wahl in Gemeinden ab 10.000 Einwohnern sowie zur Kreiswahl hat jeder Wähler nur eine Stimme. Der Kandidat mit den meisten gültigen Stimmen hat die Wahl gewonnen und zieht als Volksvertreter in den Gemeinde- oder Kreistag ein. Alle anderen Bewerber gehen leer aus. Bei der Wahl der Direktkandidaten trifft man allerdings gleichzeitig auch eine Entscheidung für deren Parteien und Wählergruppen – und bestimmt damit, wie stark sie im Rat vertreten sind. Vor der Wahl stellen die politischen Gruppen Listen mit ihren Kandidaten auf. Je höher ein Kandidat auf der Liste steht, desto größer sind seine Chancen. Denn: Die Stimmen, die für eine Partei abgegeben werden, werden in allen Wahlkreisen der jeweiligen Gemeinde zusammengezählt. Anschließend wird errechnet, wie viele Ratssitze der Partei oder Wählergruppe nach ihrem Stimmenanteil zustehen.

Landesbeauftragter für politische Bildung Schleswig-Holstein, In sieben Fragen zur Kommunalwahl, Informationen und Hintergründe zur Kommunalwahl am 26. Mai 2013

Gemeinde mit 1.000 Einwohnern	Gemeinde mit 3.000 Einwohnern	Stadt mit mehr als 150.000 Einwohnern
1 Wahlkreis	3 Wahlkreise	19 Wahlkreis
Größe der Gemeindevertretung: 11 Vertreter	Größe der Gemeindevertretung: 17 Vertreter	Größe der Gemeindevertretung: 49 Vertreter

Stimmzettel

für die Gemeindewahl in der Gemeinde Bovenau am 26. Mai 2013

Sie haben 6 Stimmen

Sie können Ihre Stimmen beliebig verteilen.

Nicht mehr als **6** Stimmen vergeben, sonst ist der Stimmzettel **ungültig!**

			in dieser Spalte ankreuzen
1	Christliche Demokratische Union Deutschlands **CDU**	**a) Liebsch, Jürgen** MTA Achtern Hoff 1, 24796 Bovenau	◯
		b) Jacobs, Johannes Landwirt Erlenkamp 1, 24796 Bovenau	◯
		c) Ladewig, Harm Schornsteinfegermeister Wakendorf 4, 24796 Bovenau	◯
		d) Baasch, Peter Landwirt Katharinenborn, 24796 Bovenau	◯
		e) Schlüter, Klaus Staatl. gepr. Landwirt Horst 2, 24796 Bovenau	◯
		f) Reimers, Klaus Landwirt Steinwehr 5, 24796 Bovenau	◯
2	Sozial-demokratische Partei Deutschlands **SPD**	**a) Arlt, Andreas** Fachwirt In de Grund 7, 24796 Bovenau	◯
		b) Prieß, Frank Dipl.-Informatiker Ahornallee 20, 24796 Bovenau	◯
		c) Bartels, Ilme Oberstudienrätin Ahornallee 22, 24796 Bovenau	◯
		d) Pede, Günter Hochbautechniker Im Winkel 2a, 24796 Bovenau	◯
		e) Kühn, Christian Freiberufler Windmühlenberg 1, 24796 Bovenau	◯
		f) Peters, Peter Beamter An der Kirche 2a, 24796 Bovenau	◯

Stimmzettel

für die Gemeindewahl in der Gemeinde Schacht-Audorf am 26. Mai 2013

Sie haben 3 Stimmen

Sie können Ihre Stimmen beliebig verteilen.

Nicht mehr als **3** Stimmen vergeben, sonst ist der Stimmzettel **ungültig!**

			in dieser Spalte ankreuzen
1	Christlich Demokratische Union Deutschlands **CDU**	**a) Kurowski, Martin** Dipl.-Ingenieur Berliner Straße 10, 24790 Schacht-Audorf	◯
		b) Sonntag, Frauke Heilpädagogin Rader Weg 25, 24790 Schacht-Audorf	◯
		c) Selent, Stefan Selbständig Rader Weg 2a, 24790 Schacht-Audorf	◯
2	Sozial-demokratische Partei Deutschlands **SPD**	**a) Jacob, Sabrina** Krankenkassenbetriebswirtin Am See 8, 24790 Schacht-Audorf	◯
		b) Köller, Horst Dipl.-Ingenieur Dresdner Straße 7, 24790 Schacht-Audorf	◯
		c) Laspe, Björn Justizfachangestellter Eckkoppel 12, 24790 Schacht-Audorf	◯
12	Allgemeine Schacht-Audorfer Wähler-gemeinschaft **ASW**	**a) Engelmann, Ralf** Maler Kieler Straße 15, 24790 Schacht-Audorf	◯
		b) Wittfoth, Bernd Vorarbeiter Am Urnenfriedhof 3, 24790 Schacht-Audorf	◯
		c) Vollstedt, René Gastronom Alte Gärtnerei 19, 24790 Schacht-Audorf	◯

Stimmzettel

für die Gemeindewahl in der Landeshauptstadt Kiel am 26. Mai 2013

Sie haben eine Stimme.

Nicht mehr als eine Stimme vergeben, sonst ist der Stimmzettel **ungültig!**

			in dieser Spalte ankreuzen
1	**CDU** Christlich Demokratische Union Deutschlands	**Kreutz, Rainer Karl** Polizeibeamter Schauenburgerstraße 19	◯
2	**SPD** Sozialdemokratische Partei Deutschlands	**Klein, Melanie Sabine** Studentin Braunsberger Weg 10	◯
3	**GRÜNE** BÜNDNIS 90/ DIE GRÜNEN	**Langnieß, Arne** Industriemeister Druck/Unternehmer Hansastraße 48	◯
4	**FDP** Freie Demokratische Partei	**Hencke, Hubertus** Rechtsanwalt Manrade 29	◯
5	**PIRATEN** Piratenpartei Deutschland	**Gerhard, Daniel** Angestellter Boninstr. 3-7	◯
6	**SSW** Südschleswigscher Wählerverband	**Joldrichsen, Anke** Dozentin Steinstr. 15	◯
7	**DIE LINKE** DIE LINKE	**Schmielau, Martin** Angestellter Melanchthonstr. 5	◯
12	**WaKB** Wahlalternative Kieler Bürger	**Haase, Marco** Arbeiter Bergenring 20	◯
13	**WIR** WIR in Kiel	**Dr. Lörcher, Eberhard** Allgemeinarzt Klausdorfer Weg 205 e	◯

F ZU AUFGABE 3
Was bedeutet der Unterschied für a) die Wähler b) die Kandidaten c) die Parteien bzw. Wählergemeinschaften?

F ZU AUFGABE 3
Nennt mögliche Gründe dafür, warum das Wahlrecht sowohl Listenkandidaten als auch Direktkandidaten vorsieht.

AUFGABEN

1. Bis 1998 wurden die Bürgermeister von den Gemeindevertretern gewählt – seit 1998 werden sie direkt von den Bürgerinnen und Bürgern gewählt. Legt dar, was mit dieser Veränderung bewirkt werden sollte (**M10**).
2. Erkläre den Zusammenhang zwischen der Einwohnerzahl einer Gemeinde, der Größe der Gemeindevertretung und der Zahl an Stimmen, die jeder Wähler hat (**M11**).
3. Erläutere den Unterschied zwischen Direktkandidaten und Listenkandidaten (**M11**).

Jugendparlamente – mehr Mitbestimmung für Jugendliche in der Gemeinde?

M12 Engagement für das Jugendparlament

Ich möchte ins Kinder- und Jugendparlament, weil ich meine Meinung sagen und dem Kinder- und Jugendparlament Perspektiven zeigen möchte. Mir macht es Spaß, vor anderen Menschen zu sprechen.
Tamina Erkrad, 14 Jahre, Jacob-Haller-Realschule

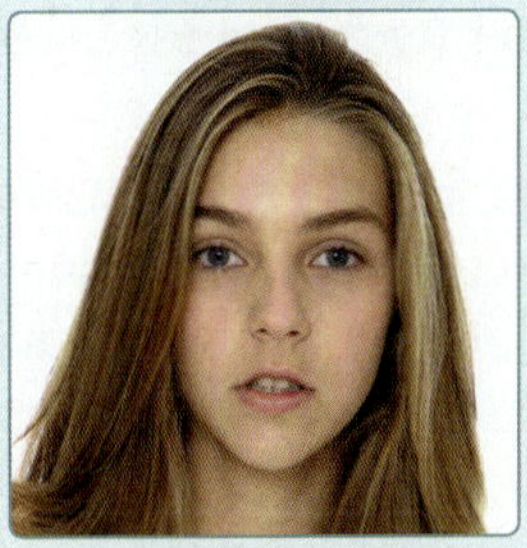

Ich möchte ins Kinder- und Jugendparlament, um Bolz-, Spiel- und Sportplätze für junge Menschen attraktiver zu machen und euer Ansprechpartner für Verbesserungsvorschläge in Neustadt zu werden.
Julia Roggensted, 14 Jahre, Neustadt-Gymnasium

Ich möchte ins Kinder- und Jugendparlament, weil ich eure Interessen und Vorschläge gewissenhaft gegenüber der Stadt vertreten und mich für ganzjährige Freizeitangebote, z. B. eine Eisbahn, einsetzen werde.
Paolo Ricacelli, 16 Jahre, Neustadt-Gymnasium

Wenn wir jungen Menschen uns nicht organisieren, dann finden wir doch kein Gehör und die Politiker machen nur das, was die älteren Wähler wollen. Wir Jungen brauchen eine Stimme in der Gemeinde.
Jakob Erzberger, 11 Jahre, Jacob-Haller-Realschule

Namen und Aussagen fiktiv

M13 Beteiligungsmöglichkeiten von Jugendlichen

§ 47 f Beteiligung von Kindern und Jugendlichen

(1) Die Gemeinde muss bei Planungen und Vorhaben, die die Interessen von Kindern und Jugendlichen berühren, diese in angemessener Weise beteiligen. Hierzu muss die Gemeinde über die Beteiligung der Einwohnerinnen und Einwohner nach den §§ 16 a bis 16 f hinaus geeignete Verfahren entwickeln.

(2) Bei der Durchführung von Planungen und Vorhaben, die die Interessen von Kindern und Jugendlichen berühren, muss die Gemeinde in geeigneter Weise darlegen, wie sie diese Interessen berücksichtigt und die Beteiligung nach Absatz 1 durchgeführt hat.

Gemeindeordnung für Schleswig-Holstein 2003

M14 Auf dem Weg zum Jugendparlament für die Stadt

Der Vorschlag kam im Juli von Tarik Pahkenkemper (Grüne Jugend) und Cedrik Kempin (Jugendfeuerwehr): Jugendliche sollen ein eigenes Parlament bekommen und in der Kommunalpolitik mitreden. Sie könnten damit Erfolg haben.

In vielen anderen schleswig-holsteinischen Städten und Gemeinden gibt es das schon lange: ein Jugendbeirat als offizieller Ansprechpartner für Verwaltung und Kommunalpolitik.

Auch Schleswigs früherer Bürgermeister Thorsten Dahl hatte immer wieder dafür geworben, ein solches Gremium einzurichten, war in der Ratsversammlung aber stets auf Ablehnung gestoßen. Ein von Dahl ins Leben gerufenes „Jugendgremium" aus Mitgliedern der Schleswiger Schülervertretungen war schnell wieder eingeschlafen.

Das könnte sich jetzt ändern. Bereits im Juli hatten Tarik Pahlenkemper von der Grünen Jugend und Cedrik Kempin von der Jugendfeuerwehr bei Dahl Nachfolger Arthur Christiansen ihre Idee für ein Schleswiger Jugendparlament vorgestellt (wir berichteten). Die beiden Jugendlichen hatten Unterstützer-Unterschriften von 35 Einrichtungen vorgelegt. Sie alle könnten Vertreter entsenden. Aber auch unabhängige Jugendliche ohne Vereinszugehörigkeit sollen mitmachen können.

In dieser Woche befasste sich erstmals der Jugend- und Sozialausschuss im Rathaus mit dem Thema. Auch wenn noch kein Beschluss gefasst wurde, signalisierten alle Parteien Zustimmung. „Es ist eine andere Situation als früher", sagte die Ausschuss-Vorsitzende Marion Callsen-Mumm (SPD). „Diesmal kommt die Initiative von den Jugendlichen selbst und wird nicht von oben verordnet."

Ove Jensen, Schleswiger Nachrichten, 13.9.2014

M15 Enttäuschtes Jugendparlament

Sie durften reden – so recht gehört wurden sie bei aktuellen Themen bislang nicht. Das wurde bei verschiedenen Themen deutlich, mit denen sich das Kinder und Jugendparlament (KiJuPa) Wilster in seiner Sitzung im Neuen Rathaus befasste.

Erneut ging es um den Jahrmarkt, der auch nach Einschätzung vieler anderer Jugendlicher immer unattraktiver werde, hieß es. Lang war die Liste der Kritikpunkte bereits bei vorangegangenen Sitzungen, die nun noch einmal bekräftigt wurden. Vorsitzende Ann-Christin Martensen wies auf eine inzwischen durchgeführte Umfrage an den Schulen hin, die Pro- und Contra-Argumente auflistete. „Sie brachte die gleichen oder ähnliche Ergebnisse." Laut Marktmeister Manfred Moltzau seien bis jetzt allerdings noch keine neuen Karussells geplant. Die Jugendfeuerwehr regte noch an, auf dem Jahrmarkt ein eigenes Musikangebot zu organisieren. Die Ergebnisse gehen jetzt in die „Arbcitsgruppe Jahrmarkt" ein, die am 16. Dezember mit Bürgermeister Walter Schulz, je drei Mitgliedern der beiden Fraktionen, dem Marktmeister und seinem Stellvertreter tagt. Die Jugendlichen dürfen sich dort noch einmal mit ihrem Feedback einbringen und wollen dies auch.

Gar nicht erfolgreich war bislang die Idee des KiJuPas, im Bürgermeistergarten einen Spielplatz zu installieren, nachdem der dortige alte Spielplatz abgerissen worden war. Nach einer Begehung entstand die Idee, einen Motto-Spielplatz als Kletterpark mit Rutsche einzurichten. „So etwas gab es in Wilster noch nie." Das stieß jedoch auf Ablehnung. Vor allem die CDU hält diesen Standort für ungeeignet Standort wegen der dort bestehenden Vandalismusgefahr.

Ihre Enttäuschung darüber drückte die Vorsitzende aus: „Das ist nicht die Sicht der Kinder." Denn: „Es bringt niemandem etwas, wenn man einen Architekten für die Kinder planen lässt. Wir sollten damit aufhören und anfangen, Spielplätze ausgehend von den Bedürfnissen der Kinder zu planen." Auch die SPD findet die Planung für einen neuen Spielplatz zwar „wünschenswert", hält diesen Standort aber ebenso für nicht geeignet.

Ludger Hinz, Schleswiger Nachrichten, 4.12.2014

AUFGABEN

1. Welche Kandidatin / welchen Kandidaten würdest du in ein Parlament wählen? Begründe deine Entscheidung (**M12**).

2. Arbeitet aus **M14** heraus, welche Voraussetzungen für eine erfolgreiche Interessenvertretung von Jugendlichen gegeben sein müssen.

3. Diskutiert ausgehend von **M15**, ob die beschriebene „Enttäuschung" gerechtfertigt ist. Ist die Gemeinde den Anforderungen der Gemeindeordnung (**M13**) gerecht geworden?

4. Sind Kinder- und Jugendparlamente eine wirksame Interessenvertretung? Nimm kritisch Stellung zu dieser Frage.

WAS WIR WISSEN

Politische Beteiligungsmöglichkeiten
M1, M3, M12 – M15

Demokratie lebt vom Einsatz ihrer Bürger. Auch Jugendliche haben Möglichkeiten, ihre Ziele zu formulieren und sich politisch dafür zu engagieren.
Man kann dazu Gespräche mit Mitschülern, Freunden, Eltern führen, an öffentlichen Diskussionen und Anhörungen teilnehmen, Leserbriefe an Zeitungen schreiben, eine Bürgerinitiative gründen, an einer Demonstration mitwirken, Mitglied in einem Verein oder einer Partei werden oder für das Jugendparlament kandidieren.

Bürgerentscheid
M1

Um den Bürgern mehr Mitbestimmung einzuräumen, gibt es das Instrument des Bürgerentscheids. Wenn in einer besonders strittigen oder viele Menschen betreffenden Frage genügend Bürger ein Bürgerbegehren unterschreiben (10 % der Stimmberechtigten), dann kommt es zum Bürgerentscheid. Das Problem wird als Ja/Nein-Frage formuliert und dann zur Abstimmung vorgelegt. Die Mehrheit der abgegebenen gültigen Stimmen muss mindestens 20 % der Wahlberechtigten betragen.

Aufgaben der Gemeinde
M5, M6

Die Aufgaben der Gemeinde sind umfassend. Man unterscheidet dabei zwischen Freiwilligen Aufgaben (z. B. den Bau eines Schwimmbades), Weisungsfreien Pflichtaufgaben (z. B. Abfallbeseitigung) und Pflichtaufgaben zur Erfüllung nach Weisung (z. B. Melde- und Passwesen). Zudem übernehmen die Gemeinden staatliche Aufgaben wie bspw. die Durchführung von Landtags- und Bundestagswahlen.

Gemeindevertretung
M7 – M9

Die Gemeindevertretung ist das Hauptorgan der Gemeinde und entscheidet über wichtige Fragen, welche die Gemeinde betreffen. Sie hat maßgeblichen Einfluss auf die Verteilung der Einnahmen. Gemeindevertreter werden, wie in fast allen Bundesländern, für 5 Jahre gewählt. Es gibt einen Hauptausschuss für besonders wichtige Fragen sowie verschiedene Fachausschüsse (z. B. Bau, Soziales, Umwelt).

Bürgermeister
M9, M10

Die Bürgermeisterin oder der Bürgermeister leitet die Gemeindeverwaltung. Sie oder er ist dafür verantwortlich, dass gesetzliche Aufgaben erfüllt und die Beschlüsse der Gemeindevertretung realisiert werden. Seit 1998 werden die Bürgermeister von den Bürgerinnen und Bürgern direkt und je nach Gemeindebeschluss für sechs bis acht Jahre gewählt.

Jugendparlamente
M12 – M15

Die Gemeinden sind gesetzlich verpflichtet, Kinder und Jugendliche in Entscheidungsverfahren, die sie betreffen, mit einzubeziehen. In vielen Gemeinden gibt es daher Jugendparlamente. Dort können Jugendliche ihre Interessen vertreten und z. B. der Gemeindevertretung vortragen.

WAS WIR KÖNNEN

Eine Bürgersprechstunde besuchen

(Ober-)Bürgermeister und (Jugend-)Gemeinderatsmitglieder bieten für die Bürgerinnen und Bürger in regelmäßigen Abständen sogenannte „Bürgersprechstunden“ an. Sowohl Erwachsene als auch Kinder und Jugendliche haben in diesem Rahmen die Gelegenheit, mit dem jeweiligen Mandatsträger ein Gespräch zu führen.
Das Gespräch ermöglicht einen ganz konkreten und persönlichen Einblick in ein bestimmtes kommunales Aufgaben-, Arbeits- oder Themenfeld und ist eine interaktive Form der Informationsrecherche. Ihr könnt direkt nachfragen, wenn ihr mit einer Entscheidung in eurer Gemeinde/Stadt nicht einverstanden seid oder euch ein bestimmtes Thema besonders interessiert.

LEITFADEN

1. Themenfindung
Worüber wollt ihr euch informieren? Geht es um die konkrete Arbeit des Bürgermeisters / eines Gemeinderatsmitglied oder wollt ihr zu einem bestimmten Sachthema diskutieren?
Informiert euch im Rathaus über den Termin der nächsten Bürgersprechstunde und meldet euer Kommen an.

2. Vorbereitung in der Klasse
Jeder Schüler formuliert im Vorfeld eine oder mehrere Fragen an den Bürgermeister / das Gemeinderatsmitglied. Diese werden zusammengetragen und sortiert. Macht vorher aus, wer die Fragen stellt.
Bereitet den Ablauf des Gesprächs vor: Wo wird die Befragung durchgeführt (Bürgermeisteramt, Rathaus, Verwaltungsamt etc.)? Darf das Gespräch aufgezeichnet werden (per Video, Tonband oder Mitschrift)?

3. Durchführung/Gesprächsverlauf
Begrüßt zunächst euren Gesprächspartner, erläutert Ziele und Ablauf des Gesprächs und stellt euch kurz vor.
Nach den eröffnenden Fragen („Wir interessieren uns für ...“, „Können Sie uns sagen ...?“) ist es wichtig, auch Fragen zum Überblick über das Thema (wer, wo, was, wann, wie, wie viel ...) und zu genaueren Informationen („Können Sie das noch weiter ausführen?“) zu stellen. Weitere Frageformen sind sogenannte offene Fragen („Warum/wie/wozu haben Sie das gemacht?“), Einschätzungen betreffende („Was halten Sie von ...“, „Welche Erfahrungen haben Sie damit gemacht?“) und Bewertungen („Wie beurteilen Sie ...?“, „Was denken Sie ...?“). Wichtig ist, nachzufragen, wenn ihr etwas nicht verstanden habt.
Denkt am Ende des Gesprächs daran, euch beim Gesprächspartner für die Auskünfte und Informationen zu bedanken.

4. Auswertung
Die Ergebnisse müssen zusammengefasst und bewertet werden. Hierbei helfen u. a. folgende Fragen:
Welche Informationen wurden gegeben? Gibt es neue Erkenntnisse?
Worüber wurde aus welchen Gründen nicht gesprochen?
Bleiben Informationslücken und können diese geschlossen werden?

BUNDESRAT

ES GEHT UM MEHR
8% für mehr Gerechtigkeit.

2

Die politische Ordnung der Bundesrepublik Deutschland

„Demokratie heißt, sich in seine eigenen Angelegenheiten einzumischen", so umschrieb es der Schriftsteller Max Frisch einst knapp und treffend. Doch wie ist die Demokratie in der Bundesrepublik organisiert, welche Möglichkeiten der Mitbestimmung bieten sich und wer darf in Deutschland eigentlich Gesetze initiieren und beschließen?

KOMPETENZEN

Am Ende des Kapitels solltet ihr Folgendes können:

- die Funktion von Parteien beschreiben
- eine eigene, begründete Position zum Jugendwahlrecht ab 16 vertreten
- die Bedeutung von Wahlen erläutern
- verschiedene Wahlsysteme nach unterschiedlichen Kriterien beurteilen
- die Rolle und Bedeutung der Medien in der Demokratie beurteilen
- die Stellung des Bundeskanzlers im politischen System erläutern
- die Arbeitsweise und die Kontrollfunktion des Bundestages sowie die Stellung der Bundestagsabgeordneten darstellen
- den Politikzyklus auf ein politisches Problem anwenden
- den Gang der Gesetzgebung an einem Beispiel erläutern

WAS WISST UND KÖNNT IHR SCHON?

Welche Akteure haben großen Einfluss auf die Politik? Erstellt ausgehend von den Bildern eine Hierarchie. Beginnt mit dem eurer Ansicht nach mächtigsten Akteur. Begründet eure Entscheidung.

2.1 Politische Willensbildung

Warum gibt es überhaupt Parteien?

M1 Parteien – unbeliebt aber notwendig?

Karikatur: Gerhard Mester / Baaske Cartoons

Volkspartei
Als Volkspartei bezeichnet man eine Partei, die aufgrund ihres Programms für Wähler und Mitglieder aller gesellschaftlichen Schichten und unterschiedlicher Weltanschauungen offen ist.

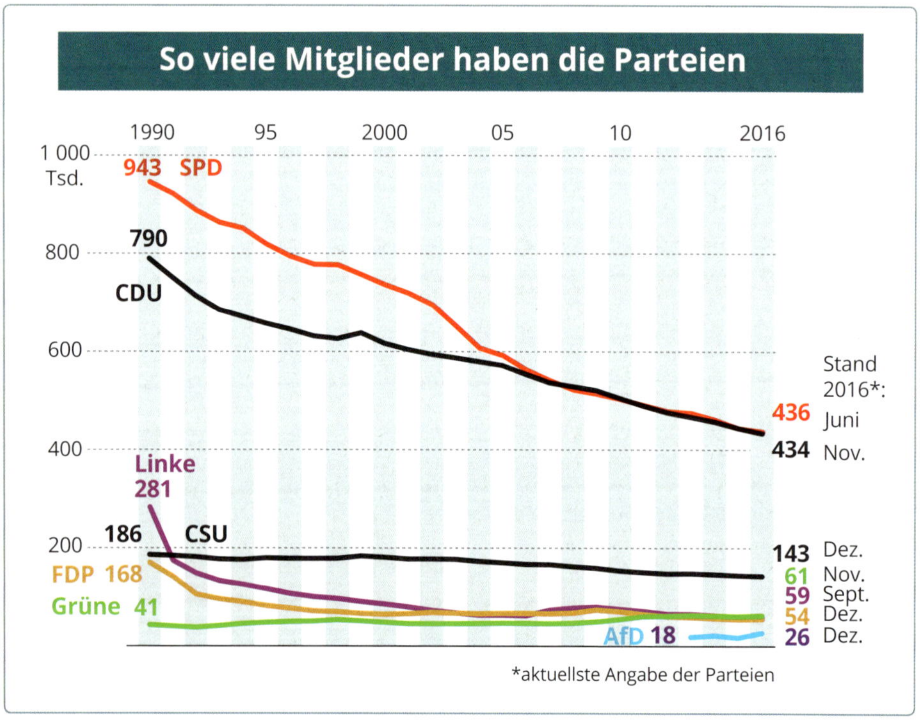

Quelle: Oskar Niedermayer, FU Berlin (1990 – 2015), dpa (2016), dpa-Grafik 25083

M2 Die Demokratie – eine Dampfmaschine?

Stellt man sich die deutsche Demokratie als Dampfmaschine vor, dann sind Parteien der Keilriemen: Sie sorgen dafür, dass Bewegung von einem Teil der Maschine in den anderen kommt – und zurück. Parteien werden deshalb oft auch als demokratisches Bindeglied zwischen Staat und Gesellschaft bezeichnet. Es gibt kaum politische Entscheidungen in Deutschland, an denen sie nicht beteiligt sind. Fast alle Abgeordneten in den Parlamenten gehören einer Partei an – obwohl es die Möglichkeit gibt, direkt für ein Amt zu kandidieren. Die Bundesrepublik Deutschland wird daher häufig als Parteiendemokratie bezeichnet. [...]

Wozu gibt es Parteien?

Parteien sollen der Demokratie beim Funktionieren helfen: Sie sollen sicherstellen, dass die unterschiedlichen Interessen der Bevölkerung in politische Entscheidungen umgesetzt werden und dass umgekehrt die Ideen der Politiker bei den Bürgern ankommen. Zentrale Aufgabe der Parteien ist es, an Wahlen teilzunehmen, politische Ideen und Forderungen in Parteiprogrammen zu bündeln und Personal für politische Ämter bereitzustellen, wie etwa Bundestagsabgeordnete oder Stadträte. Außerdem sollen sie in der Gesellschaft für Akzeptanz der Politiker-Entscheidungen sorgen, die Menschen für Politik interessieren und zum Wählen bewegen. Im Wahlkampf werden Parteien daher besonders aktiv und betonen ihre inhaltlichen und personellen Unterschiede.

Sind Parteien nur gut?

Ob die Parteien diesen Aufgaben gerecht werden, ist umstritten. Derzeit wenden sich viele Menschen frustriert von der Politik ab: Es herrscht „Politikverdrossenheit". Andere kritisieren, dass Parteien auch dort Macht haben und ausüben, wo sie es gar nicht sollen. So reden Parteien bei der Besetzung von Posten mit, deren Vergabe gar nicht durch eine öffentliche Wahl entschieden wird. Das ist zum Beispiel bei Chefredakteuren im öffentlich-rechtlichen Fernsehen oder wichtigen Posten in Ministerien häufig der Fall.

Wie funktionieren Parteien?

Im Inneren sind Parteien Zusammenschlüsse von politisch interessierten Menschen, die nach demokratischen Grundsätzen organisiert sind – so schreibt es das deutsche Parteiengesetz vor. In Parteien wird laufend gewählt: Bevor ein politisches Amt zur öffentlichen Wahl steht, wurde schon parteiintern über die Bewerber abgestimmt. Auch die Parteiführung wird in demokratischen Parteien grundsätzlich gewählt. Jeder Bürger kann Mitglied einer Partei werden, aber er muss sich für eine Partei entscheiden: Mehrfachmitgliedschaften sind in den Parteisatzungen in der Regel untersagt. Insgesamt

Art. 21 GG

(1) Die Parteien wirken bei der politischen Willensbildung des Volkes mit. Ihre Gründung ist frei. Ihre innere Ordnung muss demokratischen Grundsätzen entsprechen. Sie müssen über die Herkunft und Verwendung ihrer Mittel sowie über ihr Vermögen öffentlich Rechenschaft geben.

Parteien in den Nachrichten

Die Parteien erweitern ihre Informationsangebote im Internet

Bundestagsabgeordneter diskutiert mit Schülern über Mali-Einsatz der Bundeswehr

Eine Umfrage alarmiert die Regierung. 2/3 der Befragten sind mit Steuererhöhungen unzufrieden

Politiker aller Parteien diskutieren in Talkshow über die Energiewende

Besuchergruppe im Deutschen Bundestag wird von ihrem Wahlkreisabgeordneten empfangen

Bürgersprechstunde des Landtagsabgeordneten am Freitag von 14-16 Uhr

Interview mit einem Parteivorsitzenden, der für die Regierungsarbeit wirbt

Bürger wählen Abgeordnete in den Bundestag

sind in Deutschland etwa 2,5 Millionen Menschen Mitglied einer Partei. Das sind etwa vier Prozent der Wahlberechtigten. Eine Gruppe von politisch interessierten Menschen gilt nach dem Grundgesetz und Parteiengesetz jedoch nur dann als Partei, wenn sie laufend und dauerhaft Politik machen und in ein Parlament auf Bundes- oder Landesebene gewählt werden will. Dies unterscheidet Parteien von Bürgerinitiativen oder Lobbyverbänden. Parteien werden vom Staat mit Steuergeldern unterstützt und finanzieren sich außerdem durch Mitgliedsbeiträge und Spenden. Die staatliche Teilfinanzierung richtet sich nach der Summe der Mitgliedsbeiträge und Spenden sowie der Anzahl der Wählerstimmen, die für eine Partei abgegeben wurden. 150,8 Millionen Euro Steuergelder wurden so im Jahr 2012 unter den Parteien verteilt. Seit 2013 wird die sog. „absolute Obergrenze" jährlich angepasst. Ohne Parteien liefe in der deutschen Demokratie also gar nichts und aus der Politik-Dampfmaschine käme nur heiße Luft.

Nach: Sebastian Gievert, www.bpb.de, 28.8.2009

M3 Politiker dringend gesucht

Wenn die großen Parteien massiv an Rückhalt verlieren, bröckelt die Substanz des demokratischen Prozesses. [...]
Der Mitgliederschwund einer Volkspartei wie der CDU geht nicht nur die CDU an. So wie der Schwund der SPD nicht nur die SPD angeht. Dass die einstigen Riesen in der Parteienwelt verzwergen, stellt den gesetzlichen Auftrag von Parteien infrage, vor allem den der Rekrutierung von Personal.

Die großen Parteien haben manches dafür getan, dass ihr Niedergang auch Schadenfreude hervorruft. Aber man sollte nicht übersehen, dass hier die Substanz des demokratischen Prozesses bröckelt. Mehr partizipative Demokratie jenseits von Parlamenten und Parteien mag wünschenswert sein. Doch Volksabstimmungen allein machen noch keine Politik. Dazu braucht es auch künftig Politiker. Die Partizipation vor allem auch in den Parteien zu stärken, erscheint deshalb als das richtige Rezept, bei dem man allen etablierten Parteien nur Erfolg wünschen kann; auch denen, deren politische Ziele man nicht teilt.

Nico Fried, Süddeutsche Zeitung, 24.6.2014

AUFGABEN

H ZU AUFGABE 2
Das Interview mit dem Parteivorsitzenden müsste der Laufrichtung Institutionen → Bürger zugeordnet werden.

1. Analysiere die beiden Materialien aus **M1** und arbeite das dargestellte politische Problem heraus.
2. „Wenn die Demokratie eine Dampfmaschine ist, dann sind die Parteien der Keilriemen." Übertrage das Bild vom „Keilriemen" in dein Heft, gib dem Keilriemen eine Laufrichtung und ordne die Schlagzeilen der Randspalte der jeweils passenden Laufrichtung zu (**M2**).
3. Erkläre hypothesenartig, was passiert, wenn die Parteien als Keilriemen der Demokratie geschwächt werden (**M2, M3**).

METHODE

M4 Parteien im Internet – einen Steckbrief erstellen

CDU: www.cdu.de

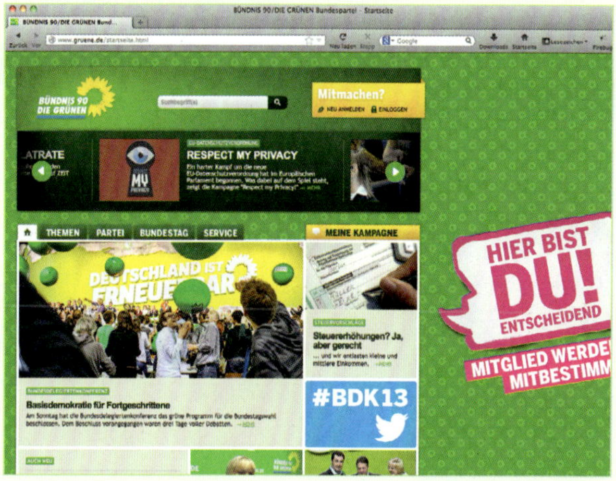

Bündnis 90/Die Grünen: www.gruene.de

FDP: www.fdp.de

Die Linke: www.die-linke.de

AUFGABE

1. Gestalte einen Steckbrief der Parteien, beachte dabei folgende Fragen:
- Wann wurde die Partei gegründet?
- Welche prominenten Mitglieder hat sie?
- Wann und wo war/ist die Partei an der Regierung beteiligt?
- Hat die Partei eine Jugendorganisation?
- Einigt euch auf ein aktuelles politisches Thema (z. B. Einführung von Ganztagsschulen) und recherchiert, was die Parteien dazu auf ihren Homepages sagen.
- Ihr könnt auch den Internetauftritt der Parteien nach verschiedenen Kriterien bewerten.

Wahlkampf – beflügelt er die Demokratie?

M5 Wahlplakate

M6 Die Bedeutung des Wahlkampfs

Wahlkampf bedeutet konkurrierende Werbung der Parteien um Wählerstimmen. Alle Ziele eines Wahlkampfes sind in der Regel auf drei Aspekte ausgerichtet, wobei natürlich der Wahlsieg das Hauptziel darstellt: das eigene Stammwählerpotenzial optimal zu mobilisieren, Wechselwähler zu binden und den Anteil von Nichtwählern bei der gegnerischen Stammwählerschaft zu erhöhen. Probleme, bei denen man in den Augen der Bürger am besten abschneidet, werden in Wahlkampfzeiten besonders in den Vordergrund gerückt und der Amtsbonus der Regierungschefs genutzt. Wahlkampf ist zunächst einmal besonders verdichtete politische Kommunikation. Sie stellt immer ein Beziehungsgeflecht zwischen dem politischen System, den Medien und der Öffentlichkeit als Publikum der Medien her.

Neben der Bewusstmachung von politischen Problemen lenken die Parteien – oft gleichzeitig und nebeneinander – auch absichtlich von den Problemen ab. Das Buhlen um den Wahlbürger ist seit den 1990er-Jahren für die Parteien schwieriger geworden.

Nach: Karl-Rudolf Korte, Wahlen in der Bundesrepublik Deutschland, 4. Aufl., Bonn 2003, S. 112 f.

M7 Werden die Wahlkämpfe immer „amerikanischer“?

Werden die Wahlkämpfe immer „amerikanischer“? Gemeint ist damit dreierlei: eine Personalisierung, eine Professionalisierung und die Tatsache, dass die Medien im Wahlkampf immer wichtiger werden. Alle drei Komponenten sind nicht völlig neu für die Bundestagswahlkämpfe, doch ihre Bedeutung wächst seit den 1990er-Jahren dramatisch.

Personalisierung: Wahlkämpfe sind immer mehr auf den Spitzenkandidaten einer Partei ausgerichtet. Die Sachthemen treten immer mehr in den Hintergrund, der Spitzenkandidat verkörpert die Politik und die Ziele seiner Partei. Strategisch ist hier die Person des Amtsinhabers im Vorteil. Personen repräsentieren politische Botschaften. Je größer das Potenzial an Wechselwählern ist, umso stärker ist der Drang zur Personalisierung. Die Spitzenkandidaten stecken dabei in einer Doppelrolle: Sie sind Hauptdarsteller und zugleich Inhalt der Kampagne. Zu den strategischen Vorbedingungen gehört, dass der Kandidat die geschlossene Unterstützung der Partei und der Anhängerschaft besitzt.

Die Rolle der Medien: Die meisten Bürger erleben Politik nur noch in den Medien. Direkte Parteiwerbung wird kaum beachtet, und Wahlversammlungen erreichen zumeist nur eine kleine, ohnehin überzeugte Minderheit. Deshalb kommt dem Fernsehen eine besondere Bedeutung zu. Der Fernsehwahlkampf beschränkt sich nicht nur auf Nachrichtensendungen und politische Magazine, erst recht nicht auf Wahlspots der Parteien. Wirkungsvoller ist der Auftritt in Unterhaltungssendungen, dort gilt das Motto: mehr Infotainment als seriöse Information. Bislang wird jedoch diese in den US-Wahlkämpfen bewährte Methode nur zögernd von den politischen Parteien in ihr Konzept aufgenommen. Als [vergleichsweise immer noch recht] neues Wahlkampfmedium entpuppt sich das Internet. Auch dort errichten die Parteien seit 1998 eine Wahlkampfzentrale. Sie überlegen, wie sich das neue Medium strategisch in ihre Kampagnen einpassen lässt. Schwer zugängliche Wählergruppen scheinen so leichter erreichbar zu sein. Abrufen kann man neben Veranstaltungsterminen aktuelle Reden und Parteiprogramme. Die Mehrheit der Internetbesucher ist jedoch daran interessiert, selber etwas loszuwerden. Deshalb sind besonders die Diskussionsforen der Parteien erfolgreich.

Professionalisierung: Wahlkampf ist nicht mehr allein Sache der Partei oder der Parteizentralen, die eine Wahlkampfkommission einsetzen. Die Parteien ziehen Experten hinzu, die ihnen und ihren Kandidaten beratend zur Seite stehen. Neben den Demoskopen und Sozialwissenschaftlern kommen diese Fachleute zunehmend aus Werbung, Journalismus und Management. Die deutschen Parteien sind dazu übergegangen, PR-Agenturen zu beauftragen, um den Wahlkampf zu steuern, konkret, um das Image der Kandidaten und die Kontakte zu den Medien zu verbessern.

Karl-Rudolf Korte, www.wahlthemen.de (12.7.2005)

Stammwähler
sind stark auf eine Partei festgelegt und bleiben dieser über viele Jahre treu.

Wechselwähler
sind nicht an eine bestimmte Partei gebunden, sondern entscheiden von Wahl zu Wahl neu.

Protestwähler
sind Wähler, die unzufrieden sind mit ihrer Partei. Sie wählen dann oft extreme Parteien, um ihre Unzufriedenheit zu demonstrieren.

PR
Öffentlichkeitsarbeit

Infotainment
Mischung aus „Information" und „Entertainment"

M8 Welche Rolle spielen die Spitzenkandidaten?

Mit den Spitzenkandidaten und ihrer werbewirksamen Vermarktung steht und fällt der Wahlkampf. Sie müssen Glaubwürdigkeit, Sachkompetenz und Vertrauen ausstrahlen.

Die Bewertung des „Images" gründet besonders auf dem Sympathie- und dem Leistungsbereich. Die Spitzenkandidaten sind eine Art Werbesymbol. Sie erhöhen die Mobilisierungschancen der Stammwähler und die Einsatzbereitschaft der Anhänger. Dennoch sollte nicht ausgeblendet werden, dass auch die Spitzenkandidaten den

Image
(englisch: „Bild") bezeichnet das Ansehen bzw. die Ausstrahlung einer Person. Dieses Ansehen sucht man sich v. a. auf einer positiven Emotions- oder Sympathieebene.

Die Kanzlerkandidaten der beiden großen Parteien für die Bundestagswahl 2017: Angela Merkel (CDU) und Martin Schulz (SPD)

Wahlvorgang nicht allein entscheiden. Es geht immer noch um die Wahl einer politischen Partei. Nichts geht in Deutschland ohne die politischen Parteien, relativ wenig ohne ein dazugehöriges politisches Programm.

Neben dem Image der Kandidaten ist natürlich ihr Bekanntheitsgrad ein wichtiges Kriterium für die Auswahl der Spitzenkandidaten. Andererseits lässt sich die Bekanntheit eines Politikers heute innerhalb kürzester Zeit durch das Fernsehen herstellen. Wenn sich jemand zum Kandidaten küren lässt, beginnt die Medienoffensive. Die Redaktionen möchten im Wettlauf mit der Zeit möglichst vieles – politisch wie privat – über die Person publizieren.

In der „Schlussphasendramatisierung" des Wahlkampfes spielt auch das Duell der Spitzenkandidaten in der Öffentlichkeit eine besondere Rolle. Es bietet für die Wähler eine weitere Möglichkeit der Bewertung. Dazu wurde bei den zurückliegenden Bundestagswahlen häufig eine große Fernsehdiskussion mit den Spitzenkandidaten wenige Tage vor der Wahl durchgeführt.

Karl-Rudolf Korte, www.wahlthemen.de (12.7.2005)

AUFGABEN

H ZU AUFGABE 1
Beschreibe zunächst die Wahlplakate.

1. Vergleiche Aussage und Gestaltung der Wahlplakate in **M5**.
2. Nenne die Gründe, weshalb die Parteien Wahlkampf betreiben (**M6**).
3. „Wahlkampf ist Werbung". Recherchiere im Internet, wie sich die Spitzenpolitiker der Parteien präsentieren. Untersuche, welche Mittel sie anwenden und welches Image sie aufbauen (**M7**, **M8**).
4. Die Bundestagswahlen, Landtagswahlen, Kommunalwahlen und Europawahlen finden an unterschiedlichen Terminen statt und deshalb ist immer irgendwo eine Wahl in Deutschland. Diskutiert, inwieweit dieser „Dauerwahlkampf" die Arbeit der Bundesregierung erschwert und was man dagegen tun könnte.

Wahlrecht ab 16 – eine gute Idee?

M9 Wahlrecht ab 16 in Deutschland

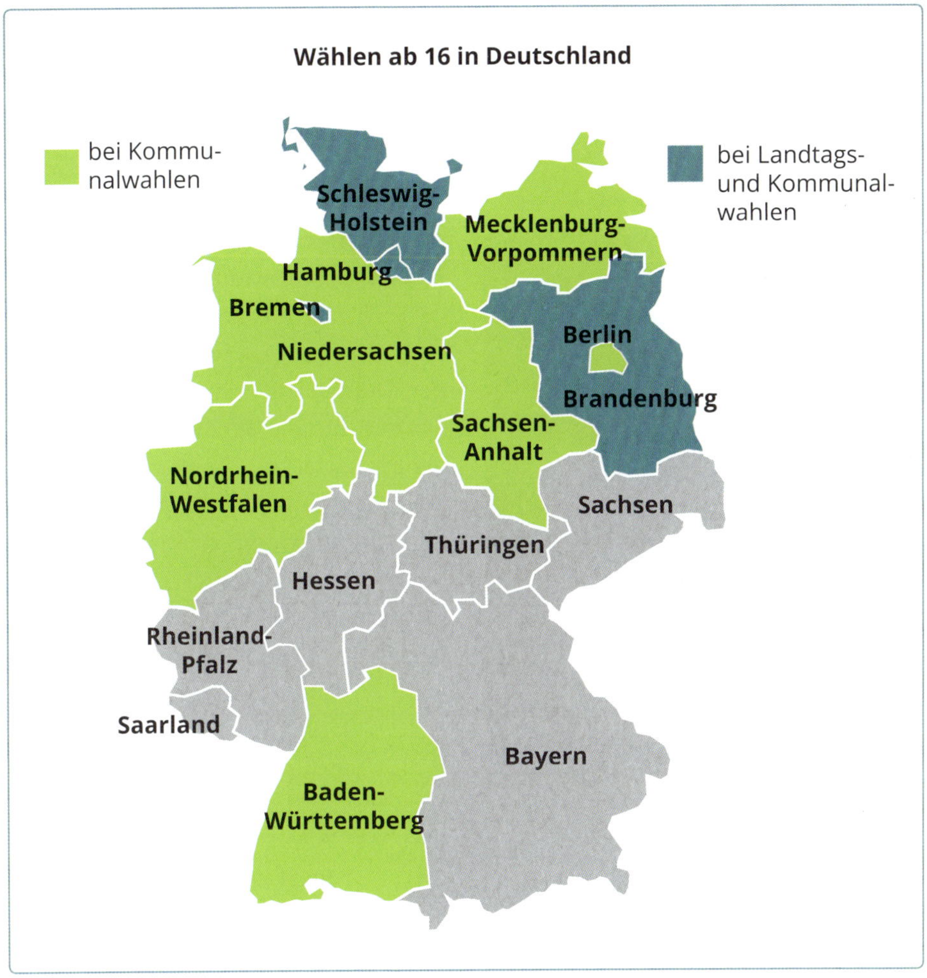

Das aktive Wahlrecht ab 16 Jahren ist in der Bundesrepublik Deutschland noch relativ jung. 1996 führte es Niedersachsen als erstes Bundesland auf Kommunalebene ein. Bis heute zogen zehn weitere Länder nach. Auch in Baden-Württemberg, Berlin, Brandenburg, Bremen, Hamburg, Mecklenburg-Vorpommern, Nordrhein-Westfalen, Sachsen-Anhalt und Schleswig-Holstein kannst du ab deinem 16. Geburtstag deine Stimme bei Kommunalwahlen abgeben.

Auf Landesebene ist das bisher nur in Brandenburg, Bremen, Hamburg und Schleswig-Holstein möglich. In Hessen gab es seit 1998 kurzzeitig das Wahlrecht ab 16. Die Änderung wurde 1999 durch die Regierung unter Roland Koch (CDU) wieder rückgängig gemacht.

In keinem der Länder besitzen 16-Jährige das passive Wahlrecht, das heißt, dass sie zwar wählen dürfen, aber nicht gewählt werden können.

Bei Bundestags- und Europawahlen

gilt das am 31. Juli 1970 eingeführte Wahlrecht ab 18 Jahren. Davor lag das Mindestwahlalter noch bei 21 Jahren. Als erster Staat in Europa hat unser Nachbar Österreich 2007 das Wahlalter generell auf 16 Jahre gesenkt.

M10 Jugendforscher für Bremer Modell auf Bundesebene

Der 16-jährige Felix von Mülmann gibt am 22.5.2011 in Bremen seinen Stimmzettel für die Bürgerschaftswahl ab.

Nach den Bürgerschaftswahlen in Bremen fordert der Jugendforscher Klaus Hurrelmann die bundesweite Einführung des Wahlrechts ab 16 Jahren. In Bremen konnten erstmals bei einer Landtagswahl 16- und 17-Jährige ihre Stimme abgeben. Der „Neuen Presse" sagte Hurrelmann: „In einer Demokratie muss immer wieder kritisch hinterfragt werden, mit welchem Recht wir Teile der Bevölkerung von einer Wahl ausschließen." Die Entwicklung der Jugendlichen habe sich beschleunigt, man habe viel Verantwortung für seine Bildungslaufbahn, für das persönliche Leben, auch oft schon weitgehend für finanzielle Belange. „Das spricht dafür, das Wahlalter herunterzusetzen", so der Wissenschaftler.

Neue Presse Hannover, www.presseportal.de, 24.5.2011

M11 Das Jugendwahlrecht in der Diskussion

Jugendliche haben das Gefühl, nicht ernst genommen zu werden. Die Politikverdrossenheit unter jungen Menschen wird abnehmen, wenn sie durch das aktive Wahlrecht in die politische Entscheidungsfindung einbezogen werden: Wer weiß, dass er etwas bewirken kann, hat auch mehr Interesse an Politik.

Jugendliche stehen Parteien, Mandatsträgern und Wahlen ablehnend gegenüber. Ein früherer Zugang zu Wahlen trifft deshalb die Interessen der Jugendlichen nicht. Es ist sinnvoller, die von Jugendlichen favorisierten Elemente direkter Politik auszubauen und ihnen die Chance zu geben, in Jugendparlamenten oder Anhörungen etc. zu Wort zu kommen.

Auch viele Erwachsene sind „politische Analphabeten" und leicht beeinflussbar. Warum sollte man von Jugendlichen höhere Qualifikationen fordern? Sie müssen heute schon sehr früh Entscheidungen treffen und Verantwortung übernehmen.

16-Jährige sind politisch unreif. Auch wenn sie heute einen höheren Bildungsstand haben als früher, sind sie noch nicht fähig, sich ein vernünftiges Urteil in einer Welt zu bilden, die immer komplizierter wird. Deshalb sind sie leicht manipulierbar.

16- und 17-Jährige haben existenzielle Interessen, die von Erwachsenen wenig oder gar nicht vertreten werden. Außerdem erhalten Jugendliche ab dem 16. Lebensjahr eine Reihe von Rechten zugesprochen wie zum Beispiel Ehefähigkeit, Eidesfähigkeit usw.

Demokratie darf Jugendliche nicht ausschließen. Wahlstatistiken zeigen: Das Wahlverhalten von Erstwählern weicht nicht eklatant von dem anderer Bevölkerungsteile ab. Die Ausgrenzung fördert erst die Neigung zur Radikalität.

Wer wählen will, der muss auch volljährig und strafmündig sein. Wer strafrechtlich für sein Verhalten nicht voll verantwortlich ist, kann auch nicht für das Schicksal des Staates verantwortlich sein.

Jugendliche haben eine Abneigung gegen Parteien und Mandatsträger. Deshalb neigen sie zu politischem Extremismus. Das ist eine Gefahr für die Stabilität der Demokratie.

Valentin Nann, Der Streit ums Wahlalter, fluter, 28.5.2002

AUFGABEN

1. Wann ist ein Mensch „reif" für die Demokratie? Verwendet im Klassenraum eine Strecke von 0 – 18 Jahren (z. B. vom Fenster bis zur Tür). Jeder von euch platziert sich dort, wo dieser Zustand seiner persönlichen Meinung nach erreicht ist. Begründet euren Standpunkt.

2. Erörtert, ob das Wahlalter generell auf 16 Jahre gesenkt werden sollte (**M9 – M11**).

Wählen – Partizipation von gestern?

M12 Wählen oder nicht wählen? – ein Schlagabtausch unter Erst(nicht)wählern

Luisa: Ich finde, es ist meine Pflicht, wählen zu gehen. Andere Menschen auf der Welt haben dieses Recht gar nicht. Dann kann ich doch dieses Recht nicht einfach so wegschmeißen, wenn Menschen in anderen Ländern sich darum schlagen, wählen zu dürfen.

Alex: Jede Stimme, die nicht abgegeben wird, ist eine Stimme für eine extreme Partei.

Christian: Die Wahl könnte für mich ein Weg sein für meine Ziele und Wünsche. Eine Partei zu wählen, die meine Vorstellungen in gewisser Weise bestmöglich vertreten kann. [...]

Luisa: Mir geht es beim Wählen darum, dass auf keinen Fall eine falsche Partei an die Macht kommen darf. Das möchte ich verhindern. [...] Wenn ich mal gucke, was in der Vergangenheit durch politische Fehlentscheidungen passiert ist, wenn ich nur ans Dritte Reich denke, dann wird mir schon klar, wen ich garantiert nicht wähle. Nämlich die rechte Partei, NPD und so. [...]

Doreen: Von dem Argument würde ich mich noch am ehesten überzeugen lassen, obwohl ich eigentlich mit den Bundestagswahlen nichts am Hut habe.

Wolfram: Na ja, vielleicht gibt es doch falsche Parteien. Aber wenn jetzt alle die falsche Partei wählen, dann regeln das sowieso die anderen Parteien untereinander durch eine Koalition. Jedenfalls, das Thema interessiert mich nicht, und es schlägt mir keiner den Kopf ab, wenn ich nicht wähle. Es ändert sich einfach nichts für mich durch die Wahlen.

Andrea: Eigentlich ist es logisch, dass man wählen gehen sollte, wenn man das Recht dazu hat. Aber bei mir ist einfach mein Desinteresse größer! Denn es wird sich nix ändern, egal ob ich wählen gehe oder nicht.

Anne-Katrin: Genau das ist es: Es ändert sich morgen nichts dadurch, dass ich heute nicht wählen gehe – das ist der Grund, warum die jungen Leute nicht so einen Bezug zur Politik haben oder nie hatten. Denn auf lange Sicht macht es schon einen Unterschied, ob eine Partei an der Macht ist, die viel für Sozialpolitik macht, wenn ich irgendwann mal eine Familie gründen will. Im Vergleich zu einer Partei, die alles in die Wirtschaft buttert oder in die Rüstung.

Alex: Ist doch egal, wohin die das buttern, weil nach vier Jahren die nächste Partei kommt und alles wieder ändert.

Fabian: Eure Argumente überzeugen mich überhaupt nicht! Ihr habt alle möglichen Gründe, warum ihr wählen geht, und kein einziger davon hat mich überzeugt. Ich kann doch wählen, wen ich will – es versprechen alle dasselbe. Also ist meine Stimme doch komplett egal! Egal, in welche Partei ich sie reinstecke.

Wolfram: Toll wäre es, wenn mir die Partei 500 Euro rübergeben würde, dafür, dass ich sie wähle. Das wäre eine schöne Sache! Das wäre für mich persönlich ein Anreiz.

Alexandra von Streit, Fluter Nr. 3/Juni 2002

Drittes Reich
Bezeichnung für das Deutsche Reich unter der nationalsozialistischen Regierung Adolf Hitlers zwischen 1933 – 1945

M13 Die Bedeutung von Wahlen

Aufgrund der regelmäßig stattfindenden freien Wahlen muss die Politik den Aspekt der Herrschaft auf Zeit stets mit einkalkulieren. Die Politikverantwortlichen müssen, wenn sie wieder gewählt werden wollen, die Meinungs- und die Willensbildung der Wählerschaft berücksichtigen. Das gilt unabhängig davon, ob sich durch Kreuze auf dem Wahlzettel die Machtverhältnisse ändern oder nicht. Die Einflussmöglichkeiten der Bürgerinnen und Bürger auf die Politik sind somit umfassender und längerfristiger, als es der kurze Wahlakt suggeriert - sofern faktisch unterschiedliche Personen, Parteien und Programme zu wählen sind. Parteien sowie Politikerinnen und Politiker reagieren auf Trends der öffentlichen Meinung und berücksichtigen die Erwartungen sowie die Reaktionen derjenigen, die sie gewählt haben, in ihren Entscheidungen. Karl R. Popper hat diesen Zusammenhang treffend beschrieben: „Jede Regierung, die man wieder loswerden kann, hat einen starken Anreiz, sich so zu verhalten, dass man mit ihr zufrieden ist. Und dieser Anreiz fällt weg, wenn die Regierung weiß, dass man sie nicht so leicht loswerden kann." Die Bürgerinnen und Bürger entscheiden nicht nur über die Verteilung der politischen Macht für eine bestimmte Zeit, sondern sie legitimieren sie auch. Regieren kann nur dann legitim sein, wenn es auf einer Form der Zustimmung der Regierten beruht. Wahlen legitimieren politische Herrschaft, kontrollieren die Regierenden

Karl Raimund Popper, 1902 – 1994, österreichisch-britischer Philosoph, begründete u. a. die empirische Methode.

und garantieren die Bindung der Politik an die Meinungen der Regierten. Die Regierung bleibt durch die Wahlen gegenüber der Wählerschaft politisch verantwortlich. Der Wahlakt ist eine aktive Teilhabe am politischen Entscheidungsprozess. Aber auch diejenigen, die nicht wählen, üben Einfluss aus. Die Höhe der Wahlbeteiligung hat Auswirkungen auf das Ergebnis. Je nach Wahltypus können die Wählenden über die Zusammensetzung der Parlamente, die Regierungsbildung und somit über die politischen Sachprogramme der kommenden Jahre entscheiden. Die Auswirkungen der Stimmabgabe sind vielfältig. Sie bedeutet weit mehr als die Entscheidung darüber, wer die zukünftige Regierung bilden wird.

Karl-Rudolf Korte, Wahlen in Deutschland, Bonn 2010, S. 9 f.

F
Bei Klassensprecherwahlen ist es selbstverständlich, dass sich alle Schülerinnen und Schüler an der Wahl beteiligen. Überlege, was es für das Amt bedeuten würde, wenn sich beispielsweise nur 50 % einer Klasse an der Wahl beteiligen.

M14 Wahlbeteiligung in Deutschland seit 1949

zur Vertiefung: Soll Wählen zur Pflicht werden?

Mediencode: 71008-03

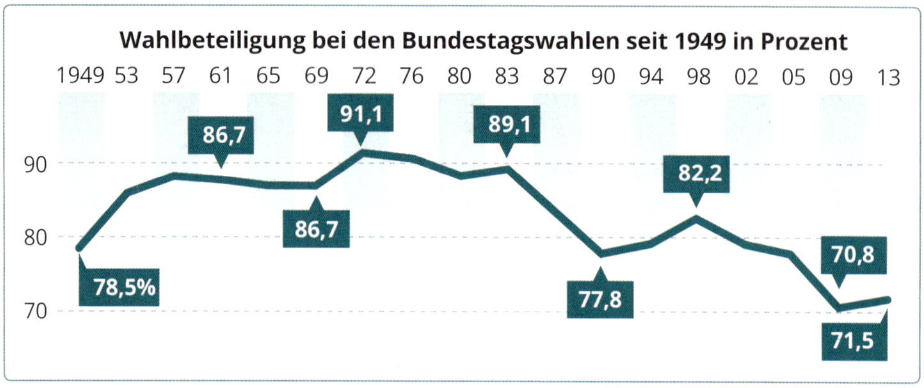

Quelle: Bundeswahlleiter, Stat. Bundesamt

M15 Warum Nichtwähler nicht wählen

Karl-Rudolf Korte ist Professor für Politikwissenschaft und Leiter der School of Governance an der Universität Duisburg-Essen. Für das ZDF kommentiert und analysiert er Wahlergebnisse und politische Ereignisse.

Im Interview mit heute.de informiert der Politikwissenschaftler Karl-Rudolf Korte über Gründe und Folgen der niedrigen Wahlbeteiligung vergangener Wahlen.

heute.de: Welche Auswirkungen hat es, wenn immer weniger Bürger wählen gehen?

Karl-Rudolf Korte: Immer weniger entscheiden über immer mehr. Denn auch die wenigen Stimmen, die abgegeben werden, führen am Ende zu einer Entscheidung. Außerdem sind auch die Chancen höher, dass extreme Parteien bei geringer Wahlbeteiligung aufgewertet werden. Geringe Wahlbeteiligung führt also immer mehr dazu, dass das Ergebnis am Ende nicht repräsentativ ist, dass nicht alle Bevölkerungsgruppen abgedeckt werden – und letztlich auch dazu, dass sich die Spaltung unserer Gesellschaft vergrößert. Geringe Wahlbeteiligung ist immer auch ein Indiz für nachlassende Integrationskraft einer Gesellschaft.

Liegt darin auf Dauer auch eine Gefahr für die Demokratie?

Wenn es Ausmaße annimmt, die die Legitimität der Wahlen generell unterhöhlen. Es gibt aus der Wahlforschung zwar keine Zahl, bei der man sagt: Jetzt wird es kritisch für die Demokratie. Bei Bundestagswahlen ist die Beteiligung noch relativ hoch. Dramatischer ist es bei all den Ebenen darunter. Es gab schon Landtagswahlen, bei denen der Anteil der Nichtwähler höher war als der Anteil der Wähler. Das verändert die Qualität der Demokratie, die sich ja durch Teilhabe ausdrückt.

Sehen Sie die Einführung einer Wahlpflicht als Möglichkeit, die Wahlbeteiligung zu erhöhen?

Nein! Oft existiert eine solche Wahlpflicht in Unrechtsregimen, die mit diesem einmaligen Zwang ihre Politik vier oder fünf Jahre lang rechtfertigen. Dort heißt es dann: Die Bürger haben ein Mal abgestimmt, jetzt müssen sie nicht mehr weiter beteiligt werden. Das passt nicht in unsere demokratische Kultur. Zur Systematik der Demokratie passt, wenn die Bürger aus freier Entscheidung wählen und nicht nur Vorschriften befolgen.

Parteien und Politiker sollten attraktive Politikangebote machen, die auch Anreize setzen, wählen zu gehen.

Das misslingt gerade bei jungen Menschen. Besonders niedrig ist die Wahlbeteiligung bei denen, die zum ersten Mal wählen dürfen. Was lässt sich konkret dagegen tun?

Schulen können zum Beispiel spezielle Formate anbieten, in denen Wählen geübt wird. Solche simulierten Wahlen gibt es teilweise schon. Wer das einmal mitmacht, der kann sich auch dafür begeistern. Der weiß nämlich, was dahintersteckt und wird sich, wenn er endlich richtig wählen darf, darauf freuen. Außerdem müssen Parteien selbst Ideen entwickeln, um junge Menschen anzusprechen. Jugendliche haben ein großes Vertrauen gegenüber bestimmten Sängern und Musikern. Wenn man diese Idole dazu bringt, für eine Partei Farbe zu bekennen, erreicht man auch die Jüngeren.

Zum ersten Mal tritt bei der Bundestagswahl die „Partei der Nichtwähler" an. Was halten Sie davon?

Ich kann nicht erkennen, worin der Reiz liegen sollte, diese Partei zu wählen. Bei der Wahl geht es darum, eine Regierung abzuwählen oder Macht neu zu verteilen. Mir stellt sich die Frage, warum ich die Macht einer Partei geben sollte, die praktisch ohne Programm antritt. Sie erhält Aufmerksamkeit, weil das irgendwie originell klingt. Es gibt genügend Auswahl an unterschiedlichen Parteien, die ein inhaltliches Programm haben.

Das Interview führte Christine Haas, Warum Nichtwähler nicht wählen, www.heute.de, 20.9.2013

Typen von Nichtwählern

Der Unzufriedene
Der Unzufriedene ist ein Protestwähler, der dem politischen System kritisch gegenübersteht und sich bewusst für die Nichtwahl entscheidet.

Der Rationale
Der Rationale tendiert zu wechselhaftem Wahlverhalten und entscheidet sich je nach Bedeutung der Wahl kurzfristig auch für die Nichtwahl.

Der Gleichgültige
Der Gleichgültige ist desinteressiert und hat keinerlei Verbindung zur Politik.

Der Verhinderte
Der Verhinderte ist im Urlaub, krank oder kürzlich verstorben. Diese Gruppe ist in den meisten Fällen die geringste Gruppe der Nichtwähler.

AUFGABEN

1. Analysiert in Kleingruppen die Meinungen der Jugendlichen in **M12** hinsichtlich einer positiven oder negativen Einstellung zu Wahlen.
   - Haltet auf einer Folie oder auf einer Wandzeitung positive und negative Einstellungen zu Wahlen fest.
   - Vergleicht und ergänzt eure Ergebnisse.
   - Diskutiert abschließend die Meinungen und beurteilt, welche Argumente euch überzeugen. Überlegt, ob ein Schüler oder eine Schülerin die Diskussionsleitung übernehmen kann.
2. Fasse zusammen, welche Einflussmöglichkeiten die Bürgerinnen und Bürger durch die Wahlen in unserem Staat haben (**M13**).
3. Nimm Stellung zur These: „Wenn ein Abgeordneter erst einmal gewählt ist, kann er vier Jahre lang machen, was er will!"
4. Analysiere die Grafik **M14** und arbeite mögliche Gründe für die Entwicklung der Wahlbeteiligung heraus.
5. Gib wieder, wie der Politikwissenschaftler Korte die Entwicklung der Wahlbeteiligung beurteilt und welche Lösungsmöglichkeiten er für eine Erhöhung der Wahlbeteiligung für sinnvoll hält bzw. ablehnt (**M15**).

F ZU DEN AUFGABEN 3 UND 4
Recherchiere die Wahlbeteiligung in anderen Ländern der EU auf verschiedenen Ebenen (Bund, Land, Kommune). Welche Gründe werden von Experten für die Veränderung der Wahlbeteiligung genannt?

H ZU AUFGABE 4
Beziehe in deine Bewertung insbesondere die Repräsentationsfunktion von Wahlen mit ein.

Welches Wahlsystem soll es sein?

M16 Wahlsysteme im Vergleich

Sperrklausel oder 5 %-Hürde
Die Parteien müssen 5 % der abgegebenen Zweitstimmen erhalten oder drei Direktmandate erreichen, um in den Deutschen Bundestag einziehen zu können.

Wenn wie in Deutschland ca. 60 Millionen Menschen wählen dürfen, dann muss es ein Verfahren geben, aus dem hervorgeht, wie die einzelnen Stimmen in Parlamentssitze umgewandelt werden. Dieses Verfahren wird als Wahlsystem bezeichnet.

Die Stimmen der Wählerinnen und Wähler müssen in Parlamentsmandate umgerechnet werden. Hierfür gibt es unterschiedliche Methoden mit Vor- und Nachteilen. Bei der Entscheidung für ein Verfahren gilt es abzuwägen: Das Wahlergebnis soll den politischen Willen der gesamten Wählerschaft im Parlament möglichst korrekt abbilden – es soll aber gleichzeitig eine regierungsfähige Mehrheit hervorbringen. Hier gibt es einen Zielkonflikt, denn beides ist nicht gleichzeitig in idealer Weise zu erreichen. Die meisten Wahlsysteme streben deshalb einen Kompromiss an.

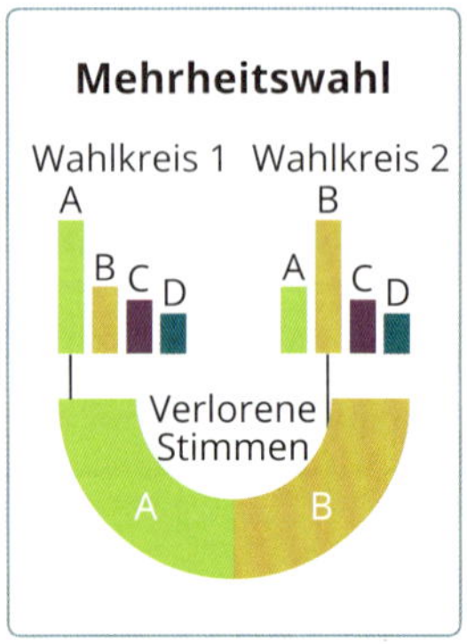

Mehrheitswahl

Zu klaren Mehrheiten führt es meistens, wenn alle Abgeordneten direkt in den Wahlkreisen gewählt werden. Hier spricht man von einem Mehrheitswahlsystem. Wer im Wahlkreis die meisten Stimmen auf sich vereinigen konnte, ist gewählt. Parteilisten gibt es nicht. Die Stimmen für alle nicht gewählten Kandidaten verfallen – sie wirken sich nicht auf die Zusammensetzung des Parlaments aus.

Die Mehrheitswahl begünstigt, wie das Beispiel Großbritannien zeigt, immer die großen Parteien. Kleinere politische Strömungen haben kaum eine Chance, ihre Ideen in die parlamentarische Debatte einzubringen. Die Folge ist, dass sich große Gruppen der Bevölkerung mit ihren Überzeugungen politisch überhaupt nicht vertreten fühlen. Der Vorteil für das politische System: Eine klare absolute Mehrheit für eine Partei ist die Regel. Die Regierungsbildung ist meist kein Problem.

Ein Mehrheitswahlsystem bringt auch ganz andere Parteien hervor: Die Parteien sind weniger mächtig, und die Abgeordneten spielen in ihnen eine wichtige Rolle. Diese sind sehr unabhängig und die Parteizentralen können ihnen kaum etwas vorschreiben.

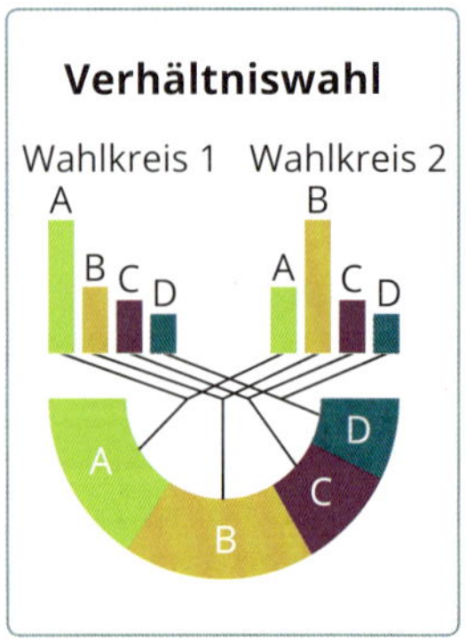

Verhältniswahl

Das Verhältniswahlsystem dagegen kennt überhaupt keine direkt gewählten Wahlkreiskandidaten. Die Stimmberechtigten entscheiden sich für die Kandidatenlisten einer Partei. Jede Partei schickt so viele Abgeordnete ins Parlament, wie es ihrem Anteil an den abgegebenen Wahlstimmen entspricht. Im reinen Verhältniswahlsystem sind deshalb auch sehr kleine Parteien vertreten. Wenn es keine Sperrklausel gibt, entspricht die Zusammensetzung des Parlaments genau der Verteilung der Stimmen auf den Listen, die zur Wahl standen.

Ein reines Verhältniswahlsystem führt – wie es die Geschichte der Weimarer Republik gezeigt hat – leicht zur Zersplitterung der Parteienlandschaft. Ein in viele Fraktionen zerfallendes Parlament bringt schwache, wenig stabile Regierungen hervor, die sich auf Mehrparteienkoalitionen stützen müssen. Die Parteiapparate sind in einem solchen System übermächtig, denn die gewählten Abgeordneten sind von ihnen abhängig. Bei der nächsten Wahl wollen sie wieder auf einem aussichtsreichen Listenplatz aufgestellt werden.

Personalisierte Verhältniswahl

Der Bundestag wird auf vier Jahre gewählt, und zwar nach dem Verfahren der sogenannten personalisierten Verhältniswahl. Danach wird die Hälfte der Abgeordneten in einem Wahlkreis direkt gewählt, während die andere Hälfte über die Landeslisten der Parteien in den Bundestag einzieht. Jeder Wähler und jede Wählerin kann zu diesem Zweck zwei Stimmen vergeben. Die Erststimme ist der „personalisierte" Teil des Wahlsystems. Mit ihr wird der oder die Wahlkreisabgeordnete nach dem Prinzip der relativen Mehrheitswahl gewählt. Das bedeutet: Gewählt ist, wer die meisten Stimmen auf sich vereint.

Wichard Woyke, Informationen zur politischen Bildung aktuell, Bundestagswahlen 2002, Bonn 2002, S. 3 f.

a) Simulation: Sitzverteilung im Bundestag nach der Bundestagswahl 2013

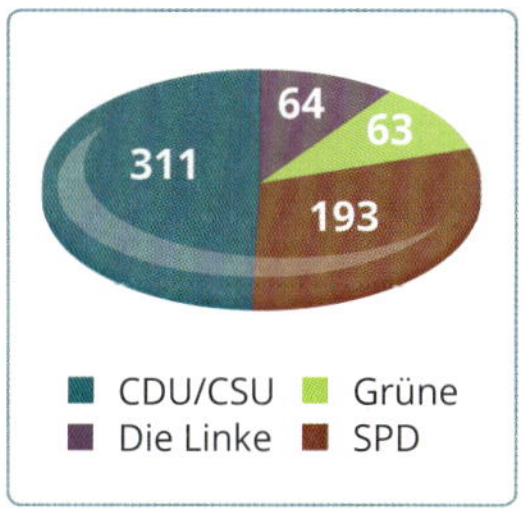

b) Simulation: Sitzverteilung nach Mehrheitswahl in Einer-Wahlkreisen

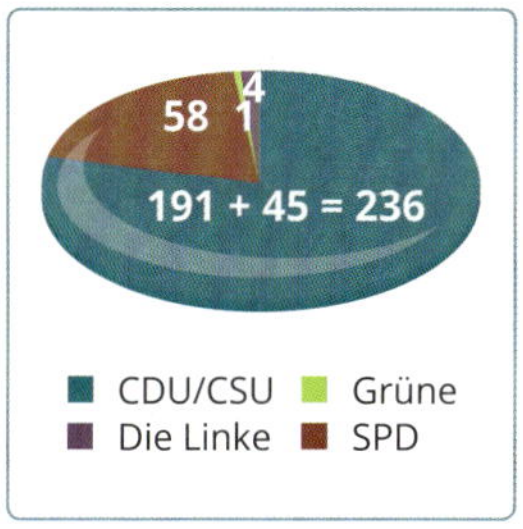

Um die Auswirkungen des Mehrheitswahlrechts auf die Zusammensetzung des Deutschen Bundestags zu simulieren, wird einfach angenommen, dass lediglich die in den 299 Wahlkreisen nach der relativen Mehrheitswahl direkt gewählten Abgeordneten einen Sitz im Parlament erhalten. Unberücksichtigt bleiben muss, dass auch das Wahlsystem die Wahlentscheidung der Wähler beeinflusst.

M17 Ergebnisse der Bundestagswahlen

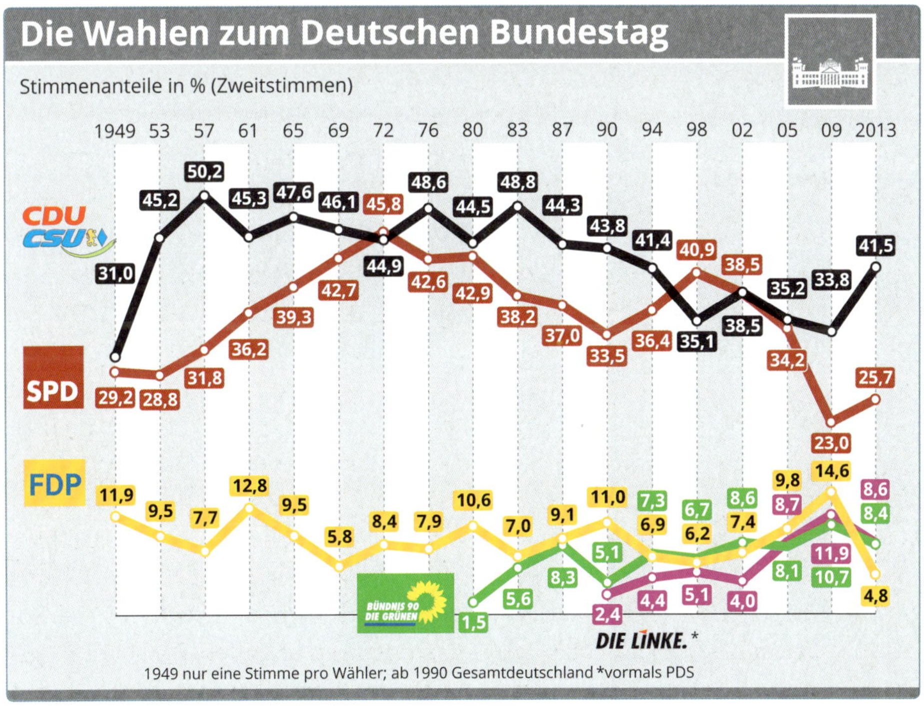

Globus-Grafik 5995; Quelle: Bundeswahlleiter

M18 Das Wahlsystem zum Deutschen Bundestag

Die Erststimme und ihre Bedeutung

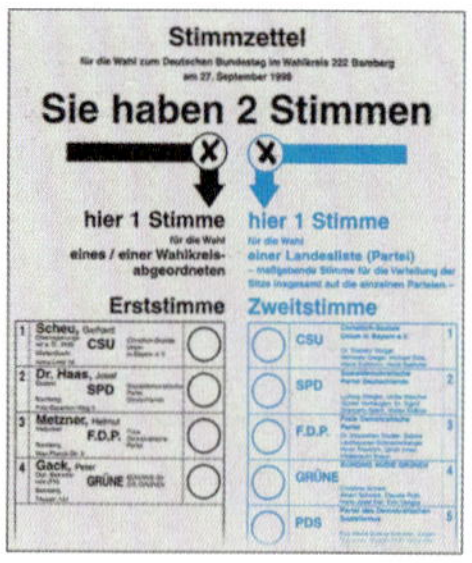

Das Gebiet der Bundesrepublik ist in 299 Wahlkreise eingeteilt. Jeder Wähler entscheidet sich für einen Kandidaten seines Wahlkreises. Gewählt ist, wer mindestens eine Stimme mehr hat als jeder andere Bewerber (*relative Mehrheitswahl*). Ein gewählter Direktkandidat kommt auf jeden Fall ins Parlament, auch wenn seine Partei die 5 %-Hürde nicht schafft.

Die Zweitstimme und ihre Bedeutung

Nach der Gesamtzahl der Zweitstimmen, die für eine Partei bei der Wahl abgegeben werden, richtet sich die Anzahl der Sitze, die diese Partei im Bundestag erhält (*Verhältniswahl*). Die Wähler geben ihre Stimme dabei der Landesliste einer Partei in ihrem Bundesland. 299 Abgeordnete ziehen bei der Sitzverteilung über diese Listen in den Bundestag ein.

Überhangmandate

Hat eine Partei in einem Bundesland mehr Direktmandate errungen als ihr – den Zweitstimmen nach – zustehen, erhält sie Überhangmandate.

Beispiel: Die Partei B hat im Bundesland Y 28 Direktmandate gewonnen. Nach Zweitstimmen stehen ihr nur 26 Mandate zu. Die zwei fehlenden Sitze erhält die Partei als Überhangmandate. Für die Überhangmandate einer Partei erhalten die anderen Parteien entsprechend der Mehrheitsverhältnisse **Ausgleichsmandate**. Die Gesamtzahl der Sitze nimmt zu.

• = Listenmandat
• = Direktmandat
• = Überhangmandat

Bundesland Y

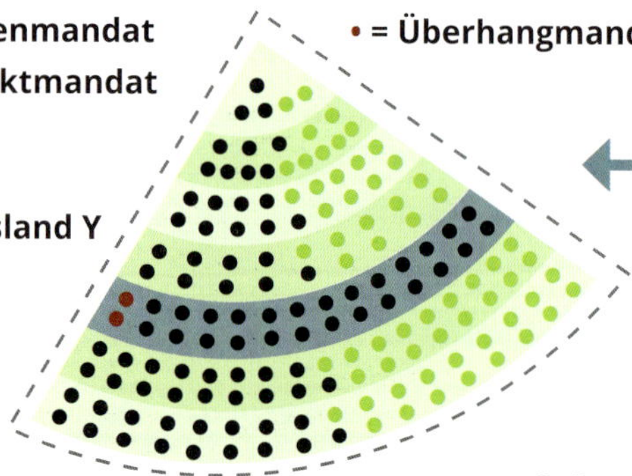

z.B. Partei B

Verteilung der Sitze auf die Parteien

Bei der Vergabe der Sitze werden nur Parteien berücksichtigt, die bundesweit mindestens 5 % der Zweitstimmen oder drei Direktmandate errungen haben (*Sperrklausel*). Wie viele Abgeordnetensitze den Parteien zustehen, wird mithilfe der Divisormethode mit *Standardrundung* (Sainte-Laguë/Schepers) berechnet. Die Stimmen der Parteien, die an der Stimmvergabe teilnehmen, werden dazu durch einen Divisor geteilt. Als Divisor eignet sich die Zahl der durchschnittlich auf einen Sitz entfallenen Stimmen. Die Ergebnisse der Division werden anschließend mit Standardrundung zu ganzen Zahlen auf- oder abgerundet. Die ganzen Zahlen entsprechen der Sitzverteilung. Ist die Summe der Sitze größer/kleiner als die zu vergebenden Sitze, so wird das Verfahren mit einem größeren/kleineren Divisor wiederholt. Beispielrechnung:

Partei	Zweitstimme	Divisor	Ergebnis	Sitze
A	3.700.000	18.896	195,80	196
B	5.500.000	18.896	291,06	291
C	2.100.000	18.896	111,13	111
598 Sitze zu vergeben	gesamt: 11.300.000	Gesamtstimmenzahl/Gesamtzahl der Sitze	Stimmen für Partei X/Divisor	nach Standardrundung

Die Sitzverteilung nach Zweitstimmen

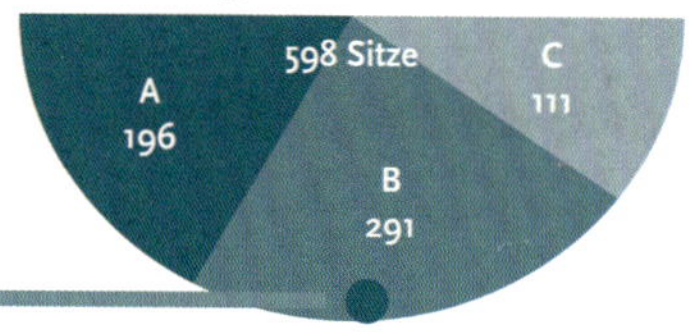

Verteilung der Sitze auf die Landeslisten der Parteien

Der Landesverband einer Partei erhält die Anzahl an Sitzen, die dem Anteil an Zweitstimmen entspricht, der auf seine Landesliste entfiel.

Partei	Sitze insgesamt	Zweitstimmen im Bundesland Y	Gesamtzahlen der Zweitstimmen der Partei B		Sitze im Bundesland Y
B	291	x 500.000	: 5.500.000	= 26,45	26

Die Anzahl der errungenen Bundestagssitze wird dann zunächst mit den in dem Bundesland direkt gewählten Wahlkreiskandidaten dieser Partei besetzt (*Direktmandate*), die verbleibenden Sitze mit Kandidaten der Landesliste (*Listenmandate*).

METHODE

M19 Ein politisches Urteil fällen

In einem Land, in dem sehr viele Menschen wählen dürfen, muss es ein Verfahren geben, das bestimmt, wie die abgegebenen Stimmen der Wähler in Parlamentssitze umgewandelt werden. Dafür stehen unterschiedliche Wahlsysteme zur Verfügung, z. B. die Mehrheitswahl und die Verhältniswahl (vgl. **M16**). Die Wahlsysteme haben natürlich jeweils ihre Stärken und Schwächen. Wie kann man nun die Stärken und Schwächen eines Wahlsystems beurteilen?

Wahlsysteme müssen u. a. zwei wesentliche Dinge leisten: Zum einen müssen sie für stabile Mehrheiten im Parlament sorgen, damit eine stabile Regierung gewählt werden kann. Zum anderen wünschen sich die Menschen, dass die abgegebenen Stimmen zu einer gerechten Verteilung der Sitze im Parlament führen.

Das Problem besteht nun darin, dass nicht immer beide Ziele erreicht werden können. Ein politisches Urteil fällen bedeutet nun abzuwägen und dann zu entscheiden, welches Ziel wichtiger ist und vornehmlich erreicht werden soll.

Experten haben für dieses Problem Fachbegriffe geprägt, um die verschiedenen Wege, zu einem Urteil zu kommen, zu verdeutlichen:

Sachurteil	Werturteil
Sachurteile fragen, ob politische Entscheidungen zur Lösung eines Problems beitragen. Man untersucht, ob eine politische Maßnahme effizient ist. *Frage: Gelingt es, eine stabile Regierungsmehrheit zu schaffen?*	Werturteile beurteilen politische Entscheidungen nach moralischen Maßstäben. Dabei ist entscheidend, welche Werte (z. B. Freiheit, Gleichheit, Gerechtigkeit, ...) die Menschen vertreten. *Frage: Sind die Wähler in einem gerechten Verhältnis im Parlament repräsentiert?*

Man berücksichtigt bei einem politischen Urteil beide Dimensionen und deshalb enthält ein Urteil immer Sach- und Wertaspekte – allerdings in unterschiedlicher Gewichtung. Häufig besteht zwischen den beiden Aspekten eines Urteils ein Spannungsverhältnis. Sach- und Wertaspekte lassen sich allerdings nicht immer vollständig und trennscharf voneinander abgrenzen.

AUFGABEN

1. Vergleiche Mehrheits- und Verhältniswahlsystem miteinander (**M16**).
2. Bewerte die unterschiedlichen Wahlsysteme. Berücksichtige dabei die Projektionen in **M16** und begründe dein Urteil. Nenne die Werte, die für dein Urteil entscheidend sind (**M16** – **M19**).
3. Nimm an: Bei der nächsten Bundestagswahl liegt folgendes Wahlergebnis in Mio. Zweitstimmen vor: SPD 18,5; CDU/CSU 19,7; Grüne: 3,8; FDP: 2,9; Die Linke: 1,5.
   a) Berechne die Verteilung der Stimmen in Prozent und die Verteilung der Sitze nach dem Sainte-Laguë/Schepers-Verfahren, wenn 598 Sitze zu vergeben sind (**M18**).
   b) Ermittle, welche Parteien (zusammen) eine absolute Mehrheit der Sitze erringen könnten (**M18**).

F ZU AUFGABE 3
Erläutere, unter welchen Bedingungen die Parteien Überhangmandate bekommen würden (**M18**).

Welche Rolle spielen die Medien in der Demokratie?

M20 Pressetexte haben viele Funktionen

Das Wetter am Montag

Die Sparpolitik der Regierung ist unsozial
Die Zeche zahlen die Schwachen

Am Wochenende ist Tag der offenen Tür

Spendenskandal bei UNICEF aufgedeckt
FR-Redakteure Thieme und Schindler mit dem Wächterpreis ausgezeichnet – Vorbilder für guten Journalismus

Debatte
Die Boni mancher Banker sind unmoralisch

Fronten sind verhärtet
Noch keine Annäherung beim Streit um „Stuttgart 21"

Bankraub in der Frankfurter Straße
Täter erbeuten 250.000 Euro

Kuschel-Nachwuchs im Nürnberger Tiergarten

Aktuelles Lexikon
Gesundheitsfonds

Betrug am Patienten
Kritische Journalisten decken Skandal um falsche Arztabrechnungen auf

M21 Funktionen der Massenmedien

Informationsfunktion

Die Massenmedien sollen so vollständig, sachlich und verständlich wie möglich informieren, damit ihre Nutzerinnen und Nutzer in der Lage sind, das öffentliche Geschehen zu verfolgen. Da unsere Gesellschaft viel zu großräumig geworden ist, kommen wir mit dem direkten Gespräch, der unmittelbaren Kommunikation, nicht mehr aus. Wir als Einzelne und die vielfältigen Gruppen, die in dieser Gesellschaft bestehen, sind darauf angewiesen, miteinander ins Gespräch gebracht zu werden – dafür sollen die Massenmedien sorgen. Dabei müssen wir uns der Tatsache bewusst sein, dass wir die Welt zum großen Teil nicht mehr unmittelbar erfahren; es handelt sich überwiegend um eine durch Medien vermittelte Welt.

Meinungsbildungsfunktion

Bei der Meinungsbildung fällt den Massenmedien ebenfalls eine bedeutsame Rolle zu. Dies ergibt sich aus der Überzeugung, in der Demokratie sei allen am meisten damit gedient, wenn Fragen von öffentlichem Interesse in freier und offener Diskussion erörtert werden. Es besteht dann die Hoffnung, dass im Kampf der Meinungen das Vernünftige die Chance hat, sich durchzusetzen. Da in einer modernen, differenziert strukturierten Gesellschaft eine Vielzahl von mehr oder weniger großen, zum Teil in Konkurrenz zueinander stehenden Interessengruppen existiert, gehört es auch zu den Aufgaben der Massenmedien, diesen Meinungspluralismus in einem angemessenen Verhältnis widerzuspiegeln.

F Der „Wächterpreis der Tagespresse" wird jährlich für kritische Berichterstattung vergeben. Recherchiere auf www.waechterpreis.de, welche Missstände von den Preisträgern aufgedeckt wurden. Wähle einen Fall aus, der dich besonders beeindruckt, und stelle den Fall z. B. auf einem Infoplakat vor.

Kritik- und Kontrollfunktion

[...] Ohne Presse, Hörfunk und Fernsehen, die Missstände aufspüren und durch ihre Berichte unter anderem parlamentarische Anfragen und Untersuchungsausschüsse anregen, liefe die Demokratie Gefahr, der Korruption oder der bürokratischen Willkür zu erliegen. Wie die Wirkungsforschung hervorhebt, haben viele Medien über die erwähnten Funktionen hinaus weitere übernommen, zum Beispiel die **Thematisierungsfunktion**. Diese „agenda setting function", wie sie in den USA heißt, bedeutet, dass diejenigen, die die unterschiedlichen Medien lesen, hören und sehen, genau die Themen für wichtig halten, die darin behandelt werden. Die Medien sind jedoch nicht nur entscheidend dafür verantwortlich, welche Themen auf der Tagesordnung stehen, sondern sie legen auch fest, in welcher Rangfolge der Dringlichkeit diese Themen behandelt werden.

Hanni Chill/Hermann Meyn, Informationen zur politischen Bildung Nr. 260, Massenmedien, hg. von der Bundeszentrale für politische Bildung, Bonn 3/1998

„Agenda-Setting"
Medien bestimmen, welche Themen besondere Bedeutung in der öffentlichen Debatte haben.

M22 Mediendemokratie – was heißt das?

Der Begriff Mediendemokratie bezeichnet eine Form der Demokratie, in der sich die politische Meinungs- und Willensbildung im Wesentlichen über Massenmedien vollzieht. Deutlich wird dies v. a. in Wahlkampfzeiten: So nennen die Wähler in Deutschland und anderen europäischen Staaten nach mehreren Wahlen in den letzten Jahren das Fernsehen als die wichtigste Informationsquelle für ihre Wahlentscheidung. Meinungsbildung über Medien beinhaltet, dass die Medien durch die Auswahl und Ausgestaltung von Inhalten darüber bestimmen, was auf welche Weise zum öffentlichen Thema wird. [...]

Politikvermittlung durch Medien bedeutet darüber hinaus, dass sich die Politik bzw. die Politiker mediengerecht präsentieren, um Erfolg zu haben. Denn die Bevölkerung tendiert dazu, nur ihre Medienexistenz mit den dazugehörenden Images wahrzunehmen. Die Medien sind demnach nicht nur Beobachter, Kritiker und Kontrolleure politischer Ereignisse und staatlicher Macht („vierte Gewalt"). Sie stellen vielmehr einen Faktor dar, der politische Einstellungen und Stimmungen beeinflusst und ein bestimmtes Meinungsklima zugunsten oder zuungunsten einer Partei, einer Person oder einer politischen Forderung vermittelt. Medien bestimmen dadurch die Politik mit.

Hans Boldt, Schülerduden Politik und Gesellschaft, 5. Aufl., Mannheim 2005, S. 260

AUFGABEN

1. Ordne die Schlagzeilen in **M20** den Funktionen der Massenmedien in **M21** zu und begründe deine Zuordnung.
2. „Die Politik und die Politiker brauchen die Medien – die Medien brauchen die Politik und die Politiker." – Erläutere diese Aussage (**M21**, **M22**).

F ZU AUFGABE 2
Stelle mögliche Beziehungsmuster zwischen Medien, Bevölkerung / Wählern und Politikern in einem bzw. mehreren Schaubildern dar. Nutze dazu (beschriftete) Pfeile und ggf. andere anschauliche Symbole.

Presse- und Meinungsfreiheit – ein hohes Gut

M23 Die Säulen der Demokratie ...

Karikatur: Ed Stein

M24 Was wäre, wenn ...

Art. 5 GG
(Presse- und Meinungsfreiheit im Grundgesetz)
(1) Jeder hat das Recht, seine Meinung in Wort, Schrift und Bild frei zu äußern und zu verbreiten und sich aus allgemein zugänglichen Quellen ungehindert zu unterrichten. Die Pressefreiheit und die Freiheit der Berichterstattung durch Rundfunk und Film werden gewährleistet. Eine Zensur findet nicht statt.

Was wäre, wenn es nur noch einen staatlichen Fernsehkanal gäbe, in dem ausschließlich wiedergegeben würde, was die gerade jeweils Regierenden für gut und nützlich halten? Was wäre, wenn Journalisten alles, was sie schreiben, einem Zensor vorlegen müssten, der – mangels besseren Wissens – alles streicht, was er nicht versteht? Freie, vor allem auch kritische Medien, sind aus einer echten Demokratie nicht wegzudenken. Demokratie, das lehrt uns nicht nur die Theorie, sondern einfach auch die Erfahrung, braucht Kontrolle. Tagtäglich. Wenn in einer abgelegenen Region Russlands [...] Sozialabgaben dazu benutzt werden, dem lokalen Machthaber eine neue Datscha zu bauen und ein mutiger Lokalreporter dem Skandal auf die Spur kommt, geschieht Folgendes: Der Journalist wird von seinem Chefredakteur gelobt – und erhält die Auskunft, dass man dies unmöglich veröffentlichen könne, er wisse schon, der lokale Machthaber habe so gute Verbindungen bis hinauf nach Moskau. Wenn der Journalist dann trotzdem darauf besteht, seine Rechercheergebnisse dem staunenden Leser zu vermitteln, wird er eines Abends vor seiner Wohnung auf brutale Schläger treffen – und im besten Fall lediglich im Spital landen. [...] Journalismus ist ein schwieriges Handwerk – das steht außer Frage. Und ein sehr viel verantwortungsvolleres, als viele glauben. Ohne journalistische Kontrolle aber gerät die Demokratie erstaunlich schnell in Schieflage.

Susanne Scholl, www.mein.salzburg.com, 11.5.2010

Datscha
Garten- oder Wochenendhaus

M25 Die rechtliche Stellung der Medien

Die rechtliche Stellung der Medien

Freiheit der Medien

Art. 5 (1) GG:
- Pressefreiheit, Freiheit der Berichterstattung durch Rundfunk und Film
- Meinungs- und Informationsfreiheit
- Zensurverbot

Zeugnisverweigerungsrecht für Journalisten

Gefährdung z. B. durch:
- Pressekonzentration
- Verflechtungen von Medien und Politik
- mangelnde Berufsethik von Journalisten

Einschränkungen

gesetzlich

Art. 5 (2) GG:
Schranken durch:
- allg. Gesetze
- gesetzl. Bestimmungen zum Schutz der Jugend
- Persönlichkeitsrechte

Gegendarstellungsrecht bei Tatsachenbehauptungen

freiwillige Selbstverpflichtung

Pressekodex des Deutschen Presserats

aber: keine rechtlichen Sanktionsmöglichkeiten

M26 Pressefreiheit in Deutschland in Gefahr?

In Deutschland ist die Pressefreiheit weniger vom Staat bedroht; bei Verletzung des Redaktionsgeheimnisses durch Sicherheitsbehörden greift das Bundesverfassungsgericht ein und lehrt die Staatsbehörden den Wert der Pressefreiheit für die Demokratie. Die Bedrohung der Pressefreiheit besorgen die Medien heute in erster Linie selber. Die Qualität des Journalismus sinkt, weil Medienunternehmen mit den Medien mehr Geld verdienen wollen als früher. […]

In Redaktionskonferenzen ist das diskussionsfreudige Klima verschwunden, offenbar haben die wirtschaftlichen Schwierigkeiten, in die viele Zeitungen geraten sind, und die Existenzängste nicht weniger Redakteure damit zu tun. […] Zu beklagen ist die Verquickung von Journalismus, Politik und Wirtschaft, zu beklagen ist also die Tatsache, dass sich immer mehr Journalisten zu Büchsenspannern und Handlangern vor allem von Wirtschaftslobbys machen lassen. […]

Gelegentlich werden Fälle bekannt, in denen die Staatsanwaltschaft und Polizei die Telefone von Journalisten überwacht haben. Schlimmer als diese staatlichen Lauscher sind Medien-Manager und Finanzinvestoren, für die Zeitungen nur Produkte zum Geldverdienen sind wie andere auch – und die Redaktionen immer billiger machen wollen.

Heribert Prantl, Pressefreiheit in Deutschland, www.goethe.de (10.11.2010)

AUFGABEN

1. Arbeite die Kernaussage der Karikatur in **M23** heraus.
2. Nimm Stellung zur Aussage des Karikaturisten (**M23**).
3. Stelle dar, ob und ggf. wodurch sich die Säulen ersetzen ließen (**M23**).
4. Erläutere, warum die Pressefreiheit ein so hohes Gut ist (**M24**).
5. Gib wieder, wodurch der Verfasser in **M26** die Pressefreiheit in Deutschland in Gefahr sieht.

Internet – Chance oder Gefahr für die politische Meinungsbildung?

Anzahl und verkaufte Auflage von Tageszeitungen in Deutschland

Jahr	Anzahl	Auflage in Mio.
2015	329	16,1
2011	347	18,8
2007	351	20,8
2003	349	22,6

© Statista 2015

M27 Welche Medien nutzen Deutsche wie intensiv?

	Verbreitung		Stunden pro Woche	
TV	92%	↑ 2% Seit 2010	15,2	↑ 19% Seit 2010
Internet	77%	↑ 24% Seit 2010	11,4	↑ 24% Seit 2010
Radio	86%	↑ 9% Seit 2010	14,1	↑ 2% Seit 2010
Zeitungen	74%	↓ 6% Seit 2010	4,5	↓ 2% Seit 2010
Magazine	69%	↑ 60% Seit 2010	3,8	↑ 6% Seit 2010

Basis: Alle deutschen Befragten n=1.012

Basis: Alle TV-Zuschauer n=968, Alle Zeitungsleser n=685, Alle Magazinleser n=588, Alle Radiohörer n=800, Alle Internetnutzer n=754

Quelle: Mediascope Europe, Germany Launch Presentation – Summary 2012, S. 9 f.; übersetzt von der Redaktion

M28 Welche Internet-Angebote werden genutzt?

Onlineanwendungen	Anteil an der Gesamtbevölkerung	Anteil 14- bis 29-Jährige
Suchmaschinen nutzen	83 %	90 %
E-Mails senden / empfangen	79 %	80 %
zielgerichtet Angebote / Informationen suchen	72 %	80 %
einfach so im Internet surfen	44 %	57 %
Onlinecommunitys nutzen (z. B. Facebook)	39 %	76 %
Videoportale nutzen (z. B. YouTube)	32 %	65 %
Chatten	26 %	59 %
Onlinespiele	16 %	23 %
Musikdateien aus dem Internet	14 %	33 %
RSS-feeds / Newsfeeds	10 %	18 %
Gesprächsforen	10 %	15 %

Nach: Birgit van Eimeren / Beate Frees, Rasanter Anstieg des Internet-Konsums – Onliner fast drei Stunden am Tag im Netz, Media-Perspektiven 7 – 8/2013, S. 363

M29 Internet – Chance oder Gefahr für die Demokratie?

Über das Internet kann man sich viel eigenständiger und umfassender informieren, da viel mehr Informationen zu viel mehr Themen verfügbar sind als in klassischen Medien wie Fernsehen oder Tageszeitung.

Das Web 2.0 entkoppelt Handlung und Verantwortung: Oft wird ein „Shitstorm" („Beleidigungsunwetter") über Politiker losgetreten, ohne dass jemand dafür als einzelner verantwortlich gemacht wird.

Die Chancen, seine eigene Meinung selbst einzubringen, sind viel größer. Früher konnte man nur einen Leserbrief schreiben. Heute ist der Aufwand, einen Blog zu kommentieren o. Ä., viel geringer.

Die Meinungsbildung im Internet wird oft nur von wenigen Interessierten vorgenommen, wirkt dann aber häufig wie ein Ergebnis von vielen.

Gebildete, besser Verdienende beeinflussen die Netzinhalte überproportional. Ärmere und ältere Menschen und solche mit einer weniger umfassenden Ausbildung sind deutlich weniger netzpräsent.

Für eine seriöse Auswahl und Aufbereitung politischer (Hintergrund-)Informationen sind Journalisten in Redaktionen von Tages- und Wochenzeitungen am besten ausgebildet. Denn es ist außerordentlich voraussetzungsreich und Zeit fressend, wichtige von unwichtigen, seriöse von unseriösen Informationen im Internet zu trennen.

Dadurch, dass sich viele User in Online-Foren u. Ä. an Diskussionen beteiligen, sind deren Ergebnisse ergiebiger und tragen so besser zur Meinungsbildung bei.

Menschen lassen sich in ihrer Meinungsbildung leicht von der Mehrheit in ihrem Umfeld beeinflussen. Dies können Parteien, Verbände und sogar Regierungen nutzen und „follower" (Fans) z. B. bei Twitter kaufen, woraufhin sich andere anschließen.

Durch die vielen Internetnutzer werden die Politiker viel genauer beobachtet.

M30 Internet – zentrales Medium für den kundigen Nutzer

Linearmedien wie das Fernsehen und insbesondere der Hörfunk zeichnen sich dadurch aus, dass sie auch als Begleitmedien genutzt werden können und in der Regel nur teilaufmerksam rezipiert [= wahrgenommen] werden. [...] Das Fernsehen oder das Radio werden in der Regel [...] zu bestimmten Tageszeiten, in bestimmten Situationen oder auch für bestimmte Angebote oder Sendungen, etwa Nachrichten, eingeschaltet. Die mehr oder weniger aufmerksame Zuwendung erfolgt dann in Abhängigkeit von konkreten Inhalten, die individuell in unterschiedlichem Maße als relevant oder interessant wahrgenommen werden. Bei

Rezeption
hier: Erfassung, Wahrnehmung

der Rezeption von Informationen muss relativ viel Zeit investiert werden, um persönlich Interessantes sehen oder hören zu können. [...]

Einer solchen, in Teilen eher flüchtigen, Informationsrezeption bei Linearmedien steht die in der Regel aktivere und damit intensivere Informationsrezeption von Hypertextmedien wie dem Internet gegenüber. [...] Dabei ist das Internet [...] für seine Nutzer am ehesten noch ein Lesemedium, am ähnlichsten der Tageszeitung, wenn man zunächst von multimedialen Optionen absieht.

Auch Onlinemedien beanspruchen Zeit beim Auffinden von Informationen, bei der Orientierung im Netz. Sie zeichnen sich aber dadurch aus, dass die gesuchten Informationen bei Kenntnis der richtigen Kategorien sehr zielführend sind und rasch aufgefunden werden können. Insofern ist die Informationsleistung des Internets für einen kundigen Nutzer sehr zeiteffektiv. Durch seine Hypertextstruktur vermag das Internet darüber hinaus auch [...] zusätzlich Themenfelder und ihre Bezüge zueinander per Link zu vernetzen. Ein Nutzer kann dann selbst entscheiden, ob er sich auf weitere Informationsschichten bzw. Informationstiefen einlässt und wie viel Zeit er dafür investiert.

Annette Mende/Ekkehard Oehmichen/Christian Schröter, Medienübergreifende Informationsnutzung und Informationsrepertoires, Media Perspektiven 1/2012, S. 16 f.

M31 Das Internet als „goldener Informationskäfig"?

Marktanteile von Internetsuchmaschinen in Deutschland 2016

Internet-such-maschine	Markt-anteil in %
Google	94,52
Bing	4,16
Yahoo	0,98
T-Online	0,12
ASK.com	0,12
AOL Suche	0,08
Yandex	0,06

© Statista 2017

sonntaz: Herr Stalder, was haben Sie zuletzt gegoogelt?

Felix Stalder: Oh je, das mache ich so oft, das fällt mir kaum mehr auf. [...]

Haben Sie bei dieser Suche gemerkt, dass Google seine Suchergebnisse personalisiert, unterschiedliche Nutzer also mit demselben Suchbegriff verschiedene Ergebnisse erhalten?

Konkret bei der Suche nicht. Aber so eine Personalisierung ist für den Einzelnen ja auch fast nicht zu bemerken. Schließlich weiß man in der Regel nicht, wie die Suchergebnisse aussehen würden, wären sie nicht personalisiert oder wenn Google andere Informationen über einen gespeichert hätte.

Sie haben in einem Experiment mit extra dafür angelegten Google-Konten untersucht, wie stark sich die Ergebnisse unterscheiden und im Fazit geschrieben, das Ausmaß sei „überraschend". Wieso?

Weil es gezeigt hat, dass diese ursprüngliche Idee, dass es so etwas wie allgemeines Ranking gibt, wo das Wichtigste oben steht und die weniger wichtigen Sachen weiter unten, kaum mehr stimmt. Was wir finden, hängt in ganz großem Maße von unserer Person ab – oder von dem, wofür uns Google hält. Das fängt bei dem Standort an, von dem wir suchen, unseren Spracheinstellungen und geht weiter über das, was wir in der Vergangenheit gesucht haben, bis hin zu den Informationen, die Google aus seinen anderen Diensten wie etwa Gmail und Adsense über uns gesammelt hat.

Der Autor Eli Pariser, auf den der Begriff der Filter Bubble zurückgeht, bringt ein Beispiel, in dem der eine Benutzer auf Google das

Stichwort „BP“ suchte und Nachrichten zu Investitionsmöglichkeiten erhielt, während ein anderer Nutzer mit derselben Suchanfrage Informationen über die von der BP-Bohrplattform „Deepwater Horizon“ verursachte Ölpest bekam. Ist das nicht ein sehr extremes Beispiel?

Das ist sicher extrem. Aber ich denke, es ist in der Tendenz nicht ungewöhnlich, weil es in der Logik der Personalisierung die Nutzer in Gruppen einteilt. Und dann wird gefragt: Mit welchen Augen sieht diese Gruppe die Welt? Denen eines Investors oder denen eines Umweltschützers?

Google sagt, sie wollen nur die besten Ergebnisse für den Nutzer.

[...] Woher weiß Google denn im Voraus, was das Beste ist? Weiß ich als Nutzer das überhaupt, wenn ich suche? Das Problem ist: Was ich nicht finde, das fehlt mir nicht. Es kommt immer etwas Passendes, und ob es noch etwas Besseres gibt, das weiß ich ja gar nicht. [...] Google und Facebook sind ja nicht von außen aufgedrängte bösartige Dienste, die ich zwangsweise nutzen muss. Sie sind in vielerlei Hinsicht wirklich nützlich. Aber mit dem Dienst, den der User zu nutzen glaubt, kommen eben noch andere Sachen mit, die für ihn nicht sichtbar sind, wie diese Art goldener Informationskäfig. [...]

Und welchen Einfluss hat die Personalisierung auf eine Gesellschaft?

Wir haben eine Vielzahl von Mechanismen, die uns erlauben, das, was wir von der Welt wahrnehmen, zu filtern. Das ist nicht grundsätzlich neu, wir können die Welt immer nur selektiv wahrnehmen, aber diese Filter werden immer feiner und immer umfassender. Und dadurch nimmt der gesamtgesellschaftliche Vorrat an geteiltem Wissen ab. Wir haben immer mehr Menschen mit ganz viel Nischenwissen und ganz viel Spezialistentum. [...]

Und wieso ist das jetzt problematisch?

[...] Weil verschiedene Gruppen mit ihrer jeweils eigenen Sichtweise auf die Welt sich dann zunehmend einander nicht mehr verständlich machen können.

Felix Stalder ist Medientheoretiker an der Zürcher Hochschule der Künste. Interview: Svenja Bergt, taz, 15.2.2013

AUFGABEN

1. Analysiere die Statistiken **M27** und **M28**.
2. Ordne die Argumente den Funktionen von Massenmedien zu (**M29**).
3. a) Die Autoren von **M30** betonen die Bedeutung des „kundigen Nutzers“. Erkläre diese Bedeutung.
   b) Fasse die Aussagen Felix Stalders zum Internet als „goldenen Informationskäfig“ zusammen (**M31**).
4. „Das Internet ist zukünftig das zentrale Medium für die Information und Meinungsbildung der Bevölkerung sowie zur Kontrolle der politischen Machthaber.“ Überprüfe diese These. Beziehe dich dabei auch auf deine Ergebnisse zu den vorherigen Aufgaben.

WAS WIR WISSEN

Aufgaben der Parteien
M2, M3

Zu den Aufgaben der Parteien gehören:

- *Mitwirkung*: Parteien ermöglichen den Bürgern als Wähler oder als Mitglieder die Teilnahme am politischen Geschehen. Als Parteimitglied kann der Bürger bei Programmformulierungen und bei der Auswahl der Kandidaten mitwirken.
- *Meinungsbildung*: Parteien nehmen – vor allem mithilfe der Medien – auf die öffentliche Meinung Einfluss und fördern die politische Bildung der Bürger.
- *Ermöglichung von Wahlen*: In den Parteien werden die Interessen und Meinungen der Bürger artikuliert, gebündelt und daraus programmatische Alternativen für Wahlen entwickelt. In der Parteiarbeit wird Führungspersonal ausgebildet, das bei Wahlen auch für die Kandidatur um politische Ämter bereitsteht.
- *Integration*: Parteien sorgen für eine kontinuierliche Verbindung zwischen Staat und Gesellschaft, indem sie einerseits die Bürgerinteressen gegenüber staatlichen Institutionen artikulieren und andererseits den Bürger über staatliche Entscheidungen aufklären und diese erläutern. Diese Funktion trägt wesentlich zur Stabilität des politischen Systems bei.

Wahlkampf
M6 – M8

Um den Wahlsieg zu erringen, müssen die Parteien v. a. die eigenen Stammwähler mobilisieren und potenzielle Wechselwähler und Nichtwähler gewinnen. Die Parteien versuchen, die Wähler von der Überlegenheit ihres Programms und ihres Personals zu überzeugen. Wahlkampf ist wichtig, weil er dem Wähler ermöglicht, sich über die Programme und das politische Personal der Parteien zu informieren. Zu beobachten ist auch in Deutschland, dass Wahlkämpfe immer stärker auf einzelne Personen zugeschnitten sind (Personalisierung), zunehmend von externen Unternehmen und Beratern gelenkt und geführt werden (Professionalisierung) und die Medien eine immer größere Rolle dabei spielen (Mediatisierung, Amerikanisierung).

Wählen mit 16
M9 – M11

Ab wann Jugendliche reif genug sind, um wählen zu dürfen, ist politisch umstritten. Bei Kommunal- und Landtagswahlen haben in Schleswig-Holstein und mehreren anderen Bundesländern bereits 16- und 17-Jährige das aktive Wahlrecht. Bei Bundestagswahlen darf man nach wie vor erst ab 18 Jahren wählen.

Wahlen
M12, M13

Freie Wahlen erfüllen verschiedene Funktionen:

- Repräsentation des Wählerwillens,
- Legitimation und Kontrolle der Regierenden,
- Integration der Wähler in das politische System sowie
- Konkurrenz personeller und programmatischer Alternativen.

Durch das Grundgesetz wird die BRD als repräsentative Demokratie definiert, in der die Bürger nicht ständig selbst politische Entscheidungen treffen, sondern nach Art. 38 (1) GG Abgeordnete wählen, die dies in ihrem Auftrag tun.

WAS WIR WISSEN

Wählerstruktur
M7, M15

Die veränderten gesellschaftlichen Bedingungen lassen gegenwärtig einen Wandel im Wählerverhalten beobachten. Dennoch ist die Bindung an eine Partei immer noch wahlentscheidender als die Sympathie für einzelne Politiker oder aktuelle Themen. Zwar haben langfristige Parteibindungen, die durch soziostrukturelle Merkmale (Konfession, Beruf, ...) beeinflusst sind, tendenziell abgenommen. Ob aber zukünftig mit größeren Wählerwanderungen zu rechnen ist, bleibt abzuwarten.

Wahlsysteme
M16

Grundsätzlich kann man zwischen Verhältniswahlsystem und Mehrheitswahlsystem unterscheiden. Bei der reinen Verhältniswahl erhalten die Vertreter der Parteien genauso viele Mandate im Parlament, wie es ihrem Anteil an den abgegebenen Stimmen entspricht. Beim reinen Mehrheitswahlsystem erhalten nur die Kandidaten ein Mandat, die in einem Wahlkreis die meisten Stimmen auf sich vereinigen konnten.

Wahlsysteme in Deutschland
M18

Das Wahlsystem der Bundesrepublik Deutschland ist im Bundeswahlgesetz festgelegt. Für die Wahl der 598 Abgeordneten des Bundestages haben die Wähler zwei Stimmen: Mit der Erststimme entscheidet der Wähler nach dem Prinzip der relativen Mehrheitswahl, welcher Wahlkreisabgeordnete einen Sitz im Parlament erhalten soll. Die Zweitstimme, die nach den Prinzipien der Verhältniswahl abgegeben wird, ist die wichtigere Stimme, denn durch sie wird die Zahl der Sitze festgelegt, die jeder Partei im Bundestag zustehen. Hat eine Partei die Sperrklausel (fünf Prozent der Zweitstimmen oder drei Direktmandate) überwunden, wird die Gesamtzahl der für sie abgegebenen Zweitstimmen in Mandate umgerechnet. Das Wahlsystem zum Deutschen Bundestag wird häufig als „personalisierte Verhältniswahl" bezeichnet. Dies verdeutlicht, dass das Stimmenergebnis auf der Verhältniswahl beruht, durch die Erststimme aber die Möglichkeit besteht, direkt einzelne Personen zu wählen (Personalisierung).

Funktionen der Medien
M21, M22

Unsere Gesellschaft wird häufig als Informations- oder Wissensgesellschaft bezeichnet. Darin drückt sich die herausragende Bedeutung des Wissens bzw. der Übermittlung von Informationen für den Einzelnen und die Gesellschaft aus. Die Informationsgesellschaft gründet sich auf sich rasant entwickelnde, hoch technisierte Massenmedien, wie Fernsehen, Zeitungen oder das Internet. Sie führen zu einer Ausweitung und Beschleunigung der Kommunikation in allen Lebensbereichen. In einer immer komplexer werdenden Welt sind wir auf die Informationen der Massenmedien angewiesen. Die Massenmedien sollten so vollständig, sachlich und verständlich wie möglich informieren, damit ihre Nutzer in die Lage versetzt werden, die Bedeutung von Ereignissen zu begreifen, die Funktionsweise des politischen Systems zu durchschauen und ihre eigenen Interessenlagen zu erkennen. Auch bei der Meinungsbildung fällt den Massenmedien eine bedeutsame Rolle zu. Die Medien sollen die Vielfalt der in der Bevölkerung bestehenden Überzeugungen widerspiegeln und sie in die öffentliche Diskussion einbringen. Ohne Medien wäre es schwie-

WAS WIR WISSEN

rig, alternative Positionen und Meinungen einer breiten Öffentlichkeit zugänglich zu machen. Außerdem decken Journalisten durch eigene Recherchen immer wieder politische Missstände auf. Deshalb werden die Medien auch als „vierte (kontrollierende) Gewalt" bezeichnet.

Presse- und Meinungsfreiheit
M24 – M26

Voraussetzung für die ungehinderte Information durch die Medien ist die in Art. 5 GG verankerte Meinungs- und Pressefreiheit. Danach hat jeder das Recht, seine Meinung in Wort, Schrift und Bild frei zu äußern und zu verbreiten und sich aus allgemein zugänglichen Quellen ungehindert zu unterrichten. Dies gilt für die Medien als Institutionen sowie für jeden Einzelnen. Art. 5 GG wird als Fundament jeglicher freiheitlichen Demokratie betrachtet. Ohne freie Meinungs- und Willensbildung kann es keine freien Wahlen und keine demokratische Mitwirkung der Bürger geben. Gefährdungen für die freie Meinungsbildung ergeben sich vor allem aus der zunehmenden Pressekonzentration und engen personellen und wirtschaftlichen Verflechtungen von Medien und Politik.

Demokratisierung durch das Internet?
M29 – M31

Zwar bietet das Internet bisher nie da gewesene Möglichkeiten der Information und – anders als die anderen Massenmedien – der Interaktion, aber ausschließlich für den medienkundigen Nutzer. Denn zum einen ist die angebotene Informationsmenge für den einzelnen unüberschaubar; und zum anderen personalisieren Suchmaschinen wie Google die Suchkriterien, weswegen in der Tendenz nur Ergebnisse angezeigt werden, die dem ohnehin vorhandenen Weltbild und der politischen Einstellung des Suchenden entsprechen. Das Internet alleine führt also nicht automatisch zu umfassenderer Demokratisierung, sondern nur seine überlegte Nutzung.

WAS WIR KÖNNEN

WikiLeaks

Dürfen wir alles wissen? der BLOG

„We open governments" ist das Motto von WikiLeaks: „Wir machen Regierungen transparent". Die Organisation bietet eine Internetseite für sogenannte Whistleblower. Das sind Personen, die geheime Informationen an die Öffentlichkeit bringen. Eine wichtige Veröffentlichung auf WikiLeaks ist unter dem Namen Cablegate bekannt geworden: Im November 2010 hat WikiLeaks mit der Veröffentlichung von etwa 250.000 Berichten US-amerikanischer Diplomaten begonnen.

Frida Thurm, www.blog.zeit.de, 8.12.2010

Wie die NSA das Auswärtige Amt ausforschte

Bundesaußenminister Frank-Walter Steinmeier ist offenbar systematisch vom amerikanischen Nachrichtendienst NSA abgehört worden. In den neuesten von der Enthüllungsplattform WikiLeaks veröffentlichten Dokumenten finden sich 20 Nummern, die die NSA dem Auswärtigen Amt zuordnete. In den vergangenen Wochen hatte WikiLeaks bereits insgesamt 125 Spähziele der NSA im Kanzleramt und verschiedenen Bundesministerien veröffentlicht.

John Goetz/Hans Leyendecker, Süddeutsche Zeitung, 20.7.2015

Pro und Kontra WikiLeaks – Hat die Öffentlichkeit ein Recht auf alle Informationen?

Werner Weidenfeld, Jahrgang 1947, ist Professor für Politische Wissenschaften an der Ludwig-Maximilians-Universität München; Sascha Lobo, Jahrgang 1975, ist Blogger, Unternehmer und Berater.

Weidenfeld: Nein. Im Gegenteil. Sie müssen in Demokratien verschiedene Formen der Kommunikation zulassen. Die Regierung etwa muss die Möglichkeit haben, bestimmte Dokumente als geheim zu kennzeichnen. Sonst würde sich ja die Kommunikation der Politik darauf beschränken, was sie sowieso öffentlich sagen wollen in Fernsehauftritten oder in Interviews. Damit wäre die Politik reduziert auf einen ganz minimalen Prozentsatz ihrer Kommunikation. Und das würde alle beschädigen. [...] Im diplomatischen Dienst gehören solche durchaus subtilen, sensiblen Beurteilungen zum Kerngeschäft. Unter den Vorzeichen der Indiskretion sind die kaum mehr möglich.

Lobo: Die Öffentlichkeit hat ein Recht auf mehr Informationen, als sie im Moment bekommt. Regierungen neigen offenbar dazu, Dinge im Geheimen zu besprechen, obwohl sie eigentlich in Volkes Auftrag handeln sollten. Dinge werden als geheim klassifiziert, auf die die Öffentlichkeit durchaus ein Recht hat. Zu dieser Kontrolle ist ja die freie Presse da. WikiLeaks ist eine Art Verlängerung der freien Presse in das Internetzeitalter – als Quelle für investigativen Journalismus. Nicht umsonst arbeitet WikiLeaks mit den renommiertesten publizistischen Organen weltweit zusammen.

Sascha Lobo/Werner Weidenfeld/Claudia Witte, www.tagesschau.de, 29.3.2011

subtil
heikel

Indiskretion
Verrat

investigativ
enthüllend, nachforschend

Aufgabe

Hat die Öffentlichkeit ein Recht auf alle Informationen? Erörtere diese Frage.

2.2 Herrschaft und Kontrolle: Regierung und Opposition

Wie wird die Regierung gebildet?

M1 Nach der Wahl ist vor der Koalition – Schlagzeilen

- Wahlergebnis: CDU stärkste Partei
- CDU auf der Suche nach Regierungspartner – Sondierungsgespräche mit SPD und Grünen angekündigt
- Die Bundesminister werden auf Vorschlag des Bundeskanzlers vom Bundespräsidenten ernannt
- SPD lenkt im Streit um Ministerposten und Energiewende ein
- Der Bundeskanzler und die Bundesminister leisten bei der Amtsübernahme vor dem Bundestag den Amtseid
- Parteitag der SPD stimmt Koalitionsvertrag zu
- Koalitionsvertrag unterzeichnet
- SPD stellt Bedingungen für Koalitionsverhandlungen
- Der Bundeskanzler wird auf Vorschlag des Bundespräsidenten vom Bundestag ohne Aussprache mit der Mehrheit seiner Mitglieder gewählt
- Der Gewählte ist vom Bundespräsidenten zu ernennen
- CDU nimmt Koalitionsverhandlungen mit SPD auf

M2 Die Etappen der Regierungsbildung

Nach einer Bundestagswahl wählt der Deutsche Bundestag auf Vorschlag des Bundespräsidenten mit der Mehrheit seiner Mitglieder den Bundeskanzler oder die Bundeskanzlerin. Bis es so weit ist und die neue Bundesregierung ihre Arbeit aufnehmen kann, sind aber meist schon einige Wochen vergangen, in denen intensive Verhandlungen über die Bildung einer mehrheitsfähigen Koalition und das künftige Regierungsprogramm geführt wurden.

Meist stehen die Wunschpaarungen auf Grund fester Koalitionsaussagen schon vor der Wahl fest. Es gibt aber auch Beispiele dafür, dass die Koalitionsfrage bis nach der Wahl offengehalten wurde (so 1969, als sich die FDP in einer kühnen Wende zur Aufnahme von Koalitionsgesprächen mit der SPD entschloss) oder dass der Wahlausgang das angestrebte Bündnis vereitelte (so 2005, als CDU/CSU und FDP die schon sicher geglaubte gemeinsame Mehrheit verfehlten).

Haben sich nach klärenden Vorgesprächen die möglichen Partner gefunden, geht es für sie in den eigentlichen Koalitionsverhandlungen darum, den Vorrat an politischen Gemeinsamkeiten zu ergründen, die groben Züge der gemeinsamen Regierungsarbeit festzulegen und gegebenenfalls ein konkretes Sachprogramm für die einzelnen Politikbereiche zu entwickeln. Darüber hinaus müssen sie sich über personelle Fragen verständigen (insbesondere über die Besetzung der Regierungsposten) und gemeinsame Regeln und Prozeduren für die Zusammenarbeit im Bundestag und in der Regierung, zur Beilegung von Konfliktsituationen usw. vereinbaren.

Das Ergebnis der Verhandlungen wird – mehr oder weniger systematisch, mehr oder weniger ausführlich – in einem Koalitionsvertrag festgehalten, der abschließend durch die Entscheidungsgremien der beteiligten Parteien gebilligt werden muss. Eine solche förmliche Vereinbarung wurde erstmals 1961 zwischen CDU/CSU und FDP geschlossen. Es handelt sich dabei allerdings nicht um einen Geschäftsvertrag und auch nicht um objektives Recht. Der „Koalitionsvertrag" ist daher als Absichtserklärung zu verstehen, dessen Einhaltung mit rechtlichen Mitteln nicht erzwungen werden kann. In aller Regel setzen die Koalitionspartner einen Koalitionsausschuss ein, der die Umsetzung der Vereinbarungen laufend überwacht und gegebenenfalls klärend oder ändernd eingreift. Sind die Koalitionsvereinbarungen allgemein zugänglich, wie es heute meist der Fall ist, übt auch die Öffentlichkeit eine Kontrolle darüber aus, wie weit die Koalition ihren selbstgesetzten Versprechen nachkommt.

Die Regierungskoalitionen seit der Wiedervereinigung
CDU/CSU/FDP 1990-98
SPD/Bündnis 90/
Die Grünen 1998-2005
CDU/CSU/SPD 2005-2009
CDU/CSU/FDP 2009-2013
CDU/CSU/SPD seit 2013

M3 Der Weg zur neuen Regierung

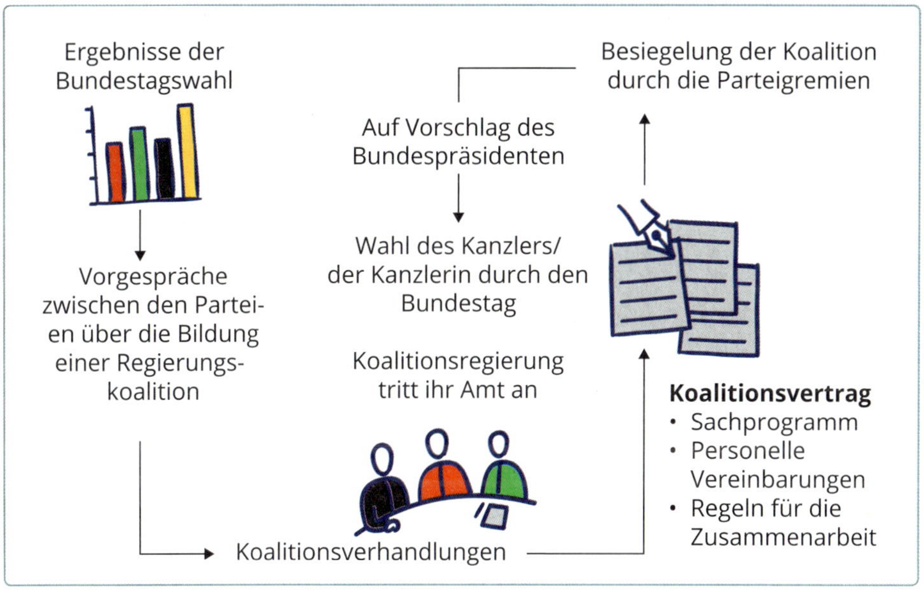

Bergmoser + Höller Verlag AG, Zahlenbilder 67 253

AUFGABEN

1. Ordne die Schlagzeilen in **M1** in deinem Heft chronologisch in die richtige Reihenfolge ein. Markiere in verschiedenen Farben die formellen (gesetzlich vorgegebenen) und informellen Aspekte der Regierungsbildung (**M1** – **M3**).

2. Erläutere, welche Vor- und Nachteile der in Deutschland übliche Zwang zur Bildung von Koalitionen hat (**M2**, **M3**).

Was heißt es, zu regieren?

M4 Was macht ein Bundeskanzler?

M5 Regieren? Regieren!

Opposition
im Parlament die Gruppe von Abgeordneten, die der Regierungsmehrheit gegenübersteht

Der ehemalige SPD-Vorsitzende Franz Müntefering sagte einmal: „Opposition ist Mist. Lasst das die anderen machen – wir wollen regieren." Alle Politiker wollen regieren! Sie treten in Wahlkämpfen für ihre Parteien an, um eine Mehrheit zu erreichen und „an die Regierung zu kommen". Denn wer regiert, hat die Macht im Land und kann seine politischen Vorstellungen umsetzen. Die Regierung kann weitreichende Entscheidungen vorbereiten und beeinflussen: Sie kann (zusammen mit den Abgeordneten im Bundestag) entscheiden, ob Steuern erhöht werden, ob die Bundeswehr zu einem Einsatz ins Ausland geschickt wird, ob soziale Leistungen gekürzt werden oder ob man mehr Geld in Bildung investiert. Die Politiker, die nicht an der Regierung beteiligt sind, haben dagegen nur wenig Einfluss auf die Politik. Sie können meist nur in der Öffentlichkeit sagen, dass sie anderer Meinung sind. Allein die Regierung ist berechtigt, den Kurs des Landes zu bestimmen, und deswegen wollen Politiker regieren.

M6 Aufbau und Arbeitsweise der Bundesregierung

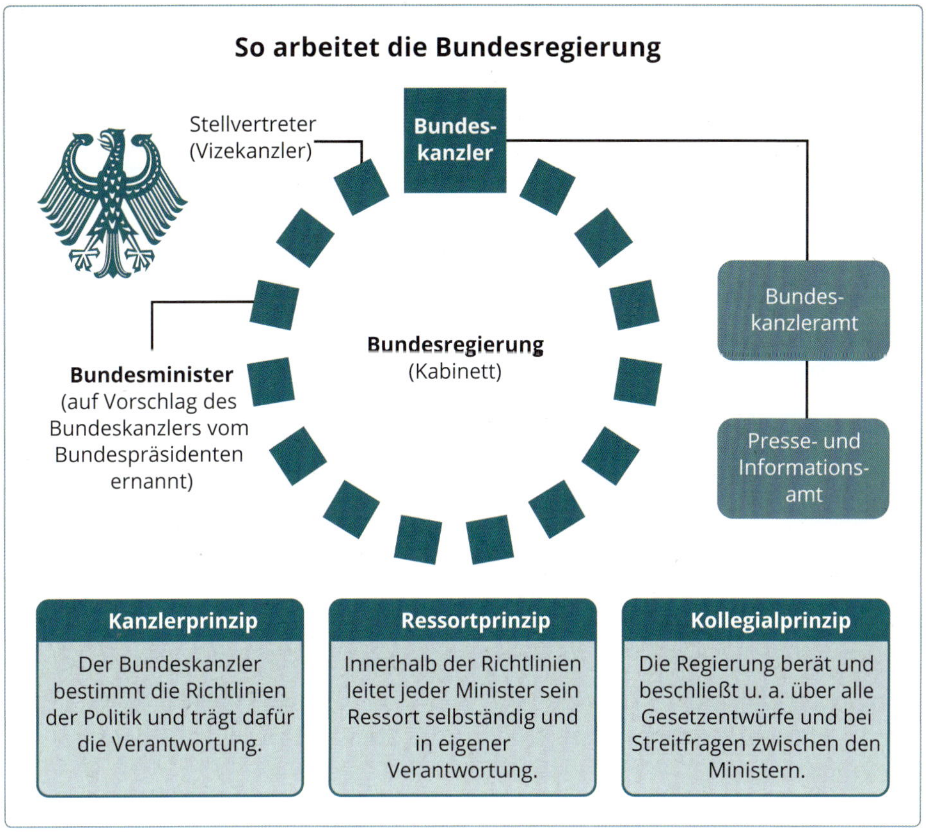

Bergmoser + Höller Verlag AG, Zahlenbilder 67 123

M7 Wie mächtig ist der Bundeskanzler?

Der Bundeskanzler wird häufig als mächtigster politischer Akteur in Deutschland bezeichnet. Dies liegt daran, dass er sowohl gegenüber dem Parlament eine besondere Rolle einnimmt als auch innerhalb der Bundesregierung über eine Sonderstellung verfügt. So wird innerhalb der Bundesregierung nur der Bundeskanzler direkt vom Bundestag gewählt. Alle anderen Mitglieder der Regierung werden auf seinen Vorschlag hin vom Bundespräsidenten ernannt. Damit verfügt er über eine besondere demokratische Legitimation. Innerhalb der Bundesregierung besitzt der Bundeskanzler die Richtlinienkompetenz. Das bedeutet, dass er die Grundlinien der Politik, also die allgemeine politische Ausrichtung der Regierungspolitik, bestimmen kann. Gegen den Willen des Kanzlers kann innerhalb der Regierung keine Entscheidung getroffen werden. Das Kabinett kann ihn nicht einfach überstimmen. Wie der Bundeskanzler diese Richtlinienkompetenz ausfüllen kann, hängt entscheidend von seiner Persönlichkeit, seiner Beliebtheit innerhalb der Bevölkerung und seinem Regierungsstil ab. Seine Macht ist natürlich dann beschränkt, wenn er mit einer Koalition

Kabinett
der Bundeskanzler und die Bundesminister

Legitimation
Rechtfertigung für die Ausübung staatlicher Gewalt
hier: durch eine Wahl

Kabinettsaal im Bundeskanzleramt. In den wöchentlichen Kabinettssitzungen werden Gesetzesvorlagen beraten und beschlossen sowie politische Probleme diskutiert.

aus verschiedenen Parteien regiert, da er auf andere Parteien einen geringeren Einfluss besitzt.

Auch gegenüber dem Parlament verfügt er über eine Sonderrolle. Wenn der Bundeskanzler den Eindruck hat, dass die Mehrheit der Abgeordneten im Parlament seine Politik nicht mehr unterstützt, dann kann er im Deutschen Bundestag die Vertrauensfrage stellen. Wird er nicht mehr von der Mehrheit der Abgeordneten unterstützt, so kann er Neuwahlen herbeiführen. Viele Abgeordnete fürchten bei Neuwahlen um ihre Wiederwahl und werden so den Kanzler eher unterstützen. Aber wehrlos ist das Parlament beileibe nicht. Das Parlament verfügt über ein starkes Machtmittel: das konstruktive Misstrauensvotum. Über das konstruktive Misstrauensvotum kann das Parlament den Kanzler und damit die gesamte Regierung abwählen. Das Parlament muss dazu allerdings einen neuer Kanzler wählen, weswegen das Misstrauensvotum „konstruktiv" – durch die Wahl eines Nachfolgers – und nicht „destruktiv" – durch die reine Abwahl eines Kanzlers – ist.

F Benenne die derzeitigen Kabinettsmitglieder und deren Ressort.

AUFGABEN

1. Was heißt es, zu regieren? Sammelt Überschriften und Berichte aus aktuellen Zeitungen, die deutlich machen, welche politischen Probleme die Bundesregierung gerade bearbeitet (**M4**, **M5**).
2. Erkläre, welche Prinzipien die Regierungsarbeit leiten (**M6**).
3. a) Der Bundeskanzler gilt als mächtiger politischer Akteur. Was kann er tun, um seine Vorstellungen durchzusetzen? Stelle eine Liste der Machtinstrumente des Bundeskanzlers zusammen.
   b) Beurteile, welches Machtinstrument am wirkungsvollsten ist? Erstelle eine Hierarchie (**M6**, **M7**).

F Recherchiere im Grundgesetz, welche Artikel – neben Art. 65 – die Stellung des Bundeskanzlers beschreiben.

Wer kontrolliert die Regierung?

M8 Die Opposition – Gegenspielerin der Regierung

Die politische Grenzlinie verläuft in erster Linie nicht mehr zwischen dem Parlament auf der einen und der Regierung auf der anderen Seite, die entscheidende Trennungslinie liegt in einem parlamentarischen System zwischen der Regierungs- beziehungsweise Parlamentsmehrheit und der Regierung auf der einen sowie der Opposition auf der anderen Seite. Die Regierungsmehrheit, die heute einen Regierungschef wählt, kann morgen nicht so tun, als ob sie mit dessen Person und Regierung nichts verbinde. Durch eine Verweigerung der Zusammenarbeit mit dem von ihr gestellten Regierungschef würde sie sich selbst einen Fehler bescheinigen – nämlich denjenigen, den falschen Kanzler gewählt zu haben. Die Brücke, über die Parlamentsmehrheit und Regierung im heutigen parlamentarischen Regierungssystem verbunden sind, bilden die Parteien. Jedoch muss dies nicht unbedingt bedeuten, dass Regierung und Parlamentsmehrheit eine absolute Einheit darstellen. Die unterschiedliche Intensität der Beziehungen zwischen diesen beiden Organen hängt in erster Linie ab von der Anzahl der Parteien, die zur Bildung einer Regierung notwendig sind.

Emil Hübner, Informationen zur politischen Bildung Nr. 227, Parlamentarische Demokratie 1, Neudruck 1993, S. 26 f.

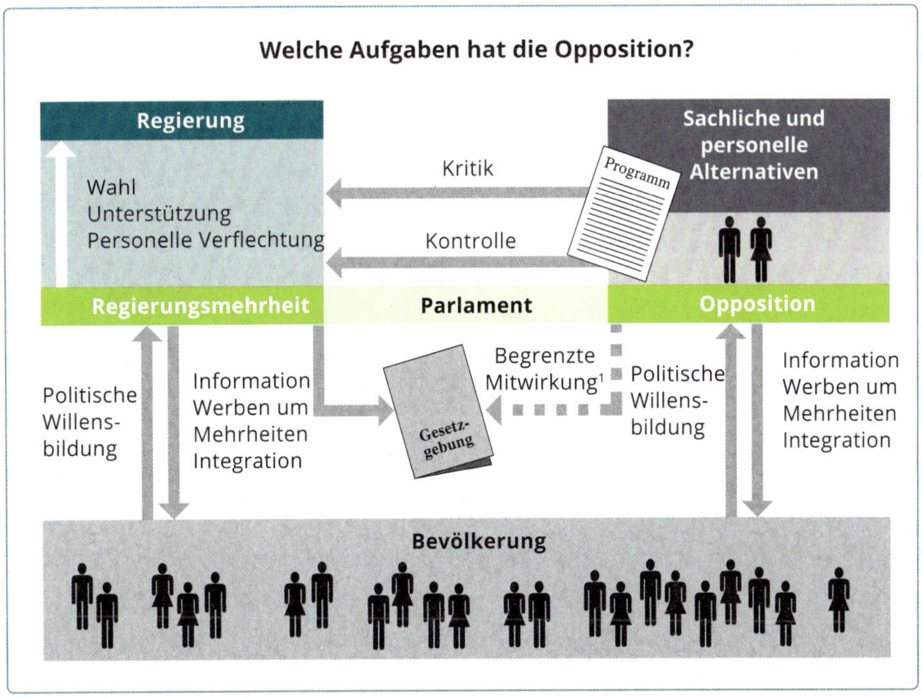

Nach: Bergmoser + Höller Verlag AG, Zahlenbilder 67 260, [1] über Ausschüsse, evtl. Bundesrat

M9 Wie können Abgeordnete die Regierung kontrollieren?

Stelle dir folgende Situation vor: Die Regierung möchte die von der CSU geforderte allgemeine Maut für PKW einführen und bringt einen entsprechenden Gesetzesvorschlag in den Bundestag ein. Doch viele Abgeordnete, auch der Regierungsparteien, sind damit nicht einverstanden. Wie sollen sie ihre Kritik äußern?

Folgende Maßnahmen stehen den Abgeordneten zur Verfügung:

in einer nicht-öffentlichen Versammlung Bedenken gegenüber der Parteispitze äußern

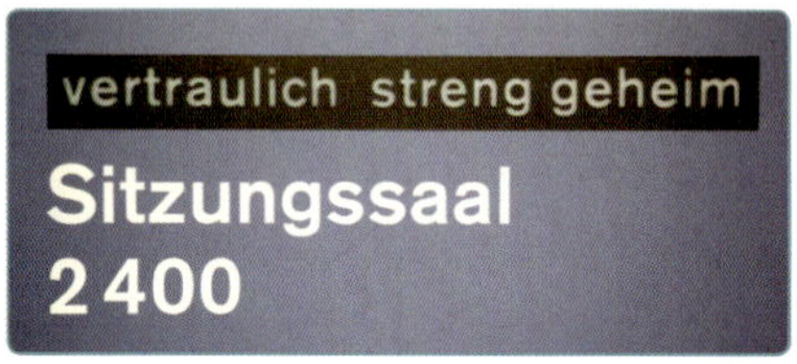

in einem Fachausschuss des Bundestages hinter verschlossenen Türen Kritik üben

in einer Fernsehtalkshow die Regierung offen und hart kritisieren

im Kreis aller Abgeordneten ihrer Partei (Fraktion) Bedenken äußern

eine Aktuelle Stunde im Bundestag beantragen, in der in aller Breite und öffentlich Mitglieder der Regierung Stellung nehmen müssen; die Debatte wird sogar im Fernsehen übertragen

auf einem Parteitag eine Rede halten, in der sie die Politik der Regierung geißeln

noch nicht veröffentlichte Informationen heimlich und anonym an die Presse geben

M10 Interview mit dem Bundestagsabgeordneten Michael Donth

Herr Donth, wieso braucht die Regierung eine Kontrolle durch den Bundestag?

Macht an sich birgt die Gefahr in sich, dass sie missbraucht werden kann. Deshalb ist es wichtig, dass die Ausübung der Macht durch die Regierung eine Kontrolle durch das Parlament, die gewählten Vertreter des Volkes, erfährt. Dies geschieht üblicherweise und prinzipiell durch die Opposition, aber auch durch die die Regierung tragenden Parteien.

Kritiker sagen oft, dass eigentlich nur die Opposition die Regierung kontrollieren würde. Können Sie diesen Vorwurf aus der Sicht der Regierungsfraktionen entkräften?

Jeden dieser Kritiker würde ich gerne einmal zu einem Praktikum in den Bundestag einladen oder auch nur in eine Fraktionssitzung der CDU/CSU-Fraktion. Allein zu unserer Fraktion gehören schon zwei Parteien, dazu kommen Sitzungen der entsprechenden Landesgruppen jede Sitzungswoche. Diese diskutieren Themen sehr kontrovers und bringen sehr viele unterschiedliche Aspekte zur Sprache. Auch die Minister der eigenen Partei müssen sich gegenüber diesen Gremien für ihre Entscheidungen und Beschlüsse rechtfertigen. Letztlich gibt es für alle Abgeordneten im Bundestag die Bilanz; spätestens nach vier Jahren müssen sich alle wieder vor den Wählern verantworten und sich an ihren Taten und Aussagen messen lassen. Da werden die Regierung und deren Partei(en) natürlich auch kritischer beäugt, als die Opposition. Und da jeder meiner Kollegen sich dann in seinem Wahlkreis den Bürgern stellt, ist eine Kontrollfunktion auch hier durchaus erfüllt.

Die jetzige Regierung der Großen Koalition verfügt über eine überwältigende Mehrheit im Parlament. Wie wirkt sich dies auf die Kontrollaufgabe des Parlaments aus?

Ich würde behaupten, fast gar nicht. Natürlich waren den beiden Oppositionsparteien aufgrund ihres Wahlergebnisses von zusammen rund 20 % zunächst manche Kontrollrechte versagt. Dies betraf z. B. die Einsetzung von Untersuchungsausschüssen oder einer Enquete-Kommission, sowie die Durchsetzung einer öffentlichen Anhörung in einem Ausschuss. Deshalb haben wir die Geschäftsordnung so geregelt, dass dafür in dieser Wahlperiode nicht die sonst üblichen 25 % erforderlich sind, sondern 120 Oppositionsabgeordnete ausreichen. Außerdem wurde Grünen und Linken zusätzliche Redezeit zugestanden. Ich denke, die Regierungsfraktionen haben deutlich gemacht, dass sie bereit sind, der Opposition entgegen zu kommen, um eine Kontrolle der Regierung, auch durch Parlamentarier, die nicht in einer Regierungsfraktion sitzen, zu gewährleisten. Allerdings ist auch die Große Koalition, obgleich vor der Wahl von vielen Wählern durchaus gewünscht, keine Liebesheirat gewesen. Man kann also keineswegs sagen, dass die Parteien sich überall nur einig sind und nicht auch hier eine gewisse gegenseitige Kontrolle stattfindet. Kontrolle hat nicht nur mit Quantität, sondern vielmehr mit Qualität zu tun.

Michael Donth (CDU) ist Mitglied des Deutschen Bundestags und vertritt dort seit 2013 den Wahlkreis Reutlingen.

Enquete-Kommission
überfraktionelle Arbeitsgruppe zur Vorbereitung von Entscheidungen über umfangreiche und bedeutsame Sachkomplexe

Dem Bundestag stehen verschiedene Kontrollinstrumente zur Verfügung. Welche dieser Instrumente halten Sie für besonders wirkungsvoll?

Ich denke, da muss man differenzieren: Das allerschärfste Schwert ist sicher das Misstrauensvotum, das zum Regierungswechsel führen kann. Außerdem ebenfalls sehr spektakulär und mit richterlichen Vollmachten ausgestattet: die Untersuchungsausschüsse. Am effizientesten sind in meinen Augen die Ausschüsse, in denen ein großer Teil aller geplanten Gesetzesentwürfe ausgearbeitet wird. Hier zeigt sich auch, dass alle Parlamentarier, ob mit oder ohne Regierungsbeteiligung, in der Regel sehr konstruktiv miteinander arbeiten. Obgleich naturgemäß die Ansichten divergieren, kann man hier in Ruhe Standpunkte austauschen und ein gutes Ergebnis erlangen. Die Kontrollfunktion auszuüben heißt in meinen Augen nicht, einfach nur den Finger auf Entscheidungen zu halten, die man nicht mittragen kann, sondern mit den eigenen Standpunkten zu einem guten Endergebnis beizutragen. Gerade in der Arbeit des Bundestages sollte eine Kontrolle weniger eine nachträgliche Überprüfung und dafür umso mehr eine vorgeschaltete Einflussnahme auf Entscheidungen und Beschlüsse der Bundesregierung sein. Auch in Berlin wird nicht nur schwarz/weiß gedacht.

Inwieweit wird die öffentliche Wirkung bei der Auswahl der Instrumente berücksichtigt?

Die öffentliche Wirkung ist natürlich insbesondere in einer aktuellen Stunde oder einem Untersuchungsausschuss sicher eines der entscheidenden Kriterien bei der Wahl des Mittels. Hier erzeugt man ein großes Medieninteresse und nimmt somit großen Einfluss auf die Wahrnehmung eines Themas in der Öffentlichkeit, also bei den Wählern. Denn die Öffentlichkeit und die veröffentlichte Meinung nehmen in unserem Staat ja zusätzlich zum Parlament eine wichtige Kontrollfunktion wahr. Man muss sich immer fragen: „Was will ich denn erreichen?" und das Mittel entsprechend wählen. Ein gutes Endergebnis habe ich in der regulären Ausschussarbeit, eine hohe öffentliche Wirkung erziele ich durch einen Untersuchungsausschuss.

Interview des Bearbeiters mit Michael Donth MdB über die Wahrnehmung der Kontrollrechte des Bundestags durch die Abgeordneten am 3.6.2014

M11 Das konstruktive Misstrauensvotum

Weimarer Republik
Bezeichnung für die erste deutsche Republik (9.11.1918 – 30.1.1933)

Der Bundestag kann nach Art. 67 Grundgesetz (GG) den Bundeskanzler abwählen, indem er mit der absoluten Mehrheit seiner Mitglieder einen Nachfolger wählt. Damit wird gesichert, dass der Bundeskanzler nur dann aus dem Amt entfernt werden kann, wenn sich im Bundestag eine neue Regierungsmehrheit zusammenfindet. Verhindert wird dadurch, dass wie in der Weimarer Republik negative Mehrheiten, die sich nur in der Ablehnung der Regierung einig sind, die Regierung stürzen können. Diese Bestimmung wird als „konstruktives Misstrauensvotum" bezeichnet. Ein konstruktives Misstrauensvotum hat es im Bundestag bisher zweimal gegeben, das gescheiterte gegen Bundeskanzler Willy Brandt 1972 und das erfolgreiche gegen Bundeskanzler Helmut Schmidt 1982.

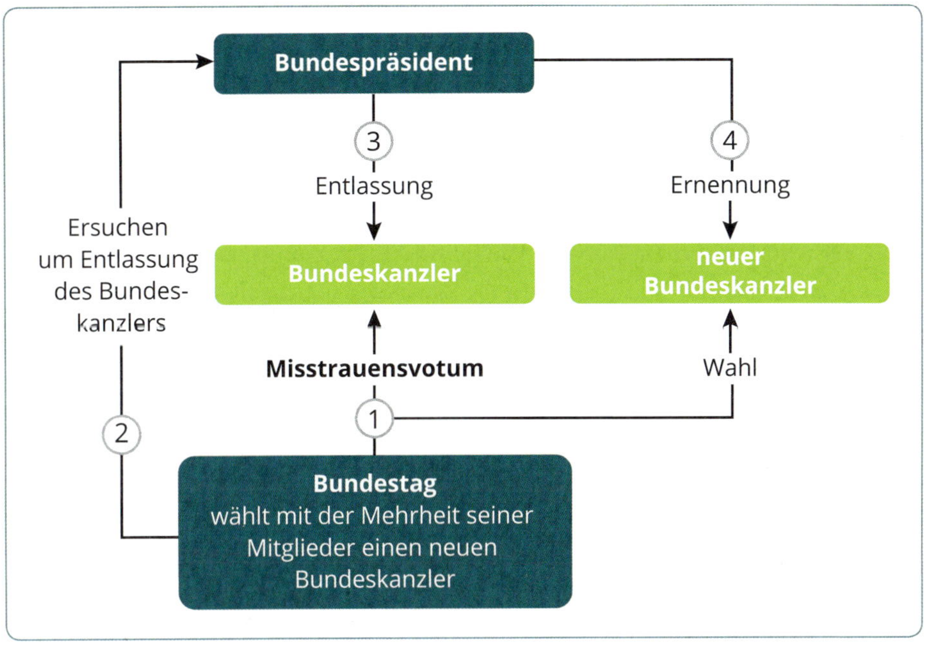

Horst Pötzsch, Die deutsche Demokratie, 5. Auflage, Bonn 2009, S. 73 f.

Art. 67 GG
(1) Der Bundestag kann dem Bundeskanzler das Misstrauen nur dadurch aussprechen, dass er mit der Mehrheit seiner Mitglieder einen Nachfolger wählt und den Bundespräsidenten ersucht, den Bundeskanzler zu entlassen. Der Bundespräsident muss dem Ersuchen entsprechen und den Gewählten ernennen.
(2) Zwischen dem Antrage und der Wahl müssen achtundvierzig Stunden liegen.

AUFGABEN

1. Charakterisiere das jeweilige Verhältnis eines Abgeordneten der Regierungsfraktion und eines Abgeordneten der Oppositionsfraktion zur Bundesregierung (**M8**).
2. Versetze dich in einen Abgeordneten der Regierungsfraktion und der Opposition. Beurteile aus deiner Perspektive und mithilfe von **M9**, welche Maßnahmen die beiden treffen sollen, um Kritik an der Regierung zu üben. Wähle dazu die Maßnahmen aus, die dir am sinnvollsten erscheinen und begründe deine Auswahl.
3. Fasse die Aussagen Michael Donths zu den Kontrollmöglichkeiten der Regierung durch die Abgeordneten zusammen (**M10**).
4. Überprüfe die folgenden Aussagen zur Kontrolle der Regierung. Stimmen sie? Begründe deine Entscheidungen (**M9 – M11**).
   - Hauptaufgabe des Bundestages ist die Kontrolle der Regierung.
   - Bei der Auswahl der Kontrollmöglichkeiten ist die öffentliche Wirkung von entscheidender Bedeutung.
   - Nur die Opposition kontrolliert die Regierung.
   - Regierung und Parlament sind nicht vollständig voneinander getrennt.

F ZU AUFGABE 4
Entwirf weitere Aussagen zur Kontrolle der Regierung und lasse sie von deinem Nachbarn überprüfen.

Wie frei ist ein Abgeordneter?

M12 Die Vertreter des Volkes

Art. 38 GG
(1) Die Abgeordneten des Deutschen Bundestages [...] sind Vertreter des ganzen Volkes, an Aufträge und Weisungen nicht gebunden und nur ihrem Gewissen unterworfen.

Die Abgeordneten des Deutschen Bundestags sind stellvertretend für die Bürgerinnen und Bürger in Deutschland gewählt, um für das Volk die richtigen Entscheidungen zu treffen. Wir geben ihnen bei der Wahl mit unserer Stimme den Auftrag, die Interessen der ganzen Bevölkerung im Parlament zu vertreten. Mit unserem Votum für einen Abgeordneten ist aber keinesfalls ein konkreter Auftrag verbunden – etwa wie sich ein Abgeordneter bei einer bestimmten Abstimmung verhalten soll. Das ist das Prinzip des freien Mandats – und im Grundgesetz festgeschrieben.

Wenn wir die Abgeordneten für vier Jahre in den Bundestag wählen, dann treffen wir diese Entscheidung aber nicht nur wegen ihrer Person, sondern auch aufgrund ihrer Zugehörigkeit zu einer politischen Partei. Bei der Zweitstimme wird es besonders deutlich: Damit wählen wir eine Partei, keine Person. Das hat einen Grund: Parteien spielen in einer Demokratie eine wichtige Rolle. Wenn wir einen Politiker wählen, dann gibt uns seine Mitgliedschaft in einer Partei Aufschluss über seine politischen Überzeugungen und Ziele. Im besten Fall wissen wir also, für welches politische Programm der einzelne Kandidat steht. Um solche Interessen aber auch im Parlament durchzusetzen, bilden Abgeordnete Fraktionen.

Wenn es nun also um Abstimmungen geht, erwarten die Fraktionen in der Regel von ihren Mitgliedern, dass sie so votieren, wie es zuvor beschlossen wurde. Das bezeichnet man als Fraktionsdisziplin. Einen rechtlichen Zwang, im Sinne der eigenen Fraktion auftreten oder abstimmen zu müssen, gibt es jedoch nicht. Das freie Mandat sichert somit die individuelle Verantwortlichkeit der Abgeordneten und die Fraktionsdisziplin seine kollektive Verantwortlichkeit. Aber es gibt auch Abstimmungen – oft über Fragen, die besonders das Gewissen jedes einzelnen Abgeordneten berühren – bei denen die Fraktionsdisziplin bewusst aufgehoben ist.

www.bundestag.de (20.11.2010)

AUFGABEN

1. In Art. 38 (1) GG steht, dass die Abgeordneten des Deutschen Bundestages in ihren Entscheidungen frei und nur ihrem Gewissen unterworfen sind. Arbeite heraus, warum der Abgeordnete in der Praxis der Parlamentsarbeit auch die Wünsche seiner Fraktion berücksichtigen muss (**M12**).
2. Gestalte eine Zeichnung oder Karikatur, die das Spannungsverhältnis, in dem sich die Abgeordneten befinden, veranschaulicht.

Wie arbeitet der Deutsche Bundestag?

M13 Wo sind die Abgeordneten?

Bundestagsdebatten finden häufig vor leeren Rängen statt. Auch in der Öffentlichkeit werden sie kaum wahrgenommen. Politik-Talkshows erzielen dagegen regelmäßig hohe Einschaltquoten.

M14 Der Deutsche Bundestag im Zentrum der Demokratie

Der Bundestag ist das einzige direkt vom Volk gewählte Verfassungsorgan des Bundes. Er steht damit im Zentrum der deutschen Demokratie. [...]

Der Bundestag ist eine Mischform aus Arbeitsparlament und Redeparlament. Im Plenum finden richtungweisende politische Debatten statt. Und „hinter den Kulissen" arbeiten die Ausschüsse.

In den Plenarsitzungen finden die öffentlichkeitswirksamen Auseinandersetzungen statt. Diese Parlamentsdebatten dienen vor allem dazu, die Wähler über die verschiedenen Positionen der im Bundestag vertretenen Parteien zu informieren. Rederecht haben alle Abgeordneten sowie Mitglieder der Bundesregierung und des Bundesrates. Zu besonderen Anlässen dürfen auch hohe Staatsgäste im Plenarsaal sprechen.

Das Plenum nimmt wichtige **Kontrollrechte** des Parlaments wahr: In Aktuellen Stunden, Großen Anfragen, Regierungsbefragungen und Fragestunden befassen sich die Abgeordneten mit aktuellen Themen oder fordern mündliche Stellungnahmen der Bundesregierung ein.

Im Plenum wird schließlich auch über Gesetzesvorlagen abgestimmt. Der Bundestag ist beschlussfähig, wenn mindestens die Hälfte der Abgeordneten anwesend ist.

In den **Ausschüssen** können die Abgeordneten in kleinerer Runde die Gesetzesvorlagen diskutieren und den hinzugezogenen externen Sachverständigen zuhören. Die Fraktionen entsenden die Experten unter ihren Abgeordneten in die Ausschüsse. Dieses geschieht entsprechend ihren Kräfteverhältnissen im Parlament. Die Ausschüsse erarbeiten die Vorlagen, die anschließend dem Plenum zur Abstimmung vorgelegt werden. Die anderen Fraktionsmitglieder werden durch ihre Vertreter in den Ausschüssen über die Vorlagen informiert und übernehmen häufig deren Rat.

Verfassungsorgan
Staatsorgan, dessen Rechte und Pflichten in der Verfassung festgeschrieben sind.

Ständige Verfassungsorgane des Bundes
Deutscher Bundestag (Abschnitt III GG, Art. 38 – 48)
Bundesrat (Abschnitt IV GG, Art. 50 – 53)
Bundespräsident (Abschnitt V GG, Art. 54 – 61)
Bundesregierung (Abschnitt VI GG, Art. 62 – 69)
Bundesverfassungsgericht (Art. 93, 94, 99, 100 GG)

Nichtständige Verfassungsorgane des Bundes
Gemeinsamer Ausschuss (Abschnitt IV a. GG, Art. 53a)
Bundesversammlung (Abschnitt V GG, Art. 54)

Petitionsausschuss
Befasst sich mit Eingaben von Bürgern, die sich bspw. von einer Bundesbehörde ungerecht behandelt fühlen oder Anregungen für Änderungen bestehender Gesetze haben.

Man unterscheidet zwischen den ständigen Ausschüssen und einer Anzahl von Ausschüssen, die nur im Bedarfsfall eine Rolle spielen. Diese werden wieder aufgelöst, nachdem sie ihre Aufgabe bewältigt haben. Im Grundgesetz sind nur die Bildung von Ausschüssen für Angelegenheiten der Europäischen Union, Auswärtige Angelegenheiten, für Verteidigung und ein Petitionsausschuss festgeschrieben. Die Anzahl der ständigen Ausschüsse des Bundestages lag in der Legislaturperiode 2009-2013 bei 22. Oft entsprechen die Ausschüsse den in der Regierung vertretenen Fachministerien.

Das Parlament ist ebenfalls für die Gesetzgebung, die Verabschiedung des Haushalts und die Schaffung einer Regierung durch die Wahl des Bundeskanzlers zuständig. Eine weitere Hauptaufgabe ist die Kontrolle der Exekutive. Hierzu dienen nicht zuletzt **Untersuchungsausschüsse**.

Nach: Martin Hetterich/Stephan Trinius, www.bpb.de, Aufgaben des Bundestags, 28.8.2013

M15 Die Organisation des Deutschen Bundestags

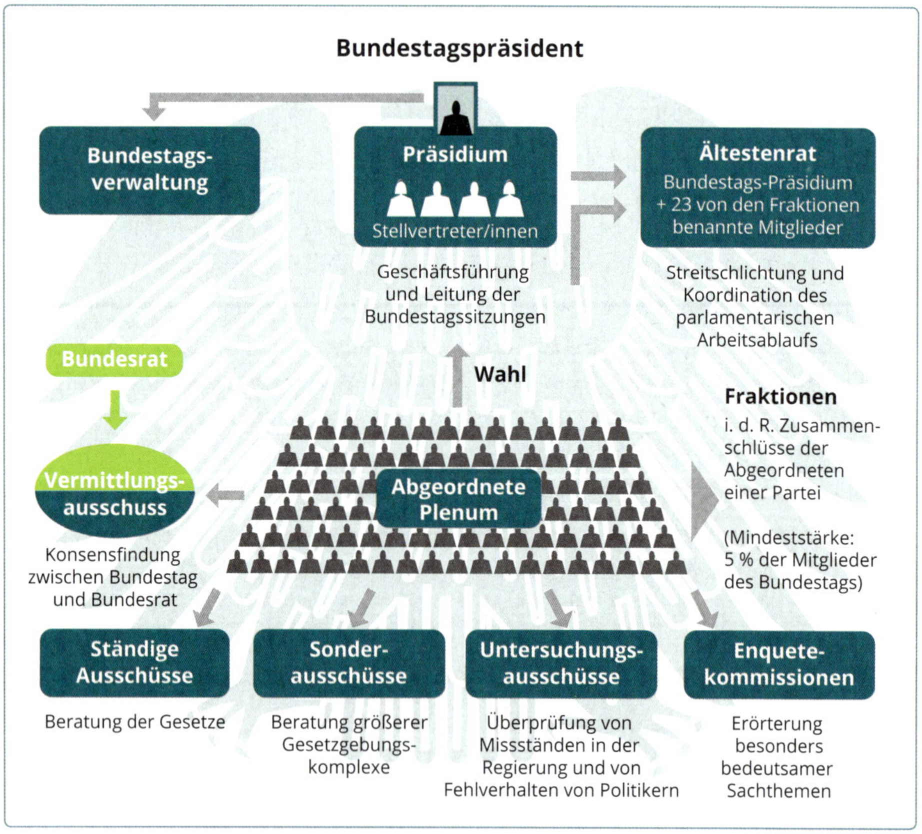

Nach: Bergmoser + Höller Verlag AG, Zahlenbilder 64 110

M16 Ist die Kritik am Parlament berechtigt?

Abgeordnete sind verpflichtet, an Ausschusssitzungen zu den Gesetzen teilzunehmen, die ihr Ausschuss (z. B. der Verteidigungsausschuss) gerade bearbeitet. Sie müssen Fachleute hören und umfangreiches Informationsmaterial durcharbeiten, das ihr Mitarbeiterstab oder der wissenschaftliche Dienst des Bundestages zusammengetragen haben; es kostet sie Zeit, etwa im Arbeitskreis ihrer Fraktion eine kritische Anfrage an die Bundesregierung zu formulieren oder sich um Kontakte zu den Medien zu kümmern, ohne die sie ihre Anliegen nicht wirksam vertreten können. Auch für die Einzelinteressen und Probleme der Bürgerinnen und Bürger setzen sich die Abgeordneten oft in mühsamer Kleinarbeit ein. Die Arbeit im Wahlkreis erfordert zusätzlichen Zeitaufwand.

Da muss die Plenumsdebatte oft zurückstehen. Dort werden nach getaner Ausschussarbeit häufig die allen Abgeordneten bereits bekannten Argumente ausgetauscht, die niemanden, der sich monate-, manchmal jahrelang mit einer Frage auseinandergesetzt hat, noch zu einem Meinungswandel veranlassen können. Trotzdem sind diese Debatten kein überflüssiges Ritual: Die Sprecherinnen und Sprecher der Fraktionen reden bewusst „zum Fenster hinaus", um der Öffentlichkeit die Gründe für ihre Sachentscheidungen zu vermitteln und so die in der Demokratie wichtige Transparenz zu ermöglichen.

Ein weiteres Stereotyp der Parlamentskritik behauptet, dass die Parlamentarierinnen und Parlamentarier zu viel streiten und zu wenig Einigkeit beweisen. Wie wenig das mit der Realität zu tun hat, zeigt schon die Statistik der Bundestagsgesetzgebung. Die meisten Gesetze werden nämlich im Einvernehmen von den [...] Fraktionen verabschiedet. In den Augen der Öffentlichkeit decken freilich die Meinungsverschiedenheiten über die Steuerpolitik, die Rentenreform, die Arbeitsförderung, die Gesundheitspolitik oder die Zuwanderung die Gemeinsamkeiten auf anderen Gebieten zu. Solche Themen erfordern weitreichende Weichenstellungen und die Abstimmung mit den Interessen großer gesellschaftlicher Gruppen. [...]

Die Präsentation der Politik in den Medien trägt ein Übriges zur kritischen Haltung der Bevölkerung gegenüber der (Partei-)Politik bei: Im Kampf um Einschaltquoten und Verkaufszahlen am Kiosk geben die Medien dem Zwang zu Verknappung, zu Dramatisierung und Zuspitzung immer stärker nach.

Ursula Münch, Information zur politischen Bildung aktuell, Bundestagswahlen 2002, Bonn 2002, S. 7

- Dramatisierung
- Vorentscheidung
- Ausschusssitzungen
- Zuspitzung
- Ritual
- Fachleute
- Gesetze
- Einschaltquoten
- Wahlkreisarbeit
- Plenumsdebatte
- Medien

Transparenz
Durchsichtigkeit, hier: Nachvollziehbarkeit einer Entscheidung

Stereotyp
Vorurteil

AUFGABEN

1. Die beiden Bilder aus **M13** können auch als Vorwurf an die Abgeordneten verstanden werden. Formuliere, welcher Vorwurf hier erhoben wird.
2. Erläutere, warum man den Bundestag als Mischung aus Rede- und Arbeitsparlament bezeichnen kann (**M14**).
3. Entwirf eine kurze Rede aus der Sicht eines Abgeordneten, in der er sich gegen die Parlamentskritik zur Wehr setzt (**M14 – M16**).

F ZU AUFGABE 3
Verwende die in der Randspalte genannten Begriffe als Hilfestellung.

WAS WIR WISSEN

Regieren
M2, M5

Die Bundesregierung mit dem Kanzler an der Spitze hat die zentrale Aufgabe der politischen Führung. Einerseits soll der Wille der Parlamentsmehrheit von der Regierung in praktische Politik umgesetzt werden. Andererseits formt die Regierung den Mehrheitswillen des Parlaments auch durch politische Initiativen entscheidend mit.

Stellung des Bundeskanzlers
M6, M7

In der Regierung hat der Bundeskanzler eine hervorgehobene Stellung. Er bestimmt nach Art. 65 GG „die Richtlinien der Politik und trägt dafür die Verantwortung" (Kanzlerprinzip), d. h. er legt umfassende Ziele fest (wie z. B. große Reformvorhaben). Darüber hinaus macht er dem Bundespräsidenten Vorschläge zur Ernennung und Entlassung von Kabinettsmitgliedern. Innerhalb der Richtlinien leiten die Minister ihr Ministerium selbständig (Ressortprinzip). Abgeschwächt wird das Kanzlerprinzip auch durch das Kabinettsprinzip. So berät und beschließt das Kabinett als Ganzes über alle Gesetzesentwürfe und entscheidet bei Streitfragen über die Zuständigkeit zwischen einzelnen Ministerien.

Kontrolle der Regierung
M8 – M11

Gewaltenverschränkung

Eine wichtige Aufgabe des Bundestags ist die Kontrolle der Regierung. Dies ist die Hauptaufgabe der Opposition. In der Praxis der Parteiendemokratie bilden nämlich die Regierung mit dem Bundeskanzler und die Regierungsparteien, die ja die Mehrheit im Parlament haben, eine Handlungseinheit. Man spricht in diesem Zusammenhang auch von Gewaltenverschränkung. Zwar üben auch die eigenen Abgeordneten Kritik an der Regierung, doch tun sie dies meist nicht öffentlich. So werden die Kontrollinstrumente des Bundestages wie Kleine und Große Anfrage, Aktuelle Stunden, Fragestunden, Untersuchungsausschüsse etc. hauptsächlich von der Opposition in Anspruch genommen. Außerdem kann die Opposition ihre Kritik wirksam über die Medien äußern und sich dort als die bessere Alternative präsentieren.

Stellung der Abgeordneten
M12

Abgeordnete, die derselben Partei angehören, schließen sich im Bundestag zu einer Fraktion zusammen. Die Fraktionen sind die politische Heimat für die Abgeordneten und bilden den organisatorischen Rahmen der Arbeit im Bundestag, denn anders wäre der Bundestag wohl kaum entscheidungsfähig. Bei Abstimmungen folgen die Abgeordneten in der Regel der von der Fraktion festgelegten Linie (Fraktionsdisziplin), obwohl sie eigentlich nach Art. 38 GG in ihren Entscheidungen frei sind (freies Mandat).

Arbeitsweise des Bundestages
M14 – M16

Der Bundestag ist eine Mischform aus Arbeits- und Redeparlament. Neben den Reden und Abstimmungen im Plenum findet die Hauptarbeit der Abgeordneten aber vor allem in Fachausschüssen, die sich mit der Ausarbeitung von Gesetzen beschäftigen, statt. Dort beraten die Abgeordneten, hören Fachleute an, diskutieren die Gesetzesentwürfe und verändern diese.

WAS WIR KÖNNEN

Insgesamt 3.592 Kleine Anfragen an die Bundesregierung

In der 17. Wahlperiode (2009-2013) regierte eine schwarz-gelbe Koalition unter Kanzlerin Angela Merkel. SPD, Bündnis 90/Grüne und DIE LINKE bildeten die Opposition. Insgesamt stellten die Fraktionen des Deutschen Bundestags in dieser Wahlperiode 3.592 Kleine Anfragen, davon die SPD 457, die Grünen 1.434 und DIE LINKE 1.659. Große Anfragen gab es insgesamt 54, davon 24 von der SPD, 14 von DIE LINKE und 13 von Bündnis 90/Die Grünen.

Deutscher Bundestag, Referat Parlamentsdokumentation, 1.9.2013

Fragerechte des Bundestags

Große Anfrage

Schriftliche Anfrage zu einem größeren politischen Themenkomplex durch eine Fraktion bzw. mindestens 5 % der Abgeordneten

An die Beantwortung durch die Bundesregierung schließt sich in der Regel eine Debatte vor dem Bundestag an.

Kleine Anfrage

Schriftliche Anfrage zu konkreten Einzelthemen durch eine Fraktion bzw. mindestens 5 % der Abgeordneten

Die Antwort erfolgt schriftlich durch das jeweils zuständige Bundesministerium.

Fragestunde

Einzelfragen zur mündlichen oder schriftlichen Beantwortung, von einzelnen Abgeordneten eingebracht

Mündliche Beantwortung in den beiden wöchentlichen Fragestunden des Bundestags

Möglichkeit für die Abgeordneten, mit Zusatzfragen nachzuhaken

Hauptfunktionen:

- ▶ Beschaffung von Informationen
- ▶ öffentliche Herausforderung der Regierung durch die Opposition
- ▶ Gelegenheit, die Haltung der Opposition darzulegen

Aktuelle Stunde

Politische Debatte mit Kurzbeiträgen zu einem aktuellen Thema auf Verlangen einer Fraktion bzw. von mindestens 5 % der Abgeordneten oder nach Vereinbarung

Redezeit für die Abgeordneten: 5 min; Gesamtdauer: 1 Stunde + Redezeit der Regierung

Nach: Bergmoser + Höller Verlag AG, Zahlenbilder 66 250

Aufgabe

Erkläre, weshalb die Fraktionen die parlamentarischen Fragerechte so unterschiedlich stark einsetzen. Wähle für deine Erklärung Begriffe aus dieser Begriffswolke aus:

Abgeordnete | Bundestag | Öffentlichkeit | Legislative | Gewaltenverschränkung

Gewaltenteilung | Opposition | Wahlen | Kontrollrechte | Exekutive

2.3 Die Verfassungsorgane im Gesetzgebungsprozess

Das Problem: Energiesicherheit in Deutschland

M1 Der Streit um die Atomenergie

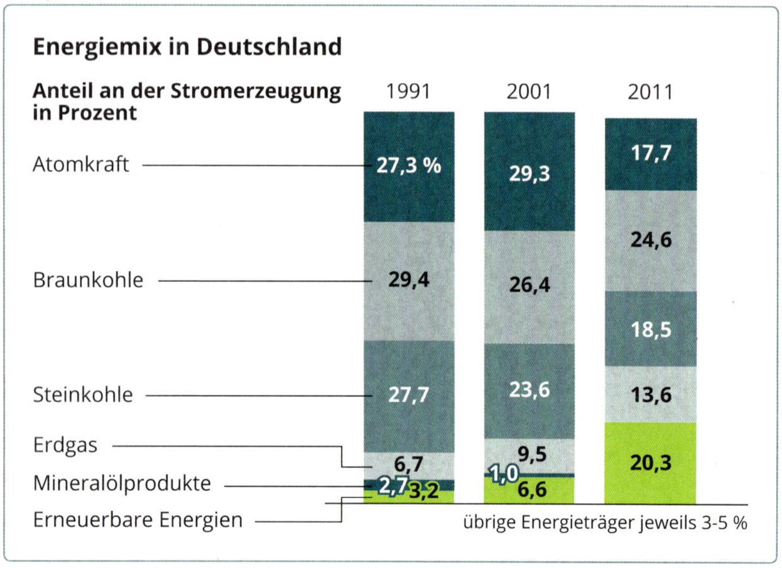

dpa-Grafik 17959; Quelle: Arbeitsgemeinschaft Energiebilanzen (AGEB)

Gesetzentwurf zur Änderung des Atomgesetzes

A. Problem und Ziel: Die nuklearen Folgen der Erdbebenkatastrophe in Japan bedeuten einen Einschnitt für die friedliche Nutzung der Kernenergie auch in Deutschland. Im Lichte dieser Ereignisse hat die Bundesregierung mit den Ministerpräsidenten der Länder, in denen Kernkraftwerke betrieben werden, die Sicherheit aller deutschen Kernkraftwerke durch die Reaktor-Sicherheitskommission [...] überprüfen lassen und zudem durch eine Ethikkommission „Sichere Energieversorgung" einen gesellschaftlichen Dialog zu den Risiken der Nutzung der Kernkraft und zu der Möglichkeit eines beschleunigten Übergangs in das Zeitalter der erneuerbaren Energien angestoßen. Die Bundesregierung hat unter Einbeziehung der Ergebnisse der Reaktor-Sicherheitskommission und der Ethikkommission „Sichere Energieversorgung" sowie des absoluten Vorrangs der nuklearen Sicherheit beschlossen, die Nutzung der Kernenergie zum frühestmöglichen Zeitpunkt zu beenden.

Bundestag, Drucksache 17/6070, Gesetzentwurf der Fraktionen der CDU/CSU und FDP

Die rot-grüne Bundesregierung unter Bundeskanzler Gerhard Schröder hatte nach ihrem Wahlsieg 1998 die Atomkraft neu bewertet und war zu dem Ergebnis gekommen, dass die Risiken der kommerziellen Nutzung zu hoch sind. 2002 wurde der geordnete Ausstieg aus der Atomkraft beschlossen. Die Laufzeit der bestehenden Atomkraftwerke wurde auf durchschnittlich 32 Jahre seit ihrer Inbetriebnahme festgelegt.

Nach dem Wahlsieg der CDU/CSU und FDP im Jahr 2009 einigten sich die neuen Regierungsparteien im Koalitionsvertrag auf eine Neuausrichtung der Atompolitik. Im Herbst 2010 verabschiedete die Regierungskoalition im Rahmen ihres „Energiekonzeptes" ein äußert umstrittenes Gesetz, das die Atomenergie als „Brückentechnologie" sah und eine Verlängerung der Laufzeiten für Atomkraftwerke beinhaltete.

Infolge der Reaktorkatastrophe von Fukushima in Japan im Frühjahr 2011 vollzog die Regierung jedoch eine erneute Kehrtwende. Die beschlossene Laufzeitverlängerung für Atomkraftwerke wurde wieder zurückgenommen. Stattdessen brachten die Regierungsparteien unter Angela Merkel ein Gesetz für den beschleunigten Ausstieg aus der Atomkraft auf den Weg.

M2 Abschied vom Kern: Strittig sind nur noch Details

Fast ein halbes Jahrhundert hat die Atomenergie Politik und Nation gespalten. Unzählige teils leidenschaftlich, teils verbitterte Debatten wurden im Bundestag geführt. Doch jetzt ist alles anders. Noch nie waren sich die Fraktionen so einig. Diese Einigkeit über den Atomausstieg kam so plötzlich, dass die Redner versuchten, Unterschiede zu finden, wo es längst keine mehr gab. SPD-Fraktionschef Frank-Walter Steinmeier warf lediglich der Kanzlerin „Unaufrichtigkeit und falsches Pathos" vor. Um dann aber zu betonen, dass sie einer Meinung seien: Sie sei „genau dort jetzt angekommen, wo Rot-Grün die Dinge schon gestaltet" habe.

[...] Was Tschernobyl nicht vermochte, das machte Fukushima nun mehr als deutlich: „Die Risiken der Kernenergie sind nicht beherrschbar", brachte es Bundeskanzlerin Angela Merkel (CDU) auf den Punkt. „Wer das erkennt, muss eine neue Bewertung vornehmen. Ich habe eine neue Bewertung vorgenommen", sprach Merkel vergangenen Donnerstag in ihrer Regierungserklärung „Der Weg zur Energie der Zukunft" vor dem Bundestag. [...]

Das Tempo, in dem die Bundesregierung aus der Kernenergie aussteigen will, ist (Gregor Gysi) hingegen zu gering: Die letzten Atomkraftwerke sollen laut Merkel bis 2022 vom Netz genommen werden. Für den Chef der Linksfraktion bedeutet diese Tatsache „elf weitere Jahre Fukushima-Risiko". Ein kompletter Ausstieg sei bereits bis 2014 möglich. Seine Fraktion stellte einen entsprechenden Antrag. Jürgen Trittin, Fraktionschef von Bündnis 90/Die Grünen, kritisierte Details der Kabinettsbeschlüsse. „Bei all diesen Gesetzen gibt es massiven Änderungsbedarf." Seine Fraktion will die Kernkraftwerke bis 2017 abschalten. In einem weiteren Antrag verlangt sie, auf eine sogenannte Kaltreserve zu verzichten. Als Zugeständnis an die Bundesnetzagentur will die Regierung ein Atomkraftwerk, das zeitnah abgeschaltet werden soll, nur auf Stand-by-Modus herunterfahren.

Wirtschaftsminister Philipp Rösler (FDP) entgegnete auf Steinmeiers Kritik, dass die Berücksichtigung der Versorgungssicherheit im Konzept von „Rot-Grün" komplett gefehlt hätte, aber „im Sinne von Netzstabilität" notwendig sei. „Ein Blackout wäre volkswirtschaftlich nicht zu verantworten", betonte auch Gerda Hasselfeldt, Vorsitzende der CSU-Landesgruppe: „Der Strom darf nicht ausfallen." Und aller gegenseitiger Kritik zum Trotz setzte sich, fast am Ende einer turbulenten Woche, Einigkeit durch.

Verena Renneberg, Das Parlament, 14.6.2011

Abgeordnete stimmen am 30.6.2011 im Deutschen Bundestag über den Ausstieg aus der Atomenergie ab.

F
Fast ein halbes Jahrhundert hat die Atomenergie Politik und Nation gespalten.
Erstellt in Zusammenarbeit mit dem Fach Geschichte eine Ausstellung/Wandzeitung über den Atomstreit in der Bundesrepublik Deutschland.

AUFGABEN

1. Erstelle eine kurze Chronologie zur Atomgesetzgebung und nenne jeweils stichwortartig den Grund für die Gesetzesvorhaben (**M1**).
2. Vergleiche die Positionen der jeweiligen Bundestagsfraktionen zum neuen Atomgesetz. Worin waren sie sich einig, worüber wurde gestritten (**M2**)?

F
Recherchiere den Ablauf der Atomkatastrophe von Fukushima und beschreibe, welche Folgen der Reaktorunfall für Mensch und Umwelt hatte.

Das neue Atomgesetz in der Diskussion

M3 Stellungnahmen zum Gesetz

„Ich bin gegen die Nutzung der Kernenergie, da immer noch ungeklärt ist, was mit dem Atommüll geschehen soll."

„Die Atomkraft ist im Betrieb eine saubere Technologie. So kann klimafreundlich Energie erzeugt werden."

„Atomkraft ist nicht sicher und deshalb nicht zu verantworten. Das wissen wir seit den Katastrophen von Tschernobyl und Fukushima."

„Atomkraftwerke können billig Strom produzieren. Davon profitiere ich als Konsument."

„Solange die regenerativen Energien noch nicht so weit sind, brauchen wir die Atomkraft. Stromausfälle kann sich ein Industrieland wie Deutschland nicht leisten."

M4 Kontrovers diskutiert: der Ausstieg aus der Atomkraft

a) Sicher ist sicher

Die Briten haben einen wunderbaren Ausdruck: „elephant in the room". Ein Elefant, den keiner sieht, der aber dennoch Debatten bestimmt – meist als unsichtbarer Bremser. Die Kernkraft war so ein „elephant in the room" in Deutschland: Sie dominierte über Jahre hinweg den Diskurs, sie machte Energiepolitik zur Frage von Macht und Prinzipien. Entscheidungen über Atompolitik hatten dadurch eine Halbwertzeit von allerhöchstens zwei Legislaturperioden; sicher war in dieser Frage nur die Unsicherheit. Diese Zeit ist nun vorbei, zum Glück. Mit dem schwarz-gelben Ausstieg könnte es bald erstmals eine Atomentscheidung mit Aussicht auf Bestand geben. Erstmals ist Investoren damit ein Mindestmaß an Kalkulierbarkeit gegeben. Für den deutschen Strommarkt ist dies das wichtigste Signal: Wer hier investieren will, weiß wieder, woran er ist. Daneben tritt eine andere Sicherheit, deren Bedeutung sich in der Katastrophe in Fukushima aufs Neue manifestiert hat. Die deutschen Kernkraftwerke mögen gut gepflegt gewesen sein doch die Abschaltung der sieben ältesten Anlagen plus Krümmel macht das Leben in diesem Land objektiv sicherer. Ob die anderen Reaktoren teils noch bis 2022 hätten laufen müssen, mag umstritten sein. Dass es fixe Enddaten für sie gibt, ist gut.

Der Kampf für und gegen Kernkraft hat viele Kräfte gebunden in diesem Land; er hat die energiepolitische Debatte in einem Maße bestimmt, das zur Bedeutung dieser Energieform in keinem Verhältnis mehr stand. Der Ausstieg setzt diese Kräfte nun frei. Sie werden gebraucht werden: für eine Energieversorgung ohne unüberschaubare Risiken und Müll für Generationen, ohne Raubbau an fossilen Ressourcen. Der Weg ist steinig, aber das Ziel stimmt.

Krümmel
Am Geesthachter Ortsteil Krümmel gelegenes Kernkraftwerk, das von 1984 bis 2011 in Betrieb war.

b) Ein Bärendienst

Die Wende von der Wende in der Energiepolitik ist und bleibt ein populistisches Manöver. So schrecklich die Bilder vom Unglück in Fukushima auch waren – die Sicherheit der 17 deutschen Kernkraftwerke wurde dadurch nicht berührt. Wir leben weder auf einer Erdbebenspalte, noch müssen wir mit Tsunamis rechnen. Es geht einzig und alleine um unsere veränderte Wahrnehmung. Rund 70 Prozent der Deutschen sprechen sich inzwischen gegen Kernenergie aus, ohne dass sich an den objektiven Bedingungen für die Reaktorsicherheit hierzulande etwas verändert hätte. Die Physikerin Merkel weiß das. Aber die Politikerin Merkel fürchtet sich.

Die Bundesregierung folgt dem Meinungsumschwung in fast panischer Weise. Wissenschaftlich sorgfältig erarbeitete Energieszenarien für die nächsten 40 Jahre werden über den Haufen geworfen. Acht Kraftwerke gehen von heute auf morgen vom Netz und werden ohne weitere Prüfung stillgelegt. Die anderen Anlagen folgen im Abstand weniger Jahre. Klagen die Konzerne erfolgreich gegen diese Enteignung, kann das den Steuerzahler Milliarden kosten. Zugleich importieren wir Atomstrom aus Frankreich, damit unser Netz stabil bleibt.

Zeitgleich zur Debatte im Bundestag fordern Menschen vor dem Brandenburger Tor den Ausstieg aus der Kernenergie.

Merkel hat vor der aktuellen Angst einer Mehrheit kapituliert. Doch der Union wird dieses Einknicken nichts nutzen, weil Gegner wie Anhänger das hastige Wendemanöver als solches durchschauen. Auch der Sache selbst, nämlich einer klimafreundlichen, sicheren und bezahlbaren Energieversorgung, hat die Kanzlerin mit ihrer Atomwende einen Bärendienst erwiesen. Es wird Jahrzehnte dauern, bis die Kernenergie durch erneuerbare Energie ersetzt wird. So lange steigen der CO_2-Ausstoß ebenso wie die Strompreise. Die Rechnung kommt noch.

Michael Bauchmüller (a), Daniel Goffart (b), Das Parlament 14.6.2011

AUFGABEN

1. Nimm Stellung zu den Aussagen aus **M3**. Welche leuchten dir ein und welche nicht? Überprüfe die Aussagen mithilfe einer Internetrecherche. Teilt euch dazu in Gruppen und präsentiert eure Ergebnisse im Plenum.

2. a) Stelle die Argumente aus **M3** und **M4** gegenüber.

b) Ist der Ausstieg aus der Atomkraft die richtige Entscheidung? Nimm in Form eines Leserbriefs begründet Stellung.

Wie verläuft der Gesetzgebungsprozess?

M5 Etappen der Gesetzgebung

Mit Gesetzen versucht die Politik das gesellschaftliche Leben zu regeln und Probleme zu lösen. Das Gesetzgebungsverfahren verläuft immer nach einem strengen Muster. Wie dieses Verfahren abläuft und wer daran beteiligt ist, zeigt folgendes Schaubild.

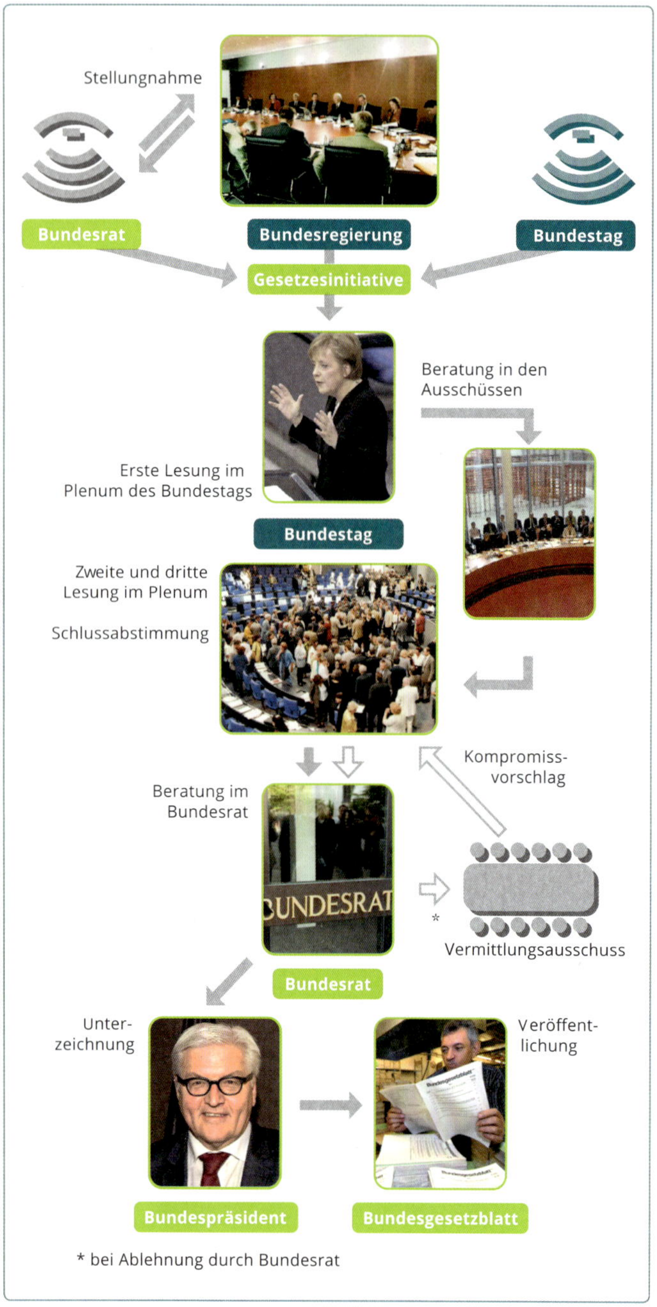

Die meisten Gesetze, die in den Bundestag eingebracht werden, sind Vorlagen der Regierung. Die Entwürfe werden in den zuständigen Fachministerien erarbeitet.

Generell können Gesetzentwürfe von der Bundesregierung, aus dem Bundestag oder vom Bundesrat eingebracht werden.

Die erste Beratung im Plenum des Bundestages dient der Begründung des Gesetzesvorhabens und der Erörterung der Grundsätze der Vorlage. Es erfolgt noch kein Beschluss.

Der Gesetzentwurf wird anschließend an die fachlich zuständigen Ausschüsse überwiesen und dort intensiv beraten. Dort können in sogenannten „hearings" auch Experten von außerhalb zu einem Gesetz gehört werden. Der Ausschuss kann dann dem Plenum eine Abänderung, Annahme oder Ablehnung des Entwurfs empfehlen.

Die zweite Lesung (Beratung) des Entwurfs erfolgt auf der Grundlage der Ausschussempfehlung. Über die einzelnen Bestimmungen wird dann abgestimmt.

Die dritte Lesung schließt sich unmittelbar an. Anschließend erfolgt die Schlussabstimmung.

Das im Bundestag beschlossene Gesetz wird dann dem Bundesrat zugeleitet. Die Zustimmung des Bundesrats ist erforderlich, wenn es sich um ein Zustimmungsgesetz handelt, in der Sache also Bund und Länder zuständig sind. Bei einem Einspruchsgesetz kann der Bundestag einen Einspruch des Bundesrats in einer weiteren Abstimmung überstimmen.

Bei Uneinigkeit über ein Zustimmungsgesetz und einer drohenden Ablehnung kann der Vermittlungsausschuss angerufen werden, der einen Kompromissvorschlag erarbeitet, über den Bundestag und Bundesrat erneut abstimmen. Bundestag und Bundesrat entsenden je 16 ihrer Mitglieder in den Vermittlungsausschuss. Können sich die Vertreter dabei nicht einigen, ist das Gesetz – wenn es sich um ein zustimmungspflichtiges Gesetz handelt – gescheitert.

Nach der Verabschiedung des Gesetzes wird es dem zuständigen Minister und dem Bundeskanzler zur Unterzeichnung vorgelegt.

Anschließend muss noch der Bundespräsident das Gesetz unterzeichnen. Er kann seine Unterschrift nur verweigern, wenn er der Auffassung ist, dass das Gesetz gegen die Verfassung verstößt.

Das Gesetz wird im Bundesgesetzblatt verkündet und tritt in Kraft.

M6 Auf den Weg gebracht – das neue Atomgesetz

Einigung im Kanzleramt: Die schwarz-gelbe Regierungskoalition hat ein neues Konzept für den Ausstieg aus der Kernenergie bis zum Jahr 2022 vorgelegt.

Der Bundestag berät in zweiter und dritter Lesung über das Atomgesetz und stimmt darüber ab.

Nun hat auch der Bundespräsident das Gesetz unterschrieben. Das teilte das Bundespräsidialamt in Berlin mit. Damit kann die Regelung in Kraft treten.

Die Bundeskanzlerin begründet in einer Regierungserklärung vor dem Bundestag, warum das Atomgesetz erneut geändert werden soll. Der Bundestag berät in erster Lesung darüber.

Kabinett beschließt Atom-Ausstieg: Atommeiler laufen nur noch bis ins Jahr 2022. Ausbau erneuerbarer Energie und des Stromnetzes sollen in dem Gesetzentwurf gefördert werden.

Der Bundesrat stimmt dem Atomausstieg zu.

Das Gesetz zum Automausstieg wird an die zuständigen Ausschüsse überwiesen.

Vor der zweiten und dritten Lesung des von den Koalitionsfraktionen CDU/CSU und FDP in den Bundestag eingebrachten Entwurfs eines dreizehnten Gesetzes zur Änderung des Atomgesetzes hat der Ausschuss für Umwelt, Naturschutz und Reaktorsicherheit über den Entwurf diskutiert und Experten angehört.

Erklärfilm „Gesetzgebung"

Mediencode: 71008-04

AUFGABEN

1. Ordne die Meldungen den Stationen des Gesetzgebungsverfahrens zu und begründe deine Entscheidung (**M5**, **M6**).
2. Stelle dir vor, du würdest einen Interessenverband (z. B. Greenpeace oder den Bundesverband Energie- und Wasserwirtschaft) vertreten. An welcher Stelle des Gesetzgebungsprozesses würdest du versuchen, Einfluss zu nehmen? Begründe deine Entscheidung (**M5**, **M6**).

METHODE

M7 Wie man politische Prozesse analysieren kann – der Politikzyklus

Modelle sind wichtige Instrumente, mit denen wir die politische Wirklichkeit vereinfacht abbilden können, um sie besser zu verstehen. Im Modell wird nur das Wichtigste dargestellt. Der Politikzyklus ist ein solches Modell und ihm liegt ein gewisses Verständnis von Politik zugrunde: Politik wird hier als eine (endlose) Kette von Versuchen zur Bewältigung gesellschaftlicher Probleme verstanden. Viele Probleme werden von der Politik gelöst. Es gibt aber auch Probleme, die die Politik dauerhaft beschäftigen, wie z. B. die Energiepolitik.

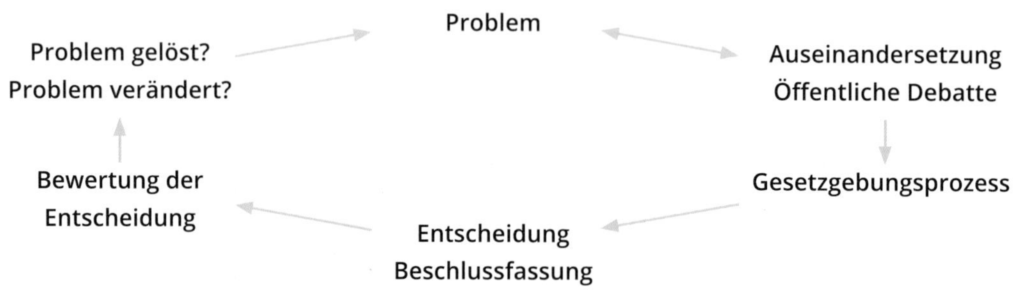

Am Beginn des Politikzyklus steht ein Problem, mit dem sich die Politik beschäftigen muss. Es wird öffentlich darüber gestritten, was man tun soll. Dabei spielen auch die Medien eine ganz wichtige Rolle. Es folgt das Gesetzgebungsverfahren in Bundestag und Bundesrat. Ist eine Entscheidung getroffen, dann wird diese wieder in der Öffentlichkeit diskutiert und bewertet. Wenn das Problem damit beseitigt werden kann, dann wird der Politikzyklus nur einmal durchlaufen. Verändert sich das Problem oder sind die getroffenen Maßnahmen nicht wirksam, dann beginnt der Zyklus von vorn. Deshalb spricht man davon, dass Politik eine (endlose) Kette von Versuchen ist, gesellschaftliche Probleme zu lösen.

Kategorien	Schlüsselfragen
Problem	Worin besteht das Problem? Welche Aufgabe hat die Politik zu lösen?
Auseinandersetzung Öffentliche Debatte	Was wirkt auf die Auseinandersetzung ein? Welche Interessen haben die Akteure? Welche Interessenkonflikte und Interessenkonstellationen gibt es? Welche Ziele verfolgen die beteiligten Akteure? Welche Lösungsmöglichkeiten werden diskutiert? Wie sind die Machtkonstellationen?
Gesetzgebungsprozess	Greift der Gesetzgeber das Problem auf? Wie versuchen die Akteure Einfluss auf den Gesetzgebungsprozess zu nehmen?
Entscheidung Beschlussfassung	Zu welchen Ergebnissen hat die Auseinandersetzung geführt? Welche Akteure/Interessen konnten sich durchsetzen?
Bewertung der Entscheidung	Welche Akteure bewerten das Ergebnis positiv? Welche negativ? Welche Interessen und Wertvorstellungen beeinflussen die Bewertung?
Problem gelöst? Problem verändert?	Ist das Problem gelöst oder ist nur die Problemlage verändert? Greift der Vollzug der Entscheidung an den Ursachen an oder werden nur die Folgen bekämpft? Muss das Problem erneut auf die politische Agenda?

Der Bundesrat im Gesetzgebungsverfahren

M8 Warum gibt es den Bundesrat?

In einem föderalen Staat schließen sich mehrere Gliedstaaten zu einem Bündnis zusammen. So bilden die 16 deutschen Länder gemeinsam einen Bundesstaat, die Bundesrepublik Deutschland. In einem Bundesstaat ist der Gesamtstaat für alles zuständig, was einheitlich geordnet werden muss. Darauf sollte er sich aber auch beschränken, denn die übrigen Angelegenheiten sollen die Gliedstaaten selbst regeln. In Deutschland ist der Bundesrat das Bindeglied zwischen Bund und Ländern. Er ist die Interessenvertretung der Länder auf Bundesebene. Er ist ein Verfassungsorgan des Bundes, besteht aber aus Vertretern der Länder. Über den Bundesrat können die Länder in vielen Fällen die Gesetzgebung des Bundes beeinflussen. Auch in Angelegenheiten der Europäischen Union können die Länder mitwirken. Ihre Mitwirkungsrechte sind dabei genau festgelegt. Der Bundesrat kann keine Änderungen an einem vom Bundestag beschlossenen Gesetz vornehmen. Stimmt er dem Gesetz aber nicht zu, so kann er den Vermittlungsausschuss anrufen. Bei Zustimmungsgesetzen ist die Zustimmung des Bundesrates zwingend erforderlich. Zustimmungsbedürftig sind insbesondere verfassungsändernde Gesetze, aber auch alle Gesetze, die die Finanzen und Verwaltungszuständigkeit der Länder betreffen.

Die Länder der Bundesrepublik Deutschland

Stimmenverteilung im Bundesrat	
Nordrhein-Westfalen	6
Bayern	6
Baden-Württemberg	6
Niedersachsen	6
Hessen	5
Sachsen	4
Rheinland-Pfalz	4
Berlin	4
Sachsen-Anhalt	4
Thüringen	4
Brandenburg	4
Schleswig-Holstein	4
Mecklenburg-Vorpommern	3
Hamburg	3
Saarland	3
Bremen	3

AUFGABEN

1. Wende den Politikzyklus (**M7**) auf das Problem der Atompolitik an (**M1 – M8**) und beantworte die Schlüsselfragen. Achte dabei besonders darauf, wie die Reaktorkatastrophe von Fukushima die Wahrnehmung des Problems verändert hat.

2. Der Gesetzgebungsprozess in Deutschland ist vergleichsweise kompliziert. Erörtere Vor- und Nachteile des Verfahrens (**M5 – M8**).

3. Recherchiere im Internet, welche aktuellen Mehrheitsverhältnisse im Bundesrat gegeben sind. Prüfe, ob der Bundesrat in seiner derzeitigen Zusammensetzung einen Gesetzentwurf des Bundestags eher blockieren würde oder eher nicht (**M8**).

Der Bundespräsident – Makler oder Mahner in der Politik?

M9 Die verfassungsrechtliche Stellung des Bundespräsidenten

Trotz seiner geringeren Machtfülle verfügt der Bundespräsident über vielfältige Wirkungsmöglichkeiten, die sich aus seinen grundsätzlichen Aufgaben wie aus seiner persönlichen Autorität herleiten. Der Bundespräsident vertritt den Bund völkerrechtlich und schließt im Namen des Bundes Verträge mit anderen Staaten ab.

Nach einem entsprechenden Beschluss des Bundestages ruft er den Verteidigungsfall aus. Im Gesetzgebungsverfahren fällt ihm die Aufgabe zu, die Bundesgesetze auszufertigen und zu verkünden. Dabei hat er das Recht, sie auf ihre Übereinstimmung mit dem Grundgesetz zu überprüfen. Im Falle des Gesetzgebungsnotstands (Art. 81 GG) kann er zur Lösung des zwischen Regierung und Bundestag entstandenen Konflikts beitragen. Weitgehend eingeschränkt ist aber das Recht des Bundespräsidenten zur Auflösung des Bundestags (Art. 63 GG, 68 GG).

Auf Vorschlag des Bundespräsidenten wählt der Bundestag den Bundeskanzler. Nach der Wahl nimmt der Bundespräsident die Ernennung des Kanzlers vor und ernennt auf dessen Vorschlag auch die Bundesminister. Nicht zu unterschätzen ist die Rolle, die der Bundespräsident als oberster Repräsentant des Staates spielt. Durch Gespräche und Gesten, Empfänge und Ehrungen, Reisen und Reden trägt er maßgeblich zu dem Bild bei, das man sich im In- und Ausland von der Bundesrepublik macht.

Bergmoser + Höller Verlag AG, Zahlenbilder 67 100

zur Vertiefung:
Das Bundesverfassungsgericht – Hüter der Verfassung oder Ersatzgesetzgeber?
Mediencode: 71008-05

M10 Der Bundespräsident – ein politisches Amt?

Ernst Benda (1925 – 2009) war von 1968 bis 1969 Bundesinnenminister und von 1971 bis 1983 Präsident des Bundesverfassungsgerichts.

SZ: Welchen politischen Handlungsspielraum gibt das Grundgesetz dem Bundespräsidenten?

Benda: Er kann die notwendigen politischen Entscheidungen selbst nicht fällen. Die sind Sache des Gesetzgebers. Der Bundespräsident kann politische Tätigkeiten anregen und unterstützen. Er kann als ehrlicher Makler zwischen den politischen Parteien vermitteln und sie veranlassen, sich den gemeinsamen Fragen zu stellen.

SZ: Wie weit kann und darf der Makler auch als Mahner auftreten?

Benda: Der Makler ist immer auch ein Mahner. Selbstverständlich kann und soll er mahnen. Es gehört gerade zu den wichtigsten Aufgaben des Bundespräsidenten, die politisch Handelnden auf die großen Probleme des Landes hinzuweisen.

SZ: Wie konkret kann der Mahner werden?

Benda: Der Bundespräsident kann auch Anregungen geben, wie die großen Probleme gelöst werden können.

SZ: Haben die bisherigen Bundespräsidenten diese Mahner-Rolle ausgefüllt?

Benda: Dies hängt natürlich sehr von den einzelnen Persönlichkeiten ab. Unvergessen ist die sogenannte Ruck-Rede des Bundespräsidenten Herzog im Jahr 1997. Sie hat bisher keine unmittelbaren Aktionen ausgelöst, obwohl sie der Sache nach eine dringende Mahnung an alle politisch Aktiven gewesen ist, tätig zu werden.

Interview: Helmut Kerscher, Süddeutsche Zeitung, 15.3.2005

M11 Soll der Bundespräsident vom Volk gewählt werden?

Sollte der Bundespräsident direkt vom Volk gewählt werden? Darüber streiten die Politiker Dieter Wiefelspütz (SPD) und Jörg van Essen (FDP).

Blickpunkt: Herr van Essen, warum will die FDP eine Direktwahl des Präsidenten? Sind wir mit dem bisherigen Verfahren nicht gut gefahren?

van Essen: Durchaus. Es war ja auch nach den Erfahrungen der Weimarer Republik, in der der Reichspräsident fast so etwas wie ein Ersatzkaiser mit weitgehenden Befugnissen war, eine sehr bewusste Entscheidung unserer Verfassungsmütter und -väter. Sie wollten eine repräsentative Figur mit eingeschränkten Rechten. Daran wollen wir auch keine Änderungen vornehmen. Aber wir glauben, nach fünfzig Jahren stabiler Demokratie sollten wir darüber nachdenken, wie wir die Menschen stärker in die politischen Entscheidungen einbeziehen können. Wir halten die Wahl des Bundespräsidenten für ein solches Feld. [...]

Wiefelspütz: [...] Wir haben mit dem bisherigen Verfahren immer sehr überzeugende Personen in das Amt des Bundespräsidenten gewählt. Sie waren immer Persönlichkeiten, die das ganze Volk repräsentiert haben. [...] [E]ine Direktwahl des Bundespräsidenten passt nicht in unser Staatsgefüge, weil es dann Spitzenpolitiker unterschiedlicher Legitimation gäbe: der eine, der Bundespräsident, vom Volk gewählt, der andere, der eigentlich politisch mächtigere Bundeskanzler, indirekt vom Parlament gewählt. Das passt nicht zusammen.

Deutscher Bundestag, www.bundestag.de, 19.12.2007

AUFGABEN

1. Der Bundespräsident – ein politisches Amt? Erläutere, wie der Bundespräsident die Politik beeinflussen kann (**M9, M10**).
2. Beurteile, ob der Bundespräsident direkt gewählt werden sollte (**M11**).

Die Präsidenten der Bundesrepublik Deutschland

Theodor Heuss (FDP) 1949 – 1959

Heinrich Lübke (CDU) 1959 – 1969

Gustav Heinemann (SPD) 1969 – 1974

Walter Scheel (FDP) 1974 – 1979

Karl Carstens (CDU) 1979 – 1984

Richard v. Weizsäcker (CDU) 1984 – 1994

Roman Herzog (CDU) 1994 – 1999

Johannes Rau (SPD) 1999 – 2004

Horst Köhler (CDU) 2004 – 2010

Christian Wulff (CDU) 2010 – 2012

Joachim Gauck (parteilos) 2012 – 2017

Frank-Walter Steinmeier (SPD) seit März 2017

Nach: dpa-Grafik 16197

WAS WIR WISSEN

Gang der Gesetzgebung
M5, M8

Die Gesetzgebung ist ein langwieriger Prozess, an dem Bundesregierung, Bundestag und Bundesrat mitwirken. Das Initiativrecht haben Bundesregierung, Bundesrat und Bundestag (mindestens fünf Prozent der Abgeordneten). Die meisten Initiativen kommen von der Bundesregierung. Die Entwürfe werden von den Fachministerien ausgearbeitet, vom Kabinett abgesegnet und in den Bundestag eingebracht. Nach den Beratungen im Plenum (1. Lesung) wird der Entwurf an die Ausschüsse verwiesen. Dort findet eine intensive Beratung statt. Experten können befragt, strittige Themen ausdiskutiert und Kompromisse gefunden werden. Der überarbeitete Entwurf kommt zur 2. und 3. Lesung und zur Beschlussfassung ins Plenum zurück. Anschließend wird im Bundesrat beraten und abgestimmt. Am Ende muss der Bundespräsident das Gesetz unterzeichnen, damit es in Kraft treten kann. Im Bundesanzeiger wird es veröffentlicht.

Politikzyklus
M7

Politik kann als (endloser) Versuch zur verbindlichen Lösung gesellschaftlicher Probleme oder Konflikte gesehen werden. Am Anfang steht dabei ein ungelöstes Problem. Ob es sich tatsächlich um ein politisches Problem handelt und wie dieses zu lösen ist, darüber wird öffentlich diskutiert. Es folgt der formale Gesetzgebungsprozess. Die parlamentarische Mehrheit macht einen Vorschlag, wie das Problem allgemeinverbindlich gelöst werden soll. Ist das Gesetz vom Bundestag (und Bundesrat) verabschiedet, so muss es umgesetzt werden. Dabei wird es diskutiert und bewertet. Ist das Problem gelöst, so endet der Politikzyklus. Erfolgt eine Neubewertung des Problems, dann beginnt der Zyklus von Neuem.

Der Bundespräsident
M9 – M11

Erklärfilm: „Wahl des Bundespräsidenten"

Mediencode: 71008-06

Der Bundespräsident wird von der Bundesversammlung (durch Vertreter des Bundestags und der Länder) auf fünf Jahre gewählt. Um seine überparteiliche Stellung nicht zu gefährden, lässt er eine Parteimitgliedschaft oder berufliche Verpflichtungen für die Dauer seiner Amtszeit ruhen. Zu seinen Aufgaben gehören:

- *völkerrechtliche Vertretung des Bundes und Abschluss von Verträgen mit anderen Staaten im Namen des Bundes;*
- *Prüfung, Unterzeichnung und Verkündung von Gesetzen;*
- *Vorschlag, Ernennung und Entlassung des Bundeskanzlers;*
- *Ernennung und Entlassung der Bundesminister;*
- *Begnadigungsrecht.*

Bei diesen Aufgaben handelt es sich weitestgehend um formale Kompetenzen, denn der Bundespräsident hat dabei nur einen geringen Entscheidungsspielraum, es sei denn, er hat begründete Zweifel an der Verfassungsmäßigkeit eines Vorgangs oder eines Gesetzes. Dann kann er seine Unterschrift verweigern. Gelegentlich wird die Frage nach einer Direktwahl des Bundespräsidenten aufgeworfen.

WAS WIR KÖNNEN

Schlagzeilen zuordnen

Täglich finden sich in den Medien zahlreiche Meldungen zur Bearbeitung von politischen Problemen. Sie lassen sich alle in das Modell des Politikzyklus einordnen.

Mehrwertsteuer für Hoteliers
Abgeordnete der CDU fordern, dass die Entscheidung, Hoteliers nur mit dem ermäßigten Mehrwertsteuersatz zu belasten, zurückgenommen wird.

Bürgerproteste gegen neues Industriegebiet
Die Ankündigung der Stadtverwaltung, ein neues Industriegebiet auszuweisen, löst eine Flut an Leserbriefen aus.

Entscheidung des höchsten Gerichts
Das Rauchverbot in Bayern verstößt nicht gegen das Grundgesetz. Das Bundesverfassungsgericht verwarf eine Verfassungsbeschwerde gegen die per Volksentscheid beschlossene Regelung.

Autofahren zukünftig mit 17
Bundesregierung macht den Weg frei für das „begleitete Autofahren mit 17". Von der Neuregelung, der Bundestag und Bundesrat noch zustimmen müssen, erhofft sich das Kabinett insgesamt weniger Verkehrsunfälle.

Volksentscheid in Bayern
Die Bürger Bayerns stimmen per Volksentscheid für ein strengeres Rauchverbot.

Atomkraftwerke sollen länger laufen
Der Bundestag berät darüber, ob die Laufzeiten für Atomkraftwerke verlängert werden sollen.

Viele Schulgebäude in schlechtem Zustand
Zur Sanierung fehlt jedoch in vielen Gemeinden das Geld.

Bundesaußenminister fordert eine Welt ohne Atomwaffen
Staaten sollen abrüsten.

45.000 Lehrer fehlen
Jetzt sollen Pensionäre unterrichten.

Alterung der Gesellschaft
In Ostdeutschland mehr offene Lehrstellen als Bewerber.

Aufgabe
Ordne die Meldungen den einzelnen Phasen des Politikzyklus zu und begründe deine Entscheidung.

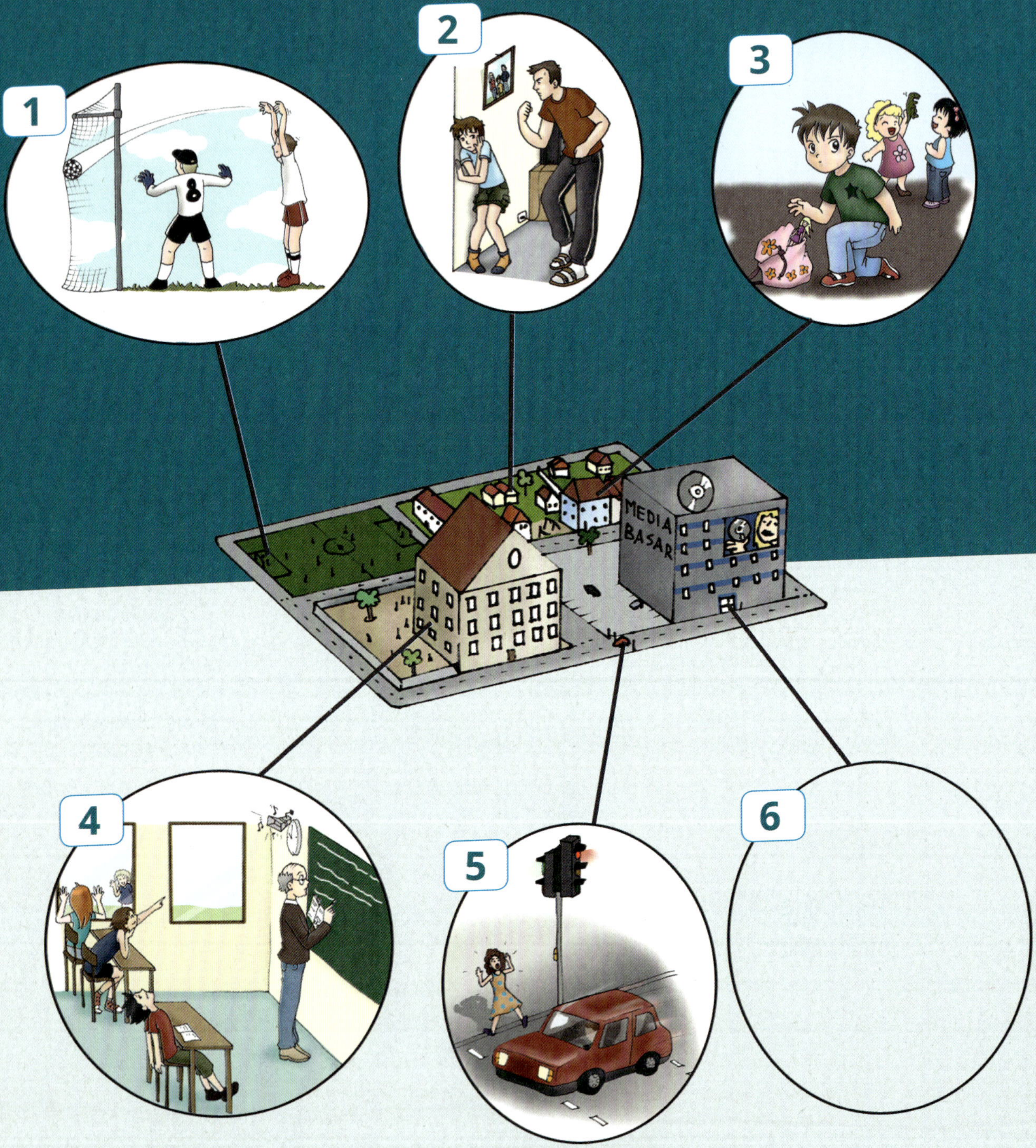
1
2
3
MEDIA BASAR
4
5
6

3

Leben in einem Rechtsstaat

Überall, wo Menschen zusammen leben, geben sie sich eine Ordnung. In einem Rechtsstaat ist diese Ordnung in Form von Gesetzen niedergelegt. Diese enthalten Vorschriften darüber, wie Menschen sich in bestimmten Situationen verhalten müssen, wie sie ihr Gemeinwesen organisieren oder wirtschaftlich zusammenarbeiten. Jugendliche haben eine besondere Stellung innerhalb der Rechtsordnung, da sie besonders schutzbedürftig sind.

KOMPETENZEN

Am Ende des Kapitels solltet ihr Folgendes können:

- die Bedeutung von Recht und Gesetz als Grundlage des Zusammenlebens kennen
- rechtsstaatliche Prinzipien darstellen sowie die Bedeutung von Grundrechten für die Sicherheit und Freiheit des Einzelnen und der Gesellschaft bewerten
- Rechte und Pflichten von Jugendlichen beschreiben und die besondere Rechtsstellung von Jugendlichen im Jugendstrafrecht erläutern und an Beispielen anwenden

WAS WISST UND KÖNNT IHR SCHON?

Auf den Bildern 1 – 5 sind Situationen dargestellt, die verschiedene Regelverstöße abbilden.

1. Wie schwer wiegen jeweils diese Regelverstöße? Ordne die Bilder in einer Rangliste von schwer bis leicht. Begründe die Reihenfolge. Vergleicht eure Ergebnisse.
2. Nenne für die Situationen mögliche Folgen, die der jeweilige Regelverstoß nach sich ziehen könnte/sollte.
3. Beschreibe, wie dein Bild eines Regelverstoßes (6) aussehen würde.
4. Erkläre, warum Regeln für das Zusammenleben von Menschen in einer Gesellschaft wichtig sind.

3.1 Jugendliche in der Rechtsordnung

Eine Tat – viele Folgen

M1 Rico B. rastet aus

Am vergangenen Mittwoch fuhr Rico B. (16) mit seinem Freund Mark S. im Regionalexpress 1187 von Kiel nach Neumünster. Da Mark S. keinen gültigen Fahrausweis gelöst hatte, steckte Rico Mark, nachdem er selbst kontrolliert worden war, seine Monatskarte zu. Der kontrollierende Zugbegleiter Hartmut M. erkannte jedoch, dass es sich bei dem Ausweis nicht um das Eigentum Marks handelte und stellte Rico zur Rede. Rico begann indes, den Zugbegleiter übel zu beschimpfen. Hartmut M. rief daraufhin die zuständige Bahnpolizei und übergab Rico B. an der nächsten Haltestelle den wartenden Beamten, die ihn in Gewahrsam nahmen.

Aus dem Strafgesetzbuch (StGB)

§ 185 Beleidigung
Die Beleidigung wird mit Freiheitsstrafe bis zu einem Jahr oder mit Geldstrafe und, wenn die Beleidigung mittels einer Tätlichkeit begangen wird, mit Freiheitsstrafe bis zu zwei Jahren oder mit Geldstrafe bestraft.

§ 263 Betrug
(1) Wer in der Absicht, sich oder einem Dritten einen rechtswidrigen Vermögensvorteil zu verschaffen, das Vermögen eines anderen dadurch beschädigt, dass er durch Vorspiegelung falscher oder durch Entstellung oder Unterdrückung wahrer Tatsachen einen Irrtum erregt oder unterhält, wird mit Freiheitsstrafe bis zu fünf Jahren oder mit Geldstrafe bestraft.
(2) Der Versuch ist strafbar.

Jugendgerichtsgesetz (JGG)
§ 1 Persönlicher und sachlicher Anwendungsbereich
(1) Dieses Gesetz gilt, wenn ein Jugendlicher oder ein Heranwachsender eine Verfehlung begeht, die nach den allgemeinen Vorschriften mit Strafe bedroht ist.
(2) Jugendlicher ist, wer zur Zeit der Tat vierzehn, aber noch nicht achtzehn, Heranwachsender, wer zur Zeit der Tat achtzehn, aber noch nicht einundzwanzig Jahre alt ist.
§ 3 Verantwortlichkeit
Ein Jugendlicher ist strafrechtlich verantwortlich, wenn er zur Zeit der Tat nach seiner sittlichen und geistigen Entwicklung reif genug ist, das Unrecht der Tat einzusehen und nach dieser Einsicht zu handeln.

M2 Wichtige Begriffe aus dem Gerichtsverfahren

Polizei
Die Polizei nimmt den Straftäter fest.

Staatsanwalt
Der Staatsanwalt erhebt beim zuständigen Gericht Anklage gegen einen Beschuldigten. In der Gerichtsverhandlung vertritt der Staatsanwalt die Anklageseite.

Ermittlungsrichter
Der Ermittlungsrichter kann z. B. bei Fluchtgefahr oder Wiederholungsgefahr Untersuchungshaft anordnen.

Verteidiger
In einem Gerichtsverfahren hat jeder Angeklagte das Recht, sich durch einen Rechtsanwalt verteidigen zu lassen. Der Verteidiger hat eine Schweigepflicht und ist außerdem verpflichtet, die Interessen des Angeklagten zu vertreten.

Bewährungsstrafe
Bei Bewährung wird der Verurteilte von der Vollstreckung der Strafe verschont. In der Bewährungszeit steht er unter der Aufsicht eines Bewährungshelfers, der die Aufgabe hat, Beratung und Hilfe anzubieten.

Beweisaufnahme
In der Beweisaufnahme werden Zeugen vernommen und die Indizien geprüft.

Richter/Urteil
Der Richter spricht das Urteil. Er entscheidet damit, ob eine Strafe verhängt wird (und über die Höhe des Strafmaßes) oder ob ein Freispruch erfolgen kann.

Verfahrenseinstellung
Eine Einstellung des Verfahrens muss erfolgen, wenn dem Angeklagten keine Schuld nachgewiesen werden kann.

Rechtsmittel
Nachdem ein Urteil gesprochen wurde, können bei der nächst höheren Instanz eingelegt werden:
- *Berufung* (inhaltliche Überprüfung eines Urteils), wenn der Angeklagte oder der Staatsanwalt das Urteil als nicht angemessen betrachten;
- *Revision* (formale Überprüfung eines Urteils), wenn eine Verletzung von Rechtsvorschriften vorliegt.

Jugendstrafe
Die Jugendstrafe ist ein Freiheitsentzug in einer Jugendstrafanstalt mit einer Dauer von mindestens sechs Monaten und höchstens fünf Jahren. Bei außergewöhnlich schweren Straftaten sind zehn Jahre möglich.

Anklage
Die Anklage beim zuständigen Gericht leitet das Gerichtsverfahren ein.

M3 Instanzen eines Jugendstrafprozesses

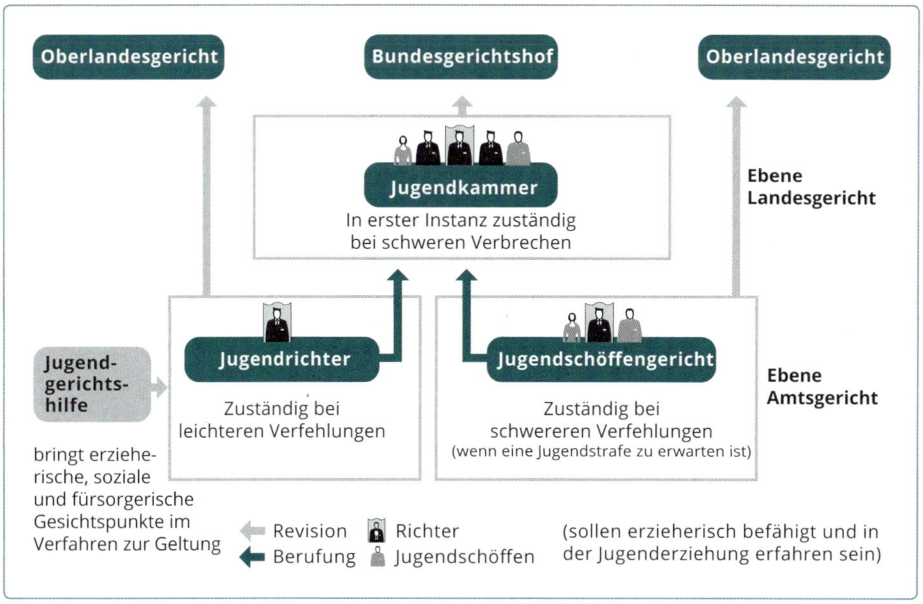

Bergmoser + Höller Verlag AG, Zahlenbilder 129 520

Jugendrichter
Jugendrichter sind Richter mit besonderer Ausbildung. Die Öffentlichkeit ist von Verfahren gegen Jugendliche grundsätzlich ausgeschlossen, die Eltern können teilnehmen. Bei Verhandlungen gegen Heranwachsende (18 – 21 Jahre) kann die Öffentlichkeit auf Antrag ausgeschlossen werden.

M4 Das Gerichtsverfahren – der Weg bis zur Verurteilung

Der Angeklagte durchlief in den ersten beiden Lebensjahren mehrere „Pflegestellen" und wurde dann adoptiert. Seit Beginn der Pubertät zeigte er ein problematisches Sozialverhalten, das zu einem Dauerclinch mit den Eltern führte, aber auch mit seinen Lehrern und Rektoren der von ihm bisher besuchten Schulen. Eine Unterbringung in einer Wohngruppe konnte nicht realisiert werden, da er weder zur Schule ging, noch eine Arbeit hatte. Strafrechtlich war der Angeklagte bereits viermal in teilweise nicht unerheblicher Art und Weise in Erscheinung getreten. An einem Sommertag gegen 12:16 Uhr wurden der Angeklagte sowie sein Freund im Zug 32082 von Flensburg nach Rendsburg von dem Prüfbeamten kontrolliert. Da der Freund keinen gültigen Fahrausweis bei sich hatte, steckte ihm der Angeklagte, nachdem er selbst kontrolliert worden war, seine Schülermonatskarte zu, damit sein Freund gegenüber dem Beamten den Eindruck erwecken konnte, er sei ebenfalls im Besitz eines Fahrausweises. Die Täuschungshandlung wurde jedoch bemerkt. Hierauf beleidigte der Angeklagte den Beamten mit den Worten: „Leck mich am Arsch". Wenig später rief er ihm das Wort „Hurensohn" zu. Am Bahnhof in Rendsburg wurde er der ❶ übergeben. Die Staatsanwältin beantragte beim ❷ keine Untersuchungshaft – es bestand keine Fluchtgefahr. Außerdem war die Verhältnismäßigkeit nicht gegeben. Sie erhob beim zuständigen Gericht ❸. Nun musste sich auch der hinzugezogene ❹ mit dieser Angelegenheit befassen. Er konnte wegen der früheren Verurteilungen des Angeklagten, da der Angeklagte 16 Jahre und 10 Monate alt war und da an seiner strafrechtlichen Verantwortlichkeit keinerlei Zweifel bestanden, keine ❺ bewirken, wie es der Angeklagte gerne gehabt hätte. Das Gericht prüfte die Anklageschrift und eröffnete das Hauptverfahren. In der ❻ wurde der Bahnbeamte als Zeuge vernommen. In den Plädoyers forderte die Staatsanwältin eine ❼. Sein Rechtsanwalt forderte eine ❽. Der Angeklagte verzichtete auf sein Schlusswort. Die ❾ verkündete dann das ❿. Für das Gericht lag es nahe, gegen den Angeklagten einen Dauerarrest von zwei Wochen zu verhängen, da die in der Vergangenheit überlegten und verhängten Sanktionen den Angeklagten nicht so beeindruckt hätten, dass er sich von der Begehung weiterer Straftaten hätte abhalten lassen. Andererseits sah das Gericht die schwierige persönliche Situation des Angeklagten. Da die Problembereiche nach Auffassung des Gerichts durch das Herausgehen aus der Familie und die Hilfestellung durch andere im Rahmen des „betreuten Jugendwohnens" aufgefangen und begleitet werden könnten, hat das Gericht dem Angeklagten eine entsprechende Weisung erteilt. Der Verteidiger verzichtete darauf, ⓫ einzulegen.

H ZU AUFGABE 2
Sammle mögliche Argumente eines Plädoyers und schreibe diese jeweils auf ein Kärtchen. Bringe nun die Argumente in eine überzeugende Reihenfolge, indem du die Kärtchen ordnest.

F
Hältst du das Urteil in **M4** für gerecht? Diskutiert den Fall in der Klasse.

AUFGABEN

1. Ordne die Begriffe aus **M2** den entsprechenden Leerstellen in **M4** zu.
2. Entwirf ein Plädoyer aus der Sicht der Staatsanwältin (**M4**).

METHODE

M5 Vorbereitung und Auswertung eines Gerichtsbesuchs

Vorbereitung eines Gerichtsbesuchs

Gerichtsverhandlungen sind in der Regel öffentlich, sodass sie auch von Schulklassen besucht werden können. Bei einem solchen Besuch kann man einen guten Eindruck davon gewinnen, wie ein Strafprozess abläuft und wie sich die einzelnen Beteiligten vor Gericht verhalten. Bei der Auswahl der Gerichtsverhandlung solltet ihr allerdings darauf achten, dass die Verhandlung auch für einen Besuch geeignet ist. Bei einer günstigen Terminwahl ist der Richter evtl. bereit, nach der Verhandlung auf eure Fragen zu antworten. Termin deshalb frühzeitig absprechen! Fragt auch beim Richter, wie lange die Verhandlung voraussichtlich dauern wird und ob mit einem Urteilsspruch zu rechnen ist. Überlegt, welche Punkte euch bei dem Besuch besonders interessieren. Der folgende Beobachtungsbogen kann euch dabei helfen.

Beobachtungsbogen für einen Gerichtsbesuch

1. Aufruf der Sache durch den Vorsitzenden, dem die Verfahrensleitung obliegt.
Worum geht es bei der Verhandlung?

↓

2. Befragung des Angeklagten zu seinen Personalien
Ergebnisse der Befragung notieren

↓

3. Verlesung des Anklagesatzes durch den Staatsanwalt
Was wird dem Angeklagten zur Last gelegt?
Auf welche Vorschriften beruft sich der Staatsanwalt?

↓

4. Vernehmung des Angeklagten zur Person und zur Sache
Worüber wird der Angeklagte vom Vorsitzenden belehrt?

↓

5. Die Beweisaufnahme
Mit welchen Hinweisen eröffnet der Vorsitzende die Beweisaufnahme?
Wie verläuft die Vernehmung der Zeugen ab?
Welche Fragen stellen andere Verfahrensbeteiligte?
Was sagen die Zeugen und Sachverständigen zur Sache aus?

6. Plädoyer des Staatsanwalts oder Klägers (und ggf. des Nebenklägers)
Wie argumentiert dieser?

↓

7. Plädoyer des Verteidigers
Wie argumentiert der Verteidiger?
Was spricht seines Erachtens zu Gunsten des Angeklagten?

↓

8. Letztes Wort hat der Angeklagte
Was sagt der Angeklagte?

↓

9. Urteilsberatung
Wie lange dauert diese?

↓

10. Verkündung des Urteils
Wie fällt das Urteil aus?
Wie wird es begründet?

↓

11. Abschließende persönliche Stellungnahme des Beobachters
Dauer der gesamten Verhandlung
Wie führt der Vorsitzende die Verhandlung?
Eindrücke und offene Fragen

Ursachen für Jugendkriminalität

M6 Jugendkriminalität in den Schlagzeilen

Betrunkener 15-Jähriger fährt Auto zu Schrott

Er verlor die Kontrolle über das zuvor gestohlene Fahrzeug, das mit Totalschaden im Straßengraben landete.

Zwei Personen leicht verletzt

15-Jähriger beschießt Passanten mit Soft-Air-Gewehr

Gegen ihn wird nun wegen gefährlicher Körperverletzung und Verstoßes gegen das Waffengesetz ermittelt.

Straftaten gefilmt

Die Kriminalpolizei ermittelt derzeit gegen zwölf Jugendliche im Alter von 14 bis 17 Jahren. Die jungen Täter dokumentierten ihre Straftaten zum Teil mit ihren Smartphones.

16-Jähriger ging mit Messer auf Mitschüler los

Bei einem Streit mit seinem Mitschüler geriet ein 16-Jähriger derart in Wut, dass er mit einem Messer auf seinen zwei Jahre jüngeren Mitschüler losging.

Junge Sprayer verunstalten Gebäude

Ende März haben Unbekannte in Lübeck mehrere Gebäude mit Graffiti verunstaltet. Die jugendlichen Täter konnten inzwischen ermittelt werden. Sie wurden angezeigt.

Jugendliche Einbrecherbande gestellt

In Kiel hat die Polizei vier jugendliche Einbrecher festgenommen. Sie sind zwischen 14 und 16 Jahre alt und stehen im Verdacht, zweimal in ein Einfamilienhaus eingebrochen zu sein.

M7 Jung und straffällig in Schleswig-Holstein

Mit insgesamt 78.430 ermittelten Tatverdächtigen wurden [in Schleswig-Holstein im Jahr 2015] 3.681 Tatverdächtige (TV) bzw. 4,9 % mehr TV erfasst als im Vorjahr. [...] In den Altersgruppen unter 21 Jahren sind folgende Veränderungsraten zu verzeichnen:

- Kinder bis unter 14 Jahren: – 4 TV = – 0,2 %
- Jugendliche von 14 bis unter 18 Jahren: + 556 TV = + 7,4 %
- Heranwachsende von 18 bis unter 21 Jahren: + 773 TV = + 11,1 %

Der Anteil der TV unter 21 Jahren bei den Straftaten insgesamt beträgt 23,3 %. Bei den nachfolgenden Delikten weisen die TV unter 21 Jahren einen weit überdurchschnittlichen Anteil auf:

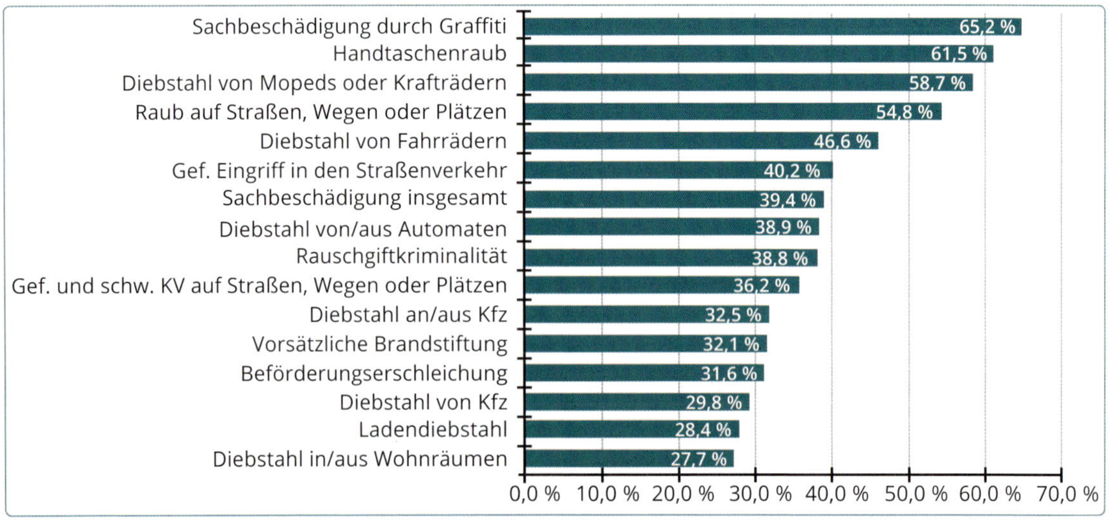

Nach: Landeskriminalamt Schleswig-Holstein (Hrsg.), Innenministerium des Landes Schleswig-Holstein Landeskriminalamt, Kurzfassung Polizeiliche Kriminalstatistik 2015, S. 19 f.

M8 Jugendkriminalität: Gewalt kommt nicht von ungefähr

Wenn ein Schüler häufig nicht in die Schule kommt, hat er Probleme. [...] Viel zu oft versagen an dieser Stelle die Schulen in Deutschland. „Bei jedem Zweiten wird das Schulschwänzen überhaupt nicht gesehen", erklärt der Soziologe Dirk Baier vom Kriminologischen Forschungsinstitut Niedersachsen. Bei einer Befragung in Berlin habe sich gezeigt, dass viele Jugendliche keine Konsequenzen für ihr Fehlen fürchten müssen. Dabei sei es wichtig, Reaktionen zu zeigen, erklärt Baier. Nur so sei es möglich, die oder den Jugendlichen vor anderen Dummheiten zu bewahren. Studien belegen, dass das Schuleschwänzen einer von drei Hauptindikatoren dafür ist, dass [...] Jugendliche später kriminell werden. Wer sich traue, im Unterricht zu fehlen, neige auch dazu, andere Taten zu begehen, so Baier. Und dann muss ein Schulschwänzer ja auch noch die Zeit rumbringen: Was macht ein Jugendlicher an einem Vormittag, an dem er nicht zur Schule geht, gleichzeitig aber auch nicht nach Hause kann? Er oder sie treibt sich im Kaufhaus rum, im Park oder am Bahnhof. Und Langeweile regt dazu an, Dummheiten zu begehen. Vor allem, wenn Jugendliche gemeinsam durch die Stadt ziehen. Für den Soziologen Baier ist das der zweite entscheidende Grund, warum Jugendliche kriminell werden: Sie landen im falschen Freundeskreis und lassen sich zu Taten überreden, die sie allein niemals ausführen würden. Besonders negativ sei dabei das Umfeld in Haupt- und Förderschulen, wo Schüler wenige positive Anreize bekommen und sich gegenseitig einreden, dass Anstrengung sich eh nicht lohnt. Viele dieser Jugendlichen fühlen sich vernachlässigt und von der Gesellschaft abgehängt. Der Frust darüber entlädt sich in Gewalt gegen andere – oder aber gegen sich selbst. Denn ein dritter Hauptgrund für jugendliche Gewalt sind Drogen und Alkohol. Erfreulich ist zwar, dass Jugendliche insgesamt weniger trinken und auch die Zahl der so genannten „Koma-Säufer" abgenommen hat. Dennoch sind es immer noch alarmierend viele, die unter Drogen ihre Hemmungen verlieren. [...]

Generell belegen Studien, dass Gewalt im Elternhaus nachweislich das Risiko eines Kindes steigert, später selbst gewalttätig zu werden. Diese Kinder haben „eine stärkere Zustimmung zu Gewalt legitimierenden Männlichkeitsnormen", bei ihnen ist die „Selbstkontrolle schlechter ausgebildet" und sie weisen schlechtere Schulleistungen auf, so der „Erste Deutsche Forschungsbericht zu Jugendlichen in Deutschland als Opfer und Täter von Gewalt".

Sybille Klormann, www.ard.de, 26.10.2012

AUFGABEN

1. Vergleiche die Zahlen in **M7**. Nenne eine Zahl, die du bemerkenswert findest und versuche, eine Erklärung dafür zu geben.
2. Erläutere, welche der in **M8** genannten Ursachen für Jugendkriminalität du für besonders überzeugend hältst.

Welchen Sinn hat Strafe?

M9 Warum muss Strafe sein?

A: „Ich denke v. a. an ganz junge Straftäter, 14- und 15-Jährige, die von zu Hause nicht gerade das Beste mitbekommen haben. Wenn man diesen noch unfertigen Menschen lediglich die Härte des Gesetzes zeigte, würden sie nichts lernen. Mit einer Strafe sollte eine Einsicht vermittelt werden. Gerade Jugendliche sollte man v. a. auch erziehen, damit sie sich bessern können."

B: „Stellen Sie sich einfach mal vor, dass Ihrem Kind ein großes Unrecht angetan wurde, dass Sie tatenlos zusehen mussten, wie Ihr Kind unter der Tat litt. Glauben Sie wirklich, dass Sie in diesem Moment an den Täter oder die Gesellschaft denken können?
Ich für meinen Teil wäre nur noch an der Verurteilung des Täters interessiert."

C: „Ich sehe einen anderen Punkt als besonders wichtig an. Wir leben ja schließlich nicht für uns alleine, sondern in einer Gesellschaft. Bei der Bestrafung von Menschen wirkt dies auf andere und zeigt ihnen, dass der Staat über wirksame Mechanismen verfügt und man sich auf eine angemessene Strafe einstellen muss."

Christian Hallas, Jugend und Kriminalität – Probleme und Lösungsansätze, in: RAAbits Sozialkunde Politik, I/E2, Reihe 3, Stuttgart 2007, S. 16

M10 Unterschiedliche Strafzwecke

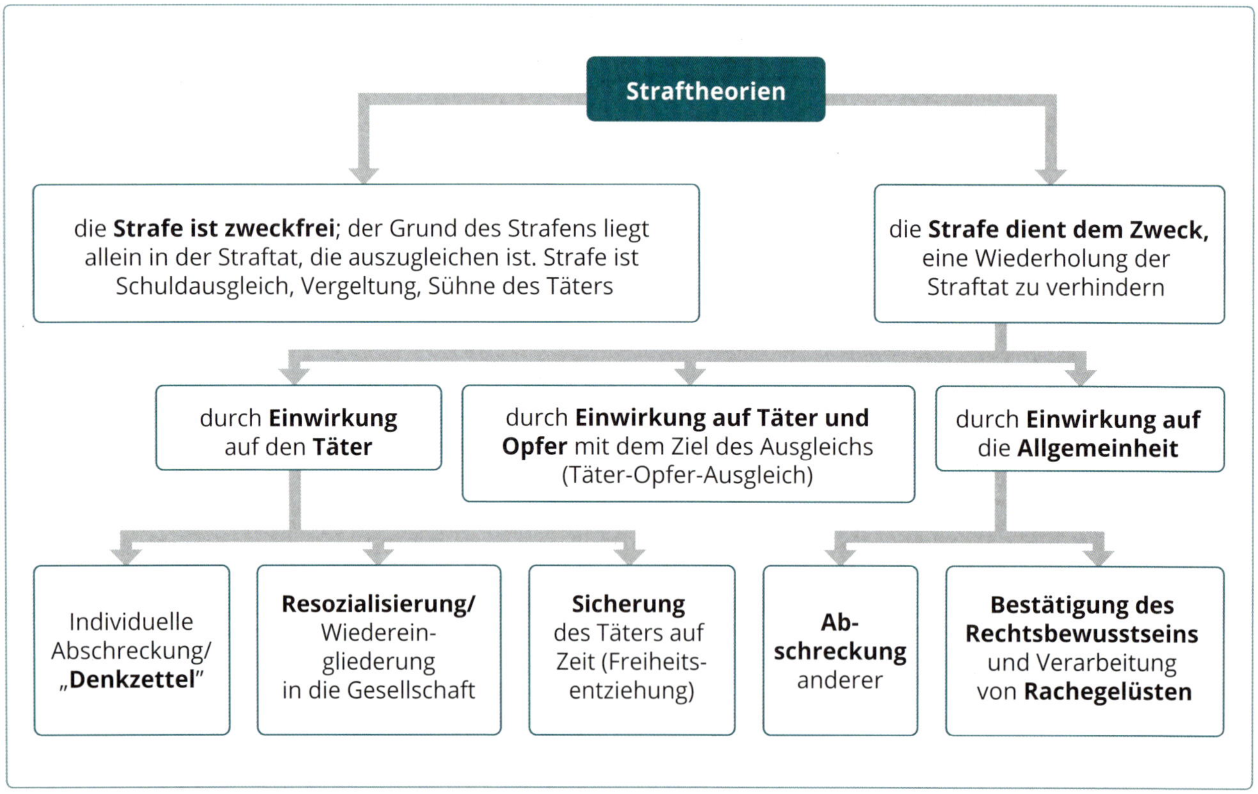

M11 Rechtsfolgen von Jugendstraftaten

Maßnahmen	Art der Durchführung oder Wirkung	Gründe der Rechtsfolgeanforderung
A. Erziehungsmaßregeln (§ 9 JGG) 1. Weisungen 2. Erziehungsbeistandschaft 3. Fürsorgeerziehung	• Gelten nicht als Strafen, kein Eintrag ins Strafregister • Gebote und Verbote zur Regelung der Lebensführung, z. B. Arbeitsstelle annehmen, in einem Heim wohnen u. a.; durch gerichtlich bestellte Erziehungsbeistände, z. B. Helfer des Jugendamts, Verwandte, Lehrer u. a. • In Erziehungsheimen oder in fremden Familien	• Einmalige Straftaten, die durch Umstände der Lebensführung wesentlich mitverursacht wurden • Wenn mangelnde elterliche Erziehungsmöglichkeit als Tätermerkmal festgestellt wird • Wenn bei einer 17-Jährigen die Familie eine drohende Verwahrlosung nicht aufhalten kann
B. Zuchtmittel (§ 13 JGG) 1. Verwarnung 2. Auflagen 3. Jugendarrest	• Gelten nicht als Strafen • Förmliche Zurechtweisung des Täters aufgrund eines Jugendstrafprozesses • Verpflichtungen, die dem Jugendlichen das Unrecht eindringlich in Erinnerung rufen, z. B. Dienst in gemeinnützigen Einrichtungen • Freizeitarrest bis zu 5 Freizeiten • Kurzarrest bis 6 Tage, Dauerarrest bis 4 Wochen	• Einmalige Straftaten, für die der Jugendliche in seiner Person selbst verantwortlich ist • Schäden aus Übermut – Wiedergutmachung und persönliche Entschuldigung • Delikte aus mangelnder Selbstkontrolle bei besonderer Gelegenheit, z. B. leichter Diebstahl, Körperverletztung u. a.
C. Jugendstrafe (§ 17, 18 JGG) 1. Freiheitsentzug von bestimmter Dauer	• Bei „schädlicher Neigung", d. h. wenn Erziehungsmaßregeln und Zuchtmittel nicht ausreichen • Mind. 6 Monate, höchstens 10 Jahre, Strafaussetzung und vorzeitige Entlassung möglich zur Bewährung	• Schwere Straftaten mit hohem Schuldgehalt • Insbesondere bei Heranwachsenden und Feststellung „schädlicher Neigung" z. B. bei Wiederholungstätern
D. Maßregeln der Besserung und Sicherung (§ 7 JGG)	• Meist begleitend zu den Maßnahmen A bis C, z. B. Entziehungskur bei Drogen, Führungsaufsicht, Entziehung der Fahrerlaubnis	• Im Zusammenhang mit bestimmten Straftaten

Horst Becker, Stundenblätter Recht, Stuttgart 1990, Arbeitsblatt 10

M12 Aus dem Polizeibericht

Die 16-jährige Schülerin A. zerkratzte in leicht alkoholisiertem Zustand nach einer Party die Tür eines parkenden Mercedes. In der Befragung gab sie an, sie könne „solche Leute" nicht leiden. Die Polizei schätzt den Schaden auf 2.500 €.

Die 15-jährige B. warf „zum Spaß" einen großen Stein von einer Autobahnbrücke. Dabei starb eine Mutter von drei Kindern.

Der drogenabhängige D. (18) bedrohte einen Passanten mit einem Messer, um diesen zur Herausgabe seines Smartphones zu zwingen.

Beim Klauen erwischt wurde der 14-jährige M., der in einem Kaufhaus einen USB-Stick und einen Kopfhörer in seiner Jacke versteckt hatte und sich damit an der Kasse vorbeischleichen wollte.

Der Jugendliche S. (17 Jahre) schlug einen gleichaltrigen Jungen so zusammen, dass das Opfer mit Verletzungen ins Krankenhaus eingeliefert werden musste.

AUFGABEN

1. Ordne die Aussagen der Personen den Strafzwecken zu (**M9**, **M10**).
2. Als Richter sollt ihr Maßnahmen nach dem Jugendstrafrecht in den im Polizeibericht geschilderten Fällen verhängen. Begründet eure Maßnahme mithilfe der Straftheorien (**M10 – M12**).

Aufgaben des Rechts

M13 Wozu brauchen wir Regeln?

Fall 1: Mützen und Kappen während des Unterrichts

Während der letzten Monate werden vor allem in den Jahrgangsstufen 8 und 9 regelmäßig Mützen und Kappen im Unterricht aufbehalten. Fast jeder zweite will sich nicht mehr von seiner Kopfbedeckung trennen. Einige Lehrer haben Schwierigkeiten, die Gesichter ihrer Schüler unter den Schirmen der Kappen zu erkennen. Andere Lehrer bemängeln das unpassende Erscheinungsbild im Unterricht. Lehrer empfinden es auch als Missachtung ihrer Person, wenn junge Menschen vor ihnen die Kopfbedeckung aufbehalten.

Fall 2: Ball zerstört zentralen Schulcomputer

Schon zum zweiten Mal ist ein hart aufgepumpter Lederball durch das geöffnete Fenster der Schulleiterin geflogen und hat den Rechner samt Monitor umgestoßen und größere Teile der Festplatte zerstört. Das häufige Ballspielen auf den Pausenhöfen und um das Schulgebäude herum hat bereits mehrere Glasscheiben zerstört und auch anderen Sachschaden verursacht.

Fall 3: Streit um den Ausflug ins Erlebnisbad

Die Planung des nächsten Wandertages hat in der Klasse 8 a für viel Ärger gesorgt. Die Mehrheit möchte gerne in ein Erlebnisbad fahren, in dem es eine Riesen-Wasserrutsche und andere Attraktionen gibt. Zwei Schülerinnen haben bereits gesagt, dass ihre Eltern da aus religiösen Gründen bestimmt nicht mitspielen werden, drei weitere Schüler haben sich wegen des hohen Eintrittspreises beschwert.

M14 Was sind Gesetze?

Wenn wir von Rechtsregeln sprechen, so meinen wir meist Gesetze. Gesetze werden in einem vorgeschriebenen Verfahren von den Parlamenten, zum Beispiel dem Bundestag, beschlossen. Gesetze sind allgemeinverbindliche Handlungsanweisungen und müssen von allen Betroffenen eingehalten werden. Aufgeschrieben sind die Gesetze zu allen möglichen Lebensbereichen in Gesetzbüchern (Grundgesetz, Bürgerliches Gesetzbuch, Strafgesetzbuch, Sozialgesetzbuch, ...). Von 1949 bis 2013 wurden vom Deutschen Bundestag insgesamt 7.590 Bundesgesetze verabschiedet. Hinzu kommen die Gesetze und Rechtsverordnungen der 16 Bundesländer und auch das Recht der

Gemeinden (Satzungen). Die Gesamtheit aller gültigen Gesetze bezeichnet man als Rechtsordnung. Nicht alle Gesetze sind gleich wichtig. Das wichtigste Gesetz in Deutschland ist das Grundgesetz. In ihm stehen nämlich die wichtigsten Spielregeln für das Zusammenleben der Menschen und den Aufbau des Staates in Deutschland. Alle Gesetze, die in Deutschland erlassen werden, müssen mit dem Grundgesetz vereinbar sein.

M15 Aufgaben des Rechts

Die wichtigste Aufgabe des Rechts ist die verbindliche Ordnung des Zusammenlebens der Menschen. Wenn es Konflikte zwischen den Menschen gibt, so hilft das Recht, diese zu lösen. Deshalb gibt es zum Beispiel viele Regeln, die das Verhältnis von Vermietern und Mietern betreffen, denn zwischen diesen Parteien gibt es häufig Streit. Auch im Straßenverkehr muss jeder Teilnehmer wissen, was erlaubt ist und was nicht, sonst bräche schnell Chaos auf den Straßen aus. So sichert das Recht Frieden und Sicherheit in einer Gesellschaft. Wie wichtig diese Aufgabe ist, wird erst deutlich, wenn man sich eine Gesellschaft vorstellt, in der es kein Recht bzw. niemanden gibt, der für die Einhaltung des Rechts sorgt. Sehr schnell würden sich manche Menschen rücksichtslos verhalten oder gar Streit mit Gewalt austragen. Es würden das Recht des Stärkeren, Willkür und Unsicherheit herrschen. Auch wenn es zunächst widersinnig klingt: Das Recht sichert so auch unsere Freiheit, denn die Freiheit beginnt erst da, wo das Recht dafür sorgt, dass uns andere Menschen nicht willkürlich Schaden zufügen können. Damit das Recht eingehalten wird, muss es durchgesetzt werden. Allein der Staat, vertreten durch die Staatsanwaltschaft, durch Polizei und Gerichte, stellt sicher, dass sich die Menschen auch an die Gesetze halten. Deshalb spricht man auch vom Gewaltmonopol des Staates. In einer Demokratie müssen sich dabei aber Behörden, Polizei und Gerichte selbst auch an das geltende Recht halten. Mithilfe der unabhängigen Gerichte kann jeder Einzelne überprüfen lassen, ob der Staat auch im Einklang mit den Gesetzen handelt.

AUFGABEN

1. Bildet Gruppen und setzt euch mit den in **M13** geschilderten Fällen auseinander. Entscheidet, ob das Problem durch a) eine allgemein geltende Regel oder b) individuelle Vereinbarung der Betroffenen gelöst werden soll. Solltet ihr euch für den Lösungsweg a) entscheiden – formuliert die allgemeine Regel schriftlich. Erklärt und vergleicht eure Ergebnisse.
2. In Aufgabe 1 habt ihr selbst allgemeine Regeln formuliert. Vergleicht nun die Gemeinsamkeiten und Unterschiede eurer Regeln mit echten Gesetzen (**M13**, **M14**).
3. Fasse zusammen, welche Aufgaben (man spricht auch von Funktionen) das Recht erfüllt (**M15**).

F ZU AUFGABE 3
Sammle Beispiele, wie das Recht dazu beiträgt, dass die Menschen friedlich zusammenleben können.

Wie ist unsere Rechtsordnung aufgebaut?

Erklärfilm „deutsches Rechtssystem"

Mediencode: 71008-07

M16 Der Aufbau unserer Rechtsordnung

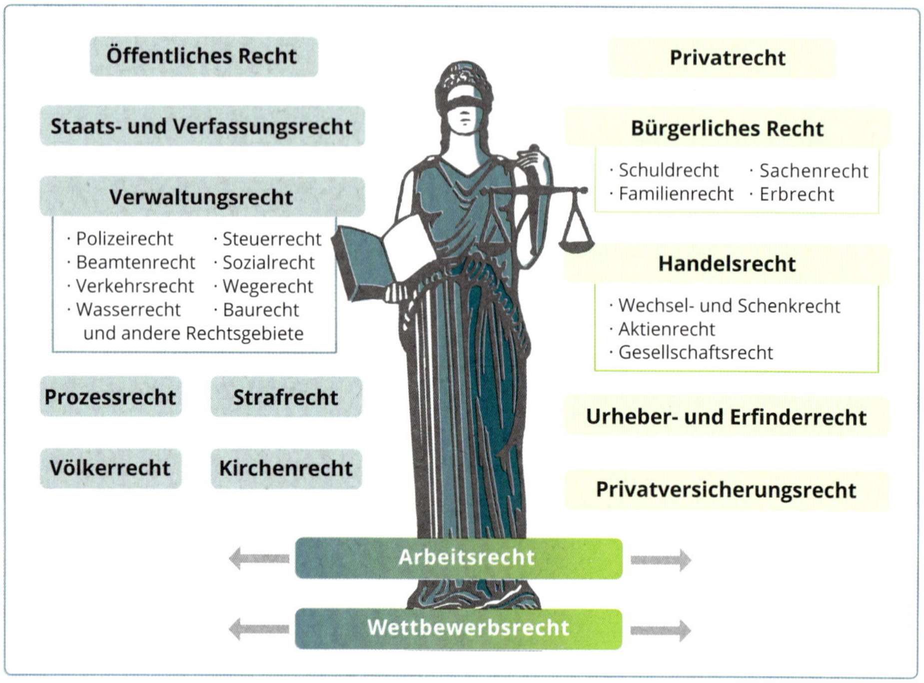

Bergmoser + Höller Verlag AG, Zahlenbilder 128 020

Das in Deutschland geltende Recht wird allgemein eingeteilt in die beiden großen Rechtsgebiete **Privatrecht** und **öffentliches Recht**. Das Privatrecht (oder Zivilrecht) regelt die Rechtsbeziehungen der einzelnen Bürger untereinander. Bei der Gestaltung ihrer Rechtsbeziehungen sind die Bürger frei und gleichberechtigt (Privatautonomie). Kern des Privatrechts ist das bürgerliche Recht, das im Bürgerlichen Gesetzbuch niedergelegt ist. Es enthält Regelungen für den bürgerlichen Alltag, z. B. Kauf und Verkauf, Verträge, Leihe und Schenkung, Eheschließung und Scheidung usw. Das öffentliche Recht regelt die Beziehungen des Einzelnen zur öffentlichen Gewalt (Verwaltung, Polizei, Gerichte) und die Beziehungen der öffentlichen Gewalten zueinander, z. B. zwischen Bund und Land. Der öffentlichen Gewalt gegenüber ist der einzelne Bürger untergeordnet (z. B. müssen Steuern entrichtet werden). Doch kann der Einzelne gegen eine Maßnahme der öffentlichen Gewalt klagen, wenn er sich ungerecht behandelt fühlt.

M17 Das Gerichtswesen in Deutschland

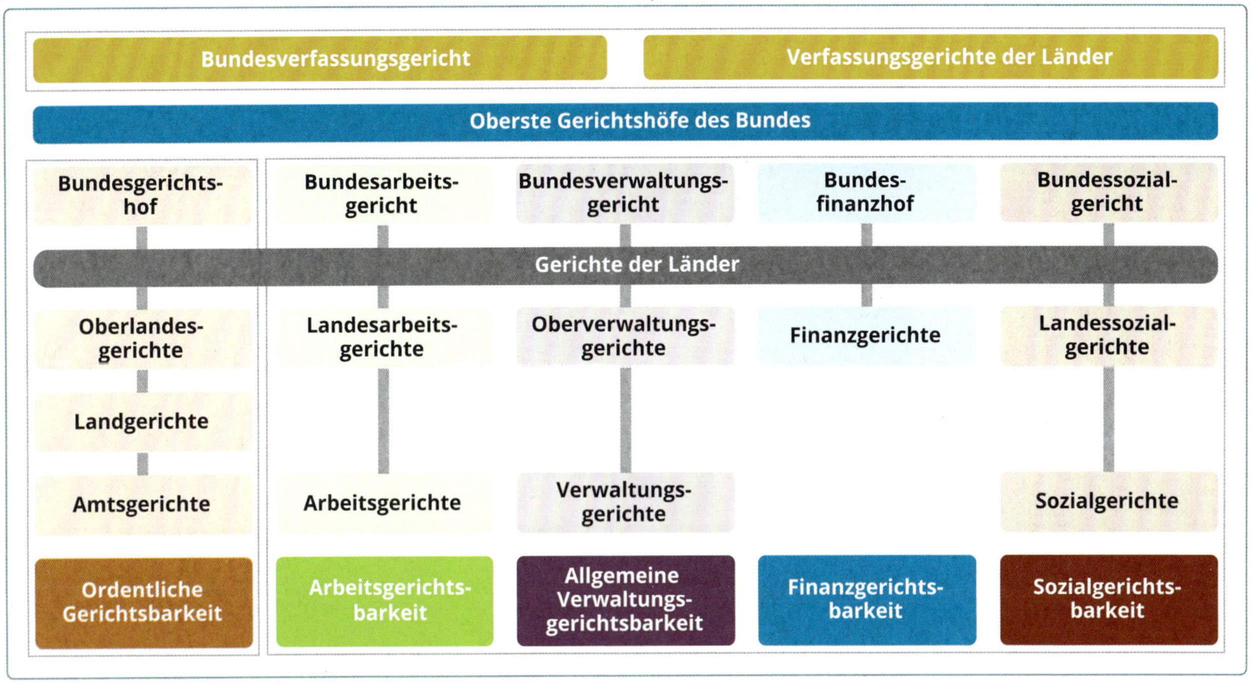

Bergmoser + Höller Verlag AG, Zahlenbilder 128 010

Das Gerichtswesen in Deutschland ist in mehrere Zweige gegliedert. Neben der Verfassungsgerichtsbarkeit sind das die ordentliche Gerichtsbarkeit, die Verwaltungs-, Arbeits-, Sozial- und Finanzgerichtsbarkeit. Da Deutschland ein Bundesstaat ist, sind die Gerichte zwischen Bund und Ländern aufgeteilt. Die Gerichte des Bundes sind dabei übergeordnet. Das Bundesverfassungsgericht und die Verfassungsgerichte der Länder entscheiden über die Auslegung der Verfassung (Grundgesetz) und über die Vereinbarkeit von normalen Gesetzen mit der Verfassung. Straf- und Zivilverfahren werden bei den ordentlichen Gerichten geführt. Alle anderen Verfahren bei den besonderen Gerichten.

AUFGABEN

1. Entwickelt in Partnerarbeit ein Tafelbild, das die Unterschiede zwischen Privatrecht und öffentlichem Recht anschaulich darstellt (**M16**).
2. Prüfe, welcher Gerichtszweig für die Verhandlung folgender Streitfälle zuständig wäre (**M17**):
   - Frau Ziller wird wegen Diebstahls angeklagt.
   - Herr Müller möchte sich gegen eine fällige Steuernachzahlung wehren.
   - Frau Tumb möchte einklagen, dass sie die Äpfel vom Baum des Nachbarn behalten darf, wenn sie auf ihr Grundstück fallen.
   - Herr Barnetta möchte gegen seine fristlose Entlassung klagen.
3. Recherchiert, welche Gerichte sich in eurer Gemeinde/eurer Stadt befinden bzw. wo die nächsthöheren Gerichte zu finden sind.

zur Vertiefung: zivil- und strafrechtliche Verantwortlichkeit

Mediencode: 71008-08

Das Jugendschutzgesetz – wie werden Jugendliche in der Öffentlichkeit geschützt?

M18 Was dürfen Jugendliche?

M19 Der Sinn des Jugendschutzes

Pflege und Erziehung der Kinder und Jugendlichen gehören zu den wichtigsten Aufgaben und Pflichten der Eltern oder erziehungsberechtigten Personen. Gesetzliche Bestimmungen zum Jugendschutz machen den Auftrag des Staates und der Gesellschaft deutlich, Eltern und Erzieher in der Erfüllung ihrer Aufgaben zu unterstützen und das Anrecht des Kindes auf Erziehung zu sichern. Kinder und Jugendliche sind vor finanzieller Ausbeutung, seelischen Zwängen und Gefährdungen durch Abhängigkeiten zu schützen. Bestimmungen zum Jugendschutz sind keine Strafinstrumente gegen junge Menschen, sondern wenden sich zunächst an den Erwachsenen, um ihn anzuhalten, nachteilige Einflüsse auf die Entwicklung der Kinder und Jugendlichen abzuwenden. Dabei müssen die Gesetzgeber zwei Erziehungsziele gegeneinander abwägen. Einerseits hat jeder Mensch auch schon früh ein Recht auf freie Entfaltung seiner Persönlichkeit. Andererseits sind die Eltern und letztlich auch der Staat verpflichtet, Schaden von Kindern und Jugendlichen abzuwenden.

Jugendzentrum Paul-Gerhardt-Haus, www.pg-muenster.de (12.6.2011)

M20 Bestimmungen zum Schutz Jugendlicher

		Kinder	Jugendliche	
		unter 14 Jahre	unter 16 Jahre	unter 18 Jahre
§ 4	Aufenthalt in Gaststätten	🟢🟤	🟢🟤	🟢 bis 24 Uhr
	Aufenthalt in Nachtbars, Nachtclubs oder vergleichbaren Vergnügungsbetrieben	🟤	🟤	🟤
§ 5	Anwesenheit bei öffentlichen Tanzveranstaltungen, u. a. Disco (Ausnahmegenehmigung durch zuständige Behörde möglich)	🟢🟤	🟢🟤	🟢 bis 24 Uhr
	Anwesenheit bei Tanzveranstaltungen von anerkannten Trägern der Jugendhilfe. Bei künstl. Betätigung o. zur Brauchtumspflege	🟢 bis 24 Uhr	🟢 bis 24 Uhr	🟢 bis 24 Uhr
§ 6	Anwesenheit in öffentlichen Spielhallen Teiln. an Spielen mit Gewinnmöglichkeiten	🟤	🟤	🟤
§ 7	Anwesenheit bei jugendgefährdenden Veranstaltungen und in Betrieben (Die zuständige Behörde kann Alters- und Zeitbegrenzungen sowie andere Auflagen anordnen)	🟤	🟤	🟤
§ 8	Aufenthalt an jugendgefährdenden Orten (Die zuständige Behörde kann Maßnahmen zur Gefahrabwehr treffen)	🟤	🟤	🟤
§ 9	Abgabe/Verzehr von Branntwein, branntweinhaltigen Getränken u. Lebensmitteln Abgabe/Verzehr anderer alkoholischer Getränke; z. B. Wein, Bier o. ä. (Ausnahme: Erlaubt bei 14- und 15-Jährigen in Begleitung einer personensorgeberechtigten Person (Eltern))	🟤	🟤	🟢
§ 10	Abgabe und Konsum von Tabakwaren	🟤	🟤	🟤
§ 11	Kinobesuche Nur bei Freigabe des Films und Vorspanns: „ohne Altersbeschr./ab 6/12/16 Jahren“ (Kinder unter 6 Jahren nur mit einer erziehungsbeauftragten Person. Die Anwesenheit ist grundsätzlich an die Altersfreigabe gebunden! Ausnahme: „Filme ab 12 Jahren“: Anwesenheit ab 6 Jahren in Begleitung einer personensorgeberechtigten Person [Eltern] gestattet.)	🟢 bis 24 Uhr	🟢 bis 24 Uhr	🟢 bis 24 Uhr
§ 12	Abgaben von Filmen o. Spielen (auf DVD, Video usw.) nur entsprechend der Freigabekennzeichen: „ohne Altersbeschr./ab 6/12/16 Jahren“	🟢	🟢	🟢
§ 13	Spielen an elektron. Bildschirmspielgeräten ohne Gewinnmög. Nur an den Freigabekennzeichen: „ohne Altersbeschr./ab 6/12/16 Jahren“	🟢	🟢	🟢

Nach: Bundesministerium der Justiz und für Verbraucherschutz, Jugendschutzgesetz (JuSchG), www.gesetze-im-internet.de (6.3.2015)

Erklärungen zur Tabelle
Das Jugendschutzgesetz (JuSchG)

erlaubt: 🟢
nicht erlaubt: 🟤

Das Gesetz gilt nicht für verheiratete Jugendliche. Eltern müssen nicht alles erlauben, was das Gesetz gestattet. Sie tragen bis zur Volljährigkeit die Verantwortung. Doppelungen in § 4 und § 5, da Kindern und Jugendlichen in Begleitung der Eltern manches erlaubt ist, manches wiederum nicht.

AUFGABEN

1. Erkläre, welche Ziele mit dem Jugendschutz in der Bundesrepublik Deutschland verfolgt werden (**M19**).
2. Diskutiert, welche Bestimmungen des Jugendschutzgesetzes ihr lockern oder verschärfen würdet. Erläutert eure Entscheidung anhand der grundsätzlichen Ziele des Jugendschutzes **(M20)**.

F Geht davon aus, dass die in **M18** abgebildeten Personen 16 Jahre alt sind. Entscheidet dann für jedes Bild: „erlaubt“ oder „nicht erlaubt“. Überprüft anschließend eure Antworten mithilfe von **M20**.

WAS WIR WISSEN

Jugendliche vor Gericht
M2 – M4

Wird eine Straftat angezeigt, so kommt es zu einem Strafverfahren und gegebenenfalls zur Verurteilung durch ein Gericht. Dabei gelten bestimmte Verfahrensregeln, die von den Gerichten beachtet werden müssen. Fälle von Jugendkriminalität werden vor speziellen Jugendgerichten verhandelt. Für den Täter bedeutet eine Verurteilung den Verlust von Freiheit und Ehre. Die Kosten für einen Strafprozess, Haftunterbringung und eventuelle Folgekosten durch Arbeitslosigkeit usw. müssen vom Staat und damit letztlich von der Gesellschaft getragen werden.

Jugendkriminalität
M7, M8

Unter Jugendkriminalität versteht man die strafbaren Handlungen, die von Jugendlichen und Heranwachsenden begangen werden. Die Ursachen von Jugendkriminalität sind vielfältig. Instabile soziale und familiäre Verhältnisse, Gruppenzwang oder etwa die spezifischen Probleme von Heranwachsenden führen dazu, dass Jugendliche häufiger als Erwachsene gegen Gesetze verstoßen.

Strafzwecke
M10

Grundsätzlich gibt es drei verschiedene Strafzwecke:
- *Vergeltung,* welche die Strafe in Bezug zur Schwere der Tat setzt und dem Opfer bzw. der Gesellschaft einen Ausgleich für erlittenes Unrecht verschafft,
- *allgemeine Prävention*, nach der durch die Bestrafung des Täters eine abschreckende Wirkung auf die Gesellschaft erzielt werden soll,
- *individuelle Prävention*, welche beim Täter Reue bewirken soll und ihn durch Stärkung seines Verantwortungsbewusstseins von weiteren Straftaten abhält.

Jugendstrafrecht
M11

Jugendlichen (14 – 18 Jahre) begegnet der Staat bei einer Bestrafung mit größerer Nachsicht. Für sie muss, für Heranwachsende (18 – 21 Jahre) kann das Jugendstrafrecht (Jugendgerichtsgesetz, JGG) angewendet werden, das die Situation des Jugendlichen stärker berücksichtigt. Das Jugendstrafrecht misst der Erziehung zentrale Bedeutung bei und weist daher ein breiteres Spektrum an Strafmöglichkeiten auf als das Erwachsenenstrafrecht. Hauptzweck ist, den jugendlichen Straftäter wieder in die Gesellschaft einzugliedern (Resozialisierung). Bei besonders schweren Straftaten, die von Jugendlichen unter 14 Jahren begangen werden, wird gelegentlich die Frage nach einer Senkung des Strafmündigkeitsalters aufgeworfen.

Gesetze
M14

Das Zusammenleben der Menschen in einem Gemeinwesen (Staat) erfordert verbindliche Verhaltensregeln für jeden Einzelnen. Ein Großteil dieser Regeln sind Gesetze, die von den Parlamenten erlassen werden und deren Einhaltung mithilfe von Staatsanwaltschaft, Polizei und Gerichten erzwungen werden kann (staatliches Gewaltmonopol). Die Gesamtheit der in Deutschland gültigen Gesetze und Rechtsregeln bezeichnet man als Rechtsordnung.

WAS WIR WISSEN

Aufgaben des Rechts
M15

Die Vielzahl der Gesetze, die unser Handeln beeinflussen, erfüllen wichtige Aufgaben. Ganz allgemein ordnet das Recht das menschliche Zusammenleben (z. B. im Straßenverkehr). Da das Recht sagt, was erlaubt ist und was nicht, werden Konflikte vermieden oder lassen sich in einem geordneten Verfahren lösen, notfalls mithilfe der Gerichte. So trägt das Recht zur Sicherung des Friedens in der Gesellschaft bei. Es hilft, Gerechtigkeit in einer Gesellschaft zu verwirklichen, denn vor dem Gesetz müssen alle Menschen gleich behandelt werden.

Rechtsgebiete
M16

Man unterscheidet das öffentliche Recht vom Privatrecht. Das öffentliche Recht regelt das Verhältnis des Staates zum Einzelnen und das Verhältnis staatlicher Organe untereinander, wobei in Bezug zu den Bürgern ein Über- bzw. Unterordnungsverhältnis gilt. Im Privatrecht (oder Zivilrecht), das die Beziehungen der Menschen zueinander regelt, sind die einzelnen Bürgerinnen und Bürger gleichberechtigt.

Gerichtswesen
M17

Das Gerichtswesen umfasst die Verfassungsgerichtsbarkeit (z. B. Bundesverfassungsgericht), ordentliche Gerichtsbarkeit (Zivil- und Strafgerichtsbarkeit) und besondere Gerichtsbarkeit (z. B. Finanz- oder Verwaltungsgerichtsbarkeit).

Jugendschutz
M19, M20

Das Jugendschutzgesetz (JuSchG) schützt Minderjährige vor gesundheitlichen und sittlichen Gefahren in der Öffentlichkeit und den Medien. So sind der Aufenthalt in Gaststätten und Diskotheken, das Rauchen oder der Genuss von Alkohol abhängig vom Alter beschränkt oder verboten.

Deliktsfähigkeit
zur Vertiefung

Die Verantwortlichkeit Jugendlicher ist bis zur Vollendung des 18. Lebensjahres eingeschränkt. So können Kinder unter sieben Jahren nicht zur Rechenschaft gezogen werden, wenn sie durch eine unerlaubte Handlung einen Schaden verursacht haben. Sie sind nicht deliktsfähig. Von der Vollendung des siebenten bis zur Vollendung des 18. Lebensjahres sind Jugendliche beschränkt deliktsfähig und können nur für ihr Handeln verantwortlich gemacht werden, wenn sie die erforderliche Reife und Einsicht besaßen, ihre Verantwortlichkeit zu erkennen.

Strafmündigkeit
zur Vertiefung

Im Strafrecht, mit dessen Hilfe der Staat wichtige Rechtsgüter (Leben, Gesundheit, Eigentum) schützt, sind Jugendliche bis zur Vollendung des 14. Lebensjahres nicht schuldfähig und daher strafunmündig. Ab dem 14. Lebensjahr gilt die eingeschränkte Strafmündigkeit. Jugendliche können dann nur für eine Tat verantwortlich gemacht werden, wenn sie die erforderliche Reife besitzen, um das Unrecht ihrer Tat zu erkennen. Die volle Strafmündigkeit gilt ab dem 18. Lebensjahr, doch wird das Jugendstrafrecht meist auch noch auf Heranwachsende bis zur Vollendung des 21. Lebensjahres angewendet.

WAS WIR KÖNNEN

Totale Freiheit?

Bei einer Familienfeier schwärmt dein älterer Cousin Jakob davon, dass er einer Studentengruppe beigetreten sei, die für absolute Freiheit und Anarchie eintritt. In einem Politiklexikon liest du zu Hause zum Stichwort „Anarchie" folgenden Eintrag:

Anarchie LEXIKON

Das griechische Wort „anarchos" bedeutet übersetzt so viel wie „Herrschaftslosigkeit" oder „Gesetzlosigkeit". Eine Gesellschaft, in der Anarchie herrscht, ist eine Gesellschaft, in der niemand das Sagen hat. Hier gibt es keine staatliche Gewalt, keine gewählten Volksvertreter in einem Parlament, keine Monarchie oder irgendeine sonstige Herrschaftsform. Diejenigen, die eine Anarchie wollen (man nennt sie Anarchisten), treten für die totale Freiheit des Menschen ein. Es soll keine Regeln geben, keiner soll über den anderen herrschen und man soll nicht nach Gesetzen leben, die von anderen Menschen oder einer Regierung gemacht werden.

Gerd Schneider/Christiane Toyka-Seid, Das junge Politik-Lexikon, 3. Aufl., Bonn 2009, S. 14

Aufgabe

Du bist beunruhigt über die Aktivitäten deines Cousins. Verfasse eine E-Mail an Jakob, in der du ihm die Vorteile einer funktionierenden Rechtsordnung erläuterst.

3.2 Menschenrechte und Rechtsstaatlichkeit

Was sind Menschenrechte?

M1 Menschenrechte in Bildern

Die Vertreter der Vereinten Nationen aus allen Regionen der Welt haben am 10. Dezember 1948 die Allgemeine Erklärung der Menschenrechte formell angenommen.

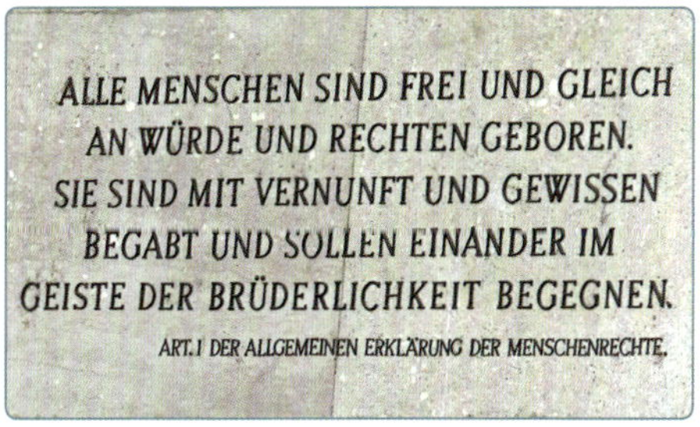

Beschriftung am Gebäude des österreichischen Parlaments in Wien

Das universelle Logo für Menschenrechte verbindet die Silhouette einer offenen Hand mit der eines Vogels (Friedenstaube) und soll als friedlicher Beitrag zur Stärkung der Menschenrechte verstanden werden und als solcher über alle Kultur- und Sprachengrenzen hinweg Verbreitung finden.

M2 Auszug aus der Menschenrechtskonvention

Artikel 1: *Alle Menschen sind frei und gleich an Würde und Rechten geboren.*

Artikel 2: *Jeder hat Anspruch auf alle in dieser Erklärung verkündeten Rechte und Freiheiten, ohne irgendeinen Unterschied, etwa nach Rasse, Hautfarbe, Geschlecht, Sprache, Religion, politischer oder sonstiger Anschauung, nationaler oder sozialer Herkunft, Vermögen, Geburt oder sonstigem Stand.*

Artikel 3: *Jeder hat das Recht auf Leben, Freiheit und Sicherheit der Person.*

Artikel 5: *Niemand darf der Folter oder grausamer, unmenschlicher oder erniedrigender Behandlung oder Strafe unterworfen werden.*

Artikel 7: *Alle Menschen sind vor dem Gesetz gleich.*

Artikel 10: *Jeder hat [...] Anspruch auf ein gerechtes und öffentliches Verfahren vor einem unabhängigen und unparteiischen Gericht.*

Artikel 14: *Jeder hat das Recht, in anderen Ländern vor Verfolgung Asyl zu suchen und zu genießen.*

Artikel 16: *[...] Eine Ehe darf nur bei freier und uneingeschränkter Willenseinigung der künftigen Ehegatten geschlossen werden.*

Artikel 18: *Jeder hat das Recht auf Gedanken-, Gewissens- und Religionsfreiheit; [...]*

Artikel 19: *Jeder hat das Recht auf Meinungsfreiheit und freie Meinungsäußerung; [...]*

Artikel 20: *Alle Menschen haben das Recht, sich friedlich zu versammeln und zu Vereinigungen zusammenzuschließen.*

Artikel 26: *1. Jeder hat das Recht auf Bildung.*

Resolution 217 A (III) der Generalversammlung vom 10. Dezember 1948

Menschenrechte im Alltag

Wenn du anderer Meinung bist, sage es!

Wir schützen Fremde, versprochen!

Studiere ein Semester in England.

Du kannst lernen und werden, was du willst.

Die Würde des Menschen ist unantastbar. (Art. 1 GG)

Du wirst vor Gericht genauso behandelt wie dein Gegner, der mehr Geld hat als du.

Dörthe Hecht, Politik betrifft uns 6/2011, (bearbeitet)

M3 Woher kommen die Menschenrechte?

Entwicklung der Menschenrechte als stetiger Prozess

Martin Luther King, der für die Gleichberechtigung von Afroamerikanern kämpfte, die chinesischen Demonstranten, die auf dem Platz des Himmlischen Friedens Demokratie forderten, aber auch Schüler und Studenten, die heute für bessere Bildung auf die Straßen gehen – sie alle entwickelten die Idee der Menschenrechte zu unterschiedlichen Zeiten und an unterschiedlichen Orten fort. Natürlich gibt es auch immer wieder Rückschläge und vor allem Opfer – beim Tian'anmen-Massaker gingen die chinesischen Machthaber 1989 mit Panzern gegen die Demonstranten vor [...]. Den Menschen in der DDR jedoch gelang im selben Jahr ihre friedliche Revolution. [...]

Die Magna Charta als Vorläufer der Menschenrechte

Es dauerte (lange) bis erstmals ein Vorläufer der Menschenrechte in einem modernen Verfassungsdokument auftauchte. Damals (im 13. Jahrhundert) wurde Europa von absolutistischen Herrschern regiert, die [...] aber niemals auf die Idee gekommen wären, jeden ihrer Untertanen gleich zu behandeln. Doch in England brodelte es um 1215 herum. Die Barone stritten mit dem König und erkämpften sich schließlich die Magna Charta, die erstmals festlegte, dass kein freier Mann ohne Gerichtsurteil eingesperrt werden durfte. Knapp 400 Jahre später wurden diese Rechte in der sogenannten Habeas Corpus Akte noch einmal verstärkt. Seitdem war jeder Untertan der englischen Krone vor willkürlicher Verfolgung geschützt.

18. Jahrhundert: Durchbruch für die Menschenrechte

Die bislang wohl wichtigste Epoche der Menschenrechte war jedoch das 18. Jahrhundert. [...] Innerhalb von nur wenigen Jahren entstanden zwei der wichtigsten Menschenrechtsdokumente der Neuzeit. Die Siedler in Amerika befreiten sich 1776 von ihrem Mutterland, da sie die Herrschaft der britischen Krone als willkürlich und anmaßend empfanden. Neben den unveräußerlichen Rechten wie Freiheit und „Streben nach Glück" [...] schrieben sie auch freie Wahlen in ihren ersten Verfassungsdokumenten nieder. [...] In der französischen Nationalversammlung verabschiedeten die Revolutionäre [1790] eine „Erklärung der Menschen- und Bürgerrechte", die radikaler war, als alles bisher. [...]

Neue Probleme durch die Industrialisierung

Kaum hundert Jahre später tauchte ein neues Problem auf. Es war die Zeit der Industrialisierung – in immer größer werdenden Fabriken schufteten Menschen für Hungerlöhne, ohne rechtlich geschützt zu sein. [...] Als Gegenpol zu Fabrikbesitzern und Industriellen entstand in Deutschland die Arbeiterbewegung, aus der die heutige SPD hervorging. Deren Kampf richtete sich nun verstärkt auf die wirtschaftlichen und sozialen Rechte wie angemessene Mindestlöhne, ausreichend Freizeit und Zugang zu Bildung.

Allgemeine Erklärung der Menschenrechte

Es ist bemerkenswert, dass die individuellen Freiheitsrechte nur wenig später in manchen Ländern in Vergessenheit gerieten. [...] In Nazi-Deutschland zählte der Einzelne nicht viel. [...] Was folgte, waren in kurzen Abständen die größte Katastrophe der menschlichen Geschichte und der größte Sieg der Menschenrechtsidee. Nach dem Zweiten Weltkrieg war die Einsicht innerhalb der neu gegründeten UNO groß, dass nur ein Dokument wie die Allgemeine Erklärung der Menschenrechte ein klares Bekenntnis gegen einen mordenden und unterdrückenden Staat sein könnte.
Es war wie so oft in den vergangenen Jahrhunderten: Auf die politische Krise folgte ein neues menschenrechtliches Dokument [...]. Egal ob in politischen Gremien, in Hörsälen, Fabriken oder auf der Straße – ohne den Widerstand und den Kampf Einzelner bewegte sich nie etwas voran.

Fabian Dietrich, fluter – Magazin der Bundeszentrale für politische Bildung, Ausgabe 29/2008, S. 7 f.

AUFGABEN

1. Finde Erklärungen dafür, warum Art. 1 der Menschenrechtskonvention noch heute so herausgestellt wird, wie am österreichischen Parlament in Wien (**M1**).
2. Ordne die Aussagen und Situationen in der **Randspalte** den einzelnen Menschenrechten (**M2**) zu. Formuliere selbst Aussagen oder Situationen zu drei weiteren Menschenrechten.
3. Welche Menschenrechte sind dir persönlich am wichtigsten? Wähle drei aus und begründe vor der Klasse, warum sie so wichtig sind (**M2**).
4. Stellt die Geschichte der Menschenrechte in einem Zeitstrahl dar (**M3**).

F
Welche Personen oder Organisationen außer den genannten kennst du noch, die sich aktiv für Menschenrechte einsetzen?
Erstelle ein Portrait und berichte darüber.

Zeitstrahl:

Wodurch werden Menschenrechte bedroht?

M4 Überall auf der Welt werden Menschenrechte verletzt

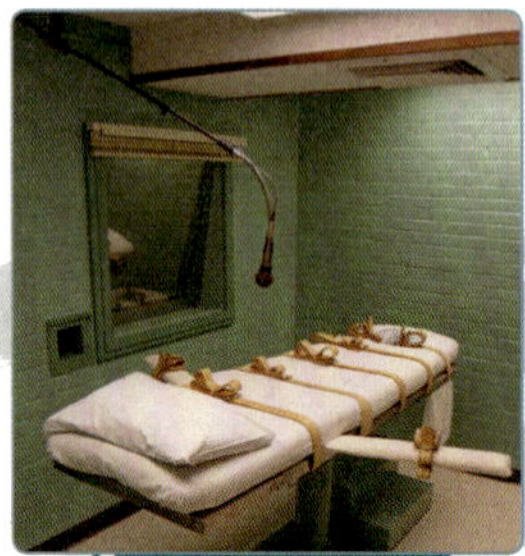

Todesstrafe in den USA

Es half alles nichts: Unterschriftensammlungen, Mahnwachen, sogar der Papst hat sich für ihn eingesetzt. [...] Der Afro-Amerikaner Troy Davis wurde [2011] hingerichtet. Selten waren die Zweifel an einem Todesurteil und am US-Justizsystem so groß. Die Frage wird bleiben: Ging es auch um Davis' Hautfarbe?

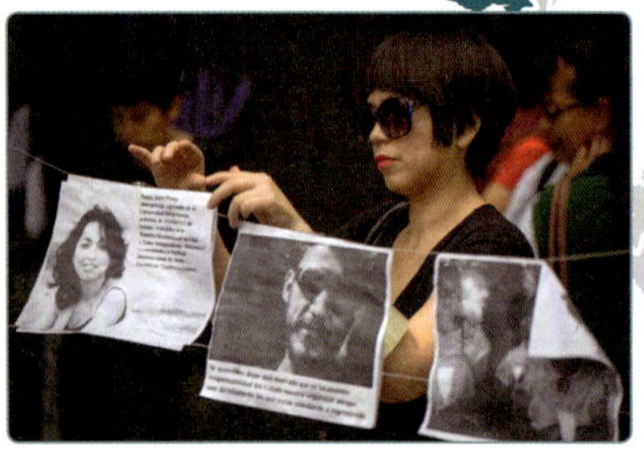

Journalisten ermordet

Im Juli 2015 wurden der Journalist Ruben Espinosa Becerril und die Menschenrechtsaktivistin Nadia Vera in Mexiko-Stadt ermordet.

Homosexuelle diskriminiert

Wer in Ägypten homosexuell ist, macht sich strafbar. Zehn Männer werden im Januar [2012] aus diesem Grund von der Sittenpolizei verhaftet. Sie müssen erniedrigende Untersuchungen und Gewalt über sich ergehen lassen, Menschenrechtler bezeichnen das als Folter.

woja/hana, www.sueddeutsche.de, 10.1.2012

Regimekritiker in China in Haft

Der Künstler und Regimekritiker Ai Weiwei ist 2011 von der chinesischen Regierung festgenommen und für mehrere Monate ins Gefängnis gesteckt worden. Weiwei wurde unter dem Vorwand der Wirtschaftskriminalität verhaftet. Beobachter behaupten jedoch, dass seine kritischen Äußerungen zur politischen Lage in China der eigentliche Grund für seine Verhaftung waren.

Verbrechen vom Staat am Bürger

Der Begriff der „Menschenrechtsverletzungen" ist nichts weiter als der beschönigende Ausdruck für schwerste Verbrechen, die vom Staat am Bürger verübt werden. Menschenrechtsverletzungen als Verbrechen, die im Auftrage, mit Billigung bzw. Duldung oder im Schutz von Regierungen begangen werden, gefährden im allerhöchsten Maße den inneren wie den äußeren Frieden eines jeden Staatswesens.

Es hat sich gezeigt, dass zur Kontrolle des Gewaltmonopols des Staates durch die Teilung der Gewalten in Legislative, Exekutive und Judikative sowie durch periodisch zu wiederholende freie, allgemeine und geheime Wahlen ein geeignetes rechtsstaatliches Instrument geschaffen worden ist. Diktatorisch regierte Staaten kennen dieses Instrument nicht, sie verletzen deshalb geradezu notwendig die Menschenrechte und stellen generell eine Gefährdung des Weltfriedens dar.

Helmut Frenz, Menschenrechte – Anspruch und Wirklichkeit, in: Gisela Klemt-Kozinowski u.a. (Hg.): Das Recht, ein Mensch zu sein, Baden-Baden 1988, S. 21

Oppositionelle inhaftiert

Nach den Unruhen im Zuge der iranischen Präsidentschaftswahlen 2009 wurden Oppositionelle, darunter Studenten, Journalisten und Anwälte, inhaftiert. 2014 wurden 8 iranische Regierungsgegner wegen kritischer Facebook-Kommentare zu bis zu 21 Jahren Haft verurteilt. Die Angeklagten sind von der Außenwelt isoliert, haben keine Verteidiger. Misshandlungen und erzwungene Geständnisse sollen die Regel sein.

AUFGABEN

1. Arbeite heraus, welche Menschenrechte in den betroffenen Ländern verletzt werden (**M4**). Beziehe dich dabei auch auf die Menschenrechtskonvention der Vereinten Nationen (**M2**).
2. Recherchiert im Internet Hintergründe zu einem Fallbeispiel und präsentiert eure Ergebnisse auf einem Wandplakat.

F

a) Recherchiere, welche Nachrichten derzeit in Zusammenhang mit Menschenrechten stehen.

b) Bereite einen Kurzvortrag vor, in welchem du die Ereignisse erläuterst und die betroffenen Menschenrechte aus der Menschenrechtskonvention (**M2**) zuordnest.

Wie schützt der Rechtsstaat die Grundrechte?

Art. 2 GG
(2) Jeder hat das Recht auf Leben und körperliche Unversehrtheit. Die Freiheit der Person ist unverletzlich. In dieses Recht darf nur auf Grund eines Gesetzes eingegriffen werden.

Art. 104 GG
(1) Die Freiheit der Person kann nur auf Grund eines förmlichen Gesetzes und nur unter Beachtung der darin vorgeschriebenen Formen beschränkt werden. Festgehaltene Personen dürfen weder körperlich noch seelisch misshandelt werden.

M5 Rechtsstaatsprinzip – verletzt durch Folter, früher wie heute

Vorbereitung der Folter, Holzschnitt aus der Bambergensis, Ausgabe von 1580

Folter soll die Guantanamo-Häftlinge zum Reden bringen.

M6 Was ist in einem Rechtsstaat erlaubt? – der Fall Gäfgen

Sieben Stunden lang hatten Fahnder den Verdächtigen Magnus Gäfgen während der Nacht bereits vernommen. Der Student log sie immer wieder an. Bestritt, der Entführer des Bankierssohns Jakob von Metzler zu sein. […]

Frankfurts Vize-Polizeipräsident Wolfgang Daschner kannte jedes Wort der ergebnislosen Vernehmung. Der heute 60-jährige Chef-Fahnder wusste, dass Gäfgen der Täter sein musste. Immer wieder hatte er sich mit seinen Beamten beraten, war selbst in die Befragung eingestiegen und bestellte selbst die Mutter des Verdächtigen ins Präsidium. Nichts half. Deshalb traf Daschner nach wenigen Stunden Schlaf die wohl verhängnisvollste Entscheidung seiner Karriere. Im Führungsstab des Präsidiums diktierte er seinen Beamten, sie sollten Gäfgen bei der nächsten Vernehmung „Schmerzen" androhen. Daschners Untergebene gehorchten. Zurück im Vernehmungszimmer rückte einer der Beamten ganz nah vor den Verdächtigen, packte seine Schultern und sprach mit leiser Stimme. Das ganze hier sei „kein Spiel". Gäfgen müsse mit Schmerzen rechnen, die er noch nie in seinem Leben gekannt habe, wenn er nicht endlich auspacke. […]

Die Drohung allein wirkte. Innerhalb der nächsten 25 Minuten legte Gäfgen ein umfassendes Geständnis ab. […]

Nur eine Hoffnung der Fahnder erfüllte sich nicht. Statt den Ermittlern zu verraten, wo er Jakob versteckt hielt, konnte Gäfgen nur noch sagen, wo sie die Leiche des Entführten finden würden.

Matthias Gebauer, Anklage macht der Folter den Prozess, www.spiegel.de, 20.2.2004

M7 Warum der Zweck nicht alle Mittel heiligt

Der ehemalige Frankfurter Vize-Polizeipräsident Wolfgang Daschner ist wegen der von ihm angeordneten Folterdrohung im Entführungsfall Metzler zu einer Geldstrafe auf Bewährung verurteilt worden. [...] Das Frankfurter Landgericht sah es in seinem heutigen Urteil als erwiesen an, dass Daschner einen untergebenen Beamten zur schweren Nötigung verleitet hat. Die 27. Strafkammer unter dem Vorsitz der Richterin Bärbel Stock verurteilte Daschner zu 90 Tagessätzen je 120 Euro, also 10.800 Euro insgesamt. Der mitangeklagte Vernehmungsbeamte erhielt eine Geldstrafe von 60 Sätzen zu je 60 Euro. Die deutlich unter dem Regelstrafrahmen von einem halben bis fünf Jahren liegende Strafe wurde auf Bewährung ausgesetzt. Beide Angeklagten und die Staatsanwaltschaft nahmen das Urteil an. Die Verurteilten sind damit nicht vorbestraft.

Richterin Stock machte in ihrer Urteilsbegründung deutlich, dass die Gewaltdrohung gegen Gäfgen einen Verstoß gegen die im Grundgesetz verankerte Menschenwürde dargestellt habe. Als strafmildernd wertete die Kammer die ehrenwerten Motive der beiden Angeklagten. Beiden sei es vorrangig darum gegangen, das Leben des entführten Kindes zu retten. Zugutehielt das Gericht Daschner [...] außerdem, dass beide zum Zeitpunkt ihrer Entscheidung unter hohem Druck gestanden hätten und dass der Täter Gäfgen die Ermittler mit immer neuen Lügen in die Irre geführt habe.

SPIEGEL ONLINE, Ehrenwerte Motive, mildes Urteil, www.spiegel.de, 20.12.2004

Auch ein Mörder ist ein Mensch
Das Land Hessen muss dem Kindsmörder Magnus Gäfgen wegen der Folterdrohung im Polizeiverhör endgültig eine Entschädigung von 3.000 Euro zahlen. Das hat das Oberlandesgericht (OLG) Frankfurt am Mittwoch [...] in zweiter Instanz entschieden. [...]
Die Androhung von Schmerzen verstößt nach Auffassung des OLG unter anderem gegen das im Grundgesetz verankerte Verbot, Festgenommene „körperlich oder seelisch zu misshandeln." Das Gericht verwies zudem auf ein von Gäfgen erwirktes Urteil des Europäischen Gerichtshofs für Menschenrechte (EuGH), wonach die Vernehmung eine „unmenschliche Behandlung" gewesen sei. Die beiden Polizisten hätten „bei allem Respekt für ihre Beweggründe vorsätzlich eine Amtspflichtverletzung begangen", sagte der Vorsitzende Richter Ulrich Stump. Dafür habe das Land Hessen einzustehen.

Corinna Pfaff, www.focus.de, 10.10.2012

M8 Rechtsstaat – Schlagzeile

Gäfgen bekommt Schmerzensgeld
3.000 Euro bekommt der verurteilte Kindsmörder Magnus Gäfgen vom Land Hessen. Nach dem Mord an dem 11-jährigen Jakob von Metzler hatten ihm [Polizei-]Beamte mit Folter gedroht. [...] Das Vorgehen der Ermittler sei eine „schwerwiegende Rechtsverletzung" und könne nicht auf andere Weise befriedigend ausgeglichen werden als durch die Zahlung einer Entschädigung, sagte der Vorsitzende Richter.

dpa/afp/dapd, Gäfgen bekommt Schmerzensgeld, die tageszeitung, 4.8.2011

M9 Warum das Grundgesetz die Menschenwürde garantiert

„Die Würde des Menschen ist unantastbar. Sie zu achten und zu schützen ist Verpflichtung aller staatlichen Gewalt." [...] Was bedeutet diese Garantie und warum ist sie ins Grundgesetz gekommen? Für den Parlamentarischen Rat war sie eine bewusste Antwort auf die systematische Menschenverachtung und tausendfache Verletzung der Menschenwürde

Parlamentarischer Rat
erarbeitete vom 1.9.1948 bis 8.5.1949 das Grundgesetz

durch das NS-Regime. Die Menschenwürde sollte künftig unantastbar, ihre Achtung und ihr Schutz das Fundament der neu zu errichtenden Ordnung sein. Und dies nicht nur als allgemeine Proklamation, sondern als verbindliche, normativ verpflichtende Grundentscheidung für alles staatliche Handeln und das Zusammenleben in der Gesellschaft. [...] Was ist der Inhalt dieser Menschenwürdegarantie? Über ihren Kerngehalt waren sich die Väter und Mütter des Grundgesetzes [...] einig; er ergab sich für sie einerseits aus christlicher Wurzel, dem Gedanken der Gottebenbildlichkeit des Menschen (Genesis 1,26), anderseits aus der Tradition des Humanismus und der Philosophie der Aufklärung, insbesondere Kants. Dieser Kerngehalt umfasst die Anerkennung und Achtung jedes Menschen als eigenständiges Subjekt, als Träger grundlegender Rechte und der Freiheit zur eigenen Entfaltung und verantwortlichem Handeln, den Ausschluss von Entwürdigung und Instrumentalisierung nach Art einer Sache, über die beliebig verfügt werden kann.

Proklamation
amtliche Verkündigung

Die so verstandene Garantie ist ein zentraler Gründungsakt, auf dem unsere Verfassungsordnung ruht. Ihr verdanken wir die insgesamt menschenfreundliche Gestalt unserer Rechtsordnung. An ihr gilt es festzuhalten, sie darf nicht durch den Hinweis auf die Offenheit des Menschenwürdebegriffs in Frage gestellt oder relativiert werden. Dies wird [...] allgemein akzeptiert. Gleichwohl zeigen sich, wenn es um die konkrete Anwendung dieser Garantie auf neue Problemlagen [...] geht, Gefährdungen, denen entgegengetreten werden muss, soll die Garantie ihre Integrität behalten.

Ernst-Wolfgang Böckenförde, Die Garantie der Menschenwürde, www.bundestag.de (11.11.2007)

M10 Merkmale der Menschenwürde

Der erste Satz des Artikels 1 GG am Gebäude des Landgerichts Frankfurt am Main. Der vollständige Text der Artikel 1 – 19 ist z. B. auf der Homepage des Deutschen Bundestages unter dem Stichwort „Grundgesetz" zu finden.

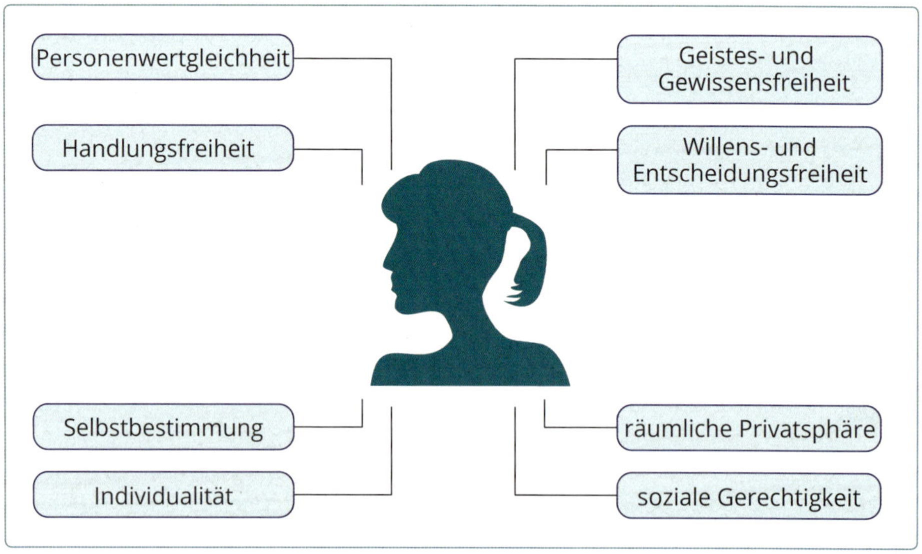

M11 Besondere Merkmale der Grundrechte

„Die Würde des Menschen ist unantastbar. Sie zu achten und zu schützen ist Verpflichtung aller staatlichen Gewalt" - mit diesem Satz beginnt nach der Präambel nicht nur der Grundrechtsteil, sondern der gesamte Text des Grundgesetzes. Die Menschenwürde ist der Grund dafür, dass es die Menschenrechte gibt, sagt Artikel 1 des Grundgesetzes. Sie sind „Grundlage jeder menschlichen Gemeinschaft, des Friedens und der Gerechtigkeit in der Welt". Das Grundgesetz selbst spricht also zuerst von Menschenrechten. Dann aber heißt es in Artikel 1, Absatz 3: „Die folgenden Grundrechte binden Gesetzgebung, vollziehende Gewalt und Rechtsprechung als unmittelbar geltendes Recht." Das Grundgesetz nennt also beides, die Grund- und die Menschenrechte, denn beide Begriffe benennen etwas sehr Ähnliches, aber nicht das Gleiche. Der Begriff der Menschenrechte kommt ursprünglich aus der Philosophie und der Staatstheorie. Seit dem 19. Jahrhundert hat sich mit Schwerpunkt in der westlichen Welt die Vorstellung durchgesetzt, dass jeder Mensch von Geburt an Rechte hat. Das geht auf die Aufklärung und den Humanismus zurück, die diese Menschenrechte als Teil der menschlichen Natur ansahen, aus christlicher Sicht sind sie von Gott gegeben. Sie sind unveräußerlich, das heißt, auf sie kann niemand verzichten, sie sind unteilbar und gelten weltweit. Diese Rechte hat der Mensch also, auch ohne dass der Staat sie gewährt. Deshalb sind sie ungeschriebenes Recht, ihre Grenzen sind also auch nicht genau definiert. Eine Definition aber haben alle Mitgliedstaaten der Vereinten Nationen unterschrieben: die Allgemeine Erklärung der Menschenrechte von 1948.

Grundrechte sind etwas ganz Ähnliches: Ihrem Inhalt nach sind sie oft identisch mit den Menschenrechten. Der Unterschied besteht darin, dass der Staat selbst sie anerkannt hat, sie sind staatlich garantiert, so wie es die Grundrechte im Grundgesetz sind. Dadurch, dass der Staat sie anerkennt, haben sie in ihrer Formulierung eine konkretere Form bekommen und sind - je nach Staat und System - für den Einzelnen einklagbar und durchsetzbar. Das Grundgesetz bezieht sich also auf die Idee der Menschenrechte und stellt klar, dass es sie mit den Grundrechten umsetzen will.

Gudula Geuther, in: Informationen zur politischen Bildung 305, Grundrechte, Bundeszentrale für politische Bildung, 1/2010, S. 4

M12 Das Grundgesetz als „Hausordnung"

Das Grundgesetz trat am 23.5.1949 in Kraft. Seit dem Beitritt der DDR am 3.10.1990 gilt das GG als Verfassung für die gesamte Bundesrepublik Deutschland. Eine Verfassung regelt - mehr oder weniger ausführlich - die Grundordnung eines Staates, insbesondere auch die Grundwerte und dessen Staatsform. So schreibt das Grundgesetz ausdrücklich fest, dass die Bundesrepublik Deutschland eine Demokratie, ein Bundesstaat, ein Rechtsstaat und ein Sozialstaat zu sein hat. Auch werden die Aufgaben und Befugnisse der obersten ständigen Verfassungsorgane (Bundestag, Bundesregierung, Bundesrat, Bundespräsident Bundesverfassungsgericht) und die wichtigsten Bestimmungen zur Stellung der Bürger niedergelegt. Das Grundgesetz kann deshalb auch als die „Hausordnung" unseres Staates umschrieben werden, da es die Werte und Regeln enthält, die unser Zusammenleben bestimmen.

An den Anfang des Grundgesetzes setzten die Verfassungsgeber bewusst das Bekenntnis zur unantastbaren Würde des Menschen, die der Staat zuallererst zu achten und zu schützen hat. Es folgt ein Katalog von Grundrechten, die jedem zustehen und die der Staat nicht antasten darf. Sie sind nicht bloß schöne Worte, sondern unmittelbar geltendes Recht. Parlament, Regierung und Rechtsprechung müssen sich an die Grundrechte und an die Verfassung halten und alle Gesetze müssen mit dem Grundgesetz vereinbar sein.

M13 Grundrechte im Alltag – Fallbeispiele

In den z. T. fiktiven Fallbeispielen handelt es sich vor allem um Beeinträchtigungen der Grundrechte des Bürgers durch den Staat. Ob auch einzelne Bürgerinnen und Bürger die Grundrechte anderer Bürgerinnen und Bürger beeinträchtigen können, ist unter dem Stichwort „Drittwirkung" der Grundrechte Gegenstand verfassungsrechtlicher Diskussionen.

Fall 1
Eine Schülerin beklagt sich auf ihrem Facebook-Account über ihren Lehrer, der sie immer wieder schlecht benote, weil er sie nicht leiden könne. Sie fragt ihre „Freunde", ob sie sich über den Lehrer bei der Schulleiterin beschweren solle. Als der Lehrer von der inzwischen breiten virtuellen Diskussion in der Jahrgangsstufe erfährt, stellt er die Schülerin zur Rede. Die Situation eskaliert und die Schülerin droht mit einer Beschwerde. Der Lehrer verliert die Nerven und gibt der Schülerin eine Ohrfeige.

Fall 2
Vor der Diskothek „Starlight" verweigern Türsteher Menschen mit dunkler Hautfarbe den Eintritt.

Fall 3
Die Polizei durchsucht die Redaktionsräume einer großen Wochenzeitung, beschlagnahmt Aktenordner und Computer und verlangt von dem Chefredakteur die Preisgabe von Informationsquellen.

Fall 4
Der Schulleiter einer Schule, die von vielen Schülerinnen und Schülern mit Migrationshintergrund besucht wird, verbietet die russische Sprache auf dem Schulhof.

Fall 5
In der Firma „Holzwurm" erhalten Frauen grundsätzlich einen geringeren Stundenlohn als Männer. Der Chef argumentiert, die Männer seien in der Regel Hauptérnährer der Familie.

Grundrechte und Bürgerrechte
Den Grundrechten liegen die allgemeinen angeborenen unveränderlichen Menschenrechte zugrunde. Bürgerrechte stehen nur den Staatsangehörigen zu und sind an der Formulierung „Alle Deutschen haben das Recht ..." zu erkennen.

H
Gliedere die Grundrechte im Grundgesetz nach Menschen- und Bürgerrechten.

M14 Elemente des Rechtsstaats

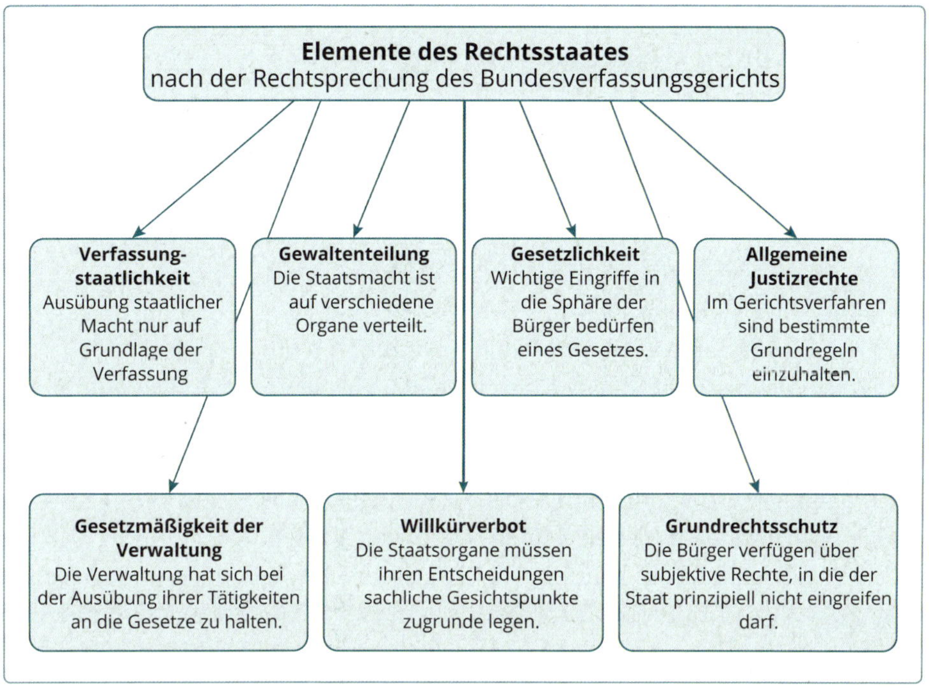

Quelle: Michael Piazolo, Der Rechtsstaat, hrsg. von der Bayerischen Landeszentrale für politische Bildungsarbeit, München 1999, S. 13

AUFGABEN

1. Gib die Besonderheiten des Falls Gäfgen wieder (**M6**, **M7**).
2. Erläutere die Entscheidung des Gerichts, Gäfgen Schmerzensgeld in Höhe von 3.000 Euro zuzusprechen (**M8**, **Randspalte**).
3. Der Fall Gäfgen (**M6**, **M7**) ließ sowohl aus der Öffentlichkeit als auch unter Rechtsexperten Forderungen danach aufkommen, dass man das absolute Folterverbot zumindest bei „Rettungsfolter" einschränken dürfen sollte. Setzt euch damit auseinander, welche Folgen solch eine Begrenzung des Folterverbots sowohl für einen Tatverdächtigen als auch den Rechtsstaat an sich haben könnte.
4. Fasse zusammen, was unter Menschenwürde zu verstehen ist (**M9**, **M10**).
5. Analysiere die Fallbeispiele in **M13**, indem du
   a) untersuchst, gegen welche Grundrechte in den genannten Beispielen verstoßen wird. Lies hierzu die Art. 1 – 3 GG, 5 GG, 8 – 10 GG und 13 GG durch. Erläutere anschließend im Einzelnen, warum es sich um einen Verstoß handeln könnte.
   b) entscheidest, in welchen Fällen ein Verstoß gegen Menschenrechte bzw. gegen Bürgerrechte vorliegt.
6. Fasse zusammen, welche Merkmale einen Rechtsstaat auszeichnen (**M5 – M14**).

Wie funktioniert die Gewaltenteilung?

M15 Für Putin steht das Urteil fest

Oleg Senzow während seines Prozesses

Ein russisches Gericht hat den ukrainischen Filmregisseur Oleg Senzow zu 20 Jahren Gefängnis wegen „Terrorismus" verurteilt. Den Mitangeklagten Alexander Koltschenko verurteilten die Richter im südrussischen Rostow am Don zu zehn Jahren Haft. Obwohl beide nie die russische Staatsbürgerschaft beantragten, wurde ihnen als Russen der Prozess gemacht.

Den Männern wurde in dem international umstrittenen Prozess von der Staatsanwaltschaft vorgeworfen, im Mai 2014 das Büro einer prorussischen Partei auf der von Russland annektierten Krim in Brand gesetzt und geplant zu haben, eine Lenin-Statue in Simferopol in die Luft zu sprengen. Senzow hatte die Anschuldigungen zurückgewiesen, in der ersten Anhörung vor Gericht sprach er von einem „politischen Verfahren". [...] Der Richterspruch sei „der Gipfel der Ungerechtigkeit und Rechtlosigkeit". Auch der Westen und die ukrainische Regierung kritisieren den Prozess als politisch motiviert. [...]

Nach Angaben von Anwälten der Angeklagten wurden Zeugen gefoltert, um sie zu Aussagen gegen Senzow und Koltschenko zu zwingen. Die Zeugen sollten Belege dafür liefern, dass die beiden Männer der rechtsextremen ukrainischen Gruppierung Rechter Sektor angehören. Zwei Zeugen, die sich weigerten auszusagen, wurden im Zusammenhang mit dem Fall zu langjährigen Haftstrafen verurteilt.

Christina Nagel, www.tagesschau.de, 25.8.2015

M16 Das Prinzip der geteilten Macht

Lange Zeit haben die Menschen darunter gelitten, dass sie von Politikern oder Monarchen regiert wurden, die sehr viel Macht hatten. Diese Herrscher konnten mehr oder weniger frei entscheiden, was in einem Staat passieren sollte. Sie konnten Steuern erheben, Gesetze erlassen, Kriege beginnen und die Freiheiten ihrer Untertanen beliebig einschränken. Da diese Herrscher eine allumfassende, absolute Macht besaßen, nannte man diese Regierungsform Absolutismus. Damit es den Menschen besser gehen konnte, musste diese Macht gebrochen werden. Man musste also eine „politische Spielregel" erfinden, die verhindert, dass wenige Menschen in einem Staat zu viel Macht bekommen. Diese Spielregel nennt sich Gewaltenteilung. Das Prinzip der Gewaltenteilung ist denkbar einfach. Es gibt verschiedene Institutionen in einem Staat, unter denen die Macht aufgeteilt ist. Keine dieser Institutionen ist so mächtig, dass sie die anderen beiden Institutionen bestimmen oder gar beherrschen kann. Man spricht deshalb auch von einem System geteilter Macht.

Doch welche Institutionen sind dies und über welche Macht verfügen sie? An erster Stelle steht die Legislative,

d. h. die gesetzgebende Gewalt. In unserem Land sind dies der vom Volk gewählte Bundestag und der Bundesrat, die Gesetze beschließen können. Dies geschieht in einem komplizierten Verfahren, das dazu beitragen soll, dass nicht eine Partei zu viel Einfluss auf die Gesetze nehmen kann.

Die nächste Gewalt ist die Exekutive, d. h. die Regierung und die Verwaltung. Jeder kennt Vertreter dieser Gewalt, denn sie begegnen uns im Alltag bspw. als Polizisten, die darüber wachen, dass die Regeln in unserer Gesellschaft eingehalten werden. Auf Bundesebene stellt die Regierung – also der Bundeskanzler und die Minister mit ihren Ministerien – die Exekutive dar.

Die dritte Gewalt ist die Judikative, d. h. die rechtsprechende Gewalt. Verstößt jemand gegen die Gesetze, dann landet er vor Gericht. Dort sorgen Richter und Staatsanwälte dafür, dass die Täter bestraft werden. Die Richter sind dabei allerdings an die Gesetze gebunden – und diese Gesetze können sie nicht selbst verabschieden. Das war früher anders: Manche Herrscher konnten selbst die Gesetze bestimmen und ausführen – eine unabhängige Justiz gab es nicht und so waren die Menschen der Willkür ausgeliefert.

Oftmals werden die Medien als „vierte Gewalt" bezeichnet, denn sie kontrollieren ebenfalls die Politik, indem sie kritisch über politische Maßnahmen berichten und Skandale aufdecken.

Ein weiteres Element der Gewaltenteilung stellt der Föderalismus dar. Der Bund darf nicht alles alleine entscheiden, sondern muss bei vielen politischen Problemen die Bundesländer mit einbeziehen. Dies macht zwar das Regieren manchmal kompliziert, verhindert aber, dass die Politiker in Berlin zu viel Macht bekommen. Da Bund und Länder sich nicht auf einer Ebene befinden, spricht man in diesem Zusammenhang auch von vertikaler Gewaltenteilung.

Erklärfilm „Gewaltenteilung"

Mediencode: 71008-09

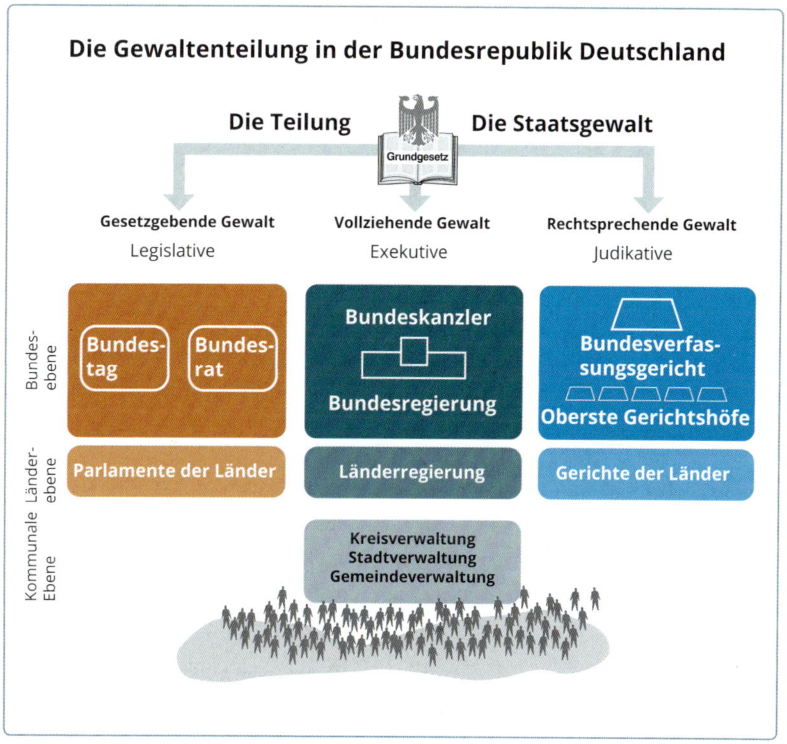

Bergmoser + Höller Verlag AG, Zahlenbilder 61 110

AUFGABEN

1. Das Prinzip der Gewaltenteilung sorgt für ein System aus Macht und Kontrolle. Arbeitet heraus, über welche Macht die einzelnen Verfassungsorgane in Deutschland verfügen und wer sie jeweils kontrolliert. Gestaltet dazu ein Plakat (**M15**, **M16**).

2. Bewerte ausgehend vom Prinzip der Gewaltenteilung den Fall Oleg Senzow (**M15**, **M16**).

WAS WIR WISSEN

Menschenrechte
M2, M3

1948 verabschiedete die Generalversammlung der Vereinten Nationen die „Allgemeine Erklärung der Menschenrechte". Dieses Dokument ist die grundlegende Formulierung der Menschenrechte. Dazu gehören z. B. der Schutz der Menschenwürde, das Recht auf Leben und Freiheit, die Gleichheit vor dem Gesetz, der Anspruch auf ein faires Gerichtsverfahren, das Recht auf Gedanken- und Religionsfreiheit, auf Eigentum und freie Meinungsäußerung. Diese Menschenrechte haben auch direkten Einfluss auf unseren Alltag.

Menschenrechtsverletzungen weltweit
M4

Trotz der weltweiten Verbreitung der Menschenrechte werden in vielen Staaten die Menschenrechte verletzt. Die Inhaftierung oder Ermordung von Journalisten und Oppositionellen, die Kritik an der Regierung oder den Zuständen im Land äußern, ist nur eines von vielen Beispielen von Menschenrechtsverletzungen. Aber auch allein die eigene sexuelle Orientierung reicht in einigen Ländern schon aus, um verhaftet oder gar gefoltert zu werden.

Grundrechte
M9 – M12

Als Grundrechte werden die Menschen- und Bürgerrechte bezeichnet. Menschenrechte stehen jedem Menschen, Bürgerrechte nur deutschen Staatsbürgern zu. Die Grundrechte schützen jeden einzelnen Menschen gegen Ansprüche und Übergriffe der Staatsgewalt. Ausnahmslos jeder Mensch hat demnach ein Recht auf Leben, körperliche Unversehrtheit und Gleichbehandlung vor dem Gesetz. Als eigenverantwortliches Wesen soll er außerdem seine Persönlichkeit frei entfalten können, solange er nicht die Rechte anderer verletzt und nicht gegen die verfassungsmäßige Ordnung oder das Sittengesetz verstößt.

Rechtsstaat
M14

Das Rechtsstaatsprinzip bindet die gesamte Staatsgewalt an Recht und Gesetz. Es wird u. a. durch folgende Grundsätze konstituiert: *Rechtsbindung* – Bindung der Legislative an die Grundsätze der Verfassung: Vorrang des Gesetzes gegenüber jeder anderen staatlichen Handlung; *Gesetzesvorbehalt* – Handeln der Verwaltung nur auf Grundlage eines Gesetzes; *Rechtssicherheit* – Rechtswegegarantie, rechtliches Gehör für jedermann; *Rechtsgleichheit* – Gleichbehandlung gleich liegender Sachverhalte; *Verhältnismäßigkeit* – Schutz des Einzelnen vor unnötigen staatlichen Eingriffen; *Unabhängigkeit der Gerichte* – Freiheit der Rechtsprechung, keine Bindung an Weisungen der Regierung, aber Ausrichtung juristischer Entscheidungen an Recht und Gesetz.

Gewaltenteilung
M16

Durch die Gewaltenteilung, also die Aufteilung der Staatsgewalt auf verschiedene Verfassungsorgane, sollen Machtkonzentration und Missbrauch politischer Macht verhindert werden. Bei der klassischen Gewaltenteilung werden die drei grundlegenden Staatsfunktionen, die gesetzgebende Gewalt (Legislative), die ausführende Gewalt (Exekutive) und die rechtsprechende Gewalt (Judikative) voneinander unterschieden.

WAS WIR KÖNNEN

Menschenrechte für Menschenaffen

Aus der Antike wissen wir, dass einige Menschen anderen absolut untergeben waren. Die Rede ist von den Sklavinnen und Sklaven. Ihnen mangelte es an allen nur denkbaren Rechten. Die antike Gesellschaft sah darin kein Unrechtsbewusstsein, mehr noch: die Haltung von Sklaven war weitgehend akzeptiert, so dass Sklaven insgesamt wie Waren be- und gehandelt wurden. Heute ist das Verbot von Sklaverei in der *Allgemeinen Erklärung der Menschenrechte* aufgenommen.

Exemplar eines Schimpansen aus der Familie der Menschenaffen (Hominidae)

Versetzen wir uns in die Zukunft, ins Jahr 2500:
Wird die dann lebende Gesellschaft ähnlich auf uns schauen, und nicht nachvollziehen können, wie wir mit den Menschenaffen (Orang Utans, Gorillas, Schimpansen, etc.) umgehen?
Heute werden diese nächsten Verwandten des Menschen (noch) gefangen genommen, zur Schau gestellt oder für medizinische Experimente benutzt. Gibt es eine Parallele zwischen der Sklaverei von früher und der Tierbehandlung von heute?

Der Affenprozess – Bürgerrechte für Primaten

Jimmy, der malende Schimpanse, kommt endlich frei. Juristen erringen diesen Erfolg vor einem brasilianischen Gericht. Sie hatten ein „Haftprüfungsverfahren" angestrengt, weil Jimmy seit Jahren in „Einzelhaft" in einem Zoo lebe. Nun öffnet sich der Käfig. Auch Menschenaffen, so argumentieren die Richter, kämen elementare Bürgerrechte zu. Schließlich zeige die Forschung, wie ähnlich uns die haarigen Vettern seien: Sie teilten mehr als 99 Prozent unserer Gene, zeigten Mitgefühl und Sprachvermögen, benutzten Werkzeuge und hätten so etwas wie eine rudimentäre Kultur (Malerei!). Niemand dürfe so feinfühlige Wesen gegen ihren Willen einsperren. [...] Ganz real ist nicht nur Jimmy, der wirklich in einem Zoo-Käfig in der Nähe von Rio de Janeiro sitzt und malt. Auch das Haftprüfungsverfahren existiert, Aktivisten des Great Ape Project haben es angestrengt.

Ulrich Schnabel u. a., Der Affenprozess – Bürgerrechte für Primaten, www.zeit.de, 6.1.2011

Aufgaben

1. Formuliere fünf Rechte aus der Erklärung der Menschenrechte derart um, dass sie auch für Menschenaffen gelten. Diskutiert in Gruppen, welche Konsequenzen sich daraus für die Menschenaffen und für die Menschen ergeben würden.
2. Nimm Stellung zur These: „Die Sklaverei von früher ist die Tierbehandlung von heute".
3. Recherchiere im Internet die Ziele und den Grund für Artikel 20a des Grundgesetzes.

Studenten aus fünf Nationen bei einer Party im Rahmen des Erasmus-Programms in Groningen

Flashmob zu Ehren von Michael Jackson in Paris

DreamHack (LAN-Party) in Jönköping/Schweden

Kissenschlacht unter Jugendlichen am Internationalen Tag der Kissenschlacht in Bologna

4

Der Bürger in der Europäischen Union

Viele Menschen denken, diese Europäische Union ginge sie nichts an. Das stimmt aber nur, wenn sie nicht atmen und kein Wasser trinken, wenn sie nicht arbeiten, nicht einkaufen und kein Geld haben, wenn sie nicht studieren und nicht verreisen. Sollten sie das aber doch tun, wirkt die Europäische Union auf ihr Leben ein. Die EU regelt vieles, was jeden von uns im täglichen Leben betrifft.

Nach: Eckart D. Stratenschulte, www.bpb.de, 1.4.2014

KOMPETENZEN

Am Ende des Kapitels solltet ihr Folgendes können:

- Meilensteine in der Entwicklung der EU und Ziele der europäischen Integration wiedergeben
- Beispiele für Einflussnahmen der EU auf das Leben in den Mitgliedstaaten nennen
- demokratische Mitwirkungsmöglichkeiten im europäischen Willensbildungs- und Entscheidungsprozess einschätzen und nutzen
- wichtige politische Organe der EU und den Entscheidungsprozess beschreiben

WAS WISST UND KÖNNT IHR SCHON?

1. Stellt in einer Tabelle, ausgehend von den Bildern und euren Erfahrungen mit Jugendaustauschen oder Studienfahrten, Gemeinsamkeiten und Unterschiede jugendlicher Lebenswelten in Europa gegenüber.
2. Stellt zusammen, welche Vorteile ein Praktikum, ein Auslandsjahr oder ein Studium im Ausland bringen kann.

Warum gibt es die Europäische Union?

M1 Angela Merkel über Europa

„Deutschland wird auf Dauer nur stark sein, wenn auch Europa stark ist. [...] Ich kann dazu sagen, dass die [...] Bundesregierung und die sie tragenden Fraktionen alles tun werden, damit die gedeihliche Entwicklung Europas gut fortgesetzt werden kann. In einer globalen Welt ist Europa unsere gemeinsame Heimat, an der wir arbeiten müssen. Ein starkes Europa, ein bürgernäheres Europa, ein wettbewerbsfähiges Europa, ein gerechteres Europa, das ist unser Ziel."

Regierungserklärung von Bundeskanzlerin Merkel zum Europäischen Rat am 19./20. Dezember, www.bundesregierung.de, 18.12.2013

M2 Das europäische Haus – in Frieden vereint

Auf dem Soldatenfriedhof in Lommel liegen aus dem Zweiten Weltkrieg 38.560 und aus dem Ersten Weltkrieg 542 gefallene deutsche Soldaten begraben. Er ist der größte Soldatenfriedhof des Zweiten Weltkriegs in Westeuropa.

Die Europäische Union lässt sich anschaulich mit dem Bild eines großen Hauses vergleichen. Die ersten Bewohner des Hauses waren die sechs Gründerstaaten der EU (Deutschland, Frankreich, Italien, Belgien, Niederlande und Luxemburg) die 1951 bereit waren, ihre Entscheidungsgewalt (Souveränität) über die Kohle- und Stahlindustrie und damit über die Produktion von Waffen einer zentralen europäischen Behörde zu überlassen. Die sechs Staaten haben gleichsam den ersten Vertrag (Montanunion) für das Zusammenleben im gemeinsamen Haus geschlossen – die Hausordnung. Bis heute wurde diese Hausordnung, die die Prinzipien des Zusammenlebens beschreibt, durch zahlreiche Verträge erweitert. Immer mehr vormals nationale Entscheidungen und Regelungen wurden so in gemeinsames politisches Handeln überführt (Vergemeinschaftung).

Parallel dazu wurde das Haus weiter ausgebaut (Erweiterung der EU). Heute umfasst das Haus 28 Bewohner und weitere Staaten wollen beitreten. Um das Zusammenleben in der Hausgemeinschaft zu regeln und zu fördern, müssen gemeinsame politische Institutionen geschaffen werden – die politischen Organe der EU. Für die Weiterentwicklung der Hausordnung, den Entwurf und den Ausbau des Hauses sind die Architekten, die Staats- und Regierungschefs der EU-Staaten zuständig. Über die Einhaltung der Hausordnung wacht die Europäische Kommission und der Europäische Gerichtshof. Das Europäische Parlament und der Ministerrat beschließen Regeln auf der Grundlage der Verträge, welche die Politik der EU-Staaten bestimmen.

Warum war gerade nach 1945 die Zeit für die europäische Integration gekommen?

Angesichts des Leids und Elends zweier Weltkriege auf europäischem Boden wollten die Menschen in Europa endlich Frieden. Ein schneller Wiederaufbau des zerstörten Europa und die Steigerung des Wohlstands waren nur durch wirtschaftliche Kooperation und die Schaffung größerer

Wirtschaftsräume zu bewerkstelligen. Ferner mussten die alten europäischen Großmächte angesichts einer neuen Weltordnung, die durch die Supermächte USA und Sowjetunion bestimmt wurde, befürchten, wirtschaftlich und politisch an den Rand gedrängt zu werden. Die Integration diente insofern der Selbstbehauptung Europas. Für Deutschland stellte die Aufnahme in die europäische Staatengemeinschaft einen entscheidenden Schritt zur Rehabilitation und zur Anerkennung dar.

Was hält die Staaten im europäischen Haus zusammen?

Die Europäer haben aus der durch Krieg und Feindschaft geprägten europäischen Geschichte gelernt, dass Frieden und Wohlstand auf Dauer nur durch ein Miteinander möglich sind. Auf der Grundlage der Menschenrechte und der Demokratie soll Europa in Vielfalt geeint das Wohlergehen der Menschen fördern. Einig sind sich die 28 Staaten nämlich in ihren gemeinsamen Zielen. Erstens wollen sie erreichen, dass es allen EU-Ländern wirtschaftlich gut geht und die Menschen in Wohlstand leben können. Zweitens kümmern sie sich darum, dass in Europa und der Welt Frieden und Sicherheit herrschen. Drittens haben sie sich vorgenommen, allen in der EU lebenden Menschen die gleichen demokratischen Grundrechte und Grundfreiheiten zu garantieren, ein Leben ohne Diskriminierungen und mit Chancengleichheit für alle. Viertens sollen nach dem Motto „in Vielfalt geeint" die Kulturen und Traditionen der unterschiedlichen Staaten respektiert werden.

Rehabilitation
Wiedereingliederung eines Kranken

M3 Das europäische Haus im Bau – Meilensteine der Erweiterung

Im Jahr 1951 gründeten sechs Staaten die „Europäische Gemeinschaft für Kohle und Stahl" (EGKS), auch „Montanunion" genannt.

Mitten in Rom am 25. März 1957, 18 Uhr [herrschen] im festlichen Saal des alten Konservatorenpalasts, Stolz, Freude und auch etwas Erleichterung: Noch bis zur allerletzten Minute hat man um die Einzelheiten gefeilscht. Jetzt sitzen die Vertreter Belgiens, Deutschlands, Frankreichs, Italiens, Luxemburgs und der Niederlande an einem langen Tisch und unterzeichnen die Verträge zur Gründung der Europäischen Wirtschaftsgemeinschaft (EWG). Zum Abschluss schenkt der Bürgermeister von Rom allen Teilnehmern eine goldene Medaille. In den Dokumenten, die „Römische Verträge" genannt werden, steht, dass die sechs Länder nicht nur bei Kohle und Stahl, sondern in der gesamten Wirtschaft zusammenarbeiten wollen. Am gleichen Abend gründeten die sechs Länder übrigens auch die Europäische Atomgemeinschaft (EAG oder Euratom). Damit wollten sie erreichen, dass die Kernkraft in Europa friedlich genutzt würde, also zum Beispiel in Kernkraftwerken, und nicht etwa zur Herstellung gefährlicher Atomwaffen. In den folgenden Jahren traten immer mehr Länder der Europäischen Gemeinschaft (EG) bei, wie sich das Bündnis ab 1967 nannte. 1992 vereinbarten die mittlerweile zwölf Mit-

Die Europäische Union – ein unvollendetes Bauwerk

Erweiterungen der EU

1973	Dänemark, Großbritannien, Irland
1981	Griechenland
1986	Portugal, Spanien
1995	Finnland, Österreich, Schweden
2004	Estland, Lettland, Litauen, Malta, Polen, Slowakei, Slowenien, Tschechische Republik, Ungarn, Zypern
2007	Bulgarien, Rumänien
2013	Kroatien

gliedsländer in der niederländischen Stadt Maastricht, sich nicht nur wirtschaftlich, sondern auch politisch enger zusammenzuschließen. 1993 trat dieser „Vertrag von Maastricht" in Kraft und begründete die „Europäische Union". „Union" kommt vom lateinischen Wort „unio", „Vereinigung". Mit dieser Namensänderung wollten die Europäer zeigen, dass sie nun noch näher zusammengerückt waren. 2002 führte die EU eine gemeinsame Währung ein und machte damit einen weiteren großen Schritt: Heute klimpert in 19 EU-Ländern der Euro im Geldbeutel. Am Anfang, mit nur wenigen Mitgliedern, konnte die EU leicht und schnell Entscheidungen treffen. Als immer mehr Länder der EU beitraten, die alle eine eigene Meinung hatten, wurde das immer schwieriger. Doch wie sollte die EU handlungsfähig bleiben, wenn in Zukunft sogar noch mehr Länder beitreten würden? Der Versuch, in einer eigenen „Verfassung" neue Spielregeln für die EU festzulegen, klappte nicht. Die Wähler in Frankreich und in den Niederlanden waren dagegen. 2007 nahmen die damaligen 27 EU-Staaten einen neuen Anlauf und unterzeichneten in der portugiesischen Hauptstadt schließlich den „Vertrag von Lissabon". Mit 287 Seiten ist der ganz schön umfangreich. Im Vertrag stehen nicht nur neue Abstimmungsregeln. Der Vertrag stärkt auch die Rolle des Europäischen Parlamentes, in dem die direkt gewählten Abgeordneten sitzen. Er gibt auch den Auftrag, die Grundrechte jedes einzelnen Bürgers zu schützen, beispielsweise das Recht auf Bildung oder Gesundheit. Außerdem kann jeder EU-Bürger ein neues Gesetz auf den Weg bringen – vorausgesetzt, er hat vorher eine Million Unterschriften gesammelt. Am 1. Dezember 2009 ist der Vertrag von Lissabon in Kraft getreten. Im Juli 2013 trat Kroatien als 28. Mitgliedsland der EU bei.

Quelle: http://ec.europa.eu © Europäische Union, 1995 – 2017, Für die Wiedergabe und Anpassung ist allein die C.C.Buchner Verlag GmbH & Co. KG verantwortlich

M4 Europäische Symbole

Die europäische Flagge; eines der vier offiziellen Symbole der EU

Die zwölf kreisförmig angeordneten Sterne der **europäischen Flagge** symbolisieren Vollkommenheit, Vollständigkeit und Einheit. Die Sterne auf der Flagge stehen daher für die Harmonie der europäischen Völker. Die Zahl der Sterne hat nichts mit der Anzahl der Mitgliedstaaten zu tun.

Seit 1986 ist der letzte Satz von Ludwig van Beethovens 9. Symphonie die **offizielle Hymne** der Europäischen Union. Die Hymne hat bisher keinen offiziellen Text und kann daher nicht gesungen, sondern nur instrumental gespielt werden.

Europatag – Am 9. Mai 1950 unterbreitete Robert Schuman, damaliger französischer Außenminister, seinen

Vorschlag für ein Vereintes Europa als unerlässliche Voraussetzung für die Aufrechterhaltung friedlicher Beziehungen (Schuman-Erklärung). Dieser Tag gilt als Grundstein der heutigen Europäischen Union.

„In Vielfalt geeint" – dies ist das **offizielle Motto** bzw. der offizielle Slogan der Europäischen Union. Der 2005 gescheiterte Vertrag über eine Verfassung für Europa enthält erstmals einen offiziellen Leitspruch für die Europäische Union. Dieser wurde im Lissabon-Vertrag übernommen.

M5 Werte und Ziele der Europäischen Union

Im Vertrag von Lissabon sind die zentralen Werte der EU festgehalten: „Die Werte, auf die sich die Union gründet, sind die Achtung der Menschenwürde, Freiheit, Demokratie, Gleichheit, Rechtsstaatlichkeit und die Wahrung der Menschenrechte einschließlich der Rechte der Personen, die Minderheiten angehören. Diese Werte sind allen Mitgliedstaaten in einer Gesellschaft gemeinsam, die sich durch Pluralismus, Nichtdiskriminierung, Toleranz, Gerechtigkeit, Solidarität und die Gleichheit von Frauen und Männern auszeichnet." Als Ziele der Europäischen Union nennt der Vertrag unter anderen die Förderung des Friedens, die Schaffung eines Binnenmarkts mit freiem und unverfälschtem Wettbewerb, Wirtschaftswachstum, Preisstabilität, Soziale Marktwirtschaft, Umweltschutz, soziale Gerechtigkeit, kulturelle Vielfalt, weltweite Beseitigung der Armut und die Förderung des Völkerrechts.

Art. 2 EU-Vertrag
Die Werte, auf die sich die Union gründet, sind die Achtung der Menschenwürde, Freiheit, Demokratie, Gleichheit, Rechtsstaatlichkeit und die Wahrung der Menschenrechte einschließlich der Rechte der Personen, die Minderheiten angehören. Diese Werte sind allen Mitgliedstaaten in einer Gesellschaft gemeinsam, die sich durch Pluralismus, Nichtdiskriminierung, Toleranz, Gerechtigkeit, Solidarität und die Gleichheit von Frauen und Männern auszeichnet.

Art. 3 EU-Vertrag
(1) Ziel der Union ist es, den Frieden, ihre Werte und das Wohlergehen ihrer Völker zu fördern.

AUFGABEN

1. Fasst Merkmale zusammen, die Europa für euch als einheitlichen Raum erscheinen lassen.
2. Diskutiert die Aussage Merkels, wonach Deutschland auf Dauer nur stark sei, wenn auch Europa stark ist (**M1**).
3. Die Europäische Union lässt sich anschaulich mit dem Bild eines Hauses vergleichen. Das Fundament bilden die gemeinsamen Werte und Ziele. Im Erdgeschoss wohnen die Gründerstaaten. In den oberen Geschossen wohnen die hinzugekommenen Mitglieder. An der Hausfassade stehen die Meilensteine, die das Leben im europäischen Haus prägen und prägten. Zeichnet in Gruppen das europäische Haus auf ein großes Plakat. Vergleicht eure Ergebnisse (**M1 – M3**).
4. Braucht die EU gemeinsame Symbole? Beurteilt diese Frage mithilfe einer Diskussion in der Klasse oder Arbeitsgruppe (**M4, M5**).
5. Entwickelt in Gruppen weitere mögliche gemeinsamen Symbole der EU und begründet eure Entwürfe (ggf. zusammen mit den Fächern Geschichte und Kunst).

Was bedeutet der Binnenmarkt für uns?

M6 Europa im Alltag

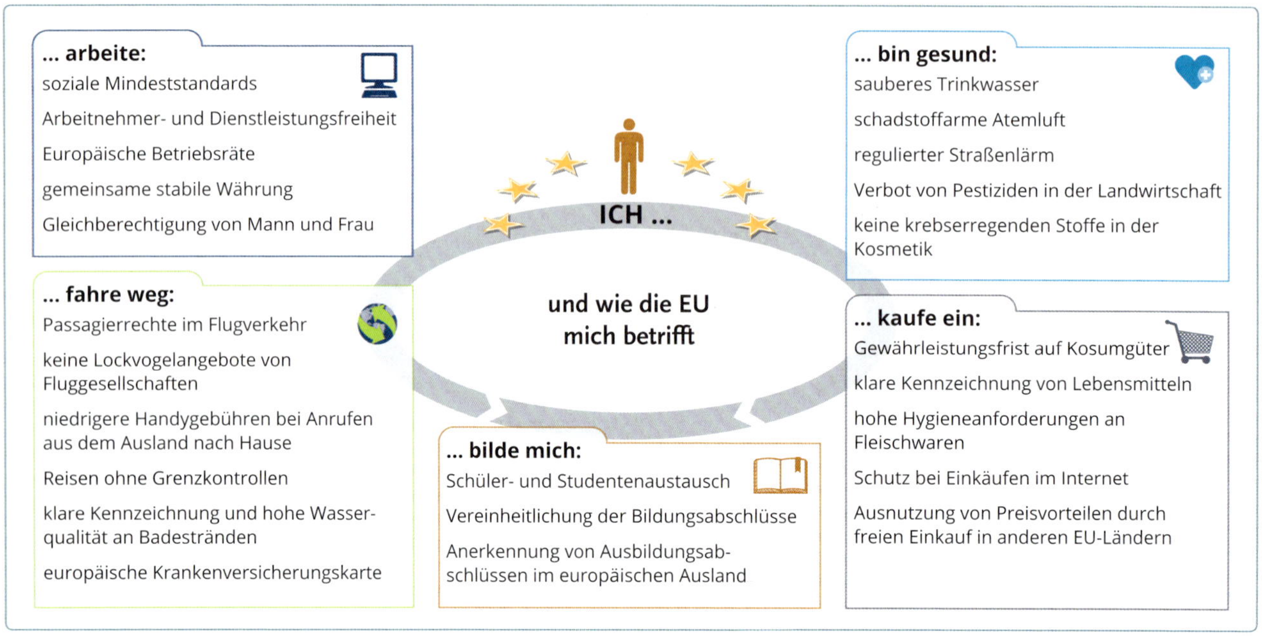

Eckart D. Stratenschulte/Daniel Bergs, Bundeszentrale für politische Bildung, www.bpb.de, 23.9.2009

M7 Der Europäische Binnenmarkt – ein Markt für 500 Millionen Bürger

Vier Freiheiten
Freier Personenverkehr
- keine Binnengrenzkontrollen
- Niederlassungsfreiheit (Wohnort/Arbeitsplatz) für EU-Bürger
- gegenseitige Anerkennung von Berufs- und Schulabschlüssen

Man kann sich die EU wie einen riesigen Marktplatz vorstellen. Da können sich Personen, Waren, Geld und Dienstleistungen frei bewegen. Diesen gemeinsamen Markt, den sogenannten „Binnenmarkt", gibt es seit 1993. Er hat dazu geführt, dass die EU heute der größte Wirtschaftsraum der Welt ist. Auf keinem anderen Gebiet arbeitet die Europäische Union so eng zusammen wie in der Wirtschaft. Der Binnenmarkt hat viele Vorteile. So können EU-Bürger ohne Probleme in einem anderen Mitgliedsland wohnen, studieren, arbeiten, ein Unternehmen gründen oder ihre Rente genießen. EU-Bürger und -Unternehmen dürfen ein Bankkonto im europäischen Ausland eröffnen, ein Haus kaufen, Kredite aufnehmen oder Geld investieren. Ganz wichtig für den gemeinsamen Markt ist, dass die EU-Länder untereinander keine Zölle mehr verlangen. Stell dir als Beispiel einen Schuhhersteller vor: Dieser kann jetzt seine Schuhe nicht mehr nur den rund 80 Millionen Deutschen, sondern allen 500 Millionen EU-Bürgern zum gleichen Preis verkaufen. Um die größere Nachfrage zu befriedigen, muss er mehr Stiefel und Sandalen produzieren. Dafür stellt die Firma neue Mitarbeiter ein – so schafft der Binnenmarkt neue Arbeitsplätze. Gleichzeitig senkt das Schuhunternehmen die Preise. Sonst schnappen ihm nämlich die vielen neuen Konkurrenten aus ganz Europa die Kunden weg. In der Wirklichkeit ist genau dies geschehen. So sind Flüge und Telefongespräche seit Einführung des Binnenmarkts erheblich billiger geworden. Spezielle Behörden überwachen den Wettbewerb, dass sich die Unternehmen nicht heimlich zusammensetzen und gemeinsam einen überhöhten Preis festlegen, zu dem dann alle Bürger die Waren kaufen müssen. Es ist auch verboten, dass ein einzelner Staat den freien Wettbewerb verfälscht, indem er etwa bestimmte Unternehmen finanziell unterstützt (subventioniert).

Quelle: http://ec.europa.eu © Europäische Union, 1995 – 2017, Für die Wiedergabe und Anpassung ist allein die C.C.Buchner Verlag GmbH & Co. KG verantwortlich

Freier Warenverkehr
- keine Zölle und mengenmäßigen Beschränkungen
- Angleichung von Normen und Vorschriften
- freier Wettbewerb

Freier Dienstleistungsverkehr
- grenzüberschreitendes Angebot von Dienstleistungen wie Transport, Energie, Telekommunikation, Versicherungen, Handwerk etc.

Freier Kapitalverkehr
- freie Geld- und Kapitalbewegungen
- gemeinsamer Markt für Finanzdienstleistungen (Bankgeschäfte u. a.)
- Unternehmensbeteiligungen in der EU

M8 Der Europäische Binnenmarkt – Erfolgsmodell mit Tücken?

Der Binnenmarkt der Europäischen Union ist sicherlich eine der großen Errungenschaften der europäischen Integration. [...] So einfach allerdings das Prinzip ist, so kompliziert und umstritten ist seine Umsetzung. [...] In jedem Land regelt eine Vielzahl von Gesetzen und Vorschriften den Warenverkehr, dabei handelt es sich um Sicherheitsstandards, um Umweltauflagen und um Vorschriften des Verbraucherschutzes. [...] Da ist zum Beispiel die Geschichte mit dem Apfelwein, die gut die Tücken des Binnenmarkts illustriert. Für Waren, also auch für Getränke, muss es klare Definitionen geben. Jeder Supermarktkunde weiß, wenn auf einem Obstsaft „Saft" steht, besteht er zu 100 Prozent aus Fruchtsaft, ohne den Zusatz von Wasser und Zucker. Ob der Saft aus Spanien oder aus Deutschland kommt, ist egal. In gleicher Weise hat man auch festgelegt, dass Wein aus Trauben hergestellt sein muss. Das ist der Apfelwein natürlich nicht, er ist also kein Wein. Jedem deutschen Verbraucher ist das selbstverständlich klar, aber was ist mit einem Kunden in Großbritannien, der die Flasche sieht und „...wein" liest? Deshalb wollte die Europäische Kommission im Interesse der Verbraucherinformation untersagen, den Apfelwein so zu nennen – ein Vorhaben, das nach Protesten aus Deutschland übrigens zu den Akten gelegt wurde.

Eckart D. Stratenschulte, Der Europäische Binnenmarkt – Erfolgsmodell mit sozialer Schieflage?, www.bpb.de, 12.8.2010

AUFGABEN

1. Arbeitet mithilfe des Ampelspiels heraus, welche Regelungen der EU ihr für hilfreich (grün) oder überflüssig (rot) haltet, gelb steht für „weiß nicht, keine Meinung" (**M6**).
2. Erkläre, was ein Binnenmarkt ist und wie er funktioniert (**M7, M8**).
3. Die EU wird bisweilen kritisiert, weil sie in ihren Regulierungen für den Binnenmarkt zu weit gehe. Erläutere am Beispiel des Apfelweins die grundlegenden Probleme des Binnenmarktes und nimm Stellung, ob du diese Regelung für notwendig oder übertrieben hältst (**M8**).

Wer entscheidet in der EU? – der lange Weg der EU-Gesetzgebung

M9 Europas Raucher

Land	BE	BG	DK	DE	EE	FI	FR	GR	IE	IT	HR	LV	LT	LU
Anteil der Raucher an der Bevölkerung in %	27	36	26	26	26	25	28	40	29	24	k. A.	36	30	27
Land	**MT**	**NL**	**AT**	**PL**	**PT**	**RO**	**SE**	**SK**	**SI**	**ES**	**CZ**	**HU**	**GB**	**CY**
Anteil der Raucher an der Bevölkerung in %	27	24	33	32	23	30	13	23	28	33	29	32	27	30

Nach: Eurobarometer, dpa-Infografik 17958, 8.10.2013; Länderkürzel laut ISO 3166

M10 Soll die EU ihre Bürger vor den gesundheitlichen Gefahren des Rauchens schützen?

Das Problem: Rauchen kann tödlich sein – hoher Tabakkonsum schädigt alle

Rauchen verursacht hohe Gesundheitsgefahren und hohe Kosten für die Allgemeinheit. Weltweit sterben nach Angaben der Weltgesundheitsorganisation (WHO) jährlich sechs Millionen Menschen an den Folgen des Tabakkonsums. Damit ist Tabakkonsum das größte vermeidbare Gesundheitsrisiko weltweit. Die durch den Tabakkonsum verursachten gesundheitlichen Folgen wie Krebs, Herz-/Kreislauf- und Atemwegserkrankungen verursachen jährlich Kosten von rund 25 Mrd. Euro. Die EU beschloss bereits 2002 eine Tabakproduktrichtlinie zur Bekämpfung des Tabakkonsums, die 2006 nochmals verschärft wurde. Werbung für Zigaretten wurde eingeschränkt, die schädlichen Zusatzstoffe begrenzt und große, abschreckende Warnhinweise auf den Zigarettenpackungen vorgeschrieben. Im Jahr 2015 nahmen die Warnhinweise mindestens 30 Prozent der Vorderseite und 40 Prozent der Rückseite einer Packung ein. Die Europäische Kommission hält die bisherigen Maßnahmen für nicht ausreichend, um die Gesundheit der Bürger wirksam zu schützen und unterbreitete dem Europäischen Parlament und dem Ministerrat Vorschläge zur Überarbeitung der Tabakrichtlinie.

Dezember 2012: Vorschlag der EU-Kommission zur Kennzeichnung und Verpackung

Alle Packungen von Zigaretten und Tabak zum Selbstdrehen müssen einen kombinierten textlichen und bildlichen Warnhinweis tragen, der 75 Prozent der Vorder- und der Rückseite der Packung einnimmt, und sie dürfen keine Werbeelemente tragen. Die gegenwärtigen Informationen über Teer, Nikotin und Kohlenmonoxid, die als irreführend betrachtet wurden, werden durch eine seitlich auf der Packung angebrachte Informationsbotschaft ersetzt, der zu entnehmen ist, dass Tabakrauch über 70 krebserregende Stoffe enthält. Den Mitgliedstaaten steht es frei, in begründeten Fällen neutrale Einheitsverpackungen einzuführen. [...] Nikotinhaltige Erzeugnisse (z. B. elektronische Zigaretten), deren Nikotingehalt unter einer bestimmten Schwelle liegt, dürfen auf den Markt kommen, müssen aber gesundheitsbezogene Warnhinweise tragen. Produkte, deren Nikotingehalt oberhalb dieser Schwelle liegt, sind nur zulässig, wenn sie als Arzneimittel – wie beispielsweise Nikotinersatztherapeutika – zugelassen sind. Pflanzliche Raucherzeugnisse müssen ebenfalls gesundheitsbezogene Warnhinweise tragen.

© Europäische Union 1995 – 2015, Pressemitteilung: Tabakerzeugnisse – größere Hinweise zur Warnung vor Gesundheitsrisiken und Verbot starker Aromen, www.europa.eu, 19.12.2012

Dezember 2012: Die Zigarettenbranche sieht ihre Eigentumsrechte verletzt

„Ich bin entsetzt, wie weit die Bevormundung gehen soll" – mit dieser Kritik reagierte der Vorsitzende der Gewerkschaft Nahrung-Genuss-Gaststätten, Franz-Josef Möllenberg, auf die Pläne der EU-Kommission. Er warf ihr eine „genussfeindliche Ideologie" vor: „Zu befürchten ist, dass diese Vorgehensweise mit einem Dominoeffekt auf andere Produkte ausgeweitet wird: heute Tabak, morgen der Alkohol im Bier, übermorgen das Fett in der Wurst und nächste Woche der Zucker in der Schokolade." Die Pläne gefährdeten Jobs in der Tabakindustrie, im Anbau und in der Werbung. Nicht anders reagierte die Zigarettenindustrie. Sie verstieg sich zu der Behauptung, die Kommission schränke die Marktwirtschaft ein. Geistige Eigentumsrechte würden verletzt und eine legale Industrie zerstört. „Die Tabakwirtschaft steht zu ihrem verantwortungsvollen Umgang mit dem Produkt Tabak." Der Zigarettenhersteller Reemtsma bescheinigt der EU-Kommission sogar, eine „Gesundheitsdiktatur" anzustreben. Sollten die Vorschläge in dieser Form Gesetzeskraft bekommen, droht Reemtsma mit einer Klage: „Zur Not würden wir bis zum Europäischen Gerichtshof ziehen."

Timot Szent-Ivanyi, Reaktionen zur Tabakrichtlinie – Firmen drohen mit Klage, www.fr-online.de, 19.12.2012

Wann wird die EU tätig? – das Subsidiaritätsprinzip

Die EU soll sich nur um Dinge kümmern, die sie besser regeln kann als die Mitgliedsländer. In Art. 5 des EU-Vertrages heißt es: „In den Bereichen, die nicht in ihre ausschließliche Zuständigkeit fallen, wird die Gemeinschaft nach dem Subsidiaritätsprinzip nur tätig, sofern und soweit die Ziele der in Betracht gezogenen Maßnahmen auf der Ebene der Mitgliedstaaten nicht ausreichend erreicht werden können und daher wegen ihres Umfangs oder ihrer Wirkungen besser auf Gemeinschaftsebene erreicht werden können." Das Subsidiaritätsprinzip dient nicht nur der Erhaltung der Eigenständigkeit der EU-Staaten, es hilft auch, ein Stückchen „EU-Bürokratie" abzubauen. Die EU-Kommission muss bei jeder Gesetzesinitiative nachweisen, dass sie die jeweilige Aufgabe besser lösen kann als die Regionen oder die Mitgliedstaaten.

Februar 2013: Stellungnahme der Bundesärztekammer zum Richtlinienentwurf der EU-Kommission

Die Bundesärztekammer begrüßt die vorgesehenen Regelungen zur Kennzeichnung und Gestaltung der Verpackungen von Tabakerzeugnissen. [...] Die bislang zur Wirkung von Warnhinweisen auf Tabakverpackungen durchgeführten Studien haben zum Ergebnis, dass diese einen nachweisbaren Einfluss auf das gesundheitsbezogene Wissen und die Risikowahrnehmung haben. [...] Darüber hinaus weisen wir darauf hin, dass durch die Einführung eines Plain Packaging (standardisierte Verpackungen) für Tabakerzeugnisse, mit dem diese mit einer einheitlichen neutralen Grundfarbe und einem einheitlichen Schriftdesign für den Markennamen gestaltet werden, die Aufmerksamkeit für die aufgebrachten Warnhinweise erhöht werden kann [...]. Auch verliert das Produkt durch eine neutrale Gestaltung gerade bei Jugendlichen an Attraktivität für den Konsum.

Bundesärztekammer, Stellungnahme der Bundesärztekammer zum Vorschlag für eine Richtlinie des Europäischen Parlaments und des Rates zur Angleichung der Rechts- und Verwaltungsvorschriften der Mitgliedstaaten über die Herstellung, die Aufmachung und den Verkauf von Tabakerzeugnissen und verwandten Erzeugnissen vom 19. Dezember 2012, www.bundesaerztekammer.de, 20.2.2013

Oktober 2013: „Die Welt" berichtet über ein Gespräch mit Rebecca Harms MdEP

Der Tabakriese Philip Morris versucht offenbar besonders heftig, die EU-Abgeordneten zu beeinflussen. Laut Rebecca Harms, Fraktionsvorsitzende der Grünen im Europaparlament, stellte der US-Konzern dafür eigens 160 Lobbyisten ein und gab 1,5 Millionen Euro für Essenseinladungen für die Parlamentarier aus. Nach Medienberichten aus mehreren EU-Ländern sollen sich die Lobbyisten des Konzerns mit mehr als 250 Abgeordneten getroffen haben.

AFP/lw, Tabaklobby verwässert geplante EU-Richtlinie, www.welt.de, 3.10.2013

Februar 2014: EU-Parlament stimmt über Änderung der Tabakrichtlinie ab

Die Europäische Union will mit Schockbildern auf Verpackungen Raucher vom Griff zur Zigarette abhalten. Das EU-Parlament stimmte [...] mit großer Mehrheit für strengere Vorschriften, die ab 2016 gelten sollen. Damit enden zähe Verhandlungen zwischen Unterhändlern des Parlaments und den EU-Staaten. Ab 2016 werden auf den Verpackungen beispielsweise verfaulte Füße oder schwarze Raucherlungen zu sehen sein. Die Warnhinweise sollen dabei deutlich größer werden als bisher: Sie werden 65 Prozent der Vorder- und Rückseiten von Zigarettenschachteln bedecken. [...] Die neuen Vorschriften gelten nach Angaben des Europaparlaments für rund 90 Prozent aller Tabakprodukte. [...] Besonders gefährliche Zusatzstoffe, die Krebs erregen, das Erbgut verändern oder die Fortpflanzungsfähigkeit einschränken können, sollen komplett aus Tabakprodukten verbannt werden. Das Gleiche gilt für Aromen wie Vanille oder Schokolade, die den bitteren Geschmack des Tabaks mildern und deshalb vor allem Jugendlichen den Einstieg ins Rauchen erleichtern. Mentholzigaretten sollen ebenfalls vom Markt genommen werden – allerdings erst ab 2020.

aar/dpa/AFP, Parlamentsbeschluss: EU führt Schockbilder auf Zigarettenpackungen ein, www.spiegel.de, 26.2.2014

Tabaksteuer

Die Tabaksteuer ist nach der Mineralölsteuer die ertragreichste Verbrauchsteuer [in Deutschland]. 2014 betrugen die Netto-Einnahmen der Tabaksteuer über 14,2 Mrd. Euro. Die über die Zigarette erzielte Steuer macht mit über 12,2 Mrd. Euro den Hauptanteil bei den Tabaksteuereinnahmen aus (86,0 %).

© Copyright 2015 by DZV – Deutscher Zigarettenverband, www.zigarettenverband.de (3.9.2015)

März 2014: Der Ministerrat nimmt die überarbeitete EU-Tabakrichtlinie an

Am 14.3.2014 nahm der Rat eine überarbeitete EU-Tabakrichtlinie an, sie trat am 20.5.2014 nach der Veröffentlichung im Amtsblatt der Europäischen Union in Kraft. Deutschland und Österreich wurden im Ministerrat überstimmt. Die Mitgliedstaaten werden zwei Jahre für die Aufnahme der Richtlinie in ihr einzelstaatliches Recht Zeit haben.

November 2014: Klage vor dem EuGH: Marlboro-Hersteller prozessiert gegen Europas Tabakrichtlinie

Der EU steht ein Prozess des weltgrößten privaten Zigarettenherstellers Philip Morris International (PMI) gegen ihre neue Tabakrichtlinie vor dem Europäischen Gerichtshof bevor [...]. Durch die Klage des Marlboro-Herstellers könnte das Vorhaben aber um Jahre aufgeschoben werden, noch einmal geändert oder neu verhandelt werden müssen. Oder gar fallen, sollte der EuGH dem Unternehmen recht geben. „Tabakprodukte sollten reguliert werden, aber die Maßnahmen müssen die EU-Verträge respektieren", sagte der für Rechtsfragen zuständige PMI-Vizepräsident Marc Firestone. Einige Bestimmungen in der Tabakrichtlinie würden „ernsthafte Fragen über die freie Verbraucherwahl, den freien Warenverkehr und Wettbewerb aufwerfen." [...] Besonders erbittert bekämpfen die Multis das sogenannte „Plain Packaging". In Artikel 24 der Richtlinie räumt die EU den Mitgliedstaaten das Recht ein, die Hersteller zu Einheitsverpackungen für Zigaretten ohne Markenlogos, Farben und andere Unterscheidungselemente zu zwingen. [...] Die Tabakindustrie, die Abermilliarden Euro in Werbung und Markenaufbau steckt, hält ihre geistigen Eigentumsrechte für verletzt und spricht von einem Handelshemmnis und unzulässigen Eingriff in den freien Wettbewerb.

Claus Hecking, Klage vor dem EuGH: Marlboro-Hersteller prozessiert gegen Europas Tabakrichtlinie, www.spiegel.de, 3.11.2014

M11 So funktioniert die Europäische Union

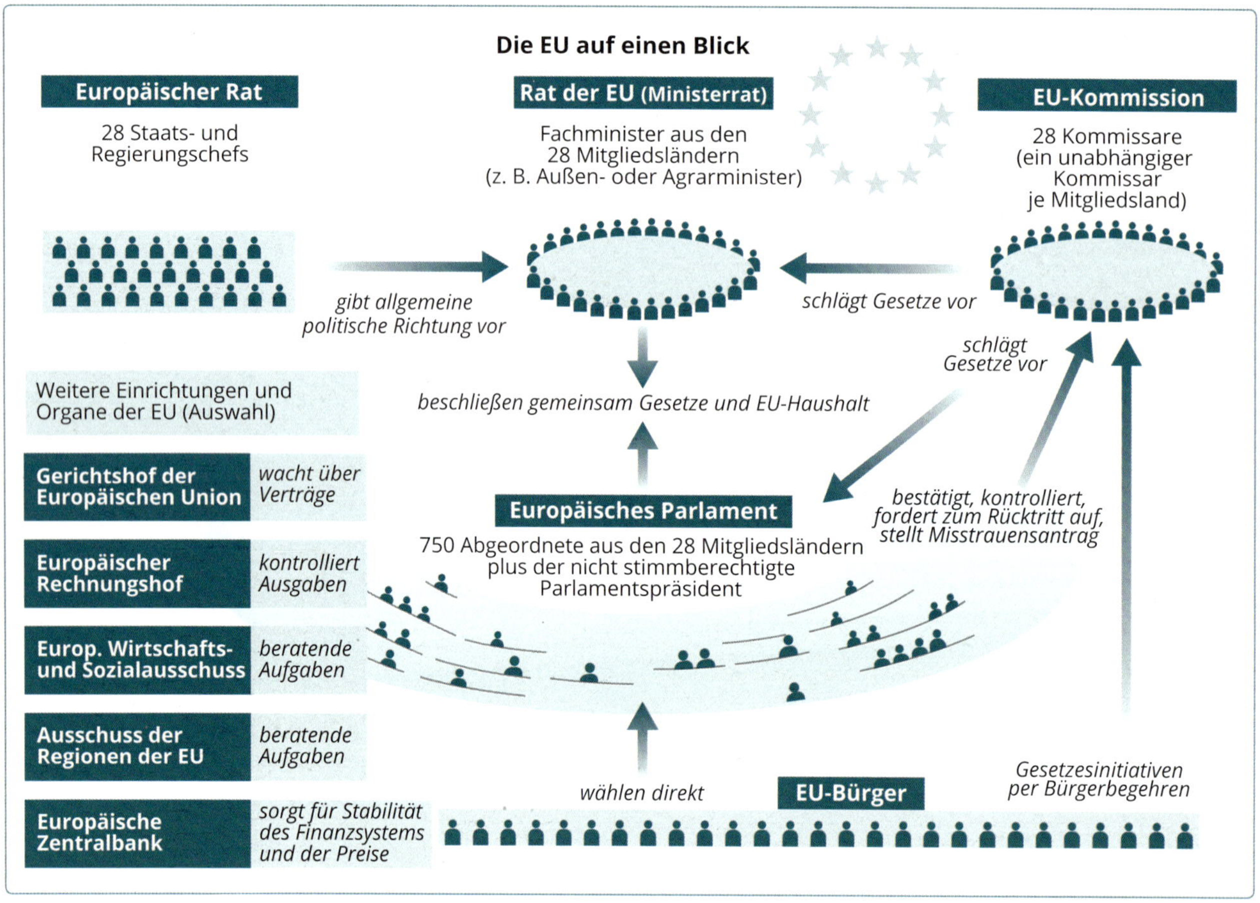

Globus-Grafik 5915; Quelle: Europäische Union, Bundeszentrale f. politische Bildung, Stand Sept. 2013

Beispiele
Verordnung
Verpflichtende Angaben auf verpackten Lebensmitteln sollen die Kaufentscheidung erleichtern und dienen dem Schutz der Verbraucher. Diese sollen erkennen, woraus die Lebensmittel bestehen und welche Eigenschaften sie haben. Mit der Lebensmittel-Informationsverordnung der EU, die seit dem 13.12.2014 EU-weit gilt, werden die Vorschriften des europäischen Lebensmittelkennzeichnungsrechts nochmals verbessert.

M12 Arten von gemeinschaftlichen Rechtsakten

- **Verordnungen** sind ab dem Zeitpunkt ihrer Verabschiedung auf Gemeinschaftsebene für jedermann verbindlich; sie gelten unmittelbar in jedem Mitgliedstaat und müssen nicht erst in nationales Recht umgesetzt werden.
- **Richtlinien** legen Ziele fest, wobei es Aufgabe der Mitgliedstaaten ist, diese auf nationaler Ebene anzuwenden; sie geben den Mitgliedstaaten Ergebnisse verbindlich vor, stellen ihnen jedoch frei, wie sie diese erreichen.
- **Beschlüsse** beziehen sich auf ganz bestimmte Themen; sie sind in allen ihren Teilen für diejenigen verbindlich, an die sie gerichtet sind. Eine Entscheidung kann an alle Mitgliedstaaten, einen Mitgliedstaat, ein Unternehmen oder eine Einzelperson gerichtet sein.
- **Empfehlungen** und **Stellungnahmen** sind nicht rechtsverbindlich; sie geben lediglich den Standpunkt der Organe zu einer bestimmten Frage wieder.

© Europäische Union 1995 – 2015, http://ec. europa.eu, 6.2.2013

M13 Die Organe der EU im Überblick

EU-Organe	Aufgaben	Zusammensetzung	Legitimation
Europäischer Rat	fällt Grundsatz-entscheidungen	28 Staats- und Regierungschefs	gewählt durch die Bürger oder die nationalen Parlamente
Europäisches Parlament	beschließt „Gesetze", zusammen mit dem Ministerrat	750 Abgeordnete + der Präsident des EPs	durch die EU-Bürger
Rat der Europäischen Union (Ministerrat)	beschließt „Gesetze", zusammen mit dem EP	28 Fachminister – wechselnd nach Ressort	Ernennung durch die Staats- und Regierungschefs
EU-Kommission	• Überwachung der EU-Verträge • Motor der EU-Integration • Initiativrecht für „EU-Gesetze"	28 Kommissare, inkl.: • EU-Kommissions-präsident • Hohe Vertreterin für Außen- und Sicherheitspolitik der EU	Europäischer Rat schlägt EU-Kommissionspräsident vor, der vom EU-Parlament per Wahl bestätigt werden muss. Die anschließend vom Kommissionspräsidenten nominierten Kommissare können vom Parlament entweder als Ganzes bestätigt oder abgewählt werden.
Gerichtshof der Europäischen Union	Wahrung des EU-Rechts bei der Auslegung und Anwendung der Verträge der Europäischen Union	• EuGH: je Mitgliedsland eine Richterin/ein Richter; 11 Generalanwälte • EuG: je Mitgliedsland eine Richterin/ein Richter • Fachgericht: 7 Richter/innen	EuGH, EuG und Fachgerichte: Ernennung seitens der Regierungen der Mitgliedsländer (Europäischer Rat)

Richtlinie
Am 13.6.2014 trat die neue EU-Verbraucherrechtlinie in Deutschland in Kraft. Aufgrund der Harmonisierung des Online-Handels in allen EU-Mitgliedstaaten kommt es durch die neue EU-Richtlinie zu einem positiven Einfluss auf den grenzüberschreitenden Handel: Das Verbraucherschutzniveau wird verbessert, die Rechtsvorschriften in den EU-Mitgliedstaaten werden angeglichen, Hindernisse auf dem EU-Binnenmarkt werden beseitigt und die Kosten beim grenzüberschreitenden Handel werden verringert.

Beschluss
Die EU-Außenminister beschlossen am 17.3.2014 ein Einreiseverbot gegen russische Politiker, welche die Stabilität und Sicherheit der Ukraine gefährden oder untergraben.

Empfehlung
Die EU empfahl der deutschen Regierung im Jahr 2014 eine verbesserte Lohnentwicklung in Deutschland ins Auge zu fassen, da die Produktivität in Deutschland deutlich schneller steigt als die Löhne.

AUFGABEN

1. Erläutere, warum die EU eine neue Tabakrichtlinie beschlossen hat (**M10**).
2. Arbeite die unterschiedlichen Interessen der von der Gesetzgebung Betroffenen heraus (**M10**).
3. Erläutere verschiedene Ansätze zur Lösung des Interessenkonflikts sowie deren Vor- und Nachteile (**M10**).
4. Nimm Stellung zur Entscheidung der EU (**M10**). Beachte dabei die Beurteilungskriterien: Rechtslage, Durchsetzbarkeit, Effizienz (Kosten/Nutzen), Effektivität (Grad der Zielerreichung), Freiheit, Sicherheit.
5. Analysiere das Zustandekommen der Tabakrichtlinie mithilfe des Politikzyklus (vgl. **M7/S. 94**).

H ZU AUFGABE 1
Analyse der Problemstellung: Was ist?

H ZU DEN AUFGABEN 2 UND 3
Auseinandersetzung: Was ist möglich?

H ZU AUFGABE 4
Urteil: Was soll sein?

METHODE

M14 Karikaturen interpretieren – wie groß soll das europäische Haus werden?

Eine Karikatur stellt zeichnerisch ein aktuelles Thema aus Politik, Gesellschaft oder Wirtschaft dar. Der Karikaturist interpretiert in überspitzter Weise einen Sachverhalt, sodass versteckt seine Sicht des Problems deutlich wird.

Vorgehen bei der Karika-Tour

Hängt die Karikaturen an den Wandseiten eures Klassenzimmers aus. In kleinen Gruppen betrachtet ihr nun die einzelnen Darstellungen. Nach 2 - 3 Minuten wechseln die Gruppen auf ein Signal des Lehrers im Uhrzeigersinn zur nächsten Karikatur. Diese wird unter der gleichen Fragestellung betrachtet. Wenn der Rundgang mit der Kurzbesprechung der übrigen Karikaturen abgeschlossen ist, werden die Bilder abgehängt. Der Lehrer lässt nun jede Gruppe verdeckt eine Karikatur ziehen. Mithilfe eines Frage-Leitfadens bespricht nun jede Gruppe ausführlich „ihre" Karikatur.

LEITFADEN

1. Was stellt der Zeichner oder die Zeichnerin dar?
   → Aussage oder Thema der Karikatur
2. Wie und mit welchen Mitteln (Figuren, Objekte, Symbole) wird das Thema dargestellt?
   → Zeichnerische Elemente
3. Ist aus der Karikatur eine bestimmte Einstellung, Position oder Deutung des Zeichners oder der Zeichnerin erkennbar?
   → Tendenz der Karikatur
4. Wie beurteilt ihr die Aussage?
   → Eigene Position
5. Welche Fragen ergeben sich für euch aus der Karikatur?
   → Weitere Fragen
6. Einigt euch auf eine Kernaussage.
   → Kernaussage

METHODE

Karikatur: Schwarwel

Karikatur: Jürgen Janson

Karikatur: Jürgen Tomicek

Karikatur: Jürgen Janson

AUFGABEN

1. Beschreibt und analysiert die Karikaturen in arbeitsteiliger Partner- oder Gruppenarbeit.
2. Führt eure Ergebnisse der Karikaturenanalyse zusammen und beurteilt, ob die EU schon eine kritische Größe erreicht hat und keine weiteren Staaten mehr aufnehmen soll.
3. Begründet eure Position.

WAS WIR WISSEN

Friedensprojekt Europa
M2

Das friedliche Zusammenleben der Nationen auf dem europäischen Kontinent ist vor allem für die jüngere Generation, die ohne Krieg aufwuchs, eine Selbstverständlichkeit geworden. Tatsächlich ist die europäische Geschichte jahrhundertelang durch Kriege geprägt. Erst nach den schrecklichen Erfahrungen des Zweiten Weltkriegs reifte die Idee eines vereinten und friedlichen Europas. Durch die gemeinsame Kontrolle kriegswichtiger Industrien (Montanunion) war der Grundstein für eine dauerhafte friedliche Kooperation zwischen den europäischen Staaten gelegt. Die Friedenssehnsucht der Menschen, die Einbindung Deutschlands in ein supranationales Bündnis, die wirtschaftliche und politische Behauptung europäischer Großmächte gegenüber den Supermächten USA und UdSSR waren die wichtigsten Motive und Antriebskräfte für die europäische Integration nach 1945.

Entwicklung der EU
M3

Charakteristisch für die Entwicklung des europäischen Hauses ist seit der Unterzeichnung der Römischen Verträge im Jahr 1957 ein Wechselspiel von Vertiefung und Erweiterung. Immer mehr Politikbereiche wurden in die Zuständigkeit der Europäischen Union übertragen und immer mehr Staaten wurden in die EU aufgenommen. Das Anwachsen der EU von ursprünglich sechs Gründerstaaten (Belgien, Deutschland, Frankreich, Italien, Luxemburg und Niederlande) zu heute 28 Mitgliedstaaten zeigt die große Attraktivität der Europäischen Union. Um auch mit einer größeren Mitgliederzahl handlungsfähig zu bleiben, war es notwendig, dass die EU sich einer institutionellen Reform unterzieht. Jedoch gelang es weder durch den Vertrag von Amsterdam (1999) noch durch den Vertrag von Nizza (2003), das Institutionengefüge der EU zu modernisieren. Zudem scheiterte der Verfassungsvertrag im Jahr 2005. Der Vertrag von Lissabon (2009) ist nun der bisher umfassendste vierte Versuch, diese Aufgabe zu bewältigen.
Trotz der großen Attraktivität kam in letzter Zeit aber auch massive Kritik an der EU auf. So wird „Brüssel“ bspw. für fehlende Bürgernähe, ausufernde Bürokratie oder unkontrollierte Flüchtlingsströme verantwortlich gemacht. Im Jahr 2016 gipfelte dieser Unmut darin, dass sich die Bürger von Großbritannien in einem Referendum für den Austritt ihres Landes aus der EU („Brexit“) ausgesprochen haben.

Gemeinsame Werte
M5

Das Fundament der europäischen Einigung sind die gemeinsamen Werte: Wahrung der Menschenrechte, Frieden, Freiheit, Rechtsstaatlichkeit und Demokratie. Die europäische Integration bescherte Europa die längste Friedensepoche in ihrer bisherigen Geschichte.

Der Binnenmarkt und die vier Freiheiten
M6 – M8

Ein Binnenmarkt bezeichnet ein abgegrenztes Gebiet, in dem Menschen ungehindert wirtschaften können. Normalerweise findet sich ein solches Gebiet nur innerhalb von Staaten, doch haben sich die Mitglieder der EU nach einem Abkommen von 1993 dazu entschlossen, einen gemeinsamen Markt zu gründen.

WAS WIR WISSEN

Ziel des EU-Binnenmarktprojektes war der Abbau sämtlicher Hindernisse, die dem grenzüberschreitenden Handel im Wege standen. Der Binnenmarkt basiert auf den sog. vier Freiheiten: dem ungehinderten Austausch von Waren und Dienstleistungen, dem unbeschränkten Kapitalverkehr, der freien Wahl des Arbeitsplatzes sowie dem ungehinderten Personenverkehr (Wegfall von Grenzkontrollen). Um einen vollständigen Binnenmarkt zu erreichen, mussten viele Vorschriften angeglichen werden. In einigen Bereichen, wie bei der Anerkennung verschiedener Berufsabschlüsse, ist der Binnenmarkt bis heute noch nicht vollendet

---

Gesetzgebungsverfahren in der EU
M9 – M13

Das Europäische Parlament ist im Gegensatz zu den nationalen Parlamenten nicht der alleinige Rechtsetzer und Souverän im Institutionengefüge der Europäischen Union. Bei der Gesetzgebung sind sowohl die Kommission als auch der Rat der Europäischen Union als Vertretung der nationalen Regierungen beteiligt. Mit dem Vertrag von Lissabon ist das Europäische Parlament neben dem EU-Ministerrat gleichberechtigter Gesetzgeber in der Union geworden. Beide müssen einem Gesetzesentwurf zustimmen. Grundsätzlich hat nur die Europäische Kommission das Recht, Gesetzentwürfe vorzulegen. Ein Gesetzesvorschlag der Kommission wird in einem mehrstufigen Verfahren von Ministerrat und EU-Parlament beraten. Sofern es im regulären Verfahren nicht zu einer Einigung zwischen Ministerrat und EU-Parlament kommt, tritt ein Vermittlungsausschuss in Aktion. Er setzt sich aus einer gleich großen Zahl von Mitgliedern aus EU-Parlament und Ministerrat zusammen und muss binnen sechs Wochen eine Einigung herbeiführen. Wenn dies nicht gelingt, ist der geplante Rechtsakt gescheitert. Die nationalen Parlamente müssen zeitgleich mit dem EU-Parlament von der EU-Kommission über Gesetzesinitiativen unterrichtet werden. Sie können unter Berufung auf das Subsidiaritätsprinzip gegen die Gesetzesinitiative Stellung nehmen. Interessengruppen (Lobbyisten) versuchen auf allen Ebenen des Verfahrens ihre Interessen im Gesetzgebungsverfahren, wie das Beispiel der Tabakrichtlinie verdeutlicht, durchzusetzen.

Arten von Rechtsakten
M12

- *Verordnungen* sind ab dem Zeitpunkt ihrer Verabschiedung auf Gemeinschaftsebene für jedermann verbindlich; sie gelten unmittelbar in jedem Mitgliedstaat und müssen nicht erst in nationales Recht umgesetzt werden.
- *Richtlinien* legen Ziele fest, wobei es Aufgabe der Mitgliedstaaten ist, diese auf nationaler Ebene anzuwenden; sie geben den Mitgliedstaaten Ergebnisse verbindlich vor, stellen ihnen jedoch frei, wie sie diese erreichen.
- *Beschlüsse* beziehen sich auf ganz bestimmte Themen; sie sind in allen ihren Teilen für diejenigen verbindlich, an die sie gerichtet sind.
- *Empfehlungen* und *Stellungnahmen* sind nicht rechtsverbindlich; sie geben lediglich den Standpunkt der EU zu einem bestimmten Sachverhalt wieder.

WAS WIR KÖNNEN

Kontrovers diskutiert: Pro und Kontra standardisierte Zigarettenpackungen (Plain Packaging) mit warnenden Bildern

Kriterium Effizienz
Argumente, die dem Kriterium „Effizienz" zugeordnet werden können, sind z. B. die Frage,
- ob die abschreckenden Bilder einen wirksamen Beitrag zum Gesundheitsschutz leisten können;
- ob es gleichwertige Maßnahmen zum Gesundheitsschutz geben könnte, die Produzenten und Konsumenten weniger bevormunden, wie z. B. Aufklärung in der Schule u. Ä.;
- ob die Umsetzung der Tabakrichtlinie in nationales Recht gelingen kann angesichts der Gestaltungsmöglichkeiten des Bundestages bei der Umsetzung einer EU-Richtlinie und dem Eigentumsschutz des Grundgesetzes, auf den die Zigarettenindustrie sich zum Schutz ihrer Marken bezieht.

Weltweit hatte als erstes Land Australien den Weg für einheitliche Zigarettenpackungen mit großflächigen Bildern von durch Tabakrauch geschädigten Organen freigemacht. Mit Umsetzung der EU-Tabakrichtlinie wurden auch in Deutschland im Mai 2016 standardisierte Zigarettenpackungen mit „Schockbildern" eingeführt. In „Pro und Kontra" erläutern die Leiterin der Stabsstelle Krebsprävention des Deutschen Krebsforschungszentrums, Martina Pötschke-Langer, und der Deutsche Zigarettenverband (DZV), ihre jeweilige Position.

Pro: Bildliche Warnhinweise wirken

Standardisierte Tabakproduktverpackungen mit großen Warnhinweisen aus Text und Bild können vor allem dazu beitragen, dass weniger Jugendliche mit dem Rauchen anfangen und dass Raucher zu einem Rauchstopp motiviert werden. Denn: Sie vermindern die Attraktivität der Produkte, die nicht länger vielfarbig und glamourös verpackt werden dürfen. Zudem kann keine Irreführung der Käufer durch suggestive Farbgebung erfolgen und der Eindruck vermittelt werden, ein Produkt sei weniger gesundheitsschädlich. Auch gegen den Zigarettenschmuggel eignen sich die Standardverpackungen: Sie erhöhen die Erkennbarkeit von zukünftig geplanten Sicherheitsmerkmalen, sodass Fälschungen schneller identifiziert werden können. Bildliche Warnhinweise wirken, denn ein Bild sagt mehr als tausend Worte: Vergleichende Untersuchungen zeigen, dass bildliche Warnhinweise häufiger dazu führen, dass sich Raucher mit den Warnhinweisen auseinandersetzen und sich damit die Wahrscheinlichkeit eines Rauchstopps erhöht. Auch sehen Jugendliche die bildlichen Warnhinweise als effektivere Informationsvermittlung an, und erfolgreiche Ex-Raucher gaben an, dass die Bilder eine hilfreiche Rückfallprophylaxe darstellen. Es besteht eine hohe Akzeptanz für bildliche Warnhinweise in Deutschland. Mehr als 70 Prozent der deutschen Bevölkerung spricht sich für Bilder aus. Befürchtungen, die abschreckenden Bilder könnten an deutschen Supermarktkassen zu Ekelreaktionen der Kunden führen, sind leicht zu entkräften: Zigarettenschachteln sollten von Supermarktkassen entfernt werden und in einem nicht einsehbaren Regal stehen. Auch rechtlich gibt es keine Hindernisse: Der Schutz der Gesundheit rechtfertigt Maßnahmen wie diese.

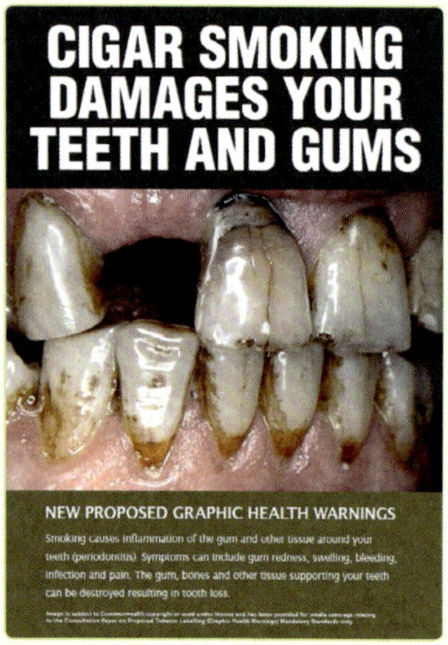

Plain Packaging in Australien mit Warnhinweisen für Zigarettenkonsum

Martina Pötschke-Langer, Bildliche Warnhinweise wirken, in: © fos/aerzteblatt.de, Pro und Kontra: Sollen auch in Deutschland standardisierte Zigarettenpackungen mit warnenden Bildern eingeführt werden?, www.aerzteblatt.de, 21.8.2012

WAS WIR KÖNNEN

Kontra: Überzogene Maßnahme ohne Wirkung

Die EU-Kommission hat heute ihren Vorschlag für eine überarbeitete Tabakprodukt-Richtlinie vorgestellt. Er sieht erstmalig für eine Konsumgüterbranche in der EU massive Einschränkungen bei der Gestaltung von Verpackung und Produkt vor. Die EU-Kommission erreicht damit eine spürbare Verringerung der Angebotsvielfalt und damit der Auswahl für den Verbraucher. Der Richtlinienentwurf stellt darüber hinaus einen Freibrief für die EU-Behörde zur weiteren Verschärfung ohne demokratische Kontrolle aus. Das Europäische Parlament und die Mitgliedstaaten werden ausgeschlossen. [...]

Die geplanten Maßnahmen der EU sind maßlos, überzogen und ihre beabsichtigte Wirkung zudem höchst zweifelhaft. De facto wird die Industrie über Nacht enteignet, indem über Jahrzehnte aufgebaute Marken zerstört werden. So verletzt die Richtlinie verfassungsrechtlich geschützte Rechte der Zigarettenhersteller. Auf die negativen gesamtwirtschaftlichen Folgen – Verlust von Arbeitsplätzen, Steuerausfälle und Schmuggel – wird keine Rücksicht genommen.

In der Konsequenz schränkt der vorliegende Entwurf der Kommission die freie Marktwirtschaft ein. Und das Vorhaben hat Methode. Verbraucher und Industrie müssen sich so auf eine weitere Ausweitung der Bevormundung auf andere Konsumgüter wie Alkohol, Süßwaren, Softdrinks, Fast Food einstellen – ein Alarmsignal. [...]

Eine Vergrößerung der Warnhinweise trägt nicht zu einer besseren Informationsvermittlung der gesundheitlichen Risiken des Tabakkonsums bei. Ebenso wenig existiert ein überzeugend belegter Wirkungszusammenhang zwischen Verpackungsdesign und der Entscheidung, das Rauchen zu beginnen oder aufzugeben.

Deutscher Zigarettenverband (DZV), www.presseportal.de, 19.12.2012

Kriterium Legitimität
Argumente, die dem Kriterium „Legitimität" zugeordnet werden können, betreffen z. B. die Frage,

- ob die Einführung von abschreckenden Bildern auf Zigarettenpackungen gerechtfertigt und verhältnismäßig ist, um Jugendliche und Erwachsene vom Zigarettenkonsum abzuhalten;
- ob die Einschränkung der Freiheit der Produzenten, Verpackungen aus Wettbewerbsgründen attraktiv zu gestalten, verhältnismäßig ist;
- ob die Schockbilder auf Zigarettenpackungen eine angemessene Maßnahme zum Gesundheitsschutz der Bürgerinnen und Bürger sind;
- ob ein möglicher Verlust von Arbeitsplätzen in der Zigarettenindustrie und im Handel gerechtfertigt ist.

Aufgabe

Im Mai 2016 wurde die EU-Tabakrichtlinie mithilfe von „Schockbildern" auf Zigarettenpackungen in Deutschland umgesetzt. Beurteile ausgehend von den beiden Texten und unter Berücksichtigung der Kriterien Legitimität und Effizienz (Randspalten), ob diese Verschärfung der EU-Tabakrichtlinie aus deiner persönlichen Sichtweise notwendig und richtig war.

5

Erziehung, Sozialisation und die Rolle der Familie

Wir verbringen unser gesamtes Leben mit anderen Menschen. Unser „Ich" ist ohne ein „Wir" eigentlich nicht vorstellbar. Damit das Zusammenleben der Menschen funktioniert, bedarf es bestimmter Regeln und Übereinkünfte. Diese unterliegen aber auch einem steten Wandel, mit dem man sich immer wieder auseinandersetzen muss. Teil der Gesellschaft zu werden heißt, den Erwartungen anderer und gleichzeitig auch sich selbst und seinen eigenen Lebensvorstellungen gerecht zu werden

KOMPETENZEN

Am Ende des Kapitels solltet ihr Folgendes können:

- erklären, was man unter Identität, Rollenbilder und Rollenerwartungen versteht und wie sich diese im Zusammenleben mit anderen und dem Anspruch auf eine eigene Lebensgestaltung entwickeln und verändern
- den Wandel der Lebensformen in der modernen Gesellschaft beschreiben
- die Aufgaben der Familie und ihre Bedeutung für den Einzelnen beschreiben
- erklären, weshalb Konflikte im Zusammenleben von Menschen etwas Normales sind und wie man sie gewaltfrei austrägt
- darstellen, was uns Menschen einzigartig macht und unser Handeln und Zusammenleben bestimmt
- die Bedeutung der sozialen Medien für das eigene Leben erklären

WAS WISST UND KÖNNT IHR SCHON?

Vervollständige den Satz:

Mit anderen zusammen zu sein, bedeutet für mich ...

5.1 Der Mensch im Sozialisationsprozess – Marionette oder Spieler?

Wir leben in Familien

M1 Für mich bedeutet Familie ...

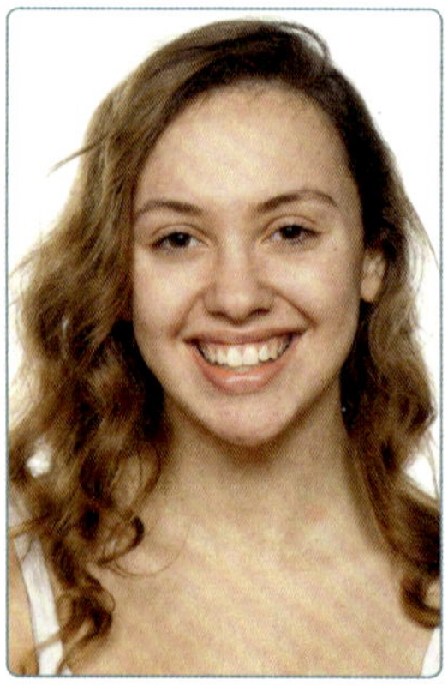

Für mich bedeutet Familie Zusammenhalt, dass man gleich denkt und füreinander einsteht – auch in schwierigen Situationen. Außerdem sollte man als Familie meiner Meinung nach die gleiche Prägung haben und einander verstehen können, ohne viel erklären zu müssen. Für mich ist es wichtig, dass man sich einander gut kennt und auch Kritik üben kann, ohne dass es falsch verstanden wird. Familie heißt auch: Ich verbringe gerne meine Zeit mit ihr und wir unterstützen uns alle gegenseitig.

Salome, 17 Jahre

Familie bedeutet für mich Halt, Unterstützung, Liebe und Geborgenheit, sowohl im engen als auch im weiteren Verwandtenkreis. Sie bedeutet füreinander da zu sein und viel Verantwortung für die anderen Familienmitglieder. Familie ist für mich sehr wichtig.

Jonathan, 18 Jahre

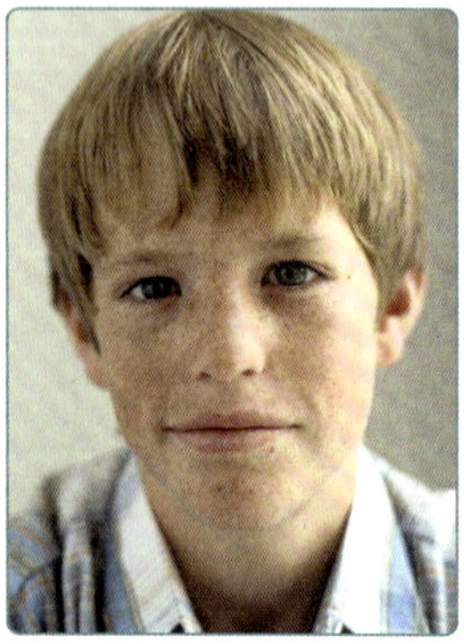

Für mich bedeutet Familie Friede, Spaß und viele Unternehmungen. Mir ist auch wichtig, dass alle gesund sind und dass meine Familie immer ein offenes Ohr für mich hat. Ich finde auch, dass zu einer Familie Überraschungen gehören und dass alle glücklich sind. Auch Freunde, mit denen ich Spaß haben kann, verbinde ich mit Familie. Später möchte ich einmal meine eigene glückliche Familie haben, mit zwei Kindern und vielen Freunden.

Florian, 11 Jahre

M2 Nicht ohne meine Familie

Mehr als drei Viertel der Jugendlichen (76 Prozent) stellen für sich fest, dass man eine Familie braucht, um wirklich glücklich leben zu können. Das bezieht sich nicht nur auf die Gründung einer eigenen Familie, sondern auch auf die Herkunftsfamilie. Diese bietet gerade in Zeiten gestiegener Anforderungen in Schule, Ausbildung und den ersten Berufsjahren Rückhalt und emotionale Unterstützung.

Mehr als 90 Prozent der Jugendlichen haben ein gutes Verhältnis zu ihren Eltern. Auch mit deren Erziehungsmethoden sind die meisten einverstanden. Fast drei Viertel aller Jugendlichen würden ihre eigenen Kinder so erziehen, wie sie selber erzogen wurden. Deshalb ist es nur verständlich, dass auch das „Hotel Mama" weiterhin gefragt ist: Fast drei Viertel aller Jugendlichen wohnen noch bei ihren Eltern – insbesondere weil es kostengünstig und bequem ist.

Wieder zugenommen hat der Wunsch nach eigenen Kindern. 69 Prozent der Jugendlichen wünschen sich Nachwuchs. Erneut äußern junge Frauen (73 Prozent) diesen Wunsch häufiger als junge Männer (65 Prozent).

Matthias Albert/Klaus Hurrelmann, u. a., Familie, www.shell.de (17.2.2015)

M3 In welchen Familienformen wachsen Kinder heute auf?

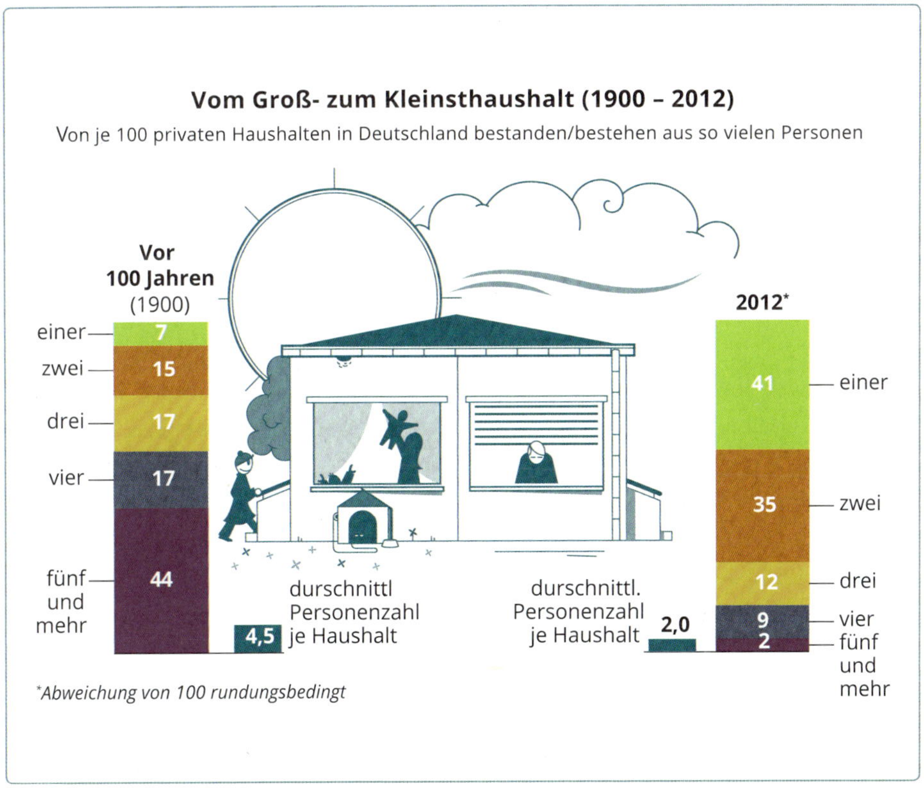

Globus-Grafik 2121; Quelle: Statistisches Bundesamt, 2013

M4 Turbulent und bunt – so sieht das Zusammenleben heute aus

M5 War früher alles besser?

Familie um 1900

Mitgift
Geld oder andere Vermögensgüter, die die Eltern der Tochter bei der Heirat mitgaben (Aussteuer).

Familie heute

Bei Griechen und Römern zählten Sklaven zur familia, wie sie in Rom hieß. Dieses Prinzip hielt sich in Europa bis in die Neuzeit: Zur Hausgemeinschaft, die gleichzeitig auch eine Wirtschaftsgemeinschaft war, gehörten Knechte und Mägde. Sie arbeiteten gemeinsam mit den Familienangehörigen, wohnten im selben Haus und unterstanden rechtlich dem Hausherrn. Der Begriff „Familie" tauchte erst Ende des 17. Jahrhunderts in der deutschen Alltagssprache auf. Erst im Laufe des 18. und 19. Jahrhunderts setzte sich dann die Vorstellung einer Kernfamilie aus Vater, Mutter und Kindern durch.

In Nordwesteuropa sorgte das relativ hohe Heiratsalter für eine natürliche Geburtenkontrolle. Die war auch nötig, denn Kinder mussten versorgt werden: Mädchen brauchten eine Mitgift, Jungen ein Erbe. So gab es von der Antike bis ins 19. Jahrhundert hinein verschiedene Formen der „nachgeburtlichen Geburtenkontrolle": Kinder wurden ausgesetzt oder absichtlich vernachlässigt. Aus diesem Grund hatten uneheliche Kinder weniger Überlebenschancen, ebenso wie Spätgeborene in kinderreichen Familien.

Dass mehrere Generationen unter einem Dach zusammenlebten, war in Westeuropa eher selten. Zum einen lag das daran, dass die Menschen früher nicht so lange lebten und viele Eltern deshalb nie Großeltern wurden. Zum anderen gründeten verheiratete Paare im römischen Reich und in Nordwesteuropa oft einen eigenen Haushalt. Zahlen aus England zeigen, dass zwischen dem 16. und 18. Jahrhundert durchschnittlich 4,75 Personen in jedem Haushalt lebten, Eltern, Kinder und Bedienstete eingeschlossen. Erst im 20. Jahrhundert gab es häufig Drei- oder sogar Vier-Generationen-Haushalte.

ZEIT Wissen, Früher war alles besser, ZEIT Wissen 01/2010, S. 14

M6 Wie hat sich die Familie verändert?

Schon oft wurde die traditionelle Kleinfamilie zum Auslaufmodell erklärt. Die Fakten scheinen eindeutig: Fast jeder fünfte Jugendliche zwischen 14 und 18 Jahren lebte 2008 bei Mutter oder Vater, wobei der Anteil der alleinerziehenden Mütter deutlich höher ist. [...] Noch immer werden drei Viertel aller Kinder und Jugendlichen bei Ehepaaren groß. Allerdings beinhaltet das neben der Normfamilie auch alternative Formen, zu denen neben Stief-, Adoptiv- und Pflegefamilien auch die Patchworkfamilie gehört. Aber auch die Regenbogenfamilie, also Familien, in denen Kinder bei zwei gleichgeschlechtlichen Eltern leben, oder die Mehrgenerationenfamilie lassen sich dazu zählen. Die Familie als solche hat sich nicht überlebt – wohl aber sind ihre Erscheinungsformen vielfältiger geworden. Nach der Familie kommt die Familie! Nur erscheint sie eben in facettenreichen Gewändern. Das kann der Einpersonenhaushalt, die Wohngemeinschaft, die kinderlose Ehe, die Fernbeziehung oder eine polyamore (viele liebende) Partnerschaft sein.

Patricia Wolf, Was ist Familie heute?, www.tagesspiegel.de, 4.4.2010

AUFGABEN

1. Arbeite aus dem Aussagen der drei Jugendlichen heraus, was ihnen am Familienleben wichtig ist (**M1**).

2. Vergleiche die Aussagen mit den Ergebnissen der Jugendstudie (**M2**).

3. Werte das Schaubild **M3** aus.

4. Beschreibe die Formen des Zusammenlebens, die in **M4** abgebildet sind. Welche der Lebensformen ist für dich eine Familie? Begründe deine Meinung.

5. Führt in eurer Klasse/Schule eine anonyme Umfrage nach den Familienformen eurer Mitschülerinnen und Mitschüler durch und vergleicht das Ergebnis mit **M3**.

6. Wie hat sich das Zusammenleben der Menschen in den vergangenen hundert Jahren verändert? Formuliere Aussagesätze (**M5**, **M6**).

Beispiel: „Im Jahr 1900 lebten in 44 von 100 Haushalten fünf und mehr Personen, 2012 lebten hingegen in zwei von 100 Haushalten fünf und mehr Personen."

7. Die Kernfamilie wird häufig als „Auslaufmodell" beschrieben. Diskutiert diese These (**M6**).

METHODE

M7 Mit Zahlen, Statistiken und Schaubildern umgehen

Beispiele

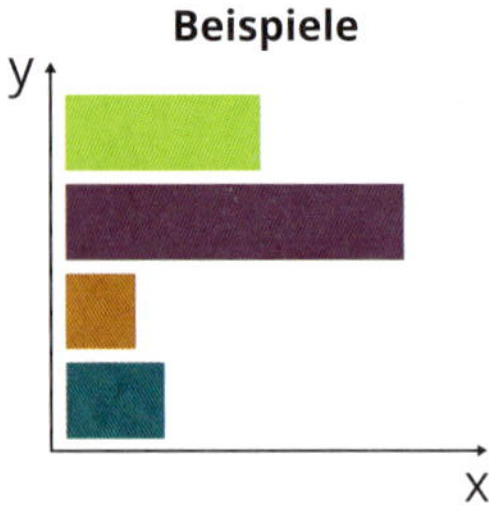

Balkendiagramm

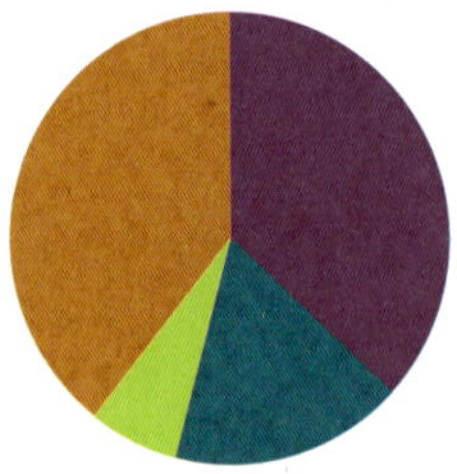
Kreis-/Kuchen-/ Tortendiagramm

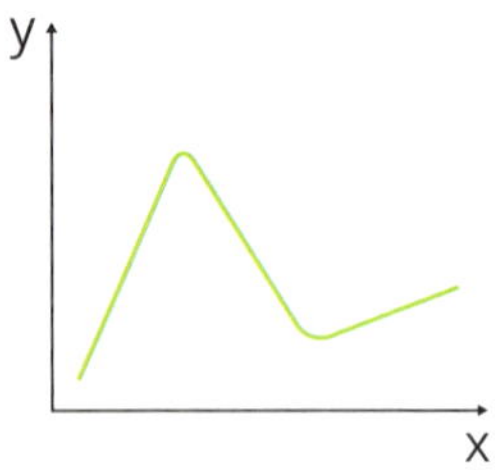

Kurvendiagramm

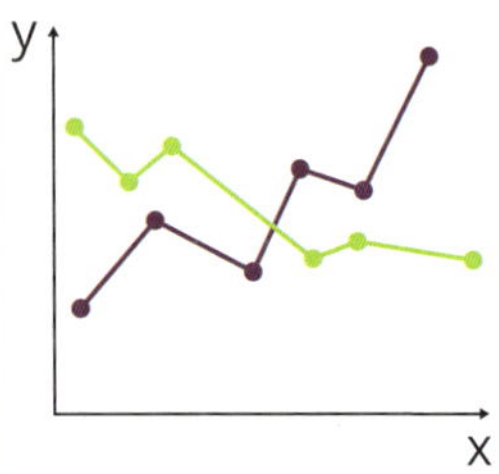

Liniendiagramm

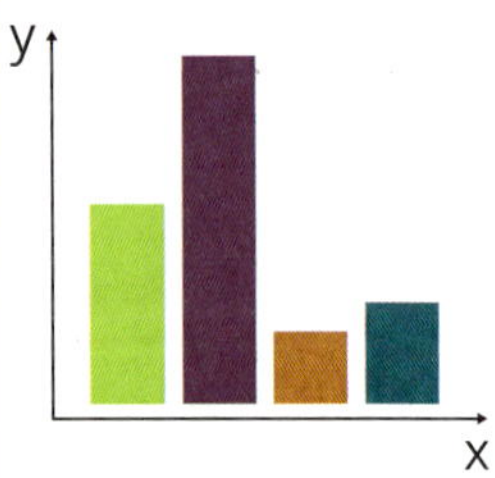

Säulendiagramm

Interpretationen von Statistiken und Schaubildern

Eine *Statistik* ist die systematische Sammlung und Ordnung von Informationen in Form von Zahlen. Diese Zahlen werden entweder in *Tabellen* oder optisch aufbereitet als *Diagramme* und *Schaubilder* ausgewertet und dargestellt. Statistiken helfen uns in vielen Alltagssituationen. So gibt es u. a. Statistiken zu den Bereichen Bevölkerung, Beschäftigung, Gesundheit, Kriminalität, Wohnungen, Verkehr, Wirtschaft. Aus diesen Statistiken können wichtige Erkenntnisse zum Beispiel für die Verkehrsplanung oder den Bau von Kindergärten und Schulen gezogen werden.

Die Zahlen oder auch Daten müssen nach strengen Regeln erhoben werden. Die meisten Daten sammelt das Statistische Bundesamt in Wiesbaden, das seine zusammengefassten Ergebnisse in den Statistischen Jahrbüchern veröffentlicht. Viele Daten stellt das Bundesamt aber auch ins Internet, wo sie unter www.destatis.de abgerufen werden können. Das Statistische Bundesamt ist zur Neutralität verpflichtet. Andere Organisationen, die Daten erheben und veröffentlichen, verfolgen möglicherweise auch eigene Interessen.

Weil Zahlen sehr abstrakt sind, stellt man sie gerne in Diagrammen dar. Es gibt unterschiedliche Formen von Diagrammen: *Kreis- oder Tortendiagramm, Säulendiagramm, Balkendiagramm, Liniendiagramm, Kurvendiagramm.*

Zahlen kann man als *absolute* (genaue, gerundete) *Zahlen* oder als *Prozentzahlen* angeben.

Prozentzahlen verdeutlichen den Anteil an einer Gesamtmenge.

Auswertung und Interpretation

Beim Umgang mit Zahlen, Statistiken und Diagrammen ist Vorsicht geboten. Uns sollte immer bewusst sein, dass man mit der Unterstützung von Zahlenmaterial Tatsachen verfälscht darstellen kann. Häufig werden damit ganz bestimmte Interessen verfolgt. Dies gilt v. a. in der Wirtschafts- und Sozialstatistik. Deshalb ist es notwendig, nicht nur nach der Quelle einer Statistik zu fragen, sondern auch kritisch zu überprüfen, wie die Zahlen in einer grafischen Darstellung präsentiert wurden. Denn mit unterschiedlichen Darstellungen lassen sich bei denselben Zahlen durchaus unterschiedliche Wirkungen erzielen.

Folgende Punkte solltest du bei jeder Untersuchung von Datenmaterial besonders kritisch hinterfragen:

Wird die Quelle der Daten angegeben? Handelt es sich um eine seriöse Quelle – z. B. amtliche Stellen (Behörden, Statistisches Bundesamt, Ministerien usw.)? Besonders skeptisch sollte man bei Angaben wie „eigene Erhebung" sein.

- Aktualität der Daten
- Auswahl des Zeitraums
- Maßstab der Darstellung:
  Welcher Maßstab auf den Achsen ist gewählt und wie ist das Verhältnis der beiden Achsen zueinander? Ist die Einteilung auf den Achsen sinnvoll gewählt?

METHODE

- Stimmen Überschrift und Text mit der Aussage des Datenmaterials überein?
- Verfolgt der Verfasser eine manipulative Absicht?

Arbeitsschritte

1. Beschreiben
- Woher stammen die Daten? Wer hat sie erfasst und veröffentlicht? (Quelle)
- Welcher Sachverhalt wird dargestellt? Wie lautet das Thema? Welcher Zeitraum wird dargestellt?
- Welche Darstellungsform wurde gewählt? (Säulen-, Balkendiagramm ...?)
- Absolute oder relative Zahlen?

2. Auswerten
- Welche Entwicklung ist zu erkennen? (Dabei sind hohe und niedrige Werte, Trends, Veränderungen zu beachten!)

3. Erklären
- Erst wenn du das Diagramm / die Tabelle genau beschrieben und ausgewertet hast, kannst du versuchen, deine Aussagen zu erklären oder Schlussfolgerungen zu ziehen.

4. Bewerten
- Wurden die Zahlen sinnvoll im Diagramm umgesetzt? Wurden die Abstände auf den Achsen richtig gewählt?
- Sind die Zahlen noch aktuell?

Beispiel für eine Auswertung

Bei dem Schaubild mit der Überschrift „Vom Groß- zum Kleinsthaushalt" (**M3**) handelt es sich um zwei Säulendiagramme. Dargestellt werden die Anteile unterschiedlicher Haushaltsgrößen an allen Haushalten (100 %) in Deutschland im Jahr 1900 und im Jahr 2012 in Prozent. (Hierbei handelt es sich um eine Sonderform des Säulendiagramms – die gestapelte Säule. Ein gestapeltes Säulendiagramm zeigt Wertanteile in vertikal gestapelten Rechtecken an.) Die Daten stammen vom Statistischen Bundesamt und wurden als Globus-Grafik veröffentlicht. Von je 100 Haushalten bestanden im Jahr 1900 sieben Prozent der Haushalte aus nur einer Person, im Jahr 2012 waren 41 % aller Haushalte Singlehaushalte. Gab es im Jahr 1900 nur 15 % Zwei-Personen-Haushalte, so waren es im Jahr 2012 35%. Die Anzahl hat sich also gegenüber 1900 mehr als verdoppelt. Das bedeutet, dass in über 3/4 aller deutschen Haushalte nur ein oder zwei Personen leben. Während im Jahr 1900 in 44 % aller Haushalte noch fünf und mehr Personen lebten, so traf dies im Jahr 2012 noch gerade einmal auf zwei Prozent zu. Die durchschnittliche Haushaltsgröße betrug im Jahr 1900 4,5 Personen, 2012 hingegen nur noch 2,0 Personen. Damit hat sich die durchschnittliche Haushaltsgröße innerhalb von 100 Jahren mehr als halbiert. Die in Deutschland vorherrschende Lebensform ist der Ein- oder Zwei-Personen-Haushalt. Dies lässt sich zum Beispiel mit den Veränderungen in den Lebensformen (Zunahme von Ehescheidungen, Rückgang der Geburten), aber auch mit der Alterung der Gesellschaft insgesamt erklären. So werden die Menschen viel älter als früher und leben dann meistens nur noch zu zweit oder alleine und nicht wie zumeist vor 100 Jahren in der Familie ihrer Kinder.

Erziehung – eine wichtige Aufgabe der Familie

M8 Alles Erziehungssache?

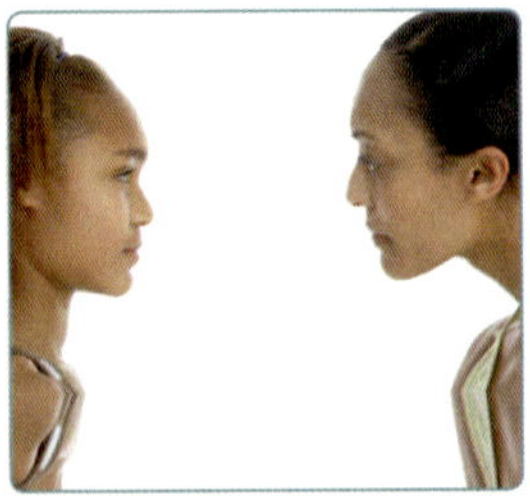

Häufigstes Streitthema: Chaos im Kinderzimmer

Die 14-jährige Julia lebt mit ihrer Mutter in einer kleinen Wohnung. Da die Mutter vor Kurzem eine Vollzeit-Arbeitsstelle annehmen musste, vereinbarte sie mit Julia, dass diese bestimmte kleinere Aufgaben im Haushalt übernimmt. Das funktionierte bisher aber oft nicht, weil Julia die Aufträge vergaß, keine Lust dazu hatte oder so lange mit Freunden zusammen war, dass keine Zeit blieb, die Arbeit zu erledigen. Die Mutter kritisiert auch, dass Julia so unordentlich ist. Nicht nur in Julias Zimmer bricht regelmäßig das Chaos aus, sondern sie lässt auch im Wohnzimmer, das der Mutter als Schlafzimmer dienen muss, alles liegen. Die Mutter ist sehr sauer, wenn sie nach der Arbeit erst einmal eine halbe Stunde oder mehr aufräumen muss. [...] Als die Mutter ihrer Freundin ihr Leid klagt, hört sie von dieser: „Das ist Erziehungssache!"

Bernd Werdich, Bundeszentrale für politische Bildung (Hrsg.), Zeitlupe Nr. 30 / 1994, S. 9

M9 Erziehungsmittel

Liebesentzug	**unterstützen**	**drohen**	**strafen**
Vorbild sein	**schlagen**	**überzeugen**	**helfen**
loben	**fördern**	**tadeln**	**befehlen**

Erziehung
So bezeichnet man alle zielgerichteten und absichtsvollen Maßnahmen, die Eltern, Lehrer u. a. unternehmen, um Heranwachsenden dabei zu helfen, selbständig handelnde und urteilende Persönlichkeiten zu werden. Dabei geht es um das Erlernen von Verhaltensregeln und die Übertragung von Gefühls- und Denkmustern der Gesellschaft.

M10 Es muss ohne Gewalt gehen ...

Professor Kai-D. Bussmann von der juristischen Fakultät der Universität Halle-Wittenberg leitete die Studie „Gewaltfreie Erziehung" des Familienministeriums. Im Interview spricht er über den Wertewandel in der Erziehung.

sueddeutsche.de: [...] Was genau ist nun aber Gewalt und wo fängt sie an?

Bussmann: Das Gesetz sagt ganz eindeutig: Körperliche Bestrafungen sind unzulässig. Dazu gehört auch schon die Ohrfeige, der Klaps auf den Po ist hier die Grenze zur Gewalt. Früher war die Ohrfeige durch das Erziehungsrecht gerechtfertigt, heute ist es eine strafbare Körperverletzung. [...]

sueddeutsche.de: Welche Folgen ergeben sich für die Kinder, die seelische oder körperliche Gewalt zuhause erfahren mussten?

Bussmann: Jeder dritte Jugendliche, der aus einem gewaltbelasteten Elternhaus kommt, wird selbst verhaltensauffällig und gewalttätig. Die Jugendlichen zeigen meist schwere psychosoziale Verhaltensweisen wie Aggressivität, zugleich Ängstlichkeit und Kontaktarmut. Dabei gleichen die Jugendlichen doppelten Opfern: Sie sind in der Familie geschlagen worden und werden von anderen Jugendlichen wegen ihres Verhaltens ausgeschlossen.

Miriam Müller, Süddeutsche Zeitung, 23.3.2004

M11 Streiten will gelernt sein – aus einem Ratgeber für Eltern

Gestritten wird überall: in der Ehe mit dem Partner, in der Familie mit den Kindern, im Bekanntenkreis mit Freunden und im Beruf mit Kollegen.

Doch damit ein Streit sich positiv [...] auswirken kann, sind ein paar Grundregeln [...] zu berücksichtigen – und es ist auch ein gewisses Maß an Streit-„Kultur" notwendig. Insbesondere für Kinder ist die Art und Weise der Auseinandersetzung zwischen und mit den eigenen Eltern prägend und dient als gutes oder schlechtes Vorbild für die spätere, eigene Konfliktbewältigung.

Regeln für faires Streiten

1. Stell dich dem Konflikt und gehe die Probleme möglichst schnell an, denn Probleme, die runtergeschluckt werden, werden nur noch größer.
2. Wähle einen sinnvollen Zeitpunkt für die Aussprache, nicht unbedingt dann, wenn der andere gerade eine wichtigen Termin hat.
3. Überlege dir unbedingt schon vorher, was du sagen möchtest.
4. Versuche, Übertreibungen (z. B. mit Worten wie „nie" oder „immer") zu vermeiden. Sage also nicht „Nie habt ihr Zeit für mich!", besser: „Ich würde gerne mehr Zeit mit euch verbringen!".
5. Vorwürfe bringen nichts, formuliere besser konkrete Wünsche.
6. Sprich deine Gefühle an und formuliere „Ich-Botschaften".
7. Vergangenes sollte man nicht „aufwärmen".
8. Lass dein Gegenüber ausreden und zwinge dich dazu, ihm gut zuzuhören.
9. Merke: Es gibt in Konfliktsituationen nur selten eindeutig einen Schuldigen und keinen Sieger.

Zentrum Bayern Familie und Soziales Bayerisches Landesjugendamt (Hrsg.), www.elternimnetz.de (18.6.2009)

AUFGABEN

1. Wie sollte sich Julias Mutter deiner Meinung nach verhalten? Welche der genannten Erziehungsmittel sollte sie anwenden, auf welches verzichten (**M8**, **M9**)? Begründe deine Auswahl.

2. Erläutere, warum Kinder und Jugendliche aus gewaltbelasteten Elternhäusern „doppelte Opfer" sind (**M10**).

3. Kann man mit einem Gesetz Gewalt in Familien verhindern?
Beurteile, was mit dem Gesetz für eine gewaltfreie Erziehung erreicht werden kann (**Randspalte**).

4. Entwickle weitere Regeln, die für ein faires Streiten wichtig sind (**M11**).

Wer macht was? – Aufgabenverteilung in der Familie

Rollenklischee
Als Rolle bezeichnet man das Verhalten, welches von einem Einzelnen innerhalb der Gesellschaft erwartet wird. Eine Rollenerwartung ist z. B., dass Lehrerinnen und Lehrer alle Schülerinnen und Schüler gleich behandeln sollen. Als ein Rollenklischee bezeichnet man eine veraltete oder eingefahrene Denkweise zum Beispiel über das erwartete Verhalten von Männern und Frauen, Jungen und Mädchen. Beispiele: Mädchen spielen mit Puppen und Jungen mit Bauklötzen, Männer sind Ernährer und Oberhaupt der Familie und die Frauen kümmern sich um Haushalt und Familie.

M12 Ich hab' dir mal ein Konzept entwickelt …

Karikatur: Gerhard Mester / Baaske Cartoons

F
Mache einen Zeitsprung von 20 Jahren. Du hast nun selbst Familie (Vater, Mutter, Kind (m), Kind (w)). Erstelle eine Liste von alltäglichen Hausarbeiten und entscheide, welches Mitglied deiner Familie diese verrichten soll. Vergleicht eure Ergebnisse.

M13 Ich hab' dir mal ein Konzept entwickelt …

Putzen, kochen, Elternabende – Wer übernimmt was?
Umfrage unter Paaren mit Kindern bis 15 Jahren

An 100 Fehlende: „Betrifft uns nicht"/k. A.

Antworten der Frauen: etwa beide gleich	Antworten der Frauen: überwiegend der Mann	Antworten der Frauen: überwiegend die Frau		Antworten der Männer: überwiegend die Frau	Antworten der Männer: überwiegend der Mann	Antworten der Männer: etwa beide gleich
10	3	87	Wäsche waschen, bügeln	83	5	9
10	9	81	Kochen	73	11	14
16	1	81	Fußböden/Bad putzen	73	14	10
12	9	75	Fenster putzen	68	6	25
24	6	69	Einkaufen	54	9	35
21	11	67	Geschirr spülen	49	4	45
32	1	64	Kinder erziehen	47	6	40
36	5	52	Elternabende besuchen	43	14	42
34	41	25	Sich um Finanzen kümmern	19	17	60
63	14	21	Urlaub organisieren	18	53	29
67	16	17	Ausflüge organisieren	11	20	65
8	65	9	Rasen mähen	7	64	15
10	83	7	Reparaturen durchführen	5	89	6

Globus-Grafik 4491; Quelle: Vorwerk, IFD Allensbach, 15.9.2011

M14 Wie man den Haushalt schmeißt

„Die Schuhe dürfen Sie gerne anlassen! Ich habe zwar heute geputzt, aber die Kinder machen sowieso gleich wieder alles dreckig!", sagt Martin Rottmüller an der Tür. Die Wohnung jedenfalls ist noch sehr sauber, macht einen fröhlichen Eindruck und ist gemütlich eingerichtet. Lukas und Emma rennen vergnügt auf dem Gang und im Wohnzimmer herum. Zwei aktive Kinder, für die jemand viel Zeit zu haben scheint. In der Tat: Der Systemadministrator Martin Rottmüller hat sich 6 Jahre Elternzeit genommen und sieht seinen Chef nun nur noch einmal pro Woche. „Dieser eine Arbeitstag pro Woche muss sein", sagt er, „den brauch' ich zur Erholung." [...]

„Viele Dinge gleichzeitig tun zu können – diese Fähigkeit braucht man bei der Kindererziehung", meint der 35-Jährige. Wie die meisten, die zu Hause bei den Kindern bleiben, hat Martin Rottmüller einen 14-Stunden-Tag: Um 6 Uhr aufstehen, frühstücken, die Frau in die Arbeit verabschieden, die Kinder anziehen, aufräumen, spazieren gehen, die Frau in der Arbeitsstelle besuchen, Mittagessen vorbereiten, die Kinder füttern, mit ihnen spielen, Abendessen machen, essen, die Kinder ins Bett bringen. Dass man so wenig Zeit für sich selbst hat, hat sich Martin Rottmüller zunächst kaum vorstellen können. Zwar kriegt er ein wenig Unterstützung, weil die arbeitsame Oma, die mit ihrem Mann in der Wohnung unten wohnt, wäscht und bügelt. Aber besonders mit kleinen Kindern hat man kaum fünf Minuten Ruhe. [...]

Susanna Rottmüller ist selbständig und führt einen Blumenladen mit einigen Angestellten in Seeshaupt. Zwei Mal die Woche muss sie um 4 Uhr aufstehen. Samstags arbeitet sie auch. Wie gut, dass sie weiß, dass nicht nur ihr eigener, sondern auch der Laden zu Hause läuft.

Dass Susanna Rottmüller arbeiten geht und Martin Rottmüller zu Hause bleibt, war von vorneherein klar, als sich der Nachwuchs ankündigte, denn Susanna Rottmüller liebt ihren Beruf so sehr, dass sie ohne ihren Laden schlichtweg nicht leben könnte. Ihr Mann hingegen konnte sich schon immer vorstellen, eine Zeitlang zu Hause nach dem Rechten zu sehen.

„Wo sind denn Ihre Kinder?", wird Susanna Rottmüller hin und wieder gefragt, wenn sie so viel im Geschäft ist und erntet anerkennende Blicke, wenn sie erzählt, dass ihr Mann zu Hause bleibt und sich um alles kümmert.

Henrike Holzwarth, zuerst erschienen auf www.goethe.de (10.10.2009), Abdruck mit freundlicher Genehmigung des Goethe-Instituts

Die Rottmüllers – eine Ausnahmefamilie?

F Befrage deine Großeltern, wie die Aufgabenverteilung in ihren Familien ausgesehen hat. Berichte der Klasse darüber.

AUFGABEN

1. Interpretiere die Karikatur **M12**. Erschließe, inwiefern darin mit Rollenklischees gespielt wird.
2. Beschreibe das Familienleben der Rottmüllers (**M14**). Diskutiert, woran es liegen könnte, dass die Arbeitsteilung bei den Rottmüllers so gut funktioniert.
3. Sammle Maßnahmen, die aus deiner Sicht notwendig sind, damit sich Väter noch stärker an der Erziehung der Kinder beteiligen.

WAS WIR WISSEN

Wie Familien heute leben
M2 – M6

In unserer modernen Industrie- und Dienstleistungsgesellschaft ist die Verschiedenheit der Familien- und Lebensformen die Regel. So wird Familie heute ganz unterschiedlich gelebt: Verheiratete und nicht verheiratete Eltern, die ihre Kinder gemeinsam erziehen, Väter und Mütter, die ihre Kinder alleine erziehen, Patchwork- oder Stieffamilien, Adoptionsfamilien, Pflegefamilien. Es gibt aber auch immer mehr Menschen, die sich bewusst gegen eine Familie entscheiden und lieber als Single oder als Paar ohne Kinder durch das Leben gehen. Dass es in der Zeit vor der Industrialisierung die Großfamilie gegeben habe, in der drei Generationen unter einem Dach lebten, ist eine sehr weit verbreitete Annahme, die historisch aber nicht korrekt ist. Die Großfamilie war eher die Ausnahme. Wenn in den Haushalten des 19. Jahrhunderts fünf und mehr Personen lebten, dann zählten in reicheren Familien das Personal oder in armen Familien andere Personen dazu, denen man ein Bett vermietete. Die durchschnittliche Familiengröße betrug im 19. Jahrhundert vier bis sechs Personen. Eine wesentliche Ursache für die relative Kleinheit der Familien war die hohe Säuglings- und Kindersterblichkeit.

Aufgaben der Familie
M8 – M14

Die Familie hat vielfältige Aufgaben: So trägt sie Sorge für die äußeren Lebensbedingungen (Wohnung, Nahrung, Kleidung usw.) und stellt somit die Existenz ihrer Mitglieder sicher. Daneben sorgt die Familie dafür, dass die Kinder die Fähigkeiten erwerben, die sie benötigen, um mit anderen Menschen in der Gesellschaft leben zu können. Man spricht davon, dass die Familie eine Sozialisationsfunktion hat. Die Familie sorgt auch dafür, dass die Gesellschaft nicht ausstirbt, denn die Familie ist der wichtigste Bereich, in dem Kinder geboren werden und aufwachsen. Diese Funktion der Familie nennt man Reproduktionsfunktion. Darüber hinaus hat die Familie auch einen entscheidenden Einfluss darauf, welche soziale Position ein Mensch in Schule, Arbeitswelt und Gesellschaft einnimmt (Platzierungsfunktion). Streit und Konflikte gehören zum Familienleben. Denn Kinder machen nicht immer das, was die Eltern wollen, die Eltern streiten sich untereinander und Geschwister müssen von Zeit zu Zeit auch immer wieder streiten. Solange man die Konflikte friedlich austrägt und dem Anderen nichts Schlimmes antut, ist das ganz normal. Damit das Familienleben funktioniert, ist es ratsam, gemeinsam Regeln aufzustellen und festzulegen, welche Konsequenzen es hat, wenn die Regeln nicht eingehalten werden. Sinnvoll ist es auch, eine Familienkonferenz tagen zu lassen, wenn wichtige Entscheidungen zu treffen und wichtige Dinge zu regeln sind.

WAS WIR KÖNNEN

Erziehung – aus Sicht der Philosophen

Der Mensch ist Mensch durch Erziehung

Viele Philosophen haben darüber nachgedacht, ob der Mensch von Natur aus gut oder böse ist. Da kann ich nur lachen! Neun von zehn Menschen sind das, was sie sind – gut oder böse, brauchbar oder unnütz – aufgrund ihrer Erziehung. Es gibt keine festgeschriebene Natur des Menschen. Der Mensch gleicht bei Geburt vielmehr einem weißen Blatt Papier oder einem Stück Wachs. Beschrieben wird das Papier durch die Erfahrungen, geformt wird das Wachs durch das soziale Umfeld. Darum ist die Erziehung so wichtig. Je früher diese bewusste und zielgerichtete Formung des Menschen einsetzt, umso besser ist es. Dabei kommt es nicht nur darauf an, dem Kind das Wissen zu vermitteln, das es braucht, um sich in der Gesellschaft zurechtzufinden. Wichtig ist auch die körperliche Erziehung, denn ein gesunder Geist wohnt nur in einem gesunden Körper. Von Bedeutung ist nicht zuletzt die sittliche Bildung. Ein Kind soll schon so früh wie möglich mit den Verhaltensregeln vertraut gemacht werden, die in der Gesellschaft wichtig sind, damit sie ihm zur Gewohnheit werden.

Nach: Bernd Rolf/Jörg Peters, Der Arbeitsbegriff bei John Locke, Münster 1997, S. 208 – 211 und John Locke, Gedanken über Erziehung, übers. von Heinz Wohlers, Stuttgart 1970, S. 7, 15

John Locke (1632 – 1704), englischer Philosoph und Vordenker der Aufklärung

Ein Geschöpf, das erzogen werden muss

Der Mensch ist das einzige Geschöpf, das erzogen werden muss. Ein Tier ist schon alles durch seinen Instinkt. Der Mensch muss sich selbst einen Plan seines Verhaltens machen. Weil er aber nicht von Anfang an imstande ist, dies zu tun, sondern roh und unfertig auf die Welt kommt, bedarf er der Erziehung. Bei dieser unterscheidet man Wartung, Zucht und Bildung. Als Säugling ist der Mensch darauf angewiesen, dass die Eltern ihn verpflegen und dafür sorgen, dass er seine Kräfte nicht zum eigenen und zum Schaden anderer einsetzt. Ich nenne das Wartung. Als Zögling muss der Mensch vor allem Disziplin lernen. Sie nimmt ihm seine tierische Wildheit und verhütet, dass er sich unbesonnen in Gefahr begibt. Das ist der negative Teil der Erziehung. Der positive Teil der Erziehung besteht in der Unterweisung oder Bildung. Dadurch, dass der Mensch lernt, wie er sich in einer bestimmten Kultur angemessen zu verhalten hat, wird er ein kultiviertes Wesen. Vor allem dadurch unterscheidet er sich vom Tier, denn kein Tier lernt etwas von seinen Alten, ausgenommen die Vögel ihren Gesang.

Bernd Rolf nach Immanuel Kant: Über Pädagogik, A1-10, in: Kant. Werke in zehn Bänden, hrsg. von Wilhelm Weischedel, Bd. 10: Schriften zur Anthropologie, Geschichtsphilosophie, Politik und Pädagogik. Zweiter Teil, Sonderausgabe, Darmstadt 1983, S. 697 – 700

Immanuel Kant (1724 – 1804), deutscher Philosoph der Aufklärung

Aufgaben

1. Bildet Zweiergruppen und unterrichtet euch gegenseitig über die Auffassungen von John Locke und Immanuel Kant bzgl. der Erziehung des Menschen.
2. Vergleicht die Auffassungen von Locke und Kant und nehmt selbst Stellung zu der Frage, ob der Mensch ein Wesen ist, das der Erziehung bedarf.

5.2 Leben in Gruppen – Gruppenzwang?

Ich will ich sein

M1 Ich will ich sein – spielen wir alle nur Rollen?

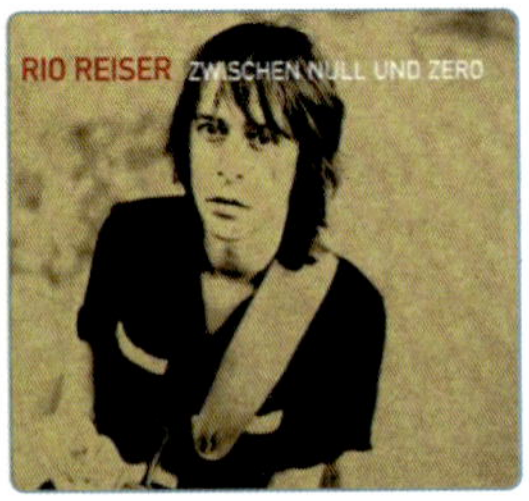

Rio Reiser (1950 – 1996): Berliner Rocksänger, Textdichter und Komponist

Ich will ich sein, anders kann ich
nicht sein.
Ich will nicht sein, wie der oder der.
Ich will sagen, was ich denke.
Ich will ich sein, anders kann ich
nicht sein.
Ich will nicht nur sehen, was alle
sehen.
Ich will nicht nur gehen, wohin alle
gehen.
Will nicht nur lachen, wenn alle
lachen.
Will nicht nur machen, was alle
machen.
Ich will singen, was ich singen will.
Und ich will sagen, was ich sagen
will.
Ich will leben, wie ich leben will.
Und will lieben, wen ich lieben will.
Und will nicht getreten werden
und will nicht treten.

Rio Reiser, Ich will ich sein, Volksmund Verlag und Produktion Ralph Steiz KG, Stadum

F
Stelle dir vor, der Song hätte noch keine Melodie. Wie sollte sich deiner Meinung nach die Musik zu diesem Text anhören?

M2 Ich will ich sein – aber wer bin ich eigentlich?

„Ich will ich sein", das sagt sich sehr einfach, aber: „Wer bin ich eigentlich?" Reicht ein Blick auf den Personalausweis aus, um herauszufinden, wer ich bin? Zumindest stehen dort Name, Anschrift, Geburtstag und -ort, Körpergröße und Augenfarbe und auch ein Passfoto ist dabei. Aber reicht das aus, um zu sagen, wer man ist? Gehört zum Ich nicht noch etwas mehr? Zum Beispiel die Beziehung zu anderen Menschen, zu den Eltern und Geschwistern, Freunden und Freundinnen, zu den Mitschülerinnen und Mitschülern, zu den Mitmenschen ganz allgemein? Gehört zur Persönlichkeit nicht auch das, was mir wichtig ist, oder mein Verhältnis zu den Dingen, wie Natur, Technik, Musik und Kunst oder zur Gesellschaft? Gehört dazu nicht auch die Antwort auf die Frage, wie ich zu mir selbst stehe oder was ich mit meinem Leben will?

Jeder Mensch wünscht sich, als eigenständige Persönlichkeit wahrgenommen zu werden. Die Einzigartigkeit ist uns wichtig, aber auch das Gemeinsame, was uns mit anderen verbindet. Seinen Weg zu finden, ist nicht einfach und benötigt viel Zeit. Die Suche nach der eigenen Identität ist ein lebenslanger Prozess, der von der uns umgebenden Gesellschaft, aber auch von vielen Zufällen beeinflusst werden kann.

Ich-Identität
Darunter versteht man die Gewissheit eines Menschen, er selbst und unverwechselbar zu sein und sich von anderen zu unterscheiden.

Soziale Identität
Soziale Identität bildet der Mensch durch die Zugehörigkeit zu Gruppen aus und meint die Fähigkeit, den Erwartungen anderer entsprechen zu können.

M3 Identität im Netz

Soziales Netzwerk
Der Begriff umschreibt ganz allgemein das Beziehungsgefüge zwischen einzelnen Personen bzw. einzelnen Personen und Gruppen. Im Internet bezeichnen soziale Netzwerke spezielle Plattformen, auf deren Webseiten Personen ein eigenes Nutzerprofil anlegen können. Für berufliche oder private Zwecke kann man sich dann mit Freunden, Bekannten oder auch Geschäftspartnern vernetzen lassen und so leicht Kontakte pflegen oder neu knüpfen.

AUFGABEN

1. Beschreibe das Lebensgefühl des Ich im Song von Rio Reiser (**M1**). Was hält das Ich davon ab, „ich" zu sein?
2. Wer bin ich? Was macht mich einzigartig? Erstelle mithilfe einer Mindmap eine Landkarte deiner Persönlichkeit (**M2**).
3. Beschreibe anhand des Profils Alexanders Persönlichkeit. Was macht Alexander einzigartig (**M3**)?
4. Diskutiert die Frage, inwiefern die Internet-Profile der „realen Identität" entsprechen (**M3**).
5. Was sollte man von sich im Netz preisgeben, was lieber für sich behalten? Erstelle dazu eine Liste, vergleiche sie mit der deines Nachbarn und diskutiert anschließend die einzelnen Punkte.
6. Viele Jugendliche bezeichnen die sozialen Netzwerke als eine Art „virtuelles Jugendzentrum", als einen Ort also, an dem man sich ungestört von Erwachsenen begegnen kann. Nimm Stellung zu dieser Annahme.

Tipp
Hinweise für den sorgsamen Umgang mit (Profil-)Daten findest du bei: *www.klicksafe.de*

Welche Werte bestimmen unser Handeln?

M4 Was uns wichtig ist

Seit den 1950er-Jahren wird in den sogenannten „Shell-Jugendstudien" untersucht, was Kindern, Jugendlichen und jungen Erwachsenen im Leben wichtig ist.
Unter anderem findet man heraus, welche Werte wichtig sind und wie diese sich im Laufe der Jahre verändern.
Erstellt auf der Grundlage der Begriffe nun selbst eure persönliche Rangliste, von dem, was euch wichtig ist.

Freundschaft	Partnerschaft	Familienleben
Eigenverantwortung	viele Kontakte	Unabhängigkeit
Kreativität	Gesetz und Ordnung	Fleiß und Ehrgeiz
Sicherheit	Gesundheits-bewusstsein	Lebensgenuss
Gefühle berücksichtigen	Lebensstandard	Toleranz
Umweltbewusstsein	Selbstdurchsetzung	soziales Engagement
Macht und Einfluss	Gottesglauben	politisches Engagement

M5 Was sind Werte und Normen?

Wertewandel
Wenn sich die Einstellungen und Ansichten der Menschen über die Wichtigkeit und Gültigkeit von Werten ändern, dann spricht man von einem Wertewandel. Dieses hat oft auch Auswirkungen auf die Politik. So ist der Wert „Gesundheit" heute wichtiger als früher, was z. B. zu einem Rauchverbot in Gaststätten geführt hat.

Werte oder Wertvorstellungen sind Einstellungen oder Maßstäbe, nach denen Menschen individuell ihr Handeln, Denken oder Fühlen ausrichten. Jeder von uns hat eigene Wertvorstellungen. Was für den einen ein Wert ist, muss für den anderen noch lange nicht wichtig sein. Pünktlichkeit und Verlässlichkeit zum Beispiel können dem einen wertvoll sein, dem anderen jedoch nicht. Die individuellen Wertvorstellungen verändern sich in der Regel im Laufe des Lebens. Werte sind aber auch Orientierungspunkte für die Gesellschaft als Ganzes. So sind zum Beispiel die Menschenrechte, die Verfassung oder die Religion Werte. Daneben gibt es auch materielle Werte, wobei die Menschen durchaus unterschiedliche Dinge als wertvoll erachten: Für den einen ist es das Auto, den anderen sein Fahrrad usw.
Soziale oder gesellschaftliche Normen sind Regeln oder Verhaltenvorschriften für die einzelnen Mitglieder einer Gesellschaft. Normen sind von Gesellschaft zu Gesellschaft verschieden und unterliegen einem starken Wandel. Normen setzen Werte in Regeln um, so wird zum Beispiel der Wert „Ehrlichkeit" in der Norm „Du sollst nicht lügen" umgesetzt.

M6 Wertevielfalt

„Kinder brauchen Werte", lautet das Motto einer Initiative des Bundesfamilienministeriums – ganz so, als gelte es, gegen einen akuten Mangel anzugehen. Nicht nur das Ministerium, auch zwei Drittel der Deutschen meinen, dass Kinder heute „zu wenig Werte" vermittelt bekommen, fand eine Allensbach-Umfrage im vergangenen Jahr heraus. Aus Sicht vieler Deutscher „zerfallen" Orientierungen zunehmend. Pädagogen werden deshalb immer wieder aufgefordert, den Werteschwund in den Schulen aufzuhalten.

Anders als das verbreitete Gefühl es will, mangelt es heute jedoch keineswegs mehr an Werten als früher, wie Jürgen Rekus, Pädagogik-Professor an der Universität Karlsruhe sagt. Im Gegenteil: „Das Problem besteht eher darin, dass es eine Fülle von Werten gibt, die in Konkurrenz zueinander stehen." Werte können überhaupt nicht zerfallen, sagt auch Volker Ladenthin, Professor für Erziehungswissenschaft an der Universität Bonn. [...] In modernen Gesellschaften existierten hingegen konkurrierende Werteangebote. Statt von „Wertezerfall" müsse deswegen von „Wertepluralismus" gesprochen werden – und der sei „ein wichtiges Kennzeichen demokratischer Gesellschaften". [...] Wertekonflikte sind im Wertepluralismus unvermeidbar. „Der eine trägt Hose mit Bügelfalte, der andere Jeans. Was ist richtig?", sagt auch Jürgen Rekus. Wenn eine Gesellschaft sich wandelt, dann ändern sich auch jene Vorstellungen, die allgemein als wünschenswert gelten und den Gruppenmitgliedern Orientierung beim Denken und Handeln geben. [...] Zu dieser Wirklichkeit gehöre auch das Erleben von Menschen mit deren eigenen, womöglich fremd erscheinenden Werten. Mündige Bürger müssen das zeitlebens aushalten, im besten Falle begrüßen können.

Walter Schmidt, Tagesspiegel, 23.7.2008

Pluralismus
Vielfalt

Die „Goldene Regel"
Trotz der Wertevielfalt gibt es so etwas wie eine „Goldene Regel" menschlichen Verhaltens.
- „Was für mich eine unliebe und unangenehme Sache ist, das ist auch für den anderen eine unliebe und unangenehme Sache." (Buddhismus, 5. Jh. v. Chr.)
- „Was ihr von anderen erwartet, das tut ebenso auch ihnen." (Bibel, Neues Testament)
- „Handle so, dass die Maxime deines Willens jederzeit zugleich als Prinzip einer allgemeinen Gesetzgebung gelten könne." (Immanuel Kant, 1785)
- „Was du nicht willst, das man dir tut, das füg' auch keinem andern zu." (Sprichwort)

AUFGABEN

1. Jugendliche und Erwachsene haben häufig sehr unterschiedliche Werte. Sammle dafür Beispiele. Ihr könnt auch eine Szene für ein kleines Rollenspiel schreiben, in dem die unterschiedlichen Wertvorstellungen zum Ausdruck kommen, z. B. bei einem Dialog mit den Eltern am Mittagstisch (**M4**).
2. Erläutere den Satz: „Werte lassen sich nicht verordnen!"
3. Diskutiert Gründe dafür, weshalb sich Werte im Lauf der Zeit wandeln (**M5**, **M6**).
4. Finde Beispiele für Wertekonflikte (**M6**), und beurteile die These, „mündige Bürger müssten die Vielfalt der Werte zeitlebens aushalten".
5. Zeige an Beispielen aus dem Schulalltag auf, wie man nach der „Goldenen Regel" handeln kann (**Randspalte**).

Welche Rollen spielen wir?

M7 Wie wird man ein Mitglied der Gesellschaft?

Zunächst sorgt die Familie dafür, dass aus einem Säugling langsam ein Mitglied der Gesellschaft wird. Später wird diese Aufgabe auch von anderen übernommen. So wirken unterschiedlichste Einflüsse aus Nachbarschaft, Freundeskreis, Kindergarten, Schule, Fernsehen, Werbung usw. auf das Kind ein. Der Einfluss kann planvoll und beabsichtigt (Erziehung), aber auch unabsichtlich geschehen. Den gesamten Prozess, den ein Mensch durchläuft, um seine Persönlichkeit auszubilden und ein Mitglied in der Gesellschaft zu werden, nennt man **Sozialisation**.

Während der Sozialisation werden uns Normen und Wertvorstellungen vermittelt, die für das Zusammenleben innerhalb der Gesellschaft notwendig sind. Normen kann man als Regeln bezeichnen, die von den Mitgliedern der Gesellschaft akzeptiert werden müssen. Für den Einzelnen können Normen aber auch Einschränkungen bedeuten. Wenn man die Regeln bricht, macht man sich unbeliebt oder wird vielleicht aus der Gruppe ausgeschlossen. Ihr könnt das mit dem Sport vergleichen. Ein Fußballspiel zum Beispiel verläuft nach festen Regeln, an die sich alle Spieler halten müssen, denn sonst bricht Chaos aus. Fußballer, die gegen die Regeln verstoßen oder sich beim Spiel grob unsportlich verhalten, werden vom Platz gestellt.

M8 Soziale Rollen: „Die ganze Welt ist eine Bühne"

In der Umgangssprache gebrauchen wir sehr häufig den Begriff der Rolle. Mit den sprachlichen Bildern wird sehr schnell deutlich, was mit dem soziologischen Begriff Rolle gemeint ist. Die soziale Rolle beschreibt unser eigenes Verhältnis zur Gesellschaft.

Mit der Geburt betreten wir die „Bühne der Gesellschaft". Nach und nach lernen wir, diesen oder jenen „Part" und damit unterschiedliche Rollen zu spielen. Manchmal müssen wir auch unterschiedliche Masken aufsetzen, um schließlich mit dem Tod wieder von der Bühne abzutreten. Dann übernehmen andere unsere Rollen. Alles geschieht unter den kritischen Augen der Zuschauer und auch der Mitspieler. Jeder erwartet von uns, dass wir unseren Text kennen. Jeder erwartet von uns etwas anderes. Die Rollen, die wir einnehmen, können ganz unterschiedlich sein. So sind wir Sohn oder Tochter, Freund oder Freundin, Mitglied im Chor oder Torwart der Schulauswahl, Schülerin oder Schüler, freiwilliger Feuerwehrmann, Pfadfinderin usw. Aber nicht immer erfüllen wir auch die Erwartungen, die an uns formuliert werden, und so kann es dann zu einem Rollenkonflikt kommen.

Nach: Hans Peter Henecka, Grundkurs Soziologie, 9. Aufl., Konstanz 2009, S. 101 ff.

„Die ganze Welt ist
eine Bühne
und alle Frau'n und
Männer bloße Spieler.
Sie treten auf und
gehen wieder ab,
sein Leben lang
spielt einer
manche Rollen,
durch sieben Akte hin."

William Shakespeare, Wie es euch gefällt (II 7)

M9 Was wollen denn nur alle von mir?

Karikatur: Marie Marcks

Katja besucht die 9. Klasse eines Gymnasiums. In der letzten Zeit hat sie große Probleme mit dem Aufstehen. Auch heute muss ihre Mutter sie drei Mal wecken, bis sie endlich aus dem Bett kommt. Katzenwäsche und ohne Frühstück zum Bus. Normalerweise schafft sie es in der letzten Minute – nur heute nicht.

Als sie auf den nächsten Bus wartet, denkt sie sich schon einmal eine Entschuldigung aus. Wecker kaputt, Mutter verschlafen. Aber Herr Becker, der Deutschlehrer, den sie heute in der ersten Stunde hat, kennt kein Pardon und macht ein ziemliches Theater, als Katja mit einer viertel Stunde Verspätung die Klassentür öffnet. Er erwartet absolute Pünktlichkeit.

Katjas Freundin Lisa hat schon sehnsüchtig gewartet, um von dem Film zu erzählen, den sie gestern im Kino gesehen hat. Eigentlich will Katja aber lieber aufpassen und sich am Unterricht beteiligen, um Herrn Becker wieder milde zu stimmen. Nach sechs anstrengenden Unterrichtsstunden geht es wieder nach Hause. Weil Katja auf Lisa wartet, verpasst sie an diesem Tag den Bus ein zweites Mal.

Zu Hause sitzen ihre Mutter und ihre Geschwister schon am Mittagstisch und warten. Als Katja sich hinsetzen will, klingelt das Handy. Marie will sich am Nachmittag mit ihr verabreden. Die Mutter ist sauer, weil sie Telefonieren beim Essen nicht duldet. Ihre Mutter erinnert sie daran, dass die Familie heute zum Geburtstag ihrer Patentante eingeladen ist. Am Abend soll sie auf die jüngeren Geschwister aufpassen, weil sich ihre Mutter mit einer Freundin verabredet hat. Ausgerechnet heute hat aber der Schwimmverein ein Sondertraining für den Wettkampf am kommenden Sonntag angesetzt.

„Was wollen denn bloß alle von mir?", denkt Katja.

AUFGABEN

1. Sozialisation ist ein lebenslanger Prozess. Finde Beispiele dafür, dass man auch als Erwachsener sozialisiert wird (**M7**).
2. Nenne unterschiedliche Rollen, die du einnimmst. Unterscheide die Rollen, die vorgegeben sind, und die, die du selbst gewählt hast (**M8**).
3. a) Arbeite heraus, zwischen welchen Rollen, die Katja einnimmt, es zu Konflikten kommt (**M9**).
   b) Ergänze Situationen, in denen du selbst schon einmal einen Rollenkonflikt erlebt hast. Beschreibe, wie sich solche Rollenkonflikte lösen lassen.

METHODE

M10 Projekt- / Gruppenarbeit auswerten

Gothic

HipHop

Emo

Punk

Skater

Zu allen Zeiten haben Jugendliche versucht, sich durch ihren eigenen Lebensstil und ihre eigene Kultur von der Welt der Erwachsenen abzugrenzen. Die Fotos zeigen Jugendkulturen der Gegenwart. Waren die Jugendkulturen in früheren Zeiten noch überschaubar und waren die Szenen noch deutlich voneinander zu unterscheiden, so ist die Vielfalt der aktuellen Entwicklung kaum mehr zu überblicken.

AUFGABEN

1. Heutzutage gibt es eine kaum zu überschauende Anzahl unterschiedlicher Jugendkulturen. Porträtiert in Gruppen (arbeitsteilig) die unterschiedlichen aktuellen Jugendkulturen. Fragt nach den Wertvorstellungen der Jugendlichen, nach ihrem Lebensgefühl, nach ihren Vorlieben bei Musik, Mode usw. Erstellt anschließend eine Dokumentation, z. B. in Form einer Collage, einer Wandtafel, eines Videoclips usw. Erste Informationen findet ihr unter *http://eltern.t-online.de/die-wichtigsten-jugendkulturen-der-gegenwart/id_47500252/index*.
2. Bewertet eure Arbeit mithilfe der Zielscheibe.

METHODE

Auswertung gemeinschaftlich gelöster Aufgaben, Projekte oder Rollenspiele

Erfordern Aufgaben das Zusammenarbeiten in Gruppen, so ist es sinnvoll, die eigene Arbeit anhand von Kriterien zu bewerten. Die folgenden Fragen können helfen, den Erfolg der Gruppenarbeit zu bewerten. Die Note 1 steht dabei für sehr gut / voll erfüllt, die 6 für ungenügend / nicht erfüllt.

Leben in der Clique

M11 Was mir die Clique bedeutet

Kira, 15 Jahre
Es ist doch ganz einfach, Freunde zu haben. Ich habe aber nur eine beste Freundin. In unserer Clique sind wir acht Mädels, manchmal sind auch noch ein paar Jungs dabei. Stress gibt es bei uns in der Clique eigentlich nur dann, wenn wir lästern. Aber wir vertragen uns auch ziemlich schnell wieder.

Anton, 15 Jahre
Unsere Clique trifft sich meistens nur am Wochenende, weil wir alle weit voneinander entfernt wohnen. Wir sitzen dann zusammen, machen eigentlich nichts Besonderes, reden, hören Musik. Es tut gut, mit den anderen zusammen zu sein. Das Gefühl, dazuzugehören, das ist mir unwahrscheinlich wichtig.

M12 Wenn es Streit gibt

Clique
Sie wird häufig auch als **Peer-Group** bezeichnet. „Peer" bedeutet im Englischen gleichaltrig.

Gruppendruck / Gruppenzwang
Er bewirkt eine Veränderung des Verhaltens oder der Einstellung von Personen innerhalb einer bestimmten Gruppe. Es kann vorkommen, dass die Personen diese Verhaltensweise nur innerhalb der Gruppe zeigen.

Streitigkeiten gibt es bei uns [in der Clique] leider relativ oft! Meistens geht es um Kleinigkeiten oder es ist eine Eigentümlichkeit einer Einzelnen, die nervt. Nur selten gibt es einen klar definierbaren Grund für Unstimmigkeiten. Doch sobald einen einmal etwas stört, reagiert man auf jede Kleinigkeit immer heftiger und die schlechte Stimmung schaukelt sich hoch. Deshalb ist echter Streit besser als nur sauer zu sein. Da wir uns so gut kennen, weiß man fast immer, zu welcher man gehen kann, die höchstwahrscheinlich die gleiche Meinung hat. [...] Das zieht sich dann über einen längeren Zeitraum und wir versuchen erst, uns gegenseitig aus dem Weg zu gehen und reden kaum mit denjenigen, mit denen wir zerstritten sind. Höchstens mal unter vier Augen mit einer „Gegnerin" – so ist das einfacher, vernünftig zu bleiben. Irgendwann versuchen wir dann doch mit allen Beteiligten darüber zu sprechen. Manchmal geht eine „Partei" genervt weg, oder wir beschließen, es dabei zu belassen. [...] Wir treffen uns im Chat und diskutieren dort, was uns stört. Das ist oft einfacher, weil man dort besser formulieren kann. Das bremst die Wut. [...] Oder wir lassen unseren Ärger ab, damit wir in den „Verhandlungen" gelassener bleiben können. [...] Oft vergehen Wochen, bis sich die Situation beruhigt hat – und eines Tages ist dann alles so wie immer, ohne dass die Sache wirklich geklärt ist. Das ist zwar keine unbedingt gute Lösung, aber oft die bequemste, denn eigentlich wollen wir ja nicht streiten. Ein Verhalten, was einmal schrecklich genervt hat, kann einen fast freuen, wenn man länger nicht in Kontakt war und das wieder erkennt.

Nyke Boniatowsky/Lucie Schooß, Unsere Clique: alle Mädchen aus der Zinnober, in: Szene, Gruppen, Peers, Friedrich Jahresheft Schüler 2010, S. 32 ff.

M13 In der Clique Entscheidungen treffen

Szenario 1
Die beiden Freundinnen Laura und Lisa feiern gemeinsam ihren 15. Geburtstag. Sie laden ihre gesamte Clique ein. Die Eltern der beiden haben zugestimmt, dass sie zu Hause feiern dürfen. Die Abmachung war aber, dass es auf dem Fest keine alkoholischen Getränke geben darf. Als die Party in vollem Gange ist, kommen unangemeldet ältere Jungs hinzu und bringen [ein paar Flaschen Bier] mit ...

Szenario 2
Eure Clique fährt in der Straßenbahn zum Live-Konzert. Die Spannung steigt, die Vorfreude ist groß. Ihr bekommt mit, wie zwei Jugendliche einen etwas sonderbar gekleideten, schmächtigen Jungen angreifen. Der Junge ist sichtlich verängstigt. Er versucht, in den vorderen Teil der Straßenbahn zu gelangen, doch die älteren Jugendlichen versperren ihm sowohl den Weg nach vorn zum Schaffner wie zu den Ausgangstüren ...

Szenario 3
Du fühlst dich eigentlich ganz wohl in deiner Clique. Seit einiger Zeit benimmt sich ein Mitglied der Clique, Benjamin, aber wie ein „Platzhirsch". Er protzt mit den teuersten Klamotten, er bekommt am meisten Taschengeld von allen und will neuerdings immer über die Köpfe der anderen hinweg entscheiden, was gemeinsam in der Clique unternommen werden soll ...

Szenario 4
Die Clique um Martin und Kevin ist eine eingeschworene Gemeinschaft. Die Jugendlichen tragen die gleichen Markenjeans und hören die gleiche Musikrichtung. Lukas, der erst kürzlich in die Stadt gezogen ist, kommt neu in die Klasse. Er hat andere Vorlieben, legt keinen Wert auf Markenkleidung und hört andere Musik. Mit Michael aus der Clique hat er sich schon angefreundet. Der Rest der Clique lehnt Lukas aber ab ...

Landeszentrale für politische Bildung Baden-Württemberg, Demokratie (er-)leben, Politik & Unterricht, Heft 2/3 2006, S. 21

AUFGABEN

1. Arbeite die Bedeutung der Clique aus den Aussagen der Jugendlichen heraus und ergänze diese mit eigenen Aussagen (**M11**).
2. In **M12** wird beschrieben, wie in einer Clique mit Konflikten umgegangen wird. Nimm in einem Brief an die Erzählerin / den Erzähler Stellung und gib Ratschläge für einen besseren Umgang mit Konflikten.
3. Bildet Gruppen. Versetzt euch in die vier beschriebenen Situationen. Wie würdet ihr in eurer Clique jeweils entscheiden? Begründet eure Entscheidung ausführlich (**M13**).
4. Gruppendruck kann sich positiv, aber auch negativ auf das Verhalten des Einzelnen auswirken. Erläutere dies an selbst gewählten Beispielen.

Verändern soziale Medien die Kommunikation?

M14 Hab' dir eine Mail geschickt

Karikatur: Peter Gaymann

M15 Erst mal meine Mails checken ...

50 Millionen Deutsche sind inzwischen online und viele denken kaum noch darüber nach: Die Zeiten, als man „ins Internet ging" sind vorbei. Das Netz ist einfach da: Auf dem PC im Büro, auf dem Notebook mit drahtloser Internet-Verbindung zu Hause oder auf dem Smartphone in der Hosentasche, das jede eingehende E-Mail mit einem warmen Surren anzeigt. [...]

Doch diese Allgegenwart hat ihre Schattenseiten: zum Beispiel den nahezu zwanghaften Drang, ständig seine E-Mails zu checken oder bei jeder auftauchenden Frage sofort zur Suchmaschine zu greifen. Der Neurobiologe Kent Berridge macht dafür den Botenstoff Dopamin verantwortlich, der oft als „Glückshormon" beschrieben wird. Die Dopamin-Ausschüttung bei einer erfolgreichen Suche oder einer interessanten E-Mail ist eine Belohnung für das Gehirn, so dass wir immer wieder danach streben – selbst wenn die meisten E-Mails, die den Tag über in unser Postfach gelangen, alles andere als interessant sind.

Oliver Buschek, Wolfgang Kasenbacher, www.br.de, 10.1.2012

M16 Kannst du dir ein Leben ohne Facebook vorstellen?

Mira, 15:

Mittlerweile wieder. Aber lange nicht. Ich hatte mal einen ganz großen Facebook-Account, mit 5.000 Freunden. Natürlich kannte ich die nicht alle. Das waren Leute, die vom Aussehen her irgendwie passten. Angefangen hat es damit, dass ich ungefähr hundert Leuten Freundschaftsanfragen geschickt habe, dann ging es weiter und weiter. Ich wurde geadded, und ich habe jeden angenommen. Wir haben uns meistens nur über Klamotten unterhalten. Aber irgendwann haben mich dann Leute auf der Straße erkannt und angesprochen, die ich nicht kannte. Da habe ich den Account geschlossen. Mein Vater hatte es mitgekriegt und darauf bestanden. [...]

Ich habe ja auch andere Sachen am Computer gemacht, Hausaufgaben zum Beispiel, und alles Mögliche nachgelesen. Man kann sich kaum noch vorstellen, dass Leute dafür früher in Bibliotheken gehen mussten.

Ich muss im Nachhinein schon sagen, dass mir das entglitten ist. Irgendwann hat es mich richtig aus der Bahn geworfen. Ich traf zwar noch Freunde, war also nicht nur in einer Ersatzwelt, aber wenn ich zu Hause war, war ich immer online und über Facebook erreichbar. Ich habe kein Buch mehr gelesen, nie mehr im Gras gelegen. Und ich war abhängig von den „Likes", also Komplimenten, die ich bekommen habe. Für mein Aussehen, für Fotos, die ich reinstellte, für meinen Status. [...] Ich bin auf die Art auch mit schrägen Menschen in Kontakt gekommen. „Möchtest du die Frau sein, die mich zerstört?" hat mir einer mal geschrieben, es war als Angebot gemeint. [...]

Zu Hause wird mein Konsum [inzwischen] limitiert. Aber es geht mir viel besser heute. Jetzt habe ich 105 Freunde. Ich kenne sie alle. Ich gehe dreimal in der Woche auf Facebook, aber ich liege wieder im Gras. Und ich stelle fest, wie viel Kraft mir Facebook geraubt hat.

Protokoll: Gabriela Herpell, Süddeutsche Zeitung, 12.8.2012

AUFGABEN

1. Erstelle eine Mindmap zu den Formen der Internet-Nutzung (Ausgangspunkt: „Wofür ich das Internet nutze"). Vergleicht eure Ergebnisse.

2. Analysiere die Karikatur (**M14**).

3. Stelle die Vor- und Nachteile der Handy- und Internetkommunikation in einer Tabelle gegenüber (**M15**, **M16**).

4. Im Frühjahr 2013 haben 45 Braunschweiger Gymnasiasten im Alter von 15 und 16 Jahren in einem Selbstversuch getestet, wie es ist, eine Woche auf das Handy bzw. Smartphone zu verzichten. Es fiel ihnen leichter als zunächst gedacht.
Diskutiert den Sinn und Zweck eines solchen Versuches und überlegt, was es für euch bedeuten würde, eine Woche auf das Handy zu verzichten.

H ZU AUFGABE 2
Berücksichtige dabei, wie das Internet die Art zu kommunizieren verändert hat.

F ZU AUFGABE 4
Probiert den Selbstversuch doch einfach selbst aus.

Gefahren sozialer Medien

M17 Mobbing in der Schule

Cyber-Mobbing
absichtliches Beleidigen, Bedrohen, Bloßstellen oder Belästigen anderer mithilfe des Internets oder des Mobiltelefons (z. B. WhatsApp)

Im November kommt Katharina neu an die Schule, ihre alte gefiel ihr nicht mehr. Sie wird nur zehn Tage bleiben. Katharina freundet sich mit ihren neuen Mitschülern an – und mit einem Jungen aus der Parallelklasse. „Er kam nett rüber und ist Skateboard gefahren", sagt Katharina. Die beiden haben sich auf Facebook geschrieben, dann Nummern ausgetauscht und über WhatsApp gechattet. Katharina verknallt sich, will unbedingt mit dem Jungen zusammenkommen. Er fordert sie auf, ihm Nacktbilder zu schicken. Wenn sie das täte, dann würde er sich überlegen, ob er ihr Freund sein würde, so schildert es Katharina. „Er hat mich erpresst", sagt sie heute. Sie erzählt niemandem von der Forderung des Jungen, macht in ihrem Zimmer ein paar Oben-ohne-Bilder von sich und schickt sie ab. Es sei doch nichts dabei, denkt sie sich. Das machen andere schließlich auch. Aber der Junge behält die Bilder nicht für sich, sondern sendet sie an seine Kumpels weiter. Er lädt auch noch andere Fotos von Frauen aus dem Internet herunter, die ihren ganzen Körper zeigen, nur ihr Gesicht nicht. Der Junge sagt zu seinen Kumpels, auch das sei Katharina. „Haha, verarscht", wird er Katharina später per WhatsApp schreiben. Danach wird er sie blockieren. So erzählt Katharina die Geschichte.

Wenige Tage nachdem sie dem Jungen ihre Oben-ohne-Fotos geschickt hat, merkt Katharina, wie sie in der Schule beobachtet wird. Die Mitschüler fragen sie, was sie denn so im Internet treibe und sagen ihr, dass sie eine Schlampe sei und keine Ehre habe. Da wird ihr klar, dass der Junge sie verraten hat. „Ich habe es nicht hingekriegt, ihn darauf anzusprechen. Ich konnte mit niemandem mehr reden, weil ich mich so geschämt habe", sagt Katharina. Sie entscheidet sich für den einzigen Ausweg, den sie in dieser Situation sieht: Sie bleibt zu Hause. Einen Monat lang geht sie nicht mehr in die Schule. „Ich war psychisch am Ende", sagt sie. [...]

„Katharina trägt einen Teil der Schuld, weil sie die Bilder verschickt hat", sagt die Mutter. Und der Vater: „Wir haben abgewogen, Anzeige zu erstatten, aber wir wollten das so regeln. Wir wollten, dass die ganze Geschichte vergessen wird." [...] „Ich wusste nicht, warum sich auf einmal alle gegen mich verschworen hatten", sagt Katharina. Nur ein Mensch hilft ihr aus dieser Situation heraus. Ihre beste Freundin. „Sie hat mich verteidigt und nicht geglaubt, was die anderen über mich sagten, weil sie mich besser kennt", sagt Katharina. „Ohne sie hätte ich das nie durchgestanden."

Kerstin Haug, www.spiegel.de, 30.7.2015

M18 Tipps gegen Cyber-Mobbing

Bleib ruhig! Lass dich nicht von Selbstzweifeln beherrschen. Denn: Du bist okay, so wie du bist – an dir ist nichts falsch.

Sichere Beweise! Lerne, wie du Kopien von unangenehmen Nachrichten, Bildern oder Online-Gesprächen machen kannst. Sie werden dir helfen, anderen zu zeigen, was passiert ist. Außerdem kann mit den Beweisen auch dein Peiniger gefunden werden.

Antworte nicht! Reagiere nicht auf Nachrichten, die dich belästigen oder ärgern. Denn genau das will der Absender. Wenn du zurückschreibst, wird das Mobbing wahrscheinlich nur noch schlimmer.

Sperre die, die dich belästigen! Die meisten Websites und Online-Anbieter geben dir die Möglichkeit, bestimmte Personen zu sperren. Nutze dieses Angebot, denn du musst dich nicht mit jemandem abgeben, der dich belästigt. Wenn du mit Anrufen oder SMS belästigt wirst, kannst du auch deine Handynummer ändern lassen.

Unterstütze Opfer! Wenn du mitbekommst, dass jemand anderer per Handy, Internet oder SMS belästigt wird, dann schau nicht weg, sondern hilf ihm und melde den Vorfall. Wenn der Täter merkt, dass das Opfer nicht alleine gelassen wird, hören die Beleidigungen oft schnell auf.

Kenne deine Rechte! Wenn du es nicht erlaubst, darf niemand Fotos von dir ins Internet stellen, die dir peinlich sein könnten. Außerdem darf dich niemand vor anderen verspotten oder beleidigen. Wenn Cyber-Mobbing besonders ernst ist, kann dies für den Täter rechtliche Konsequenzen haben.

Schütze deine Privatsphäre! Sei vorsichtig, welche Angaben du im Internet machst. Deine persönlichen Daten (E-Mail-Adresse, Wohnadresse, Handynummer oder private Fotos) können auch gegen dich verwendet werden. Achte insbesondere darauf, deine Zugangsdaten geheim zu halten und ein sicheres Passwort zu verwenden.

Rede darüber! Wenn du Probleme hast, wende dich an Erwachsene, denen du vertraust, zum Beispiel deine Eltern, einen Lehrer oder einen Jugendbetreuer.

Nach: www.saferinternet.at, 12.12.2011

AUFGABEN

1. Erkläre, warum Mobbing im Internet besonders schlimme Auswirkungen haben kann (**M17**).
2. Diskutiert, welche Tipps gegen das Cyber-Mobbing ihr für besonders wichtig erachtet, und ergänzt gegebenenfalls weitere Tipps (**M18**).

WAS WIR WISSEN

Identität und soziale Medien
M2, M3, M15, M16

Identität ist die einen Menschen als unterscheidbares Individuum kennzeichnende Persönlichkeitsstruktur. Sie bildet sich in einem lebenslangen Prozess und zeigt sich in den körperlichen Merkmalen, in Mimik, Gestik, Sprache und in den Werten und Normen, die einer Person wichtig sind. Auch die sozialen Netzwerke, in die ein Mensch eingebunden ist, gehören zu seiner Identität.

Werte und Normen
M5, M6

Leben in der Gesellschaft ist nur möglich, wenn sich deren einzelne Mitglieder an Verhaltensregeln – Normen – halten. Abhängig sind die Normen von Werten, also den grundlegenden Zielvorstellungen in einer Gesellschaft. Nicht alle Mitglieder einer Gesellschaft teilen jedoch dieselben Normen und Werte (Wertepluralismus). Außerdem verändern sich Werte auch im Laufe der Zeit (Wertewandel).

Sozialisation
M7

Als Sozialisation bezeichnet man die Verinnerlichung der durch die Gesellschaft vermittelten Sitten, Bräuche, Normen und Werte durch ein Individuum und die damit verbundene Persönlichkeitsentwicklung. Erst durch die Kenntnis dieser Regeln wird das Individuum in einer Gesellschaft sozial handlungsfähig. Gruppen, Personen und Institutionen, welche die sozialen Lernprozesse des Individuums steuern und beeinflussen, bezeichnet man als Sozialisationsinstanzen. Dazu gehören die Familie, die Gruppe, die Schule, aber auch die Medien. Die Bedeutung der einzelnen Sozialisationsinstanzen verändert sich im Laufe unserer Entwicklung.

Soziale Rollen
M8

Innerhalb der einzelnen Gruppen, in die wir eingebunden sind, übernehmen wir unterschiedliche Rollen. Jede Rolle ist mit bestimmten Verhaltenserwartungen verbunden. So werden an uns unterschiedliche Erwartungen als Schülerin, als Tochter, als Freundin, als Mitglied in der Volleyballmannschaft oder im Schulchor formuliert. Bei sich widersprechenden Erwartungen kann es zu Rollenkonflikten kommen.

Bedeutung der Clique/Leben in Gruppen
M11 – M13, M17

Der starke Einfluss, den die Familie auf Kinder und Jugendliche ausübt, lässt im Laufe unserer Entwicklung immer weiter nach. Neben die Familie treten nun Kindergarten, Schule, Jugendgruppe oder Peer-Group. Die Peer-Group trägt entscheidend zur Entwicklung der eigenen Persönlichkeit bei.

Viele der Gruppen, in denen wir uns bewegen, können wir uns nicht aussuchen – wir sind sozusagen zu einer Zwangsmitgliedschaft verpflichtet. Eine solche Gruppe ist beispielsweise die Schulklasse. Dennoch funktioniert das Zusammenleben und die Zusammenarbeit in den meisten Klassen gut und viele Schülerinnen und Schüler fühlen sich wohl. In einigen Schulklassen lässt sich allerdings auch beobachten, dass einzelne Schülerinnen oder Schüler als Außenseiter eine isolierte Position einnehmen, weil er oder sie wegen einer Eigenschaft oder einer Verhaltensweise die Ablehnung der Gruppe erfährt.

WAS WIR KÖNNEN

Wer ist alles an der Sozialisation beteiligt?

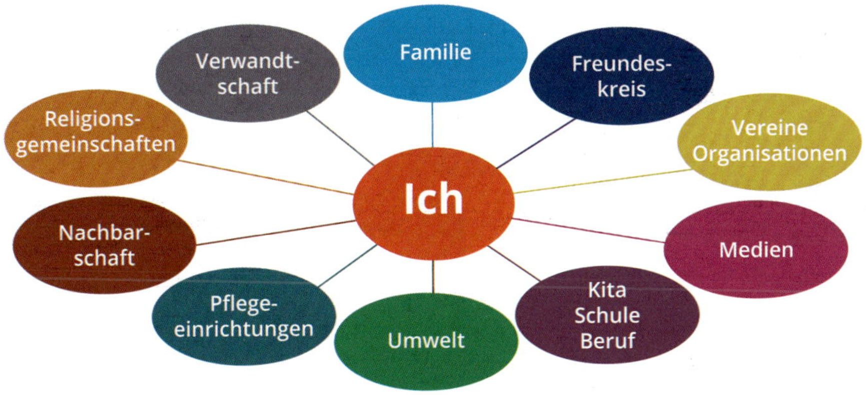

Sozialisationsinstanzen und Sozialisationsphasen
Alle gesellschaftlichen Einrichtungen, die am Prozess der Sozialisation beteiligt sind, nennt man Sozialisationsinstanzen. Weiterhin spricht man auch von Sozialisationsphasen, die ein Mensch im Laufe seines Lebens durchläuft.

Sozialisationsphasen

Sozialisationsphase	Sozialisationsinstanzen
Primäre Phase – frühe Kindheit In dieser Phase lernt das Kind sprechen und alle wichtigen Umgangsregeln für das spätere Leben: z. B. Rücksichtnahme auf andere Menschen.	
Sekundäre Phase – Schulzeit In dieser Phase entwickelt der Mensch sein Verhalten weiter, jetzt findet die Vorbereitung auf die Rolle statt, die er in der Gesellschaft übernimmt.	
Tertiäre Phase – Erwachsenenalter Jetzt muss sich der Mensch immer wieder neu an seine soziale Umwelt anpassen und ständig Neues lernen.	

Aufgaben

1. Zeichne analog zur oberen Darstellung ein Schaubild Deiner persönlichen Sozialisationsinstanzen.
2. Ergänze die Tabelle durch die jeweiligen Sozialisationsinstanzen.

20
8

6

Migration und Integration

Sehr viele Menschen auf der ganzen Welt verlassen ihre Heimat, um an einem anderen Ort oder in einem anderen Land zu leben. Einige wollen nur für kurze Zeit ihre Heimat verlassen, andere für mehrere Jahre oder sogar für immer. Daher versuchen Staaten, Migration und Integration durch Gesetze zu steuern, so wie z. B. Deutschland mit dem Asylgesetz.

KOMPETENZEN

Am Ende des Kapitels solltet ihr Folgendes können:

- Ausmaß und Ursachen von Migration kennen
- Hintergründe von Flüchtlingsbewegungen erläutern und die gesetzlichen Regelungen kennen
- erklären, wie sich Zuwanderung in die Bundesrepublik Deutschland entwickelt hat und was Integration bedeutet

WAS WISST UND KÖNNT IHR SCHON?

Vervollständige folgende Aussagen:

a) Wenn ich Bilder von Kindern und Jugendlichen sehe, deren Familien aus anderen Ländern nach Deutschland gekommen sind, denke oder fühle ich ...

b) Damit Menschen unterschiedlicher Herkunft friedlich zusammen leben, ist es wichtig, dass ...

Was ist Migration?

M1 Menschen auf der Flucht

Deutsche Auswanderer betreten im Hamburger Hafen ein Schiff nach New York um 1850. Bereits im 17., vor allem aber im 19. und 20. Jahrhundert wanderten immer wieder Deutsche nach Übersee aus. Ein wesentlicher Grund war die extreme Armut in vielen deutschen Ländern, aber auch politische Verfolgung und religiöse Unterdrückung trieben viele Menschen in die Flucht.

Nahezu täglich versuchen Menschen, wie hier im Frühjahr 2015, mit schlecht ausgerüsteten Booten von Afrika nach Europa zu gelangen. Dazu begeben sie sich zumeist in die Hände von kriminellen Schlepperorganisationen. Sie fliehen z. B. vor Kriegen, Bürgerkriegen, Hungersnöten oder den Folgen des Klimawandels.

Migration
Der Begriff bezeichnet die Wanderschaft (lat. migrare = wandern) von kleineren oder auch größeren Gruppen von Menschen oder auch ganzen Völkern. Migration gilt als Normalfall der Geschichte und der menschlichen Existenz. Dabei können die Ursachen ganz unterschiedlich sein. Im Jahr 2013 lebten weltweit 232 Millionen Menschen, das sind 3,2 Prozent der Weltbevölkerung, nicht in ihrem Heimatland, 1990 waren es nur 175 Millionen.

Emigranten
Menschen, die ihre Heimat verlassen

Immigranten
Menschen, die in ein anderes Land einwandern

M2 Die große Wanderung

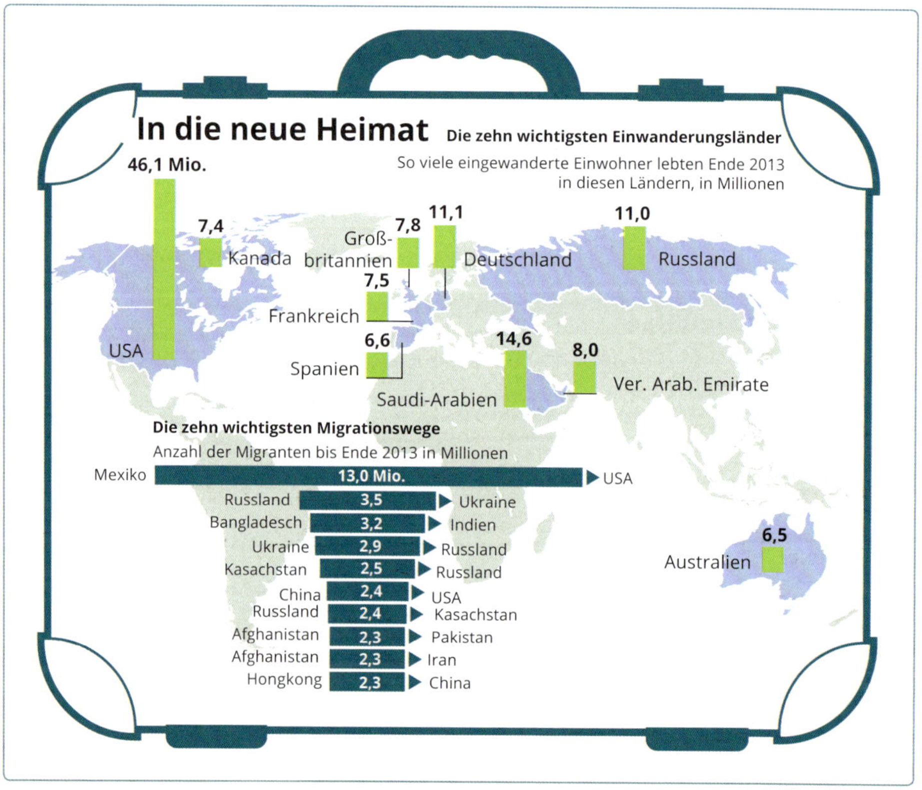

Globus-Grafik 10806; Quelle: Weltbank (2016)

M3 Im Mittelmeer ertrunken

Die somalische Sprinterin und Olympiateilnehmerin Samia Yusuf Omar ist im Mittelmeer bei der Überfahrt in Richtung Süditalien ums Leben gekommen. Omar hatte 2008 bei der Eröffnungsfeier der Spiele in Peking als Fahnenträgerin ihr Land vertreten. Die 21-Jährige, die in Peking über 200 Meter antrat, war [...] mit anderen Migranten an Bord eines Fischerbootes aus Libyen abgefahren, um Italien zu erreichen. Vermutlich Anfang April [2012] kam sie bei einem Schiffbruch [...] unweit von der Küste Maltas ums Leben. [...] Samia Yusuf Omar hatte sich als 17-Jährige gegen den Widerstand in ihrer muslimischen Heimat den Olympiastart erkämpft. „Ich renne gegen den Hass in meinem Land und um meiner Familie zu helfen", berichtete sie damals. Nach ihrem viel beachteten 200-Meter-Lauf, in dem sie in persönlicher Bestzeit von 32,16 Sekunden den letzten Platz belegte, wurde sie von den Zuschauern frenetisch gefeiert. „Samia wollte unbedingt an den Olympischen Spielen in London [2012] teilnehmen", berichtete Samias Trainer Mustafa Abdelaziz. Es sei aber nicht klar gewesen, ob Somalia aus Geldgründen Athleten nach London werde schicken können. „Sie hatte uns daher vorgeschlagen, allein London zu erreichen. Wir haben Geld gesammelt, um ihr die Reise zu zahlen", sagte Abdelaziz. Ihre Mutter habe sogar deswegen ein kleines Grundstück verkauft. Samia sei voller Hoffnungen abgereist. „Wir wussten, dass die Reise nach Europa gefährlich war, wir dachten jedoch nicht, dass sie das Leben verlieren würde", erklärte Abdelaziz. „Ihr Tod hat uns zutiefst erschüttert."

Kirsten Haake, Zeit online, 20.8.2012

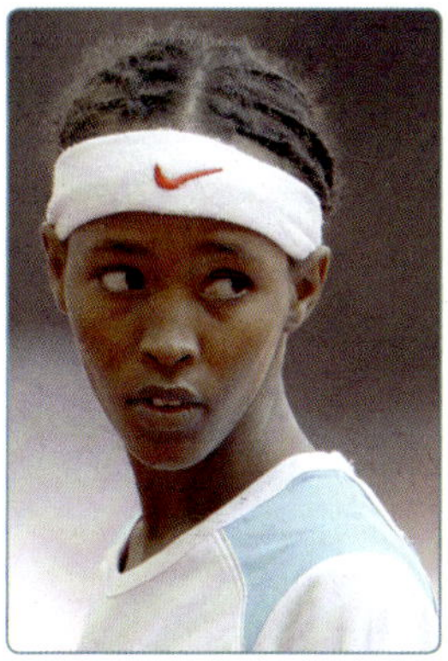

Samia Yusuf Omar, Teilnehmerin der Olympischen Spiele 2008 in Peking

Lese-Tipp:
Reinhard Kleist erzählt Samias Geschichte in dem Comic „Der Traum von Olympia", Hamburg 2015

AUFGABEN

1. Beide Abbildungen in **M1** zeigen Menschen, die ihre Heimat verlassen müssen. Auch wenn sich die Situationen nicht in allen Punkten vergleichen lassen, gibt es dennoch einige Gemeinsamkeiten. Beschreibe diese.
2. Erarbeite aus der Karte, in welchen Ländern der Erde die meisten Migranten leben und nenne mögliche Ursachen **(M2)**.
3. Stelle ausgehend von **M3** die Gründe, warum Menschen ihre Heimat verlassen, zusammen.
4. Erläutere mögliche Folgen der Migration für die Heimat- und die Zielländer.
5. Die Migrationstheorie unterscheidet sog. Push-Faktoren (push (engl.) = schieben), die im Heimatland wirksam sind, und Pull-Faktoren (pull (engl.) = ziehen), die vom Zielland ausgehen, voneinander. Ordne folgende Begriffe den Push- und Pull-Faktoren zu: Arbeitslosigkeit, viele Jobangebote, Armut, gute Bildungsmöglichkeiten, politische und religiöse Verfolgung, Frieden, Rechtssicherheit, Naturkatastrophen, Überbevölkerung, funktionierendes Gesundheitssystem, Krieg. Begründe deine jeweilige Zuordnung.

Europa – eine Festung?

Asyl
Das Wort Asyl kommt aus dem Griechischen und bedeutet so viel wie Zufluchtsstätte oder Heim.

Asylrecht ist ein Menschenrecht
„Jeder hat das Recht, in anderen Ländern vor Verfolgung Asyl zu suchen und zu genießen."
Allgemeine Erklärung der Menschenrechte, Art. 14

M4 Festung Europa

Karikatur: Paolo Calleri

M5 Asyl in Europa

F
Sowohl die Punkband „Die toten Hosen" („Europa") als auch die Gruppe „Brockdorff Klang Labor" („Festung Europa") haben sich mit der Flüchtlingsproblematik in aktuellen Songs auseinandergesetzt. Die Videos findet ihr im Internet. Wählt einen Song aus und stellt den Inhalt vor.

Lese-Tipp
Robert Klement: 70 Meilen zum Paradies. Wien 2011, 143 Seiten
Ortwin Ramadan: Der Schrei des Löwen. Hamburg 2011, 288 Seiten

Alle Länder, die den Vereinten Nationen (UNO) angehören, haben sich verpflichtet, Flüchtlingen Asyl zu gewähren und ihre Grundversorgung zu sichern. Dazu müssen die Flüchtlinge beim Betreten der Europäischen Union einen Asylantrag stellen und nachweisen, dass ihr Leben in der Heimat bedroht ist. Die Außengrenzen der EU werden mittlerweile sehr gut überwacht, da die EU nach innen grenzenlos ist. Dafür hat die EU eine spezielle Sicherheitsagentur mit dem Namen Frontex gegründet, weil viele Flüchtlinge auch ohne einen Asylantrag illegal nach Europa einreisen. Häufig sind sie dabei den kriminellen Machenschaften von Schlepperorganisationen ausgesetzt. Die Flüchtlinge, die es dennoch schaffen, fallen unter die Dublin-III-Verordnung der EU. Diese gibt vor, dass derjenige Mitgliedstaat, in welchem ein Flüchtling erstmals europäisches Territorium betritt, für das weitere Asylverfahren zuständig ist. Jeder Asylsuchende, der oder die in die EU einreist, hat grundsätzlich nur Anspruch auf ein Asylverfahren innerhalb der Europäischen Union. Stellt zum Beispiel eine geflüchtete Person aus Tschetschenien (russische Teilrepublik) in der Tschechischen Republik einen Asylantrag und dieser wird dort abgelehnt, kann sie nicht einfach nach Deutschland weiterreisen und es dort erneut versuchen. Die meisten Flüchtlinge, die nach Europa kommen, gelangen über den Seeweg nach Spanien, Italien, Malta oder Griechenland. Auch über die neuen Mitgliedsstaaten an den östlichen Außengrenzen erreichen Flüchtlinge Europa. Wenn ein Flüchtling ein innereuropäisches Land über einen sicheren Drittstaat, in dem die Einhaltung der Genfer Flüchtlingskonvention und der Menschenrechtskonvention sichergestellt ist, erreicht, darf er in diesen Drittstaat (Norwegen und die Schweiz) abgeschoben werden.

In Deutschland entscheidet das Bundesamt für Migration und Flüchtlinge, ob überhaupt ein Asylverfahren durchgeführt wird. Wenn das BAMF eine inhaltliche Asylprüfung durchführt, hat es verschiedene Möglichkeiten zu entscheiden: Anerkennung als Asylberechtigte nach Artikel 16 a Grundgesetz oder Anerkennung als Konventionsflüchtlinge, auch „GFK-Flüchtlinge" genannt. Dies sind Flüchtlinge im Sinne der Genfer Konvention von 1951. Sie haben diesen Status bereits im Ausland oder durch eine entsprechende Entscheidung eines Asylverfahrens erhalten und können sich auf die Schutzrechte der Genfer Flüchtlingskonvention berufen.

Für 5,4 Millionen Euro errichtete Griechenland einen 12,5 km langen Stacheldrahtzaun, um den Landweg zur Türkei abzuschotten. Dieser Grenzabschnitt ist eine der südlichsten Außenlinien der Europäischen Union. Das Nachbarland Bulgarien hat inzwischen ebenfalls eine Stacheldrahtanlage von 30 km Länge an der Grenze zur Türkei errichtet.

Flüchtlinge
sind nach der Genfer Flüchtlingskonvention der Vereinten Nationen (UNO) Personen, die sich außerhalb ihres Heimatstaates aufhalten, weil ihnen dort aufgrund ihrer Hautfarbe, Religion, Nationalität, politischen Überzeugung oder Zugehörigkeit zu einer bestimmten sozialen Gruppe Verfolgung droht. Die Staaten, die der Flüchtlingskonvention beigetreten sind, sichern Flüchtlingen eine Grundversorgung zu. Auch dürfen die Flüchtlinge nicht in ein Land zurückgeschickt werden, in dem ihnen Verfolgung droht. Allerdings wenden die Länder verschiedene Regelungen hierbei an.

Schengener Abkommen
Eine 1985 im Grenzort Schengen (Luxemburg) geschlossene Vereinbarung über den Abbau von Kontrollen an den Binnengrenzen der EU. Im Gegenzug vereinbarten die Schengen-Staaten eine verstärkte Kontrolle der Außengrenzen und eine engere Zusammenarbeit ihrer Polizei- und Justizbehörden.

M6 Lässt sich mit einer Quote das Flüchtlingsproblem lösen?

Menschenrechtsorganisationen gehen davon aus, dass in den vergangen 15 Jahren an den europäischen Grenzen mindestens 23.000 Menschen gestorben sind. Die meisten von ihnen haben ihr Leben im Mittelmeer verloren. Seit Jahren wird innerhalb der EU darüber gestritten, wie man mit dem Flüchtlingsproblem umgehen soll. So wird beispielsweise schon lange über die sog. Quotenregelung diskutiert. Danach soll die Verteilung der Flüchtlinge innerhalb der EU nach einer bestimmten Quote, die sich nach der Einwohnerzahl, der Wirtschaftskraft, der Arbeitslosigkeit und der Anzahl der bereits aufgenommenen Flüchtlinge im jeweiligen EU-Land richtet. Damit sollen die südeuropäischen Länder, in denen die meisten Flüchtlinge ankommen, entlastet werden. Während Deutschland und Frankreich diesen Vorschlag unterstützen, sind viele andere Länder, v. a. die östlichen EU-Staaten und Großbritannien dagegen. Außerdem wird kontrovers diskutiert, ob man zur Abschreckung Militärboote gegen die Schlepperboote im Mittelmeer einsetzen soll.

M7 Quotenregelung ist zu kurz gedacht

Als zu kurz gedacht kritisiert PRO ASYL Geschäftsführer Günter Burkhardt den Vorschlag der EU-Kommission, 24.000 Flüchtlinge aus Italien und 16.000 aus Griechenland zunächst für 24 Monate gemäß einem Quotensystem zu verteilen. Eine starre Verteilung nach einer Quote berücksichtigt nicht die legitimen Interessen der Flüchtlinge. Flüchtlinge fliehen in der Regel dorthin, wo Angehörige und Communities leben. Deutschland ist eines der Hauptzielländer, da hier europaweit die höchste Zahl von Flüchtlingen aus Syrien, Irak und Afghanistan lebt: Über 130.000 Syrer, rund 90.000 Iraker und rund 75.000 Afghanen leben z. T. seit Jahren in Deutschland. In anderen EU-Staaten leben weitaus weniger Menschen aus den genannten Staaten. „Kein Syrer, dessen Familie in Deutschland lebt, wird sich freiwillig in Staaten wie Ungarn, Polen oder Estland verteilen lassen. Menschen dürfen nicht wie Stückgut in Europa hin- und hergeschoben werden", forderte Günter Burkhardt. Als Folge einer starren Verteilung würden Flüchtlinge mit Hilfe von Schleppern weiterhin kreuz und quer durch Europa reisen. Dies wäre keine Verbesserung gegenüber dem jetzigen Dublin-System, dessen Scheitern immer deutlicher wird.

Die Mitgliedstaaten der Europäischen Union reagieren unangemessen auf die dramatische Situation in Staaten wie Griechenland oder auch Italien. In Griechenland kommen in diesen Tagen Tausende Flüchtlinge auf den Ägäis-Inseln an. Noch nicht einmal eine Erstversorgung in Form von Unterbringung, Kleidung und Nahrung ist gewährleistet. Die Europäische Kommission und die EU-Staaten führen eine absurde realitätsferne Debatte und streiten sich über den Quotenvorschlag. Minimale menschenrechtskonforme Aufnahmestrukturen existieren in vielen EU-Staaten nicht. Das Gebot der Stunde wäre es, im Süden Europas ankommende Flüchtlinge sofort und konkret zu unterstützen. PRO ASYL fordert Deutschland wie auch andere EU-Staaten auf, Flüchtlingen aus den Randstaaten der EU die Weiterreise zu gestatten, insbesondere dann, wenn Verwandte in anderen EU-Staaten leben.

PRO ASYL setzt sich gemeinsam mit dem Deutschen Anwaltsverein, der Diakonie Deutschland, AWO, dem Paritätischen Wohlfahrtsverband, der Neuen Richtervereinigung und anderen Organisationen dafür ein, dass die berechtigten Belange der Flüchtlinge berücksichtigt werden und Flüchtlinge in dem Land den Asylantrag stellen, das sie erreichen möchten.

PRO ASYL, Presseerklärung vom 27.5.2015

AUFGABEN

H ZU AUFGABE 1
Im Jahr 2012 erhielt die EU den Friedensnobelpreis

1. Interpretiere die Karikatur **M4**.
2. Erläutere, wie Flüchtlinge in Europa bzw. in Deutschland Asyl erhalten können (**M5**).
3. Diskutiert, ob eine Quotenregelung zur Verteilung der Flüchtlinge innerhalb Europas sinnvoll erscheint (**M6, M7**).

Flüchtlinge – aufgenommen, aber auch willkommen?

M8 Flüchtlinge bei uns

Anwohner planen Klage gegen Flüchtlings-Einrichtung in Lübeck
Schleswig-Holsteinische Landeszeitung, 5.5.2015

Anschlag auf Flüchtlingsheim in Schleswig-Holstein: Nachbar gesteht Brandstiftung
Dieter Hanisch, Tagesspiegel, 19.2.2015

„Flüchtlinge im Wohngebiet – das geht nicht"
Marcus Stöcklin/Curd Tönnemann, Hannoversche Allgemeine, 19.2.2015

Bargteheide: Flüchtlingspaten setzen Zeichen
Stormarner Tagblatt, 28.5.2015

Deutlicher Anstieg der Kosten für Asylbewerber in Schleswig-Holstein
Die Welt, 19.11.2014

Kreis Nordfriesland heißt Flüchtlinge willkommen
Husumer Nachrichten, 13.4.2015

M9 Flüchtlingsrouten nach Europa

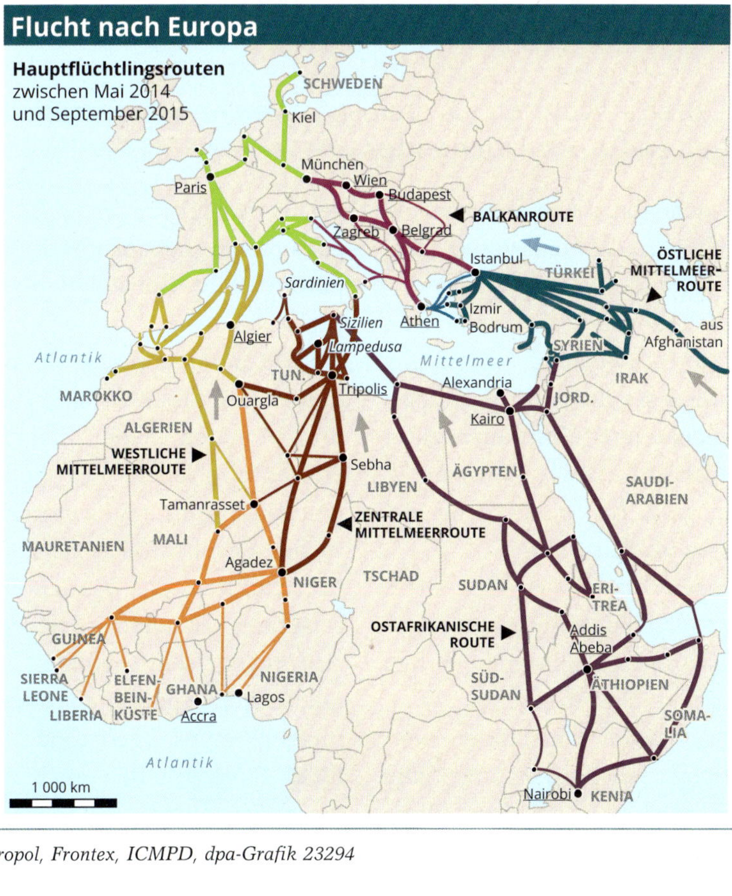

Quelle: Europol, Frontex, ICMPD, dpa-Grafik 23294

M10 Woher kommen die meisten Flüchtlinge?

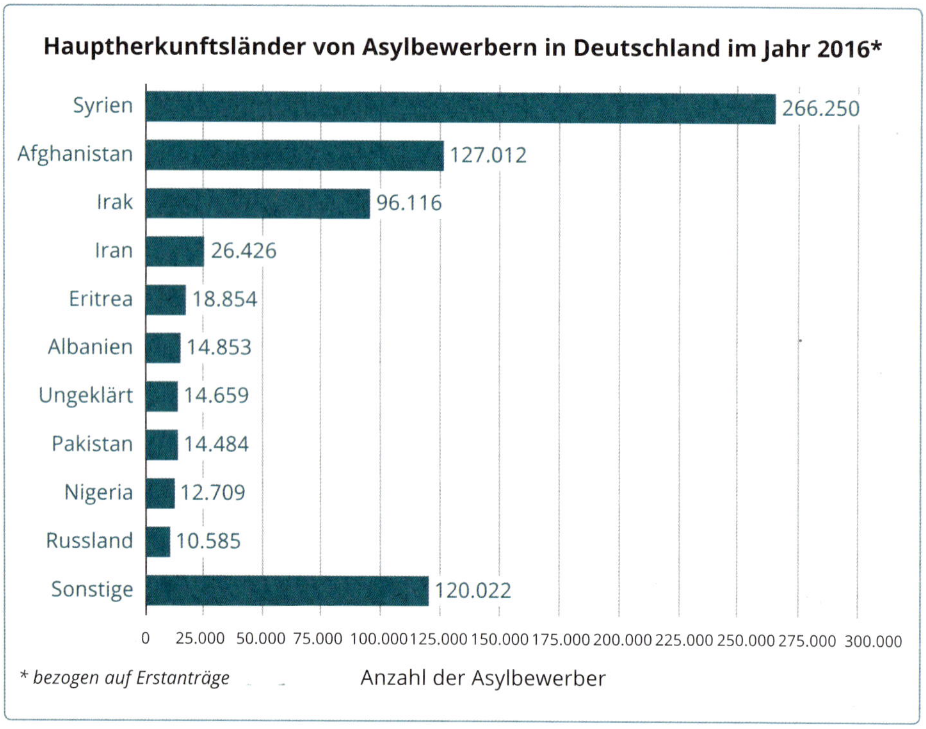

Quelle: BAMF; ©Statista 2017

Erstaufnahme von Flüchtlingen
Die Zuteilung zu einer Erstaufnahme-Einrichtung hängt zum einen ab von deren aktuellen Kapazitäten. Daneben spielt auch eine Rolle, in welcher Außenstelle des Bundesamtes das Heimatland des Asylsuchenden bearbeitet wird, denn nicht jede Außenstelle bearbeitet jedes Herkunftsland. Zudem bestehen Aufnahmequoten für die einzelnen Bundesländer. Diese legen fest, welchen Anteil der Asylbewerber jedes Bundesland aufnehmen muss. Dazu wird die Quote für jedes Jahr entsprechend der Steuereinnahmen und der Bevölkerungszahl der Länder neu berechnet. In welchem Bundesland ein Flüchtling untergerbacht wird, kann er sich nicht aussuchen. Nur Familien werden zusammen untergebracht.

M11 Leben – Wohnen – Arbeiten – Welche Sonderregelungen gelten für Asylsuchende?

Für Asylsuchende gilt in Deutschland das Asylbewerberleistungsgesetz. Dieses sieht folgende Leistungen vor:

- Grundleistungen für Ernährung, Unterkunft, Heizung, Kleidung, Gesundheits- und Körperpflege, Gebrauchs- und Verbrauchsgüter im Haushalt
- Taschengeld für persönliche Bedürfnisse im Alltag
- Leistungen bei akuter Krankheit, Schwangerschaft und Geburt, Heil- und Hilfsmittel (Brillen, Gehhilfen usw.) sind nicht vorgesehen.

Unter besonderen Umständen werden weitere Leistungen, die vom Einzelfall abhängen, gewährt. Diese Grundleistungen werden in der Regel als Sachleistungen (z. B. Einkaufsgutscheine, Lebensmittel, Kleidung) bereitgestellt. Einzelheiten regeln die Bundesländer sehr unterschiedlich.

Den Wohnort können sie sich nicht aussuchen. Sie müssen in den ersten drei Monaten in der Erstaufnahmeeinrichtung leben. Die Qualität der Unterkünfte ist sehr unterschiedlich: In der Regel müssen sie in Sammelunterkünften, das können ehemalige Kasernen, Schulen oder Containersiedlungen sein, wohnen. Manche Städte stellen ihnen aber auch Wohnungen zur Verfügung. Manche Flüchtlinge erhalten auch Auflagen, die ihnen verbieten, den Landkreis oder das Bundesland zu verlassen.

Arbeiten dürfen die Flüchtlinge in den ersten drei Monaten ihres Aufenthaltes nicht. Erst danach dürfen sie eine Arbeit aufnehmen, aber nur, wenn die Arbeit nicht von Einheimischen, z. B. Arbeitslosen, ausgeübt werden kann. Anerkannte Asylbewerber dürfen sofort eine Arbeit aufnehmen oder eine Ausbildung beginnen. Anerkannte Flüchtlinge müssen einen Deutschkurs machen, der ihnen auch bezahlt wird. Diejenigen, die nur geduldetet werden oder deren Asylverfahren noch nicht abgeschlossen ist, müssen den Sprachkurs selbst bezahlen.

M12 „Flüchtlingspakt" in Schleswig-Holstein

Es ist voll in der Halle 400 in Kiel: Etwa 500 Mitarbeiter aus Regierung, Kommunen und Verbänden sind am [6.5.2015] zum sogenannten Flüchtlingsgipfel zusammengekommen. Mit einem „Flüchtlingspakt" wollen sie die Situation der Hilfesuchenden in Schleswig-Holstein verbessern. Das Dokument sei „ein Zeichen der Haltung und ein Dokument des Handelns" erklärte Ministerpräsident Torsten Albig (SPD). Er sichert den Kommunen vor allem mehr Geld zu. Der Pakt sieht unter anderem eine Gesundheitskarte für Flüchtlinge vor. Sie soll den Zugang zu medizinischer Versorgung erleichtern. Die Kommunen erhalten ab Juli vom Land eine einmalige Integrationspauschale von 900 Euro je Flüchtling. Die Kreise und kreisfreien Städte erhalten künftig zwei Millionen Euro pro Jahr für die Einrichtung von Koordinierungsstellen. 30 Mitarbeiter sollen das Zusammenwirken aller in der Flüchtlingsarbeit beteiligten haupt- und ehrenamtlichen Helfer verbessern. Mittelfristig sollen die Flüchtlinge nicht mehr pauschal nach Einwohnerzahl an die Kommunen verteilt werden. Stattdessen ist geplant, die örtlichen Gegebenheiten und den Bedarf der Kommunen stärker zu berücksichtigen. Außerdem soll die Sprachförderung verbessert werden. Die Kurse sollen bereits in den Erstaufnahmeeinrichtungen beginnen.

André Klohn, www.welt.de, 6.5.2015

AUFGABEN

1. Sammle mögliche Gründe, weshalb sich Menschen für Flüchtlinge in ihrer Gemeinde einsetzen, sich andere aber zum Teil mit kriminellen Methoden gegen diese wehren (**M8**).
2. Beschreibe die Flüchtlingswege nach Europa (**M9**).
3. Werte die Grafik **M9** aus und erläutere die möglichen Fluchtgründe der Asylbewerber aus den jeweiligen Ländern.
4. Erläutere die besonderen Bestimmungen, die für Asylsuchende gelten (**M11**).
5. Erläutere und bewerte den „Flüchtlingspakt" und die damit verbundenen Veränderungen für die Asylsuchenden in Schleswig-Holstein (**M12**).

Deutschland – ein Einwanderungsland?

M13 Die Deutsche Fußball-Nationalmannschaft

Die deutsche Fußball-Nationalmannschaft ist längst zu einem Spiegelbild der deutschen Gesellschaft geworden. Im 23-köpfigen Kader von Bundestrainer Joachim Löw für die WM 2014 in Brasilien standen sechs* Spieler mit Migrationshintergrund aus fünf verschiedenen Ländern. 2010 bestand der Kader sogar aus elf Spielern mit Migrationshintergrund aus acht verschiedenen Ländern.

** Shkodran Mustafi ist auf dem Foto nicht zu sehen, da er erst kurz vor WM-Beginn für den verletzten Marco Reus nachnominiert wurde.*

M14 Rummel um Bürgermeisterin Hatice Kara

Hatice Kara, erste Bürgermeisterin in Schleswig-Holstein mit Migrationshintergrund

So ganz kann Hatice Kara die Aufregung um ihre Person nicht verstehen. Dass sie die erste muslimische Bürgermeisterin in Schleswig-Holstein ist, kümmert sie ebenso wenig wie die Tatsache, dass sie die erste sozialdemokratische Verwaltungschefin in Timmendorfer Strand seit mehr als 30 Jahren ist. Sie wolle eine Bürgermeisterin für alle Bürger sein, sagt die 32-Jährige. „Nicht mehr und nicht weniger." […]

Kara wurde 1979 in der Türkei geboren. Ihr Vater arbeitete schon seit Mitte der 1970er-Jahre in Schleswig-Holstein, 1980 holte er seine Familie nach. So kam Hatice mit knapp einem Jahr nach Rendsburg, wo sie mit fünf Geschwistern aufwuchs und 1999 ihr Abitur machte. Seit 2007 arbeitet sie mit zwei Kollegen in einer Anwaltskanzlei in Rendsburg, kümmerte sich dort bis vor kurzem vorrangig um Arbeits- und Verwaltungsrecht. „Jetzt schaue ich nach vorn auf meine neue Aufgabe. Das ist so eine Mischung aus Aufregung und Freude, je näher mein erster Arbeitstag rückt, desto größer wird die Aufregung", sagt Kara.

Auf ihren muslimischen Glauben und ihren Migrationshintergrund angesprochen, reagiert die Bürgermeisterin noch immer etwas verärgert. Nach der Wahl war ich enttäuscht, dass ich durch Schlagzeilen wie „Erste muslimische Bürgermeisterin" auf meine Religionszugehörigkeit reduziert wurde. Es titelt ja schließlich auch niemand „Erster katholischer Bürgermeister", kritisiert sie. Sie sei zudem nicht sonderlich religiös, ihre Verbindung zum Islam sei ähnlich intensiv wie die vieler Christen zu ihrer Religion. „Aber inzwischen habe ich mich an den Gedanken gewöhnt, anderen Migrantenkindern ein Beispiel zu geben", sagt Kara.

Eva Maria Mester, Die Welt, 30.6.2012

M15 Einwanderung nach Deutschland – eine Chronologie

1955: Die Bundesrepublik schließt mit Italien das erste Anwerbeabkommen für Arbeitskräfte. Wegen des Wirtschaftswunders herrscht ein Arbeitskräftemangel. Nach und nach kommen rund 100.000 italienische „Gastarbeiter", wie man die Migranten damals nennt.

1960 bis 1968: weitere Abkommen: 1960 mit Spanien und Griechenland, 1961 mit der Türkei. Es folgen Abkommen mit Marokko (1963), Portugal (1964), Tunesien (1965) und Jugoslawien (1968). [...]

1973: Die Bundesregierung verfügt einen Anwerbestopp für ausländische Arbeiter, nachdem sich eine Wirtschaftskrise mit steigender Arbeitslosigkeit abzeichnet. In den folgenden Jahren holen immer mehr Gastarbeiter, die alleine nach Deutschland kamen, die Familien nach.

1983: Gesetz zur Förderung der „Rückkehrbereitschaft": Es beinhaltet finanzielle Hilfen und eine Rentenregelung für Gastarbeiter, die in ihre Heimatländer zurückkehrten. Die Wirkung des Gesetzes ist gering.

2000: Reform des Staatsangehörigkeitsrechts. Neben dem bisherigen Abstammungs- wird nun das Geburtsortsprinzip eingeführt. Damit können in Deutschland geborene Kinder ausländischer Eltern leichter die deutsche Staatsangehörigkeit erhalten.

2000: Start der „Green-Card-Initiative". Mit der Green-Card-Regelung sollen 20.000 ausländische IT-Spezialisten eine fünfjährige Arbeitserlaubnis erhalten. Der erwartete Ansturm bleibt aus. Im Gegenteil: Immer mehr Deutsche gehen auf der Suche nach Arbeit ins Ausland. 2004 verlassen rund 150.000 Menschen Deutschland. Beliebteste Ziele: Kanada und USA.

2005: Die Green-Card-Regelung wird durch ein neues Zuwanderungsgesetz abgelöst. Es regelt seitdem die Zuwanderung in den Arbeitsmarkt und soll die Integration verbessern. Vor allem hoch qualifizierten Fachkräften öffnet das Gesetz den deutschen Arbeitsmarkt. Es verlangt aber auch die Teilnahme an Sprach- und Integrationskursen.

2011 bis heute: Aufgrund der (südost-)europäischen Staatsschuldenkrise, der vollen EU-Freizügigkeit für Rumänen und Bulgaren sowie der Konflikte in Nordafrika und dem Nahen und Mittleren Osten steigt die Zahl der Einwanderer aus diesen Ländern sprunghaft an.

Nach: Jan Pfaff, die tageszeitung, 20.12.2005

Sonderbriefmarke der Deutschen Post

F

Stelle dar, welche Absicht wohl mit der Herausgabe der Briefmarke erzielt werden sollte

Personen mit Migrationshintergrund
So bezeichnet man alle seit 1950 in das Gebiet der heutigen Bundesrepublik zugewanderten Menschen, alle in Deutschland geborenen Ausländer und alle in Deutschland als Deutsche Geborenen mit zumindest einem nach 1949 zugewanderten oder als Ausländer in Deutschland geborenen Elternteil. Mittlerweile leben mehr als 17 Mio. Personen mit Migrationshintergrund in Deutschland.

M16 Migrationshintergrund

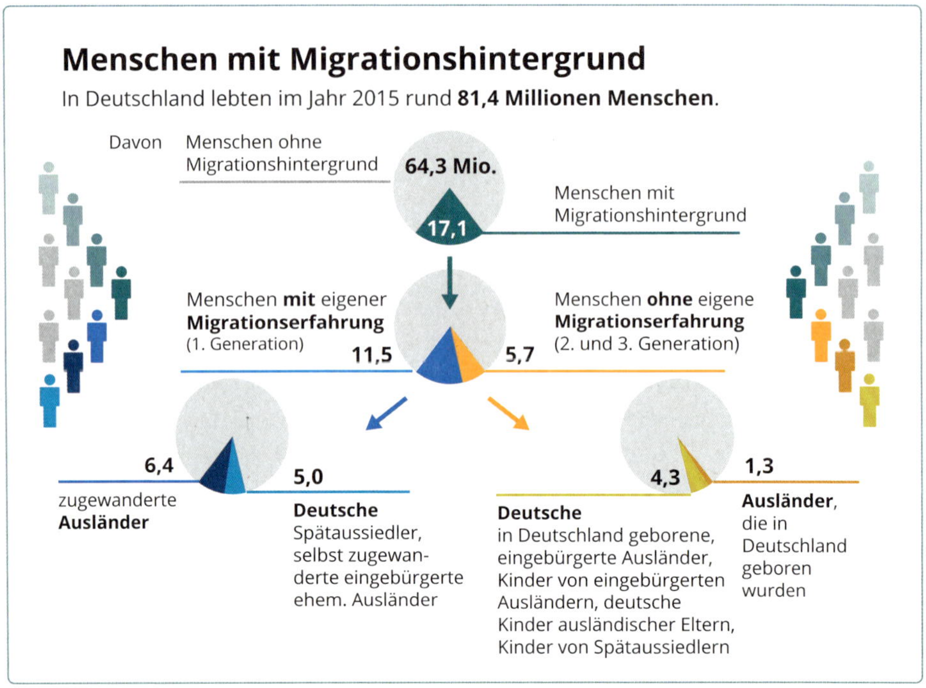

Globus-Grafik 11274; Quelle: Statistisches Bundesamt, Bundeszentrale für politische Bildung

M17 Höchste Zuwanderung seit 1992

Deutschland hat 2014 die höchste Einwanderung seit 22 Jahren verzeichnet. [...] Gründe dafür sind die Arbeitnehmerfreizügigkeit für die EU-Beitrittsstaaten Rumänien und Bulgarien, die wirtschaftliche Misere in Südeuropa und eine wachsende Zahl von Flüchtlingen. Etwa drei Viertel der Zuwanderer kommen aus EU-Staaten. [...] Die hohe Zuwanderung sorgte 2014 dafür, dass die Bevölkerung in Deutschland weiter gewachsen und nicht geschrumpft ist. Denn abermals starben mehr Menschen in der Bundesrepublik als geboren wurden. [...] Experten erwarten, dass die hohe Zuwanderung nicht von Dauer sein wird. Die Bevölkerung dürfte dann wieder schrumpfen, sodass es weniger Arbeitskräfte gäbe. Die Wirtschaft und auch die Bundesregierung werben daher um Zuwanderung aus dem Ausland. „Mit Einwanderung sichern wir in unserem Land dauerhaft Wachstum und Wohlstand angesichts unserer kritischen demografischen Entwicklung", erklärte der Präsident des Bundesverbandes der Deutschen Industrie (BDI), Ulrich Grillo. „Die meisten Einwanderer wollen arbeiten, etwas leisten, sie wollen sich beweisen und sind motiviert."

AP/Reuters www.faz.net, 21.1.2015

Wanderungen zwischen Deutschland und dem Ausland			
Jahr	Zuzüge	Fortzüge	Saldo
1999	874.023	672.048	+201.975
2000	841.158	674.038	+167.115
2001	879.217	606.494	+272.723
2002	842.543	623.255	+219.288
2003	768.975	626.330	+142.645
2004	780.175	697.632	+82.543
2005	707.352	628.399	+78.953
2006	661.855	639.064	+22.791
2007	680.766	636.854	+43.912
2008	682.146	737.889	– 55.743
2009	721.014	733.796	– 12.782
2010	798.282	671.605	+127.677
2011	958.299	678.969	+279.630
2012	1.080.936	711.992	+368.944
2013	1.226.500	797.900	+428.600
2014	1.464.724	914.241	+550.483
2015	2.136.954	997.552	+1.139.402

© Statistisches Bundesamt, Wiesbaden 2017

AUFGABEN

1. Benenne die Spieler der Deutschen Nationalmannschaft mit Migrationshintergrund (**M13**). Aus welchen Ländern stammen sie oder deren Eltern?
2. Erkläre, weshalb Hatice Kara den Rummel um ihre Person ablehnt (**M14**).
3. Erläutere am Beispiel der Familie von Frau Kara, wie Deutschland zum Einwanderungsland wurde (**M14**, **M15**).
4. Setze die Tabelle in ein Diagramm um und gib wieder, welche Ursachen der Verlauf der Migrationssalden hat (**M17**).
5. Angesichts sinkender Bevölkerungszahlen fordern einige Politiker mehr Zuwanderung. Diskutiert diese Forderung in der Klasse (**M17**).

Was bedeutet Integration?

Integration
Das Wort Integration kommt aus dem Lateinischen und bedeutet die „Herstellung eines Ganzen". Im allgemeinen Sprachgebrauch verstehen wir darunter „Eingliederung" oder „Einbindung" eines Einzelnen oder einer Minderheit in eine größere Gruppe.

M18 Wann ist man integriert?

Eine Person ist in die Gesellschaft integriert, …		
	Zustimmung	Ablehnung
wenn sie einen Schulabschluss hat.		
wenn sie gut deutsch spricht.		
wenn sie eine Berufsausbildung hat.		
wenn sie die Gesetze des Landes anerkennt und befolgt.		
wenn sie überwiegend deutsche Freunde hat.		
wenn sie Alkohol trinkt.		
wenn sie von deutschen Nachbarn zum Kaffee eingeladen wird.		
wenn sie sich politisch engagiert.		
wenn sie die deutsche Staatsbürgerschaft besitzt.		
wenn ihre Kinder gut deutsch sprechen.		
wenn ihre Kinder in den Kindergarten gehen.		
wenn sie Weihnachten und Ostern feiert.		
…		

Nach: Filiz Erkeneken/Siegfried Haas/Christoph Straub, Wochenschau Nr. 6/2006, S. 211

M19 Wie angepasst muss man sein?

Sorgfältig rückt sie ihr Kopftuch zurecht, steckt eine lange Haarsträhne unter den weichen Stoff aus Seide und Kaschmir. Ein Blick in den Spiegel, dann macht sie sich auf ihren Schulweg. Yagmur ist 15 Jahre alt, Mädchen wie sie gibt es viele in Deutschland. Hunderttausende, die sich täglich zwischen zwei Kulturen zurechtfinden müssen. Sie müssen Balance halten zwischen zwei Welten, zwischen Vorstellung und Realität, Hass und Liebe. Je länger Mädchen wie Yagmur in der Kultur ihrer Heimat aufgewachsen sind, desto größer ist ihr innerer Zwiespalt, ihr Wunsch nach Zugehörigkeit und dem Wissen um die wahre Herkunft. Doch längst nicht alle wollen dazugehören. Es gibt eine große Kluft zwischen Eingliederung und Provokation, zwischen Dazugehörigkeit und Ausgrenzung. Oftmals werden schon im Elternhaus die Weichen für eine Richtung gestellt. Dies fängt bei der Wahl des Wohnortes an und setzt sich fort bei der Sprache und dem Umgang der Eltern mit der deutschen Kultur. „Scheißtürkin!" rufen sie auf dem Schulweg in der Kleinstadt hinterher. Yagmur überhört es, versucht es zu verdrängen, hält den Blick gesenkt und geht stumm weiter. Sätze wie dieser versetzen ihr einen Stich. Sie wird erkannt, als Türkin, als Fremde. Sie versteht das nicht. Seit zwölf Jahren lebt sie in Deutschland. Sie will dazugehören. Anerkennung und Respekt. Sie geht zur Schule, verhält sich wie die anderen, und doch wird sie nie ganz gleich sein. Ihr Name, ihre Aussprache, ihr Aussehen, das alles stempelt sie immer wieder als „die Muslima" ab. Und wenn sie doch ihr Kopftuch ablegt? Nein. Sie ist stolz auf ihre Herkunft, auf ihre Religion und ihre Kultur. Für sie gehört das morgendliche Binden des Kopftuchs dazu.

Sophie Megerle/Lena Reutter, Stuttgarter Zeitung, 27.8.2010

M20 Ein Land – zwei Welten

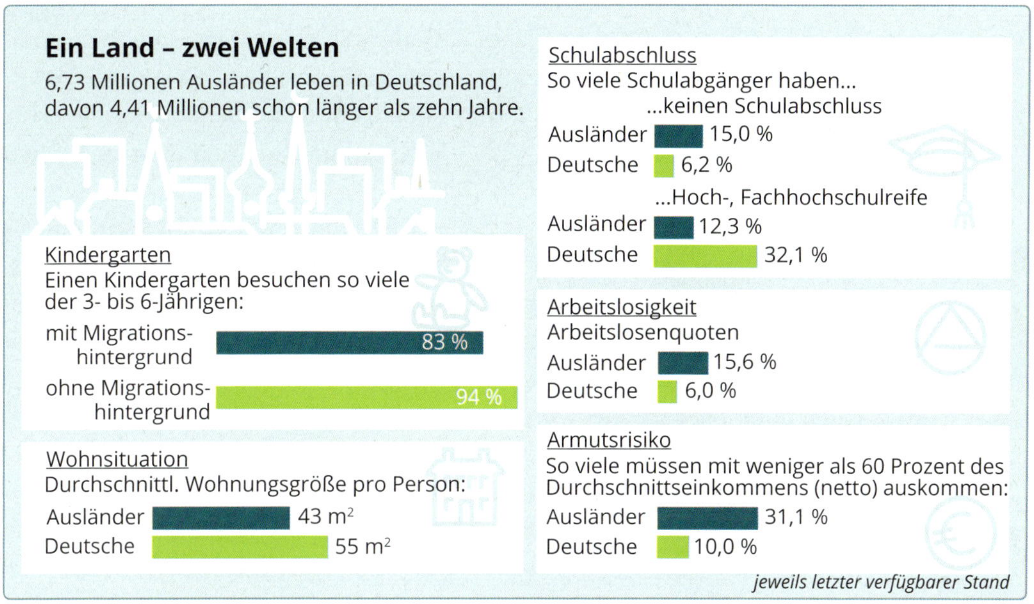

Quellen: Stat. Bundesamt, Bertelsmann Stiftung; Globus-Grafik 3116

M21 Es gibt keine Integrationsmisere in Deutschland

Sind Muslime wirklich schlechter integriert als andere Migranten? Die Diskussion über diese Frage läuft völlig falsch, sagt Forscher Klaus Bade.

SPIEGEL ONLINE: Sarrazin behauptet auch, die verschiedenen Migrantengruppen integrierten sich unterschiedlich in die deutsche Gesellschaft. Lässt sich das tatsächlich beobachten?

Bade: Migrantengruppen als solche gibt es nicht. Vielmehr lassen sich innerhalb der verschiedenen Herkunftsgruppen Milieus ausmachen, die ebenfalls bei der Bevölkerung ohne Migrationshintergrund zu finden sind. Türkische Zuwanderer schneiden in ihren schulischen Leistungen zwar im Schnitt schlechter ab als Schüler ohne Migrationshintergrund. Das gilt aber auch für andere Herkunftsgruppen wie zum Beispiel Italiener, die in der Bildungsstatistik sogar noch schlechter dastehen. Andererseits fin-

Thilo Sarrazin
Volkswirt, Autor und ehemaliger SPD-Politiker

den sich auch unter Zuwanderern Personen mit besonders stark ausgeprägter Aufstiegsorientierung, gerade auch bei Menschen mit türkischem Migrationshintergrund.

SPIEGEL ONLINE: Taugen die Erfolgsgeschichten hochqualifizierter Migranten als Vorbild für ihre Landsleute?

Bade: Natürlich. Im Bereich der schulischen Bildung machen wir hervorragende Erfahrungen damit. Das gilt zum Beispiel für Studenten mit Migrationshintergrund, die Jüngere gezielt auf ihrem Weg durch die Schullaufbahn begleiten und unterstützen. Warum sollte dies in der Berufswelt anders sein? Wir reden nur zu wenig über diese erfolgreichen Einwanderer.

SPIEGEL ONLINE: Laut Integrationsbericht der Regierung steht einer kleinen Elite von hoch qualifizierten Migranten eine wachsende Zahl jugendlicher Zuwanderer gegenüber, die kaum Chancen auf dem Arbeitsmarkt haben. Was kann man tun, um diesen Trend zu stoppen? […]

Bade: Unser Bildungssystem muss sich besser auf die interkulturellen Rahmenbedingungen einstellen. Hochqualifizierte können nämlich nicht nur zuwandern, man kann sie durch zureichende Förderung auch im eigenen Land gewinnen. Im internationalen Vergleich verlangt das deutsche Schulsystem den Eltern besonders viel ab. Es geht von Voraussetzungen aus, die zugewanderte Eltern häufig nur bedingt erfüllen. Ganztagsschulen und ganztägige frühkindliche Förderung können, wenn sie qualitativ hochwertig angelegt sind, hier effektiv Abhilfe leisten. […]

SPIEGEL ONLINE: Wer trägt Ihrer Meinung nach die Schuld an der Integrationsmisere?

Bade: Ich sehe keine Integrationsmisere in Deutschland. Wie der Sachverständigenrat deutscher Stiftungen für Integration und Migration in seinem aktuellen Jahresgutachten gezeigt hat, verläuft Integration in Deutschland sehr viel erfolgreicher, als es die Desintegrationspublizistik glauben machen will, auch im internationalen Vergleich. Ausnahmen bestätigen die Regel. In den letzten zehn Jahren ist in Sachen Integrationspolitik mehr geschehen als in den vier Jahrzehnten zuvor. Die in Deutschland geborene Zuwandererbevölkerung der zweiten und dritten Generation erzielt in fast allen Bereichen, sei es Bildung oder Arbeitsmarkt, deutlich bessere Ergebnisse als ihre Eltern und Großeltern. Dieser Effekt lässt sich für nahezu alle Herkunftsgruppen beobachten.

Michael Kröger, Der Spiegel, 7.12.2010

AUFGABEN

1. Übertrage den Fragebogen aus **M18** in dein Heft und fülle ihn aus. Diskutiert auf der Grundlage eurer Ergebnisse, ab wann jemand als integriert gelten kann.

2. Yagmur (**M19**) überlegt, ob sie ihr Kopftuch nicht mehr tragen soll. Schreibe ihr einen Brief, in der du ihr einen freundschaftlichen Rat gibst.

3. Erläutere, welche Faktoren Integration begünstigen bzw. behindern können (**M18 – M20**).

Alle anders – alle gleich?

M22 So sehen Deutsche aus

Rassismus
Der Begriff „Rasse" stammt aus der Tierwelt. Der Rassismus geht davon aus, dass Menschen mit anderer Hautfarbe oder anderer Herkunft weniger wert sind als andere, dass zum Beispiel Menschen mit weißer Hautfarbe mehr leisten können als andere Menschen. Rassisten halten sich selbst also für etwas Besseres und wollen den eigenen Stellenwert überhöhen, andere Menschen abwerten. Das ist natürlich falsch, weil alle Menschen gleich viel wert sind, unabhängig von der Hautfarbe oder Religion, die sie haben oder woher sie kommen.

Vorurteil
Ein Vorurteil ist eine verfestigte, vorgefasste Meinung, die gegenüber einer bestimmten Person, einer ganzen Bevölkerungsgruppe oder den Bewohnern eines Landes geäußert wird. Die Meinung beruht aber nicht auf eigener Erfahrung und Überprüfung. Vielmehr übernimmt man kritiklos von jemand, den man in seiner Beurteilung anerkennt. Vorurteile enthalten meistens Abwertungen anderer Menschen und Gruppen. Dadurch wertet man sich selbst auf.

M23 Rassismus – auch im Schulalltag?

Seit 2013 berichten auf dem Twitter Hashtag #schauhin Menschen in Deutschland über ihre Erfahrungen mit dem Rassismus

Typ, der normal mit mir deutsch spricht. Dann mitkriegt, dass ich Türke bin: Und. Nur. Noch. lang.sam.re.Det. #schauhin
– Hakan Tanriverdi (@hakantee) September 6, 2013

Als ich mit 11 sagte: „Später will ich aufs Gymnasium.", hat die Lehrerin am lautesten gelacht. #migrationshintergrund #geschafft #schauhin
– Dilan (@Poethix) September 6, 2013

D-Lehrerin mal zu mir: „Du wirst immer Probleme mit der deutschen Sprache haben." Heute liest sie meine Artikel in ihrer Zeitung. #SchauHin
– Emran Feroz (@Emran_Feroz) September 6, 2013

Winter. Ein Freund will sich kurz meine Handschuhe ausleihen. Lehrer: „Nein, die braucht sie selbst, hier ist's kälter als in Afrika". #schauhin
– Niddal Salah-Eldin (@Nisalahe) September 6, 2013

© 2015 Twitter, #schauhin, https://twitter.com (10.3.2015)

M24 Was ist „gruppenbezogene Menschenfeindlichkeit"?

Der Rassismus-Forscher Prof. Dr. Andreas Zick im Gespräch mit „Klicksafe".

Sie bezeichnen Hass und Vorurteile gegen Juden, Homosexuelle, Muslime, Schwarze, Zuwanderer oder Frauen als „gruppenbezogenen Menschenfeindlichkeit". Welche Motive stecken dahinter?

Menschen äußern Hass und Feindschaft, weil sie sich mit Gruppen identifizieren und als Gruppenmitglieder handeln. Sie werten andere ab, weil diese einer anderen Gruppe angehören. Das Bedürfnis nach Zugehörigkeit ist [...] das wichtigste soziale Motiv. Mit der Abwertung der anderen drücken wir Zugehörigkeit aus, z. B. die Zugehörigkeit zu einer Nation. Die Menschenfeindlichkeit erhält und befördert also die soziale Identität. Ein weiteres Motiv ist es, die Welt zu verstehen. Menschenfeindliche Argumente erklären, warum in der Welt Ungerechtigkeit und Ungleichheit existieren, die anderen sind verantwortlich. Auch das Bedürfnis nach einer positiven Selbstbewertung ist ein Motiv. Die Abgrenzung von den anderen befördert die Selbstaufwertung und dann auch das zuerst genannte Gefühl der Zugehörigkeit. Auch das Motiv, Vertrauen zu Gruppen herzustellen, gehört dazu. Die Abwertung der anderen befördert das Vertrauen in meiner Gruppe und markiert zugleich, wem ich nicht vertraue.

Klicksafe (Hg.): Rechtsextremismus hat viele Gesichter, 2013, S. 46

M25 Was kann man gegen Menschenfeindlichkeit tun?

Mittlerweile gibt es viele Gruppen und Initiativen von Menschen, die sich aktiv gegen Menschenfeindlichkeit einsetzen und eintreten, wenn Schwächere Anfeindungen ausgesetzt sind. Mittlerweile sehr bekannt ist: „Schule ohne Rassismus – Schule mit Courage", für die nun auch Jerôme Boateng Pate geworden ist. Auf dem Bild ist zu sehen, wie Boateng im Oktober 2014 die Ferdinand Miller Realschule in Fürstenfeldbruck auszeichnet.

Schule ohne Rassismus.org, Startseite, www.schule-ohne-rassismus.org (10.3.2015)

Jerôme Boateng als Pate für die Initiative „Schule ohne Rassismus" in Fürstenfeldbruck, Bayern

AUFGABEN

1. Erkläre, was man unter Rassismus versteht und warum sich Boateng immer wieder gegen rassistische Äußerungen wehren muss (**M22**, **M23**).
2. Überprüfe, inwieweit es sich bei den hier genannten Fällen um Rassismus handelt (**M23**, **M24**).
3. Erkläre, weshalb sich manche Menschen feindlich gegenüber anderen verhalten und was das mit der Gruppenzugehörigkeit zu tun hat (**M23**, **M24**).
4. Recherchiert im Internet unterschiedliche Initiativen, in denen sich Jugendliche gegen Menschenfeindlichkeit engagieren und stellt diese in einem Referat vor (**M25**).

WAS WIR WISSEN

Migration und ihre Ursachen
M1 – M3

Migration gibt es schon so lange, wie es Menschen gibt. Zurzeit befinden sich weltweit ca. 60 Mio. Menschen auf der Flucht. Wanderungsmotive werden allgemein in Push- (abstoßen) und Pull-Faktoren (anziehen) unterteilt. Zu den Push-Faktoren zählen Kriege und Bürgerkriege, religiöse, politische Verfolgung und Verfolgung aufgrund des Geschlechts und der Hautfarbe, Armut, Hunger, Umweltkatastrophen. Zu den Pull-Faktoren gehören allgemein die Aussicht auf bessere Lebensbedingungen im Zielland, Sicherheit, Familienzusammenführung oder auch die gezielte Anwerbung von Arbeitskräften. Darüber hinaus fordert die zunehmende Globalisierung von den Menschen eine immer größere Bereitschaft, den Arbeits- und damit zumeist auch den Wohnort zu wechseln.

Flucht nach Europa
M7 – M10

Seit einigen Jahren versuchen immer mehr Menschen aus Afrika und dem Nahen und dem Fernen Osten nach Europa zu migrieren. Viele von ihnen riskieren auf der Flucht ihr Leben oder gelangen nur illegal in die EU. Zahlreiche Flüchtlinge werden auch Opfer von kriminellen Schlepperorganisationen. Nur wenigen gelingt es, als Flüchtlinge anerkannt zu werden und dauerhaft in Europa leben zu können. Um in Europa bleiben zu können, müssen die Flüchtlinge einen Asylantrag stellen oder als Flüchtlinge anerkannt werden. Dazu müssen sie nachweisen, dass ihr Leben im Heimatland aufgrund von Verfolgung in Gefahr ist.

Deutschland als Einwanderungsland
M14 – M17

Seit Bestehen der Bundesrepublik lassen sich verschiedene Phasen in der Zuwanderungsgeschichte unterscheiden. In den 1950er- und 1960er-Jahren wurden zahlreiche Ausländer als „Gastarbeiter" von Unternehmen und Behörden angeworben. Viele weitere Menschen kamen bis Mitte der 1990er-Jahre durch Familiennachzüge der hier lebenden Ausländer, als Aussiedler oder durch die Beantragung von Asyl hinzu. Heute leben in Deutschland ca. 17,2 Mio. Menschen mit ausländischen Wurzeln. Das entspricht rund einem Fünftel der Bevölkerung. Erst nach der Jahrtausendwende hat man damit begonnen, die Steuerung der Zuwanderung und die Integration der hier lebenden Bevölkerung mit Migrationshintergrund als umfassende Aufgabe der Politik zu begreifen.

Integration
M18 – M21

Als Haupthindernisse für eine erfolgreiche Integration gelten in erster Linie mangelnde Deutschkenntnisse und fehlende Bildungsabschlüsse. Es ist deshalb weitgehend unumstritten, dass Maßnahmen zur Verbesserung von Sprachkenntnissen und zur Förderung von (höheren) Bildungsabschlüssen die Integration erleichtern.

Rassismus
M23 – M25

Auch wenn Deutschland schon lange ein Einwanderungsland ist, tun sich viele Menschen immer noch schwer damit, anzuerkennen, dass die Gesellschaft durch eine große Vielfalt geprägt ist. Immer wieder gibt es im Alltag rassistische Übergriffe.

WAS WIR KÖNNEN

Wie viel Integration muss sein?

1. Bildet in der Klasse zwei Gruppen, „Zuwanderer" und „Einheimische", die zunächst unabhängig voneinander arbeiten. Formuliert als „Einheimische" eure Erwartungen an die „Zuwanderer" – z. B. Voraussetzungen, die sie mitbringen, oder Regeln, die sie akzeptieren sollten. Als „Zuwanderer" vertretet ihr entsprechend die Haltung der Migranten. Berücksichtigt möglichst viele Bereiche wie Sprache und Kultur, Bildung und Religion, Beruf und Arbeit, Politik und Gesellschaft.

Einheimischer:	Zuwanderer:
Ich erwarte von den Zuwanderern, dass ...	Ich erwarte von Deutschland und den Deutschen, dass ...
....	....
....	....
....	....
Einwanderer aus fremden Kulturen verändern auch die heimische Lebensweise. Ich bin bereit Folgendes mitzutragen:	Ich bin bereit, mich folgendermaßen zu ändern und (an die deutsche Lebensweise) anzupassen:
....	....
....	....
Nicht tolerieren kann ich:	Nicht aufgeben kann/möchte ich:
....	....

2. Vergleicht die Erwartungen der Einheimischen mit der Anpassungsbereitschaft der Zuwanderer und die Erwartungen der Zuwanderer mit der Aufnahmebereitschaft bzw. Abwehrhaltung der einheimischen Bevölkerung. Reichen die Übereinstimmungen für eine insgesamt erfolgreiche Integration aus? Wo bestehen konfliktträchtige Unterschiede? Gibt es unüberbrückbare Gegensätze?
3. Gibt es ein Leitbild „des" Deutschen, an dem der Integrationserfolg zu messen wäre? Einigt euch in der Klasse auf einen Minimalkatalog (rechtlich) verbindlicher Regeln für das Zusammenleben in einer multikulturellen Gesellschaft.

Bruno Zandonella, Themenblätter im Unterricht 32/2003, Bundeszentrale für politische Bildung, S. 8

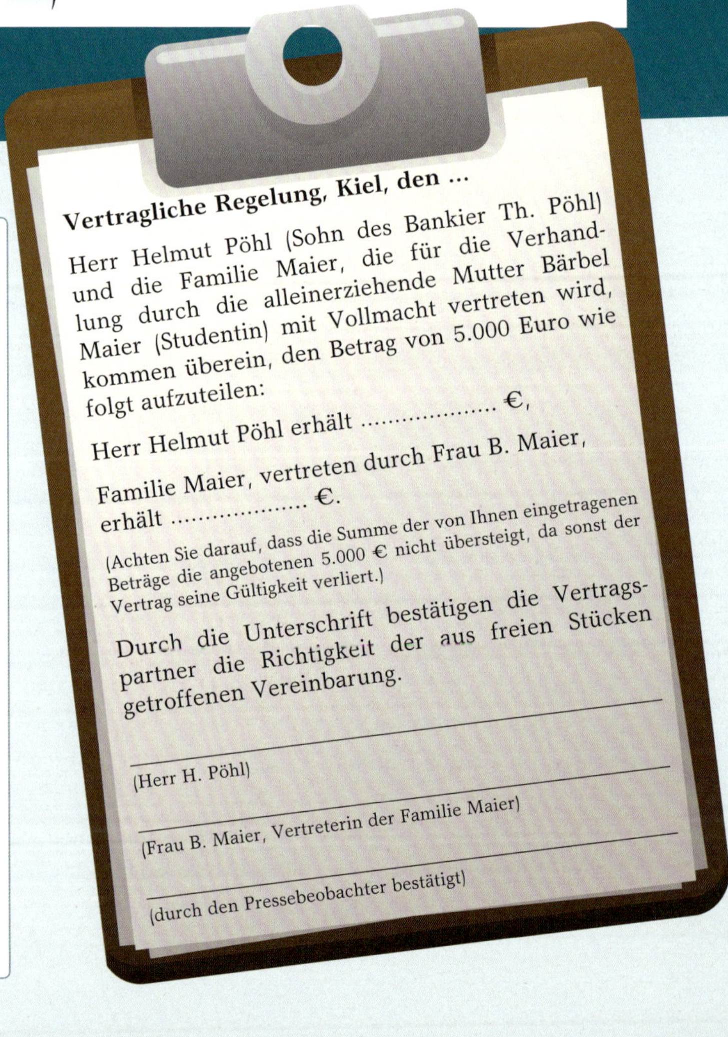

Vertragliche Regelung, Kiel, den ...

Herr Helmut Pöhl (Sohn des Bankier Th. Pöhl) und die Familie Maier, die für die Verhandlung durch die alleinerziehende Mutter Bärbel Maier (Studentin) mit Vollmacht vertreten wird, kommen überein, den Betrag von 5.000 Euro wie folgt aufzuteilen:

Herr Helmut Pöhl erhält .... €,

Familie Maier, vertreten durch Frau B. Maier, erhält .... €.

(Achten Sie darauf, dass die Summe der von Ihnen eingetragenen Beträge die angebotenen 5.000 € nicht übersteigt, da sonst der Vertrag seine Gültigkeit verliert.)

Durch die Unterschrift bestätigen die Vertragspartner die Richtigkeit der aus freien Stücken getroffenen Vereinbarung.

(Herr H. Pöhl)

(Frau B. Maier, Vertreterin der Familie Maier)

(durch den Pressebeobachter bestätigt)

Spielanleitung:

Ein Betrag von 5.000 (fiktiven) Euro soll unter zwei Parteien aufgeteilt werden. Beide Parteien argumentieren miteinander öffentlich vor der Klasse um die Aufteilung des Betrags. Dieser Aushandlungsprozess ist zeitlich begrenzt: maximal 10 Minuten.

Kommt es in dieser Zeit nicht zu einer einvernehmlichen Aufteilung des Betrags, verfällt der Betrag.

Gelingt die einvernehmliche Aufteilung, wird zur Besiegelung darüber ein Vertrag geschlossen.

Schülerinnen und Schüler, die nicht einer der beiden Parteien angehören, nehmen die Rolle von (Presse-)Beobachtern ein, die die ausgetauschten Argumente protokollieren.

7

Wandel und Herausforderungen in der modernen Gesellschaft

Unsere moderne Gesellschaft befindet sich in einem steten Wandel. Die Verteilung von Chancen und Einkommen, Aufbau und Altersdurchschnitt der Bevölkerung, Herkunft und Bildung der Menschen verändern sich. Wie kann der Wandel positiv gestaltet werden?

KOMPETENZEN

Am Ende des Kapitels solltet ihr Folgendes können:

- Erscheinungsformen des demografischen Wandels in modernen Gesellschaften beschreiben
- Folgen des demografischen Wandels für die Gesellschaft erläutern und beurteilen
- soziale Ungleichheit als Merkmal von Gesellschaften beschreiben
- verschiedene Dimensionen sozialer Ungleichheit analysieren
- Bedeutung sozialer Ungleichheit für den Zusammenhalt und die Entwicklung einer Gesellschaft problematisieren und diskutieren

WAS WISST UND KÖNNT IHR SCHON?

1. Spielt das Rollenspiel wie in der Spielanleitung vorgegeben möglichst mit unterschiedlichen Gruppen und vergleicht die Ergebnisse.

2. Definiert für euch den Begriff Gerechtigkeit.

7.1 Auswirkungen des demografischen Wandels

Der demografische Wandel in Deutschland

Erklärfilm „demografischer Wandel“

Mediencode: 71008-10

M1 Weniger Menschen im erwerbsfähigen Alter

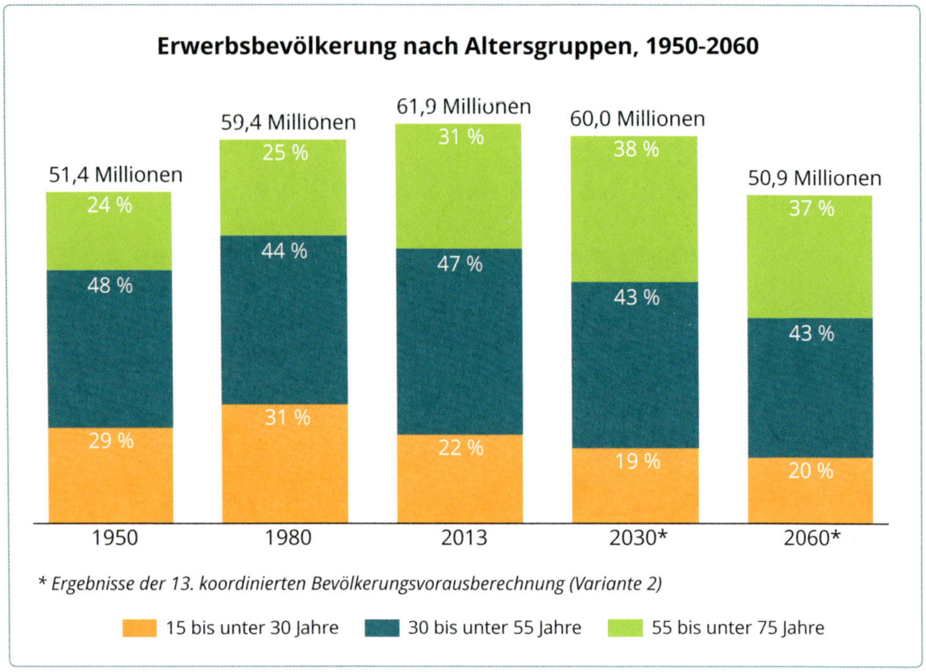

Datenquelle: Statistisches Bundesamt; Berechnungen: BiB; © BiB 2015/demografie-portal.de

M2 Entwicklung der Bevölkerung in Schleswig-Holstein bis 2050 (15- bis unter 65-Jährige)

Demografischer Wandel
So werden die Veränderungen in der Bevölkerungszusammensetzung hinsichtlich ihrer Größe und Struktur (z. B. Altersaufbau) bezeichnet.

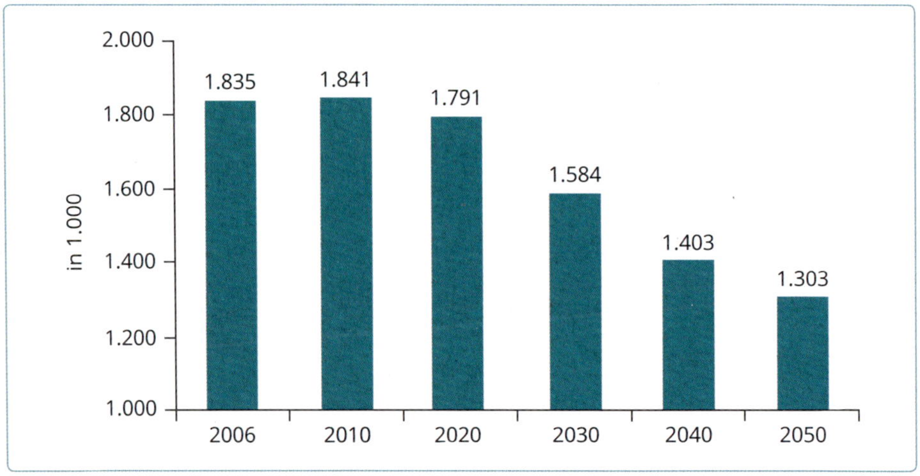

Demografischer Wandel, IAB-Regional 4/2010, S. 9

M3 Warum die Deutschen keine Kinder bekommen

Eine bundesweite Umfrage und Fragebogenaktion unter 40.000 Männern und Frauen im Alter zwischen 18 und 49 Jahren, mit der die Zeitschriften „Eltern" und „Eltern for family" das Meinungsforschungsinstitut Forsa beauftragt hatten, kam zu folgendem Ergebnis:

44 Prozent der befragten Kinderlosen verzichten demnach auf Nachwuchs, weil ihnen der geeignete Lebenspartner fehlt. Genauso viele wollen keine Familie gründen, weil sie auch ohne Kinder mit ihrem Leben zufrieden sind. Fast 40 Prozent der Kinderlosen und 45 Prozent der befragten Eltern verzichteten auf (weitere) Kinder, „weil man heute nicht mehr wissen kann, ob man seinen Arbeitsplatz behält und sich (weitere) Kinder leisten kann". Nur neun Prozent der Kinderlosen und 21 Prozent der Eltern wollen keine (weiteren) Kinder, weil es an Krippen- und Kindergartenplätzen fehlt. Auch eine ebenfalls von der Zeitschrift „Eltern" in Auftrag gegebene weitere Untersuchung des Instituts für Demoskopie Allensbach kommt zu ähnlichen Ergebnissen. [...]

In der Studie, die das „Lebensgefühl und die wirtschaftliche Situation junger Familien" ergründet hat, wird deutlich, dass Familie für fast 90 Prozent der Deutschen weiter an erster Stelle ihrer persönlichen Prioritäten steht. Laut Allensbach-Studie bedeuten Kinder für mehr als 85 Prozent der Eltern positive Aspekte wie „gebraucht werden", „viel Freude" sowie „lieben und geliebt werden". Die Antwort „Opfer bringen und verzichten müssen" folgt mit 68 Prozent erst auf Platz 10.

Khalid Holl, Frankfurter Allgemeine Zeitung, 12.1.2005

M4 Ursachen der steigenden Lebenserwartung

Dass die Gesellschaft altert, liegt neben einer sinkenden Geburtenrate auf der einen Seite auch an einer steigenden durchschnittlichen Lebenserwartung der Bevölkerung. Diese hat mehrere Ursachen. Dazu zählt insbesondere der medizinische Fortschritt (Verbesserungen in den Bereichen medizinische Diagnostik, Arzneimittel, Mikrochirurgie, Organtransplantationen, Biotechnik). Aber auch ein gewandeltes Gesundheitsbewusstsein (bessere Ernährung, weniger Raucher, mehr Bewegung), die verbesserte Sicherheitstechnik in unterschiedlichen Bereichen (Verkehr, Arbeitswelt) und generell ein Rückgang gesundheitsgefährdender, körperlich belastender und unfallträchtiger Arbeitsplätze lassen die Menschen immer älter werden.

AUFGABEN

1. Analysiere die Angaben in **M1** und nenne die wichtigsten Trends des demografischen Wandels.
2. Gestalte eine Mindmap, in der die unterschiedlichen Ursachen des demografischen Wandels veranschaulicht werden (**M1 – M4**).

F
Erläutere, welche wirtschaftlichen, sozialen und politischen Probleme sich durch den demografischen Wandel für Deutschland ergeben können.

Wie wirkt sich der demografische Wandel aus?

M5 Sehen so die Städte der Zukunft aus?

Wittenberge im Nordwesten Brandenburgs gilt als ein Musterbeispiel einer schrumpfenden Stadt: Die Einwohnerzahl hat sich seit 1990 auf 19.000 Menschen halbiert.
Einst stand hier mit der Firma „Singer" die modernste Nähmaschinenfabrik der Welt. Mittlerweile gibt es kein Krankenhaus mehr, überall steht Wohnraum leer, die Stadt „vergreist". Schrumpfende Städte sind durch den Rückgang der Bevölkerung (demografischer Wandel, Abwanderung) und eine nachlassende wirtschaftliche Entwicklung gekennzeichnet.

M6 Kein Job, keine Frau

Stellen wir uns zusammen den Lebensweg eines im Jahr 2000 geborenen Jungen aus einer ländlichen Region in Sachsen-Anhalt vor, mit Eltern, die mittlere Angestellte sind, keine größeren finanziellen oder gesundheitlichen Probleme, durchschnittlicher Ausbildungsweg. Wo wird er 2020 sein?

Wenn er in Sachsen-Anhalt bleibt, wird er zu einer Minderheit gehören. Wenn man in den Gebieten, von denen ich eben gesprochen habe (Ostdeutschland, Saarland), Umfragen unter jungen Leuten macht, stellt sich immer heraus, dass sie fast alle dort wegziehen wollen. Die Bereitschaft dazu steigt mit höherem Bildungsabschluss. […]

Das heißt, unser Junge ist 2020 ziemlich allein.

Das kann man so sagen. Das ist leider das Schicksal einer ganzen Reihe von jungen Leuten in diesen ländlichen Gebieten, und zwar von mehr Männern als Frauen, da die noch viel häufiger in den Westen abwandern.

Die Männer, die zurückbleiben, kann man oft so beschreiben: nicht qualifiziert, kein Job, keine Frau.

Würde Ihre Antwort also anders ausfallen, wenn wir uns ein Mädchen vorgestellt hätten?

Ja. Die Mädchen sind in der Regel besser in der Schule, und finden so auch meist leichter einen Ausbildungsplatz, sie sind auch flexibler und eher bereit, Jobs im Dienstleistungsbereich zu übernehmen. [...] Dort gibt es auch mehr Arbeitsplätze [...].

Wie kann man den Jugendlichen in den sogenannten strukturschwachen Gebieten Mut machen?

Man muss diesen Jugendlichen sagen, dass im Prinzip alle Regionen Potenziale haben. Man muss aber gleichzeitig sagen, dass der Trend bei einer schwindenden Bevölkerung in die Zentren geht. Der Wandel zu einer Wissensgesellschaft beschleunigt den Drang in die Städte zusätzlich. In Volkswirtschaften wie unserer, die kreative Ökonomien sind, gehen die Kreativen zu anderen Kreativen. Und die sitzen in den Städten, und nicht auf dem mecklenburg-vorpommerischen Land. [...]

Wie kann sich ein einzelner Jugendlicher um einen sinnvollen Umgang damit bemühen, dass sich bestimmte Regionen so schlecht entwickeln, wie Sie es in Ihren Studien beschreiben?

Schauen, wo Entscheidungen getroffen werden. Schauen: Was macht unser Bürgermeister eigentlich? Wenn ein Jugendklub geschlossen werden soll, fragen, woran es liegt: Fehlt das Geld? Fehlt es an Leuten, die sich engagieren? Meistens ist es das. Es kann tatsächlich jeder was bewirken, der sich entschließt, sich zu engagieren und zum Beispiel die Jüngsten im Fußballklub zu trainieren. Gerade in den Problemregionen auf dem Land brauchen wir extrem viel von dieser Art Zivilgesellschaft.

Interview mit Reiner Klingholz, Direktor des Berlin-Instituts für Bevölkerung und Entwicklung, fluter Nr. 34/2010, S. 32 ff.

M7 Teufelskreis der schrumpfenden Städte

- Geburtenrückgang
- sinkende Finanzkraft der Gemeinde
- schlechte Infrastruktur
- Abwanderung
- fehlende Versorgungseinrichtungen
- sinkende Attraktivität der Stadt
- fehlende kulturelle Einrichtungen
- schrumpfende Steuereinnahmen

M8 Man braucht Ideen

Eine grandiose Fernsicht, herrliche Ruhe, ringsum Natur. „Es ist wirklich schön in Ottenstein", sagt ein Beamter aus der 20 Autominuten entfernten Kreisstadt Holzminden. Dort zu wohnen, könne er sich trotzdem nicht vorstellen. „Zu abgelegen." Bis zur nächsten Autobahn fährt man fast eine Stunde. Weil er fürchtet, dass die jungen Leute im Dorf ähnlich denken könnten und aus dem Weserbergland wegziehen, will der Gemeinderat mit einer ungewöhnlichen Maßnahme gegensteuern. Junge Familien, die in Ottenstein bauen wollen, bekommen das Bauland geschenkt. [...]

In der Region seien schon früher hin und wieder vergünstigte Baugrundstücke angeboten worden, sagt Marie-Luise Nigel vom Landkreis Holzminden. „Aber dass Baugrund verschenkt wird, das hatten wir noch nicht." Vergleichbares habe er von Mitgliedsgemeinden noch nicht gehört, sagt auch Thorsten Bullerdiek, der Sprecher des niedersächsischen Städte- und Gemeindebundes (NSGB). „Das ist ein neuer Ansatz." [...]

Denn dass etwas passieren müsse in Ottenstein, sei jedem klar. Derzeit hat der Ort zwar noch rund 950 Einwohner. Die Tendenz sei aber fallend, sagt der 71-Jährige. Und die Bevölkerungsprognose ist wie für viele andere Kommunen im ländlichen Südniedersachsen niederschmetternd. „Bis zum Jahr 2035 könnten wir ein Drittel der Einwohner verlieren. Das wollen wir nicht zulassen."

Noch gibt es auf der idyllisch gelegenen Ottensteiner Hochebene westlich der Weser fast alles, was man zum Leben braucht, sagt Weimer. Arzt, Apotheke, ein paar Geschäfte, Handwerksbetriebe. Ein Frischkäsewerk bietet rund 300 Menschen Arbeit. Auch die Grundschule, die von der Samtgemeinde Bodenwerder-Polle eigentlich schon geschlossen werden sollte, ist vorerst gerettet. „Aber damit die Schule bleibt, brauchen wir mehr Kinder", sagt der Bürgermeister.

Damit das etwas wird, will Ottenstein 10.000 Quadratmeter gemeindeeigenes Bauland verschenken. [...] Nur die Erschließung müssen die Interessenten selbst zahlen. Allerdings bekommt nicht jeder den Baugrund geschenkt. „Wir wollen am liebsten Leute unter 40 mit Kindern", sagt der Bürgermeister.

dpa, Hamburger Abendblatt, 10.7.2015

M9 Fehlen wirklich so viele Fachkräfte, weil die Gesellschaft altert?

Der demografische Wandel krempelt Arbeitsmarkt und Gesellschaft kräftig um. „Wegen des demografischen Wandels suchen die Firmen händeringend nach Fachkräften" – das erklären die Industrie- und Handelskammern, das schreiben viele Zeitungen und das hört man in Funk und Fernsehen. Die Aussage klingt erst einmal plausibel. Nur: Was plausibel klingt, muss nicht richtig sein.

Tatsächlich haben die aktuell beobachteten Schwierigkeiten von Firmen bei der Rekrutierung bestimmter Fachkräfte noch nichts mit dem demografischen Wandel zu tun. [...] Unterm Strich kann man sagen: Noch hat der Bevölkerungsrückgang den Arbeitsmarkt nicht im Griff. Im Gegenteil, wir befinden uns beim Arbeitskräfteangebot in der Nähe eines Allzeithochs. Wenn wir Rekrutierungsengpässe etwa bei Ingenieuren oder in bestimmten Sozial- und Gesundheitsberufen beobachten, dann muss dies andere Ursachen haben.

Seit Mitte der 1960er-Jahre sinken in Deutschland die Geburtenzahlen. Mit entsprechender Zeitverzögerung kommt diese Entwicklung auch am Arbeitsmarkt an. Bisher wurde der Rückgang allerdings durch Zuwanderung sowie durch steigende Erwerbsquoten der Frauen und der Älteren (und insbesondere der älteren Frauen) ausgeglichen. Das Angebot an Arbeitskräften ist deshalb in den letzten Jahren nicht gesunken, sondern sogar gestiegen. Sicher ist allerdings auch, dass das nicht so bleiben wird. Schon in wenigen Jahren wird der demografische Wandel immer stärker auf den Arbeitsmarkt durchschlagen. [...]

Selbst unter günstigen Annahmen [...] lässt sich künftig das Schrumpfen des Erwerbspersonenpotentials nicht mehr aufhalten. In einem realistischen Szenario wird der Rückgang bis 2025 gut drei Millionen und bis 2050 sogar rund zehn Millionen betragen.

Das ist kein Grund, ein Schreckensbild zu malen, denn langfristig ist die Wirtschaftsleistung pro Kopf entscheidend, und die hängt nicht von der Größe der Bevölkerung ab. In den kommenden Jahrzehnten wird es jedoch eine Übergangsphase geben, in der die schrumpfende und alternde Bevölkerung Gesellschaft und Arbeitsmarkt tiefgreifend verändert. Das betrifft allerdings die Zukunft. Hingegen haben die heute beklagten Fachkräfteengpässe, etwa bei Ingenieuren oder allgemeiner in den sogenannten MINT-Berufen (Mathematik, Informatik, Naturwissenschaft, Technik), damit nichts zu tun. Hierfür sind andere Faktoren verantwortlich, deren Ursachen teilweise Jahrzehnte zurückliegen. Beispiel Ingenieurmangel: Absolventen ingenieurwissenschaftlicher Studiengänge hatten nach der schweren Rezession 1993/94 durchaus Probleme, eine Stelle zu finden. Große Firmen verhängten Einstellungsstopps. Kein Wunder, dass die Studierneigung in diesen Fächern zurückging. Das ist lange her, aber die Auswirkungen sind bis auf den heutigen Tag zu spüren.

Joachim Möller, Der Spiegel, 11.6.2012

AUFGABEN

1. Viele Gemeinden wie Ottenstein geraten in eine Art „Teufelskreis". Erstelle mithilfe der Begriffe aus **M7** eine Grafik, die zeigt, wie dieser funktioniert (**M5 – M8**).
2. Erschließe ausgehend vom Beispiel Ottenstein, wie aus einem Teufelskreis eine „Erfolgsspirale" werden könnte (**M8**).
3. Arbeite heraus, ob der vielfach beklagte Fachkräftemangel mit der Alterung der Gesellschaft zusammenhängt (**M9**).

F
Dokumentiert mit dem Fotoapparat Zeichen des demografischen Wandels in eurer Stadt / eurer Gemeinde.

WAS WIR WISSEN

Demografischer Wandel
M1 – M4

Fehlender Nachwuchs und eine steigende Lebenserwartung führen zu einer nachhaltigen Veränderung des Bevölkerungsaufbaus in der Bundesrepublik Deutschland. Aufgrund des seit den 1960er-Jahren beobachtbaren Geburtendefizits, bei dem die Elterngeneration nicht mehr voll ersetzt wird, wandelt sich die „Bevölkerungspyramide" zu einer „Urne" und schließlich zu einem „Pilz". Dies bedeutet einen steigenden Altersdurchschnitt bei gleichzeitig schrumpfender Gesamtbevölkerung.
Im Ergebnis wird der Anteil der über 65-Jährigen von 20 Prozent im Jahr 2008 auf 35 Prozent im Jahr 2060 ansteigen. Zudem wird die Gruppe der Hochbetagten über 80 Jahren in den kommenden Jahrzehnten zahlenmäßig voraussichtlich überproportional wachsen.
Dieser sogenannte demografische Wandel der Bevölkerung in Deutschland erweist sich wegen seiner Folgen als eine der größten gesellschaftlichen Herausforderungen in den kommenden Jahren.

Auswirkungen auf die Infrastruktur
M5 – M8

Der demografische Wandel wirkt sich auch auf die Infrastruktur von Städten und Gemeinden aus. Weil ganze Wohnviertel vergreisen oder leer stehen, Schulen oder Kindergärten geschlossen werden müssen und der Bedarf an altersgerechten Wohnungen, Altenheimen und Pflegeeinrichtungen steigt, müssen Stadtplaner nach neuen Lösungen suchen. Wichtige Bausteine zur Stärkung des Zusammenhalts entstehen vor allem auf kommunaler Ebene durch die Gestaltung von generationsübergreifenden Wohn- und Lebensräumen.

Wirtschafts- und Arbeitswelt
M9

Da die Personen im Erwerbsalter durchschnittlich älter werden und ihre Zahl weniger, sehen manche die ökonomische Leistungsfähigkeit in Deutschland als gefährdet an. Die Erhaltung der Leistungsfähigkeit älterer Erwerbspersonen gewinnt deshalb zukünftig für die Wirtschaft an Bedeutung. Investitionen in die Arbeitskraft alternder Belegschaften werden damit zu einem zentralen Handlungsfeld der Wirtschaft. Der demografische Wandel muss nicht zwingend einen Fachkräftemangel bewirken, wenn man frühzeitig beginnt, betroffene Berufe attraktiver zu machen.

WAS WIR KÖNNEN

Schöne Aussicht

Karikatur: Thomas Plaßmann / Baaske Cartoons

Aufgabe

Setze die Karikatur in Bezug zu den Auswirkungen des demografischen Wandels.

7.2 Soziale Ungleichheit

Ungleich gleich ungerecht?

M1 Arm und Reich in Deutschland

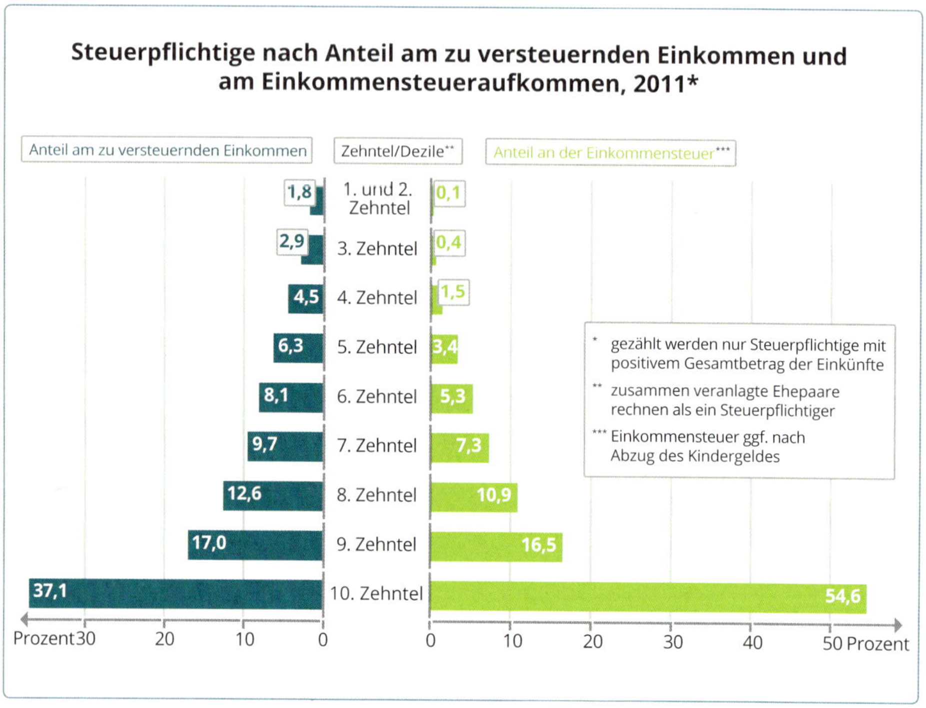

Quelle: Bundeszentrale für politische Bildung, www.bpb.de, http://creativecommons.org/licenses/by-nc-nd/3.0/de/

Einkommensteuerpflichtige und Einkommensteuer
Für die Berechnung der Anteile am Einkommensteueraufkommen werden zunächst alle Einkommensteuerpflichtigen aufsteigend nach der Höhe der Einkünfte sortiert. Dann wird die Verteilung in zehn gleich große Teile zerlegt und für jedes Zehntel (Dezil) die Summe der Einkommensteuerleistungen berechnet. Anschließend wird der Anteil der Einkommensteuerleistung der einzelnen Dezile am gesamten Einkommensteueraufkommen berechnet.

Lesehilfe:
Die – gemessen an der Höhe der Einkünfte – oberen 10 Prozent der Einkommensteuerpflichtigen zahlten im Jahr 2011 54,6 Prozent des gesamten Lohn- und Einkommensteueraufkommens. Ihr Anteil am zu versteuernden Einkommen betrug 37,1 Prozent.

M2 Ist Ungleichheit ungerecht?

Ungleichheiten im Steuersystem, ungleiche Bildungschancen, Ungleichheiten in der medizinischen Versorgung etc. Handelt es sich in all diesen Fällen tatsächlich um Beispiele sozialer Ungerechtigkeit?
Nicht notwendigerweise! Denn es gibt zum einen unterschiedliche Vorstellungen darüber, was als gerecht oder ungerecht zu bezeichnen ist. So sind hohe Einkommensungleichheiten nur dann ungerecht, wenn man soziale Gerechtigkeit als Ergebnisgleichheit versteht, also jeder das Gleiche bekommen sollte. Einkommensungleichheiten können aber auch sozial gerecht sein, wenn man der Ansicht ist, dass die Einkommensverteilung in einer Gesellschaft die individuelle Leistungsfähigkeit widerspiegeln sollte. In beiden Fällen beruft man sich auf Gerechtigkeit, kommt aber jeweils zu einem anderen Urteil. [...] Ungleichheiten sind somit nicht per se ungerecht und auch nicht immer im Namen der sozialen Gerechtigkeit zu korrigieren.

Stefan Liebig/Meike May, Dimensionen sozialer Gerechtigkeit, in: Aus Politik und Zeitgeschichte, 16.11.2009, S. 3

M3 Prinzipien der Gerechtigkeit

In der politischen Debatte gibt es Übereinstimmung darin, dass das politische System und seine Gesetze „gerecht" gestaltet werden sollten. Dabei ist man sich allerdings nicht einig darüber, was unter „gerecht" zu verstehen ist. Verschiedene Gerechtigkeitsbegriffe haben sich herausgebildet:

(1) Die Auffassung einer **Chancengerechtigkeit**, die allen die gleichen Start- und Entwicklungschancen garantiert, indem finanzielle Notlagen weitgehend ausgeglichen werden. Die wirtschaftlich Starken zeigen sich solidarisch, indem sie höhere Steuern an den Staat abführen.

(2) Die Vorstellung einer **Leistungsgerechtigkeit**, welche zwar jedem das Überleben sichert, die „Leistungserbringer" und Steuerzahler zur Unterstützung arbeitsloser und nicht arbeitsfähiger Personen aber nicht belastet. Wer am Markt erfolgreich ist, der wird auch belohnt.

(3) Die **Bedarfsgerechtigkeit** verfolgt das Ziel, dass der anerkannte Bedarf (nach Essen, Kleidung, kultureller Teilhabe etc.) eines jeden Gesellschaftsmitglieds gedeckt werden kann. Dazu werden die Einkommensstarken stärker belastet, um finanzielle Notlagen auszugleichen.

M4 Interview mit einem Nobelpreisträger

Frage: Umverteilung, national wie international, ist Ausfluss der heute nahezu allgemein akzeptierten Idee sozialer Gerechtigkeit. Halten Sie davon denn gar nichts?

Hayek: Nein, nicht das Geringste. Was heißt denn hier Gerechtigkeit? Wer ist denn da gerecht oder ungerecht? Die Natur? Oder Gott? Jedenfalls nicht Menschen, da die Verteilung, die aus dem Marktprozess hervorgeht, nicht das beabsichtigte Ergebnis menschlichen Handelns ist. Daher ist der Begriff der sozialen Gerechtigkeit in einer marktwirtschaftlichen Ordnung mit freier Berufswahl völlig sinnlos. Soziale Gerechtigkeit kann es nur in Befehlswirtschaften geben, wo der Staat über die relativen Einkommen der einzelnen Bürger bestimmt. [...] Diese unglückselige Idee sogenannter sozialer Gerechtigkeit behauptet, dass die Entlohnung des Einzelnen nicht davon abhängen soll, was er tatsächlich zum Sozialprodukt beiträgt, sondern davon, was er verdient.

Frage: Was heißt dann für Sie Gerechtigkeit?

Hayek: Es gibt für mich nur eine Gerechtigkeit, das ist die Gleichheit vor dem Gesetz. Jede Abweichung davon, selbst mit besten Absichten, öffnet der Willkür Tür und Tor, zerstört die Freiheit und damit den höchsten Wert, weil Voraussetzung für alle anderen Werte.

Interview mit dem Nobelpreisträger für Wirtschaftswissenschaften Friedrich August von Hayek (1899 – 1992), Wirtschaftswoche Nr. 11, S. 36, 8.3.1981

AUFGABEN

1. Beurteile die Einkommensverteilung in Deutschland (**M1, linkes Diagramm**).
2. Definiere die Begriffe Ungleichheit und Ungerechtigkeit (**M2**).
3. Ordne zu, welche Vorstellung von sozialer Gerechtigkeit der Nobelpreisträger Hayek vertritt (**M3**, **M4**). Nimm dazu Stellung.

F ZU AUFGABE 1
Überprüfe dein Urteil, indem du den Beitrag zum Steueraufkommen (**M1**, **rechtes Diagramm**) berücksichtigst.

Leistungsgesellschaft pur – ein Modell ohne Makel?

M5 Wie bist du da rübergekommen?

Karikatur: Karl-Heinz Schoenfeld

M6 Die schlechte Leistungsgesellschaft

Mit seinem Buch über Kapital im 21. Jahrhundert [...] ist der Pariser Ökonom [Piketty] an die Spitzen der Sachbuchbestsellerlisten gestürmt.

Ein Grund dafür ist, dass es sich nicht nur um eine ökonomische Theorie ungleicher Einkommens- und Vermögensverteilung handelt, sondern um den Angriff auf eine ganze Gesellschaftsbeschreibung. Ihr Name ist „Meritokratie". Diesen Begriff hatte 1958 der englische Soziologe Michael Young eingeführt. Er bezeichnet eine Gesellschaft, in der die Individuen nur nach ihren individuellen Merkmalen eingeschätzt werden. Ihr Einkommen entspricht ihrer Produktivität, ihre Berufe wählen sie nach ihren Fähigkeiten, ihr gesellschaftlicher Status entspricht ihrer Leistung. Youngs Formel lautete „Begabung + Anstrengung = Verdienst". Kollektive Merkmale einer Person – Geschlecht, ethnische Zugehörigkeit, das Milieu ihres Aufwachsens oder ihr Alter – spielen hingegen in einer perfekten Meritokratie keine Rolle. Der Zusammenhang zwischen der Herkunft eines Individuums und seiner sozialen Position wäre darum, statistisch betrachtet, ein zufälliger. [...]

Das Ideal der Meritokratie wird bemerkenswerterweise von linken wie von sehr liberalen Sozialwissenschaftlern bejaht. [...] Verschieden sind [...] nur die vorgeschlagenen Maßnahmen zur Herstellung von Meritokratie: die einen setzen auf Konkurrenz und vollständige Märkte (z. B. Kreditmärkte für Bildungsdarlehen), die anderen auf Gesamtschulen, Quoten, spezielle Förderung und Steuerprogression. Auch Piketty verwendet die Meritokratie als normatives Kriterium für das Gelingen einer Gesellschaftsordnung. Denn nur im Zurückbleiben hinter diesem Ideal ähnelt ja unsere Gesellschaft derjenigen um 1800, mit der sie Piketty vergleicht. Was hingegen Gesundheit und Lebenserwartung angeht, Bildung, Freizeit und Konsum, die Chance Verbrechensopfer zu werden, oder die Chance, einen Prozess zu gewinnen, hat sich die Lage der kapitalarmen Bevölkerungskreise - also unsere Lage - durchaus stark verbessert. Nur dass eben nach wie vor die Vererbung von Kapital als Schlüssel zu allen möglichen anderen Privilegien sehr ungleich erfolgt.

Doch ist die Meritokratie überhaupt ein sinnvolles Gesellschaftsmodell? Oder ist sie nur eine moderne Oberschichtenideologie, von der die einen behaupten, sie sei verwirklicht, und die anderen, der Staat müsse daran noch arbeiten? Kann man sich denn eine Gesellschaft vorstellen, in der auf die Frage „Wem verdanken Sie ihren Erfolg?" die Antwort „Wenn ich es recht bedenke: ausschließlich mir selbst!" nicht merkwürdig wirkt? Michael Young hatte die reine Leistungsgesellschaft 1958 nicht zufällig in Form einer Satire eingeführt, um auf einige ihrer Probleme hinzuweisen. Sie fangen bei dem Umstand an, dass man soziale „Vererbung" von Vorteilen nur dann völlig ausschließen kann, wenn man den Eltern die Kinder genau so wegnimmt wie den Kindern das Vermögen der Eltern. Außerdem brauchte man Schulen, die egalitär und perfekt auf das spätere Berufsleben vorbereiten, „Humankapitalgesellschaften mit unbeschränkter Haftung" sozusagen. [...]

Young selbst fragte, wie Individuen in einer perfekten Meritokratie damit zurechtkämen, dass dann auch alle ihre Misserfolge allein ihnen zugerechnet würden. Anders formuliert: Würden die Leute wirklich an Meritokratie glauben, verlören in dieser recht viele Bürger jede Selbstachtung. Wie kritikfähig und leistungsbereit wären umgekehrt Eliten, denen jedes Gefühl dafür fehlt, dass auch Glück und günstige Umstände dazu gehören, um erfolgreich zu sein? [...]

Die Debatte über das Konzept der Meritokratie, [...] enthält keine Empfehlungen für oder gegen Erbschafts- oder Vermögenssteuern. Aber dass man Herkunft für ganze Schichten neutralisieren und für perfekte soziale Mobilität sorgen kann, ohne in einem gesellschaftlichen Albtraum zu landen, schließen ihre Ergebnisse aus. Wenn die Wirklichkeit vom Ideal der Chancengleichheit und des rein leistungsabhängigen Erfolgs abweicht, liegt es darum nicht nur an der Wirklichkeit, sondern mindestens so sehr am Ideal.

Jürgen Knaube, Frankfurter Allgemeine Sonntagszeitung, 4.5.2014, S. 18

AUFGABEN

1. Interpretiere die Karikatur (**M5**).

2. Stell dir vor, du lebst in einem Land, in dem das Leistungsprinzip (**M6**) gänzlich verwirklicht ist: Verfasst in Partnerarbeit ein Streitgespräch darüber, ob ihr in einer solchen Gesellschaft leben wollt.

Welche soziale Struktur hat Deutschland?

Ordnet die folgenden Personen modellhaft so über- bzw. untereinander und / oder nebeneinander an, dass sie entsprechend ihrem Rang die Gesellschaftspyramide in Deutschland abbilden, wie du sie wahrnimmst. Stellt euer Modell vor, erklärt es und setzt euch mit Einwänden auseinander.

a) Alter, b) Familienstand, c) Wohnort, d) beruflicher Status, e) Einkommen (pro Jahr, verfügbares Einkommen), f) Sonstiges

M7 Ein Modell zur Schichtung der Gesellschaft erstellen

Petra Plietsch
a) 17 J.
b) ledig, 1 Bruder (Student Medizin)
c) Fissau, EFH
d) Schülerin, 11. Kl.
e) 600 €
f) Hobbies: Lesen, Mode, Reiten und gelegentlich Golf, hilft 2 x pro Woche bei Eutiner Tafel, will in Italien studieren (Architektur)

Erna Puhvogel
a) 82 J.
b) verwitwet, 2 Kinder
c) Sieversdorf, Mietwohnung
d) Kauffrau (früher, immer halbtags)
e) 11.900 €
f) benötigt Gehwagen, Kinder leben im Ausland

Hans Salschick
a) 21 J.
b) ledig, 0 Kinder
c) Malente, 1 Zi. Whg.
d) Malerlehre (abgebrochen), Gelegenheitsjobber (1 x Woche Garten)
e) Hartz IV: 4.908 € + Wohngeld
f) will Umschulung zum Gartenbauer machen, aber nicht aus Malente wegziehen (Freunde)

Klaus Heuberger
a) 46 J.
b) verh., 4 Kinder
c) Eutin, EFH Blaue Lehmkuhle
d) selbständiger Fleischermeister, 6 Angestellte, Umsatz: 1,1 Mio. €, Gewinn: 44.000 €
e) 35.000 €
f) 2. Vors. Eutin 08, Mitglied Eutiner Wählervereinigung

Martha Kleinschmidt
a) 48 J.
b) ledig
c) Ahrensbök, EFH Eutiner Str.
d) Hausfrau
e) ca. 80.000 € Kapitalerträge
f) Mitherausgeberin von „Haus und Hof", Hobby: 2 Rauhaardackel

Ursula Standmittel
a) 41 J.
b) ledig, keine Kinder
c) Kiel, Altstadtwohnung
d) selbständige Apothekerin, 8 Angestellte, Umsatz: 3,2 Mio. Euro, Gewinn: 110.000 €
e) 76.000 €
f) FDP-Stadträtin

Bettina Dornhage
a) 51 J.
b) geschieden, 3 Kinder
c) Kasseedorf, EFH
d) MdB, SPD
e) 68.000 €
f) Mitglied in 18 Vereinen und Verbänden, teils in leitender Funktion

Hartmut Herndom
a) 65 J.
b) verh., 3 Kinder
c) Frankfurt, EFH
d) Vorstandsvorsitzender Deutsche Bahn AG
e) 2,35 Mio. €
f) Vorstandsmitglied der Stiftung Lesen, Mitgl. der student. Verbindung Franconia Berlin

Heinz Kuppler
a) 26 J.
b) ledig, 2 Kinder
c) Kleinstrelitz (40 km südlich von Leipzig)
d) Rangierer
e) 17.000 €
f) trägt 3 x pro Woche morgens die Leipziger Volkszeitung aus

Carina Schönhaar
a) 23 J.
b) verlobt
c) Cottbus, RMH (Reihenmittelhaus mit Verlobtem, zur Miete)
d) Friseurin (Gesellin)
e) 16.000 €
f) will später Meisterin werden, pflegt „nebenbei" demenzkranken Vater

Ali Kügculu
a) 35 J.
b) verh., 1 Kind
c) Hamburg, Speicherstadt
d) Ingenieur, selbst. Teppichhändler, Umsatz: 2 Mio., 16 Mitarbeiter (Familie)
e) 120.000 €
f) aktiv im Dt.-Türk. Verein, mit Lotto King Karl befreundet, in Altona aufgewachsen

Gosha Sikorski
a) 26 J.
b) geschieden, 2 Kinder
c) Kiel Mettenhof, 4 Zi.-Whg.
d) ungelernt, arbeitslos, inoffiziell 5 Putzjobs (jeden Vormittag 5 Std. á 9 €/h)
e) 4.908 € (Hartz IV) + WG, 3.700 € Kindergeld, ca. 11.000 € (Putzen)
f) Mutter hilft bei Kinderbetreuung

Karl „Charlie" Halbseidel
a) 44 J.
b) 3 x geschieden, 2 Ki.
c) Hamburg, Reeperbahn
d) Gastronom und Hotelier, Umsatz: ca. 5 Mio., 10 Mitarbeiterinnen
e) 450.000 €
f) mehrfach vorbestraft, Vorsitz Motorradclub der Harley Angels

Günter Schlauberger
a) 73 J.
b) verh., 1 Kind, 2 Enkel
c) Timmendorfer Strand, EFH Nähe Promenade
d) Oberstudiendirektor a.D.
e) 55.000 €
f) Mitglied der Akademischen Gesellschaft, von Nov.-Feb. mit seiner Frau in Ferienwohnung / Palma

M8 Eine moderne Landkarte der Gesellschaft: die Sinus-Milieus

Die Sinus-Milieus® in Deutschland 2016

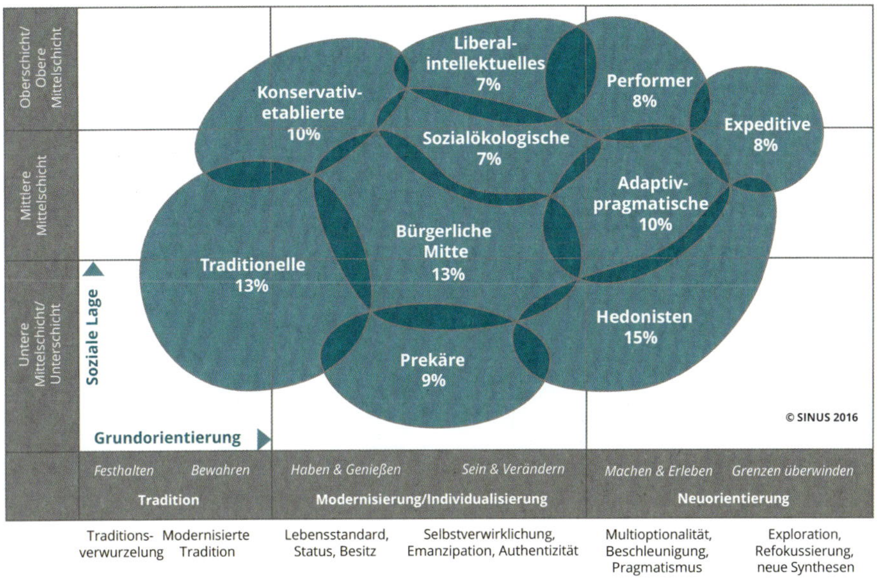

Die Sinus-Milieus liefern ein wirklichkeitsgetreues Bild der soziokulturellen Vielfalt in Gesellschaften, in dem sie die Befindlichkeiten und Orientierungen der Menschen, ihre Werte, Lebensziele, Lebensstile und Einstellungen sowie ihren sozialen Hintergrund genau beschreiben. Mit den Sinus-Milieus kann man die Lebenswelten der Menschen somit „von innen heraus" verstehen, gleichsam in sie „eintauchen". Mit den Sinus-Milieus versteht man, was die Menschen bewegt und wie sie bewegt werden können. Denn die Sinus-Milieus nehmen die Menschen ganzheitlich wahr, im Bezugssystem all dessen, was für ihr Leben Bedeutung hat.

© SINUS Markt- und Sozialforschung GmbH, www.sinus-institut.de (20.3.2017)

Konservativ-etabliertes Milieu: Klassisches Establishment mit Exklusivitäts- u. Führungsanspruch, zeigt aber auch Tendenz zum Rückzug. **Liberal-intellektuelles Milieu**: Aufgeklärte Bildungselite mit liberaler Grundhaltung u. postmateriellen Wurzeln, hat starken Wunsch nach Selbstbestimmung. **Milieu der Performer**: Effizienz-orientierte Leistungselite, denkt global, hohe IT-Kompetenz, sieht sich als stilistische Trendsetter. **Expeditives Milieu**: Unkonventionelle, kreative Avantgarde, individualistisch, sehr mobil, digital vernetzt, sucht nach Grenzen. **Bürgerliche Mitte**: Der leistungs- u. anpassungsbereite Mainstream, bejaht die gesellschaftl. Ordnung, strebt nach berufl. u. soz. Etablierung sowie nach Sicherheit u. Harmonie. **Adaptiv-pragmatisches Milieu**: Zielstrebige, junge Mitte der Gesellschaft mit ausgeprägtem Lebenspragmatismus u. Nutzenkalkül. **Sozialökologisches Milieu**: Idealistisch, konsumkritisch, globalisierungsskeptisch, besitzt ausgeprägtes ökologisches und soziales Gewissen. **Traditionelles Milieu**: Ordnungsliebende Kriegs- u. Nachkriegsgeneration, kleinbürgerlich oder der Arbeiterwelt verhaftet. **Prekäres Milieu**: Um Teilhabe bemühte Unterschicht, Zukunftsangst u. Ressentiments. **Hedonistisches Milieu**: Spaß- u. erlebnisorientiert, verweigert sich den Konventionen u. Leistungserwartungen der Gesellschaft.

AUFGABEN

1. Entwickelt in Gruppen ein Schichtungsmodell der Gesellschaft (**M7**).
2. Vergleicht euer Gesellschaftsmodell mit dem Modell der Sinus-Milieus und ordnet nun einzelne Karten den Milieus zu (**M7, M8**).
3. Auftraggeber für Milieuforschungen sind vor allem Parteien, Ministerien, Unternehmen oder gesellschaftlich relevante Gruppen und Organisationen: Stelle dar, inwieweit die Ergebnisse solcher praxisorientierter Studien für die Auftraggeber hilfreich sind.

Werte und Wertewandel – sind Männer und Frauen gleichberechtigt?

M9 Die frauenfreundlichsten Länder

Die frauenfreundlichsten Länder

So schneiden die besten von insgesamt 128 untersuchten Staaten beim Ländervergleich „Frauen am Arbeitsmarkt 2012“ ab

	Rangplatz insgesamt	darunter:		
		Arbeitsmarktzugang für Frauen	Verdienstabstand zwischen Frauen und Männern	Unterstützung der Selbstständigkeit von Frauen
Australien	1	6	1	6
Norwegen	2	4	1	11
Schweden	3	5	1	2
Finnland	4	1	1	28
Neuseeland	5	13	9	22
Niederlande	6	7	1	14
Kanada	7	26	1	21
Deutschland	8	21	1	3
Belgien	9	3	9	1
Frankreich	10	10	9	10
Dänemark	11	11	9	11
Litauen	12	12	19	12
Vereinigtes Königreich	13	13	9	13
Island	14	14	19	14
Spanien	15	15	1	15

Arbeitsmarktzugang für Frauen: darunter fallen z. B. die Kinderbetreuungsinfrastruktur, Antidiskriminierungsrichtlinien wie das Gleichstellungsgesetz oder Anspruch auf Mutterschutz und Elternzeit
Weitere Indikatoren: Bildungsstand, Erwerbsbeteiligung und Geschlechterfortschritte in der Ausbildung und im Beruf

Institut der deutschen Wirtschaft Köln; Quelle: Unternehmensberatung Booz & Company

M10 Ist die Gleichberechtigung verwirklicht?

Zäsur
Einschnitt

Immerhin 62 Prozent der Mütter und Väter finden, dass beide Eltern berufstätig sein und sich die Kinderbetreuung teilen sollten, ergab eine Forsa-Umfrage aus dem Jahr 2008. Die Realität sieht anders aus: Laut einer Allensbach-Umfrage aus dem gleichen Jahr machen 76 Prozent der Mütter „alles“ oder „das meiste“ im Haushalt. Nur 22 Prozent teilen sich die Aufgaben mit dem Partner. Wo ist sie, die gleichberechtigte Aufteilung der Hausarbeit?

„Die Geburt des ersten Kindes ist die Zäsur“, sagt Kai-Olaf Maiwald vom Institut für Sozialforschung an der Universität Frankfurt. „In der Regel kommt es dann zur Re-Traditionalisierung.“ Die Frauen übernehmen Kinderbetreuung und Haushalt. Zu genau diesem Ergebnis kam eine Studie von Prof. Hans-Peter Blossfeld. Der

Leiter des Staatsinstitutes für Familienforschung an der Universität Bamberg nahm die ersten 14 Ehejahre von westdeutschen Paaren unter die Lupe. Er stellte fest: Je länger eine Ehe dauert, desto weniger beteiligen sich die Männer an der Hausarbeit. Und die Geburt des ersten Kindes „reduziert die Neigung einer weiteren Beteiligung der Männer an der Hausarbeit drastisch", obwohl der Arbeitsaufwand insgesamt massiv zunimmt. Die Männer steigern sogar ihr berufliches Engagement, verbringen also mehr Zeit bei der Arbeit.

Carina Frey/dpa, Aachener Zeitung, 17.2.2010

M11 Der Wandel der Rollenbilder – Männer in Not?

Die Männer sind in Not: in der Schule, auf dem Arbeitsmarkt und im Familienleben. [...] Erstes Alarmsignal: Der männliche Nachwuchs ist von der Rolle. Erwachsene sind zutiefst verunsichert darüber, ob man überhaupt Kinder haben und, wenn ja, wie man sie erziehen sollte. Diese Verwirrung trifft Jungen härter als Mädchen. Für Mädchen gibt es das traditionelle Rollenangebot mit einer gesellschaftlich akzeptierten Erweiterungsmöglichkeit um (fast) alle männlichen Optionen. [...]

Der Wandel von der Industrie- zur Dienstleistungsgesellschaft vernichtet vor allem einfache Arbeitsplätze und solche, für die man Körperkraft aufwenden muss. Seit 1975 ist die Quote der weiblichen Erwerbsbeteiligung von 48 Prozent auf über 65 Prozent geklettert, während die männliche Erwerbstätigkeit auf unter 80 Prozent sank. Seit 1991 sind 1,9 Millionen Männerarbeitsplätze abgebaut worden, die Frauen hingegen gewannen 1,4 Millionen Jobs hinzu. Sie stellen inzwischen fast die Hälfte aller Erwerbstätigen in Deutschland. Dabei muss man allerdings berücksichtigen, dass wiederum fast die Hälfte der Frauen in Teilzeit arbeitet und dadurch Nachteile beim Einkommen, bei der Karriere und der sozialen Sicherung hat. Trotzdem gehört die Zukunft auf dem Arbeitsmarkt eindeutig den Frauen. Die Männer können einstweilen nur verlieren. [...] Der Mann weiß nicht, was er noch mit einer Familie soll. Über Jahrtausende gehörte die Rolle des Erzeugers, Vaters, Ernährers und Familienoberhaupts zum allgemein verbindlichen Männlichkeitsprogramm. Diese Rolle ist in Auflösung begriffen. Es gibt keine Gesellschaft mehr, die dem jungen Mann mit einem bestimmten Bild von „Erwachsenheit" oder „Bürgerlichkeit" gegenübertritt, zu dem notwendig Ehefrau und Kinder gehören.

Susanne Gaschke, Die Zeit, 14.6.2006

M12 Pro und Kontra zur Frauenquote in Führungspositionen

Union und SPD haben sich auf eine gesetzliche Quote für Frauen in Führungspositionen verständigt. In den Aufsichtsräten börsennotierter Unternehmen sollen ab 2016 mindestens 30 Prozent Frauen vertreten sein.

Zusätzlich müssen solche Unternehmen ab 2015 eigene Ziele für die Erhö-

Florian Girwert ist seit März 2010 Redakteur und bei der TLZ sowie OTZ in den Bereichen Wirtschaft und Lokales tätig.

Erklärfilm „Frauenquote"

Mediencode: 71008-11

hung des Frauenanteils in Aufsichtsrat, Vorstand und oberen Führungsebenen festlegen und veröffentlichen. Das stößt bei CDU-nahen Unternehmern auf deutliche Skepsis: „Entscheiden sollte die Qualifikation", findet Andreas Elm von Liebschwitz, Landesgeschäftsführer des Wirtschaftsrates der CDU. Nun könne sogar der Fall eintreten, dass bei der Besetzung einer Aufsichtsrats- oder Führungsposition die Qualifikation hinten anstehe und schlechter qualifizierte Frauen genommen werden müssten. Das habe ganz einfach etwas damit zu tun, dass es in manchen technischen oder ingenieurswissenschaftlichen Studiengängen teilweise Frauenanteile von fünf Prozent habe.

Hinzu komme, dass der Anspruch von Frauen in der heutigen Zeit wohl kaum mehr sei, aufgrund einer Quote in Führungspositionen zu kommen, sondern auf Grundlage von Leistung. [...] „Staatlichen Eingriffen in die Wirtschaft wird immer weiter Tür und Tor geöffnet", findet von Liebschwitz. Dass aber staatliche Eingriffe nicht immer weise seien, wisse man doch spätestens nach 40 Jahren DDR nur allzu gut.

Der Wirtschaftsrat befürchtet sogar, dass in großen Unternehmen die fachliche Kompetenz der Führungsebene geschwächt wird, sollte aufgrund von Geschlecht anstatt Kompetenz rekrutiert werden. Zusammen mit dem Mindestlohn und anderen sozialen Wohltaten werde Unternehmern das Bild vermittelt, dass Politik auf ihre Kosten gemacht wird. „Davon wird die deutsche Wirtschaftskraft nicht profitieren", sagte von Liebschwitz – und der bröckelnden deutschen Infrastruktur sei damit in keiner Hinsicht geholfen.

Gelassener wird die Einigung beim Hersteller von Labortechnik Analytik Jena AG gesehen: „Wir werden genügend Zeit haben, einen unserer drei Aufsichtsratsposten bei der nächsten Wahl mit einer Frau zu besetzen. Es ist richtig und wichtig, Frauen in diesen Gremien zu berücksichtigen", sagte Vorstandschef Klaus Berka. Er sei überzeugt, Frauen seien ebenso kompetent wie Männer und würden auch als Aufsichtsratsmitglied gute Entscheidungen treffen. „Wichtig aber ist: Die politische Entscheidung lässt den Unternehmen genügend Zeit, sich darauf einzustellen." – Bisher sind Vorstand und Aufsichtsrat der Jenaer komplett männlich.

Der Technologiekonzern Jenoptik AG wollte sich am Montag noch bedeckt halten, immerhin gebe es noch keine endgültigen Vereinbarungen. Das Unternehmen verweist jedoch darauf, dass man unter den Technologieunternehmen zu den fünf zähle, die die höchste Frauenquote in ihrem Aufsichtsrat aufweisen: Zwei der zwölf Aufsichtsräte sind Frauen.

Andreas Elm von Liebschwitz sorgt sich derweil, dass Kompromisse in Berlin bevorzugt zu Lasten von Unternehmern gehen könnten. Am Ende fielen die übermäßigen Regulierungen aber auch auf die normalen Beschäftigten zurück – und dem Standort sei nicht gedient.

TLZ-Redakteur Florian Girwert ist für eine Frauenquote:

Die Frauenquote wird sich nicht umgehen lassen. Wenn auch Wirtschaftsverbände zetern und Unternehmen sich sträuben, so zeigt das doch nur, dass getroffene Hunde bellen. Nachdem sich deutsche Konzerne bereits vor vielen Jahren selbst verpflichtet hatten, etwas für mehr Frauen in Spitzenpositionen zu tun, haben sie den blumigen Worten praktisch keine Taten folgen lassen.

Die Konsequenz muss deshalb sein, der Forderung Nachdruck zu verleihen. Dem Vorhaben, so wie es jetzt beschlossen wurde, droht allerdings die Bedeutungslosigkeit. 30 Prozent Quote in Aufsichtsräten von börsennotierten Firmen sind gut und schön. Aber die wenigen Dutzend Posten, die damit verbunden sind, kann man getrost als Symbolpolitik bezeichnen, mit der kaum jemandem geholfen ist. Der Rest wird eine Wischiwaschi-Flexi-Quote, bei der Firmen ihre Ziele selbst setzen.

Nein, die Firmen müssen endlich in die Pflicht genommen werden. Mit Sonntagsreden, in denen erklärt wird, wie wichtig Frauen für die Wirtschaft sind, bringt man keine von ihnen in entscheidende Positionen. Die Unternehmen werden sich an die neue Lage anpassen. Sofern ihnen eine ausreichende Übergangszeit eingeräumt wird, erscheint das Wehklagen in den Vorständen reichlich übertrieben.

TLZ-Redakteurin Sibylle Göbel ist gegen eine Frauenquote:

Auch auf die Gefahr hin, dass ich mir den geballten Zorn vieler Geschlechtsgenossinnen zuziehe, muss ich es einmal deutlich sagen: Ich halte die Frauenquote für Quatsch. Nie und nimmer möchte ich eine Quotenfrau sein. Oder eine „Quothilde", wie der im Netz kursierende Schmähname lautet. Ich bin dagegen, dass Frauen in Führungspositionen gehoben werden, nur weil sie das Auswahlkriterium „weiblich" erfüllen. Aus meiner Sicht bedeutet genau das eine Herabwürdigung ihrer Qualifikation und Leistung. Und es öffnet der Diskriminierung erst recht Tür und Tor. „Ach", könnte so mancher männliche Leistungsträger dann meinen, „das ist doch die, die die Stelle bloß bekommen hat, weil sie eine Frau ist. Aber ernst nehmen müssen wir sie in unserem Männerzirkel deswegen noch lange nicht." Sobald die Quote formal erfüllt ist, gibt es auch keinen Grund mehr, allgemein die Rahmenbedingungen zu verbessern, die berufstätigen Frauen den Aufstieg ermöglichen.

Nein, wirkliche Gleichberechtigung, wie sie im Grundgesetz festgeschrieben ist, bedeutet für mich, Frauen und Männer allein an ihrer Kompetenz – der fachlichen wie der sozialen – zu messen. Über kurz oder lang dürfte den Unternehmen angesichts des Fachkräftemangels auch gar nichts anderes übrig bleiben.

Lioba Knipping/Florian Girwert/Sibylle Göbel, Thüringische Landeszeitung, 19.11.2013

Sybille Göbel begann ihre Tätigkeit als Redakteurin für die TLZ im Jahr 1991.

AUFGABEN

1. Nenne die wichtigsten Aussagen der Statistik in **M9**.
2. Die Autorin von **M11** behauptet: „Die Männer sind in Not ...". Stelle dar, was für und was gegen diese These spricht (**M10**, **M11**).
3. Die Frauenquote ist inzwischen sowohl für börsennotierte als auch große Unternehmen gesetzlich vorgeschrieben. Führt zum Sinn/Unsinn dieser Regelung eine Pro-Kontra-Debatte in der Klasse durch (**M12**).

F ZU AUFGABE 1
Sammle mögliche Erklärungen dafür.

WAS WIR WISSEN

Dimensionen sozialer Ungleichheit
M1

Zu allen Zeiten waren manche Menschen innerhalb der Gesellschaft besser gestellt als andere. Diese soziale Ungleichheit lässt sich auch in den modernen Industrie- und Dienstleistungsgesellschaften beobachten. Am deutlichsten ist die Ungleichheit bei der Verfügbarkeit von Einkommen und der damit verbundenen Teilhabe an Macht und Prestige. Ungleichheit lässt sich aber auch im Bereich von Bildung, bei der Stellung von Männern und Frauen oder bei der Herkunft beobachten. Üblich ist eine vertikale Differenzierung, also eine Schichtung in „Oben und Unten".

Ungleich gleich ungerecht?
M2, M3

Die bestehenden Ungleichheiten in einer Gesellschaft werden oft „automatisch" als ungerecht und deshalb als beseitigenswert empfunden. Deshalb sollten die Begriffe Ungleichheit und Ungerechtigkeit getrennt werden. Bei der Beschreibung von Ungleichheit handelt es sich zunächst nur um eine Feststellung (Sachaussage). Empfindet man die Ungleichheit als ungerecht, so ist dies ein Werturteil. Gerechtigkeit ist dabei keine objektive, messbare Größe. Was gerecht ist und was nicht, hängt von den Maßstäben ab, die der Betrachter anlegt. So unterscheidet man Chancen-, Leistungs- und Bedarfsgerechtigkeit.

Sozialstruktur
M7, M8

Jüngere Versuche zur Beschreibung der Gesellschaft tragen der fortschreitenden Differenzierung Rechnung und ergänzen Merkmale wie das Einkommen um Merkmale, die die verschiedenen Wertorientierungen (z. B. Lebensziele, Vorstellungen vom Glück) der Menschen berücksichtigen. Die Verknüpfung dieser Merkmale führt zu verschiedenen sozialen Milieus einer Gesellschaft. Ein sehr bekanntes Modell der Sozialstruktur ist das Modell der Sinus-Milieus.

Frauenquote
M12

Die „Frauenquote" bezeichnet eine geschlechterbezogene Quotenregelung bei der Besetzung von Gremien oder Arbeitsstellen, mit deren Hilfe eine Gleichstellung von Frauen und Männern in der Arbeitswelt erreicht werden soll.
In Deutschland trat am 1. Januar 2016 das Gesetz für die gleichberechtigte Teilhabe von Frauen und Männern an Führungspositionen in Kraft. Seitdem gilt für 108 börsennotierte und voll mitbestimmungspflichtige Unternehmen (mit mehr als 2.000 Mitarbeitern) eine vorgegebene 30 %-Quote für Frauen in Aufsichtsräten. Weitere ca. 3.500 Unternehmen haben die Pflicht, sich eine beliebige Zielvorgabe zu setzen.

WAS WIR KÖNNEN

Prinzipien der Gerechtigkeit – ein Gedankenexperiment

Entwirf mit deinen Mitschülern eine Verfassung für eine gerechte Gesellschaft. Schreibe in Artikeln die Grundsätze nieder, die du für eine gerechte Gesellschaft für wichtig und notwendig hältst.
Es gelten dabei folgende Bedingungen:

1. Du weißt, wie eine Gesellschaft im Allgemeinen funktioniert und dass es bestimmte Grundgüter gibt. „Die wichtigsten gesellschaftlichen Grundgüter sind Rechte, Freiheiten und Chancen sowie Einkommen und Vermögen." (John Rawls)

Es kommt also darauf an, nach welchen Grundsätzen diese Grundgüter verteilt werden sollen.

2. Der „Schleier der Unwissenheit": Alle individuellen Dinge über dich selbst weißt du nicht – nicht dein Alter, nicht dein Geschlecht, auch nicht deine Begabungen, vor allem aber nicht die politische, soziale und wirtschaftliche Lage, die du künftig einnehmen wirst.

Es kommt also darauf an, dass du in deinem eigenen Interesse bei der Festlegung der Grundsätze eine unparteiische Haltung einnimmst.

Entwurf einer Verfassung für eine gerechte Gesellschaft

Artikel 1: ...

Artikel 2: ...

Artikel 3: ...

Manchmal wird einem die Frage gestellt, welche drei Dinge man auf eine einsame Insel mitnehmen würde. Für Daniel Defoes Helden im berühmten Roman „Robinson Crusoe" (1719) ist diese Frage bitterer Ernst. Der junge Engländer kann sich als einziger Überlebender eines Schiffbruchs auf eine einsame Insel retten.

Nachdem ich mein Gemüt mit der erfreulichen Seite meiner Lage getröstet hatte, [...] schwand meine Freude bald wieder, und ich fand meine Errettung, kurz gesagt, furchtbar, denn ich war durchnässt, hatte keine Kleidung zu wechseln oder irgendetwas Ess- oder Trinkbares [...]. Mit einem Wort, ich hatte nichts bei mir außer einem Messer, einer Tabakspfeife und ein bisschen Tabak in der Dose. Ich ging ungefähr eine Achtelmeile vom Ufer fort, um Trinkwasser zu suchen; zu meiner großen Freude fand ich auch welches, und nachdem ich getrunken hatte, nahm ich ein wenig Tabak in den Mund, um dem Hunger vorzubeugen.

Daniel Defoe, Robinson Crusoe, Erster Teil, München 1981, übersetzt von Lore Krüger, S. 68 ff.

Robinson gelingt es schließlich, das gestrandete Schiff zu erreichen und mithilfe eines Floßes Gegenstände auf die Insel zu transportieren.

8

Konsumentscheidungen Jugendlicher

Sowohl Jugendliche als auch Erwachsene kaufen Produkte teils unüberlegt. Das Ergebnis können Fehleinkäufe sein. In diesem Kapitel soll daher aufgezeigt werden, welche Einflüsse für das Kaufverhalten eine Rolle spielen und anhand welcher Kriterien eine wohl überlegte Kaufentscheidung getroffen werden kann.

KOMPETENZEN

Am Ende des Kapitels solltet ihr Folgendes können:

- verschiedene Einflüsse auf Kaufentscheidungen kennen und eine verantwortliche Konsumentscheidung treffen
- Möglichkeiten des Verbraucherschutzes beschreiben und dessen Notwendigkeit beurteilen

WAS WISST UND KÖNNT IHR SCHON?

1. Stelle ein Warenmagazin für Robinson zusammen und ordne die Güter nach ihrer Dringlichkeit.
2. Nenne Bedürfnisse, die sich Robinson wohl nicht erfüllen kann.

8.1 Konsum unter der Lupe – was das Konsumverhalten beeinflusst

Was soll ich kaufen?

M1 Was ist entscheidend beim Smartphonekauf?

Derzeit gibt es in Deutschland mehr Handys und Smartphones als Bundesbürger. Das bedeutet, dass viele Deutsche nicht nur ein, sondern gleich mehrere Mobiltelefone besitzen. Doch was sind die wichtigsten Auswahlkriterien beim Kauf eines neuen Smartphones?

www.inside-handy.de (20.4.2010)

Die Top 10 Smartphone-Kaufkriterien

	Android	iOS	Windows
Akkulaufzeit	56%	49%	53%
Benutzerfreundlichkeit	33%	39%	38%
Betriebssystem	37%	32%	40%
berührungsempfindlicher Bildschirm	34%	34%	37%
Bildschirmgröße	37%	22%	34%
Mobilfunknetz	27%	30%	20%
Marke	25%	32%	25%
Gewicht/Größe	25%	21%	24%
Kameraauflösung	25%	19%	23%
Internetgeschwindigkeit	23%	22%	22%

Nach: Francisco Jeronimo, https://twitter.com, übersetzt von der Redaktion, 12.5.2014

AUFGABEN

1. Werte die in **M1** genannten Auswahlkriterien für einen Smartphonekauf aus.
2. Bildet Viererteams. Diskutiert innerhalb der Teams, welche (weiteren) Kaufkriterien euch persönlich wichtig sind.

METHODE

M2 Webquest – wie kann ich mich im Internet gezielt informieren?

Fall 1

Dein Onkel will sich zum ersten Mal überhaupt ein Handy zulegen. Er hat keine Ahnung von all den technischen Details, schon gar keinen Überblick über die unterschiedlichen Tarife. Hilfe suchend wendet er sich an dich. Du empfiehlst ihm ein passendes Modell und einen geeigneten Tarif. Erläutere deinen Vorschlag in einem kurzen, aber anschaulichen Brief, dem noch eine illustrierte Seite beigefügt ist, damit der Onkel sich das Gerät und alle wichtigen Details wirklich vorstellen kann.

Fall 2

Dein Freund kennt sich schon ganz gut aus mit Handys. Er hat zur Konfirmation Geld geschenkt bekommen und möchte sich endlich ein Multimedia-Handy kaufen. Er muss allerdings seine Eltern noch von dem Gerät und dem Tarif überzeugen. Sucht ein geeignetes Gerät für ihn aus und macht einen Tarifvorschlag anhand eines selbst gestalteten Prospekts, den er dann auch seinen Eltern zeigen kann.

Arbeitsschritte bei einem Webquest

1. Arbeitet zu zweit oder zu dritt an einem Rechner.
2. Diskutiert zunächst, nach welchen Gesichtspunkten ihr die Handy-Angebote untersuchen wollt. Achtet darauf, dass ihr möglichst viele relevante Gesichtspunkte erfasst. Versetzt euch in die Perspektive eures Adressaten. Berücksichtigt dabei, welche Bedürfnisse, welche Erfahrungen und Vorkenntnisse, welche finanziellen Möglichkeiten die Person jeweils haben könnte. Überlegt euch, wozu die jeweilige Person das Handy benötigt oder wie sie es nutzen will. Entscheidet danach, welche Ausstattung jeweils notwendig oder geeignet sein könnte.
3. Recherchiert auf den angegebenen Seiten (siehe Quellen) die erforderlichen Informationen.
4. Erstellt einen arbeitsteiligen Zeitplan, damit ihr den Arbeitsprozess übersichtlich strukturieren und jederzeit verfolgen könnt.
5. Achtet darauf, dass ihr die zeitlichen Vorgaben einhaltet.
6. Gestaltet nun den Brief oder den Prospekt (wahlweise auch eine PowerPoint-Präsentation oder ein Plakat). Achtet darauf, dass ihr den Adressaten von eurem Vorschlag überzeugen wollt.
7. Vergleicht eure Ergebnisse und diskutiert über die unterschiedlichen Vorschläge.
8. Ermittelt jeweils einen Top-Vorschlag. Orientiert euch bei der Auswahl an den Bewertungskriterien.

Quellen

Allgemeine Infos zu Handys

www.checked4you.de (Verbraucherzentrale NRW)
www.handywissen.info (Landesstelle Kinder- und Jugendschutz Sachsen-Anhalt e.V.)
www.handysektor.de (Landesanstalt für Medien NRW)

Testberichte/Vergleiche

www.inside-handy.de/handyvergleich
www.chip.de/handy
www.geizkragen.de
www.preisvergleich.de
www.blitztarif.de
www.handytarife.de
www.testberichte.de
www.test.de
www.oekotest.de

Bewertung der Ergebnisse

1. Wie weit sind die gestellten Aufgaben inhaltlich gelöst worden?
   - die Aufgaben/Probleme wurden nicht oder falsch gelöst
   - die Lösungen weisen noch Lücken auf
   - die Aufgaben wurden vollständig gelöst
2. Wie ist die Präsentation der Ergebnisse zu bewerten?
   - technischer Anspruch der Präsentation
   - inhaltliche Qualität und Strukturierung
   - Design, Layout, grafische und mediengerechte Darstellung
   - mündliche Kommentierung

Wie wichtig ist die Marke?

M3 Warum gibt es Jeans für 9 und für 900 Euro?

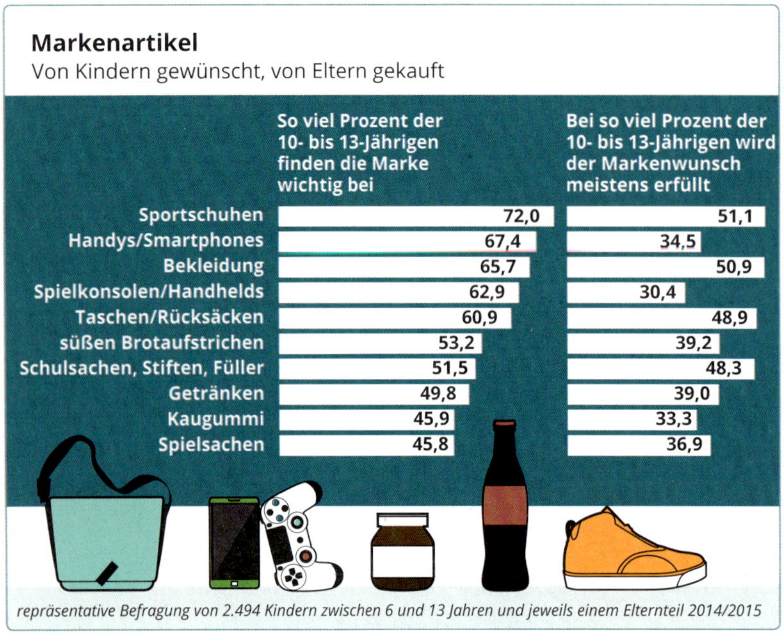

Quelle: Egmont Ehapa Media (KidsVA), Globus-Grafik 10464

8,99 Euro für eine Jeans – solche Angebote finden wir immer wieder in den Prospekten der Discounter. Und gleichzeitig gibt es auf der Welt Läden, in denen Jeans mehr als 900 Euro kosten. Der Designer Roberto Cavalli verlangt sogar manchmal mehr als 2.000 Euro. Die Jeans unterscheiden sich durch ein paar Stickereien – und dadurch, dass die teuren oft deutlich älter aussehen. Trotzdem finden Jeans in beiden Preisklassen Käufer. Warum?

Weil auf der teuren Jeans auch ein Name aufgestickt ist, zum Beispiel der von Roberto Cavalli. Dass die Jeans von ihm kommt, macht sie für einige Käufer hundertmal so wertvoll wie die unbestickte Jeans vom Discounter: Cavallis Name ist zur Marke geworden. Und dass Markenartikel teuer sind, hat eine lange Tradition. Schon im alten Mesopotamien sollen Händler ihre Transportkrüge mit speziellen Siegeln markiert haben. Im Mittelalter wurde diese Praxis noch populärer: Sogar Käse zeigte spezielle Herkunftsmarken, und Michelangelo hinterließ auf seinen Werken seine Meistermarke. Der Grund war immer der gleiche: Der Verkäufer wollte den Preis für seine Ware in die Höhe treiben, indem er mit seinem Zeichen für die Qualität bürgte. […] Doch blicken wir auf unsere Jeans: Sind Roberto Cavallis Hosen mehr als den 100-fachen Preis wert, weil sie länger halten? Sicher nicht. Angenommen, die Discounter-Jeans hält mindestens ein halbes Jahr: Dann müsste man die Cavalli-Jeans mindestens 50 Jahre tragen – und in dieser Zeit auch noch die Kleidergröße halten.

Es muss also noch etwas anderes geben, das uns dazu bringt, 900 Euro für eine Jeans auszugeben. […]

Die Wissenschaftler sehen: Wenn wir einkaufen, findet im Gehirn ein Kampf statt. […] Das Engelchen, das ist die Schmerzregion in der Nähe der Schläfen. Sie ärgert sich darüber, dass wir so viel Geld ausgeben wollen. Das Teufelchen ist das Lustzentrum, das zum Teil direkt hinter den Augen und zu einem anderen Teil tief im Gehirn sitzt. Dort hat nicht nur die Freude an gekauften Dingen ihre Heimat, sondern beispielsweise auch der Kick beim Drogenrausch. Die Entscheidung lässt sich recht einfach zusammenfassen: Wenn das Teufelchen im Lustzentrum aktiver ist als das Engelchen im Schmerzzentrum, dann schlagen wir zu.

[...] Und welche Belohnung verspricht nun die 900-Euro-Jeans? Individualismus. Sie grenzt die Käufer von all denen ab, die so eine Jeans nicht haben. Das sei eine der wichtigsten Belohnungen überhaupt. Die Abgrenzung kann an unterschiedlichen Eigenschaften erfolgen: Wir fühlen uns schlauer, cooler oder trendiger als andere. Oder eben reicher. Kurz gesagt – wir sind deshalb bereit, so viel Geld für die 900-Euro-Jeans zu zahlen, weil sie so teuer ist.

Patrick Bernau, Frankfurter Allgemeine Sonntagszeitung, 18.11.2007

M4 Kontrovers diskutiert: Schulbekleidung gegen Markenterror?

Pro: stärkeres Gemeinschaftsgefühl

Der Hauptgrund für eine Schuluniform ist die Stärkung des Gemeinschaftsgefühls der Schüler untereinander. Das Bestreben, die Mitschüler durch teure Markenkleidung zu übertrumpfen, kann so besser unterbunden werden. Uniformen fördern den Ausdruck charakterlicher Individualität, die sich eben nicht auf teure Markenkleidung beschränkt. Auch die finanzielle Situation der einzelnen Schüler ist nicht gleich ablesbar. Besonders in Ländern mit starkem sozialen Gefälle schätzen Eltern, dass ihre Kinder für den Schulbesuch Schuluniformen tragen. Diese sind relativ preiswert zu erwerben. Hochwertige Kleidung können sich viele für ihre Kinder nicht leisten. Laut einer Studie der Universität Gießen lernen Schüler besser, welche einheitliche Kleidung tragen; außerdem sind sie rücksichtsvoller und können sich besser konzentrieren.

Kontra: Eingriff in Selbstbestimmungsrecht

Eine Schuluniformpflicht stellt einen Eingriff in das Selbstbestimmungsrecht der Kinder und ihrer Eltern dar. Da Erwachsene oft einen anderen Geschmack als Kinder oder Jugendliche haben, wird von Schülern bei der einheitlichen Kleidung ein langweiliger Stil befürchtet. Auch wird der Konkurrenzkampf durch Schuluniformen nur gelindert, nicht beendet, denn Schüler versuchen sich von anderen abzugrenzen, zum Beispiel mit auffälligem Haarschnitt, teuren Schuhen oder Schmuck. Man darf auch nicht übersehen, dass einheitliche Kleidung auch Konkurrenz und Konflikte zwischen verschiedenen Schulen und insbesondere Schultypen hervorrufen kann.

http://creativecommons.org/licenses/by-nc-nd/3.0/de/

AUFGABEN

1. a) Erkläre, warum Menschen teure(re) Markenprodukte kaufen (**M3**).
   b) Sammle für dich die Produkte, bei denen du Wert auf eine bestimmte Marke legst. Vergleicht die Ergebnisse in der Klasse und versucht, eine Erklärung dafür zu finden.
2. Erörtert ausgehend von **M4** die Frage, ob einheitliche Schulkleidung ein Weg ist, um dem „Markenterror" zu entgehen.

H ZU AUFGABE 2
Unterscheide zunächst die im Text genannten Argumente. Formuliere in eigenen Worten und ordne die Argumente anschließend nach ihrer Wichtigkeit.

Brauchen wir Werbung?

Ausgewählte Werbeslogans

- NICHTS IST UNMÖGLICH.
- HAVE A BREAK, HAVE A ...
- ... MACHT KINDER FROH UND ERWACHSENE EBENSO.
- NICHT IMMER, ABER IMMER ÖFTER.
- VORSPRUNG DURCH TECHNIK.
- QUADRATISCH, PRAKTISCH, GUT.
- DIE SCHÖNSTEN PAUSEN SIND LILA.
- ... UND DER HUNGER IST GEGESSEN.

M5 Die teuerste Werbung der Welt

Wenn am Sonntagabend [...] das Super Bowl-Finale zwischen den New England Patriots und den New York Giants ausgetragen wird, werden Hunderte Millionen Zuschauer vor den Fernsehern sitzen und Football gucken. Fast genauso wichtig wie das Gerangel und Gekicke beim überdimensionierten Rasen-Schach ist der Werbeblock in der Halbzeitpause. Großkonzerne zahlen Millionen, um dort Werbung schalten zu dürfen. Die Half Break des Super Bowls sind die teuersten Werbesekunden der Welt. 30 Sekunden kosten in diesem Jahr rund 3,5 Millionen Dollar.

I. d. R. produzieren Unternehmen extra für diese Pause originelle Werbefilme. So hat [bspw. VW] im vergangenen Jahr einen Spot drehen lassen, in dem ein kleiner Junge als Darth Vader verkleidet versucht, magische Kräfte zu entwickeln – vergeblich. Erst der neue VW-Passat nimmt mit dem Steppke Kontakt auf, nachdem der Vater des Jungen per Fernbedienung das Blinklicht aktiviert. Feierten in der Vergangenheit die Super Bowl-Filmchen tatsächlich ihre Premiere immer erst in der Halbzeitpause, gehen in diesem Jahr viele Unternehmen dazu über, ihre Spots zumindest in Ausschnitten wenige Tage vor dem Spektakel bei Youtube hochzuladen. Mit Erfolg. Die Werbeclips werden millionenfach geklickt.

Nach: Christoph Giesen, Süddeutsche Zeitung, 6.2.2012

M6 Transfer-Coup perfekt: Lionel Messi wechselt zu EA SPORTS

Lionel Messi im Trikot des FC Barcelona

Electronic Arts gab heute die Verpflichtung des weltbesten Fußballers bekannt: Lionel Messi, Argentiniens Ballvirtuose und Superstar des FC Barcelona wird ab sofort zum langfristigen globalen Gesicht der gesamten EA SPORTS FIFA-Reihe. Der Weltfußballer der Jahre 2009 und 2010 wird demnach bereits im März 2012 sein Debüt im Jersey von EA SPORTS feiern können: Als Coverstar des neuen FIFA Street.

Dass EA SPORTS mit Lionel Messi einen der größten Ballzauberer dieser Zeit zu seinem Fußballbotschafter macht, ist nicht nur ein Zeichen der großen Verbundenheit zum Sport, sondern mit Blick auf die Leistungen beider Seiten auch kein Zufall.

„Unsere FIFA-Serie ist weltweit die Nummer eins der Sport-Videospiele, und Lionel Messi ist die weltweite Nummer eins der Fußballspieler – dass wir uns nun zusammentun, ist also eine echte Partnerschaft der Superstars", so Matt Bilbey, [...] Geschäftsführer [...] bei EA SPORTS. „Mit Messi haben wir nun den weltbesten und aufregendsten Spieler im Team. Er wird uns dabei helfen, unsere führende Rolle auf dem globalen Markt auf Jahre hinaus zu sichern."

Nach: www.ea.com, 24.11.2011

M7 Warum gibt es Werbung?

Wir begegnen Werbung überall: Auf Bahnhöfen, in Einkaufszentren, an Bushaltestellen und Plakatwänden, in Schaufenstern und als bunte Inszenierung auf den Straßen. Aber nicht nur außer Haus, auch in den Familien begegnen wir ihr, denn Zeitungen und Zeitschriften, Radio, Fernsehen und das Internet sind ihre wichtigsten Träger.

Warum gibt es Werbung? Ganz allgemein dient Werbung dazu, die Verkaufszahlen eines Produktes zu steigern. Der Kunde soll über neue Produkte und deren Eigenschaften informiert und motiviert werden, sich näher mit dem Produkt auseinanderzusetzen und es schließlich zu kaufen. Dazu muss die Werbung den Kunden zunächst auf das Produkt aufmerksam machen, d. h. der Umworbene muss die Werbung zunächst hören oder sehen. Die Werbebotschaft, also die Grundaussage der Werbung, soll dem Umworbenen im Gedächtnis bleiben. Aufgrund der Werbung soll ein Kaufwunsch entstehen, weil der Umworbene mit der Ware positive Gefühle verbindet, die durch die Werbung vermittelt werden. Gute Werbung ist deshalb in der Regel nicht langweilig.

Nicht zu vergessen ist, dass Werbung ein wichtiger Wirtschaftszweig ist, in dem deutschlandweit rund 900.000 Menschen arbeiten und der viele attraktive Berufsfelder bietet. Außerdem finanzieren sich die Medien zu einem nicht geringen Teil durch Werbeeinnahmen.

M8 Werbung im Internet – das große Geschäft

Die dominierende Werbeform im Internet sind **Banner**, die auf Websites eingeblendet werden und mittels Klick zum beworbenen Angebot führen. Ähnlich wie im Fernsehen, Radio und in der Presse werden Banner in einem Umfeld platziert, das zur gewünschten Zielgruppe passt. Damit Banner nicht übersehen werden, sind Pop-ups als spezielle Präsentationsform entstanden. Es handelt sich um Werbung, die sich in einem zusätzlichen Browserfenster öffnet und die eigentliche Website überlagert.

Um Onlinewerbung effektiver zu machen, können Banner mittels **Re-Targeting** mit Werbebotschaften belegt werden, die (vermutlich) zum aktuellen Besucher der Website passen. Hat man bereits Artikel im Onlineshop X angeklickt oder Hotels beim Reiseportal Y gesucht, ist es wahrscheinlich, dass anschließend der Onlineshop X mit den angeklickten Artikeln oder das Reiseportal Y mit Hotels in der gesuchten Stadt als Banner beworben werden. Denn mittels Re-Targeting werden Internetnutzer mit Werbung erneut auf Angebote hingewiesen, die sie bereits interessiert haben. Eine weitergehende Form dieser Internet-Werbung ist die **personalisierte Werbung**. Dazu gehören **Keyword Advertising** (Verknüpfung von Suchbegriffen in Suchmaschinen mit Bannerwerbung) oder **verhaltensbasierte Werbung** (Analyse des individuellen Surfverhaltens im Internet und Zuordnung des Nutzers zu einer bestimmten Zielgruppe mit gemeinsamen Konsuminteressen). Diese Form der Internet-Werbung wird besonders ergiebig in den sozialen Netzwerken betrieben, weil die Nutzer darin viele persönliche Daten preisgeben.

Computerspiele werden zunehmend als Präsentationsfläche für Werbung genutzt, um vor allem junge Menschen zu erreichen. Bei **In-Game-Werbung** verschmelzen Spielwelten und Anzeigen miteinander. Beispielsweise binden Sport-Games echte Bandenwerbung und Strategie-Games echte Produkte in den Spielverlauf ein. Besonders Onlinespiele setzen auf Werbung, weil sie sich nicht durch Verkäufe und nur teilweise über Gebühren oder Abonnements finanzieren.

Nach: Christina Quast, Grimme-Institut Gesellschaft für Medien, Bildung und Kultur mbH, Oktober 2011

M9 Werbung – zwei Meinungen

zur Vertiefung: Wie wirkt Werbung?

Mediencode: 71008-12

Tim (15)
Werbung informiert einen darüber, was gerade „hip" und „cool" ist. Damit können wir uns einen guten Überblick über das Marktangebot verschaffen. Werbung fördert den Wettbewerb der Anbieter. Sie ist oft schön und originell gemacht und die Sprüche sind manchmal sehr lustig, sodass wir gut unterhalten werden. Die Werbebranche bietet zahlreiche interessante Arbeitsplätze und durch die Einnahmen aus Werbung finanzieren sich zahlreiche Medien. Viele Arbeitsplätze können deshalb erhalten oder neu geschaffen werden.

Lea (13)
Werbung setzt einen unter Druck, weil sie einem das Gefühl gibt, blöd zu sein, wenn man ihr nicht folgt. Sie will einem vorschreiben, was schön oder gut für einen ist. Werbung wurde erfunden, um Menschen Dinge anzudrehen, die sie eigentlich nicht brauchen oder wollen. Werbung versucht uns also zu manipulieren. Die Werbung gaukelt uns eine heile Welt vor und weckt bei uns Illusionen. Unternehmen schlagen die Kosten für Werbung auf die Produktpreise drauf, sodass die Produkte teurer werden.

AUFGABEN

1. Ordnet die Werbeslogans in der **Randspalte** den einzelnen Produkten/Unternehmen zu. Nenne weitere Slogans, die du kennst.
2. Überprüfe, ob die Werbemacher ihre Ziele mit den Slogans bei dir erreicht haben.
3. Begründe die hohen Investitionen von Unternehmen in Werbung (**M5**).
4. Erläutere, wieso EA SPORTS gerade Lionel Messi für seine Werbekampagne ausgewählt hat (**M6**).
5. Was spricht für, was spricht gegen Werbung? Diskutiert in der Klasse (**M7 – M9**).

METHODE

M10 Werbung analysieren

Bei der Analyse sollten folgende Punkte beachtet werden:

- Welches Produkt wird beworben?
- Wie wird das Produkt präsentiert (Personen, Text, Farben, Aufmachung, Gestaltung)?
- Welche Zielgruppe soll das Bild ansprechen?
- Welche Bedürfnisse und Gefühle werden angesprochen?
- Welche Sprache wurde gewählt?
- Wie lautet die Werbebotschaft, die vermittelt werden soll?
- Spricht dich die Werbung an?

Tipp:

Die Methode der Verfremdung ermöglicht es, sich (Text-)Inhalte und Bilder anders zu erschließen. Beim Verfremden erzählt man einen Text oder eine Geschichte anders oder zeichnet ein Bild um, sodass damit gegen die Erwartungen der Zuhörenden, Lesenden oder Betrachtenden bewusst verstoßen wird. Das führt zu überraschenden Ergebnissen. Probiert es einfach mal aus. Oder ihr gestaltet selbst ein Werbeplakat für ein Produkt eurer Wahl. Fernseh- oder Kinospots, Anzeigen in Zeitschriften, Bannerwerbung im Internet – abgesehen vom Radio ist das Bild das wichtigste Mittel der Werbung.

AUFGABEN

1. Sammelt Werbeanzeigen und bringt sie mit in den Unterricht.
2. Analysiert die Anzeigen mithilfe von **M10**.
3. Beurteile die Qualität der Werbeanzeige hinsichtlich ihrer wahrscheinlichen Wirkung auf die Zielgruppe.

Werbefaustformel AIDA

Werbung soll die Aufmerksamkeit des Kunden erregen (attention), sein Interesse an dem Produkt wecken (interest), zu einem Kaufwunsch führen (desire) und schließlich eine Kaufhandlung auslösen (action).

Umweltschutz – ein wichtiger Aspekt der Kaufentscheidung?

M11 Wenn viele Menschen ...

„Wir wissen, dass der weiße Mann unsere Art nicht versteht. Er behandelt seine Mutter, die Erde, und seinen Bruder, den Himmel, wie Dinge zum Kaufen und Plündern, zum Verkaufen wie Schafe oder glänzende Perlen. Sein Hunger wird die Erde verschlingen und nichts zurücklassen als eine Wüste."

(Häuptling Seattle[1])

„Die Navajo-Indianer kamen mit 263 Gegenständen in ihrem Leben aus; wir haben heute 10.000 in unseren Haushalten, 100.000 im Warenangebot und dieses Angebot nimmt ständig zu."

(Alan During)

„Es ist genug da zur Befriedigung jedermanns Bedürfnisse, nicht jedoch zur Befriedigung jedermanns Gier."

(Mahatma Gandhi)

„Viele kleine Leute an vielen kleinen Orten, die viele kleine Schritte tun, können das Gesicht der Welt verändern."

(Afrikanisches Sprichwort)

[1] *Adaption einer Rede, die Häuptling Seattle 1855 an den Präsidenten der Vereinigten Staaten gerichtet haben soll. Der Text ist eine freie Bearbeitung eines Redetextes, der erstmalig publiziert wurde im „Seattle Sunday Star" 1887 und später auch in der „Washington Historical Quaterly" erschienen ist. Die deutschen Rechte liegen bei der Dedo Weigert Film GmbH, München.*

M12 Weltreise einer Jeans

Um gute Gebrauchs-, Trage- und Pflegeeigenschaften zu erreichen, sind für eine Jeans viele Bearbeitungsschritte nötig. Die Baumwolle für die Herstellung einer Jeans wird in Kasachstan von Hand oder mit der Maschine geerntet. Anschließend wird die Baumwolle nach China versandt und dort mit schweizer Maschinen gesponnen, auf den Philippinen wird die Baumwolle mit blauem Farbstoff aus Deutschland gefärbt. In Polen wird sie mit deutschen Maschinen verwebt. Anschließend wird der Stoff nach Marseille transportiert, Washinglabel und Innenfutter stammen aus Frankreich, Knöpfe und Nieten aus Italien. Alle Zutaten werden nun erneut auf die Philippinen geflogen und dort zusammengenäht. Schnittmuster und Design stammen aus Deutschland. In Griechenland erfolgt noch die abschließende Bearbeitung der Jeans mit Bimssteinen, um ihr das typische Aussehen zu geben. Die fertige Jeans wird nach Deutschland transportiert und dort verkauft. Wenn sie nicht mehr getragen wird, kommt sie oft in die Altkleidersammlung. In Betrieben in den Niederlanden werden die Kleidungsstücke sortiert. Die Secondhand-Jeans wird nun eventuell auf dem afrikanischen Kontinent wieder verkauft und erneut getragen.

Dieter Simon, Eine Welt in der Schule, Heft 3/ September 2001, S. 3

M13 Belastungen durch die Produktionskette

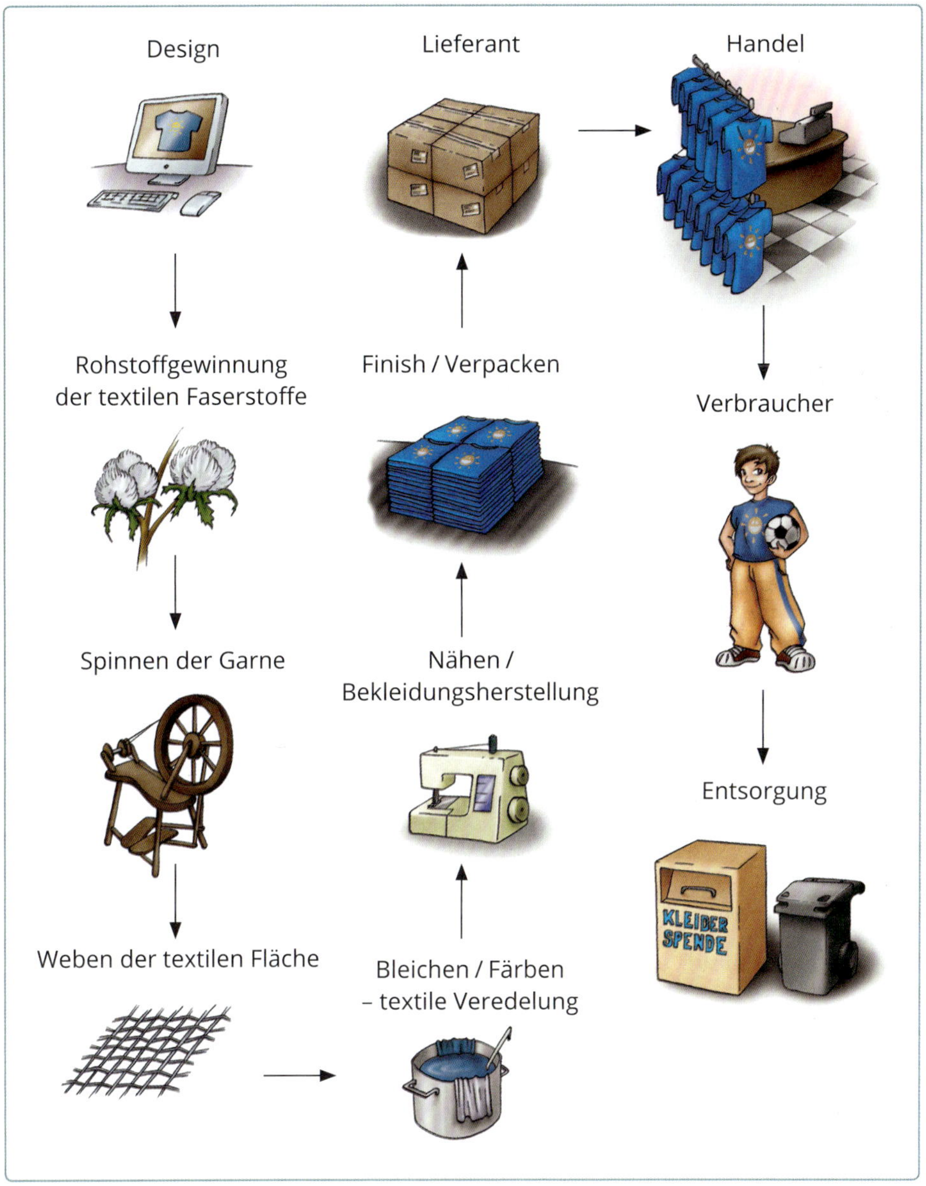

Nach: www.fair-zieht-an.de (6.3.2011)

Primärproduktion, Baumwolle: hoher Landschaftsverbrauch durch Baumwollanbau, hoher Einsatz von Insektiziden, Herbiziden und Entlaubungsmitteln, Einsatz von Konservierungsstoffen bei Transport und Lagerung von Baumwolle, hoher Wasserbedarf mit ökologisch negativen Folgen, Düngemitteleinsatz (Nitrifizierung des Bodens)

Produktion von Fasern, Garnen, Flächengebilden: Energiebedarf beim Spinnen und Weben, Einsatz von Hilfsmitteln, die bei nachfolgenden Verarbeitungsschritten zu Emissionen führen, Staub- und Lärmbelästigungen, textile Abfälle

Veredelung: Einsatz großer Mengen an Textilhilfs- und Ausrüstungmaterialien, Emissionen in die Umweltkompartimente Wasser und Luft, hoher Energieverbrauch, hoher Wasserbedarf, Klärschlammanfall

Gebrauch: mögliche schädliche Wirkungen der Textilchemikalien auf den Verbraucher, Einsatz von Wasch- und Reinigungsmitteln, Verteilung ökologisch relevanter Stoffe durch Auswaschung (diffuser Eintrag in das Abwasser), Einsatz ökotoxischer Stoffe bei der chemischen Reinigung, hoher Energieeinsatz für die Jeanspflege (Waschen, Trocknen, Bügeln)

Entsorgung: Beanspruchung von Deponieraum, Emissionen bei Müllverbrennung und Deponie

AUFGABEN

1. Verteilt vier Plakate mit jeweils einem Zitat im Klassenraum. Wählt ein Zitat aus, welches euch gefällt, und charakterisiert, was die Zitate mit dem Thema Konsum zu tun haben (**M11**).
2. Fasse die Umweltbelastungen bei der Herstellung einer Jeans zusammen (**M12**, **M13**).
3. Entwickelt Möglichkeiten der Verringerung von Umweltbelastungen bei der Jeansproduktion und beurteilt gemeinsam deren Eignung (**M13**).

Wie teuer ist billig?

M14 Geiz ist geil, oder?

Näherinnen in einer südostasiatischen Textilfabrik

Die Textilkette Kik boomt auch in der Krise - mit konkurrenzlos niedrigen Preisen. Doch die Zeche zahlen junge Näherinnen in Bangladesch, unterbezahlte Beschäftigte und oft auch die Kunden.

Vor 15 Jahren gründete Stefan Heinig den Textildiscounter Kik. Seither arbeitet der ehemalige Handelsassistent daran, die Preise zu drücken. Er verkauft den Deutschen die billigsten Klamotten, die es gibt. Heißt es. Jeans kosten bei Kik mitunter nur 2,99 Euro. Mithilfe der „Bild"-Zeitung deckte Heinig die Nation im Frühjahr mit „Volks-T-Shirts" ein, für 1,99 Euro. Hauptsache billig - mit dieser simplen Idee hat Heinig ein Geschäftsimperium aufgebaut, das trotz Krise immer weiter wächst. Selbst auf Sylt finden sich zwei Geschäfte der Billigkette, 2.800 Filialen in sechs Ländern gibt es mittlerweile, und es werden immer mehr. Der Umsatz des Unternehmens, das zum Tengelmann-Konzern gehört, lag im abgelaufenen Geschäftsjahr bei 1,1 Milliarden Euro. Doch der Erfolg beruht auf einer Täuschung. Genau genommen sind Kiks Preise nicht billig - sie kommen Mitarbeiter, Zulieferer und oft auch Kunden teuer zu stehen. Den höchsten Preis für den hiesigen Geiz zahlen die Näherinnen in den Fabriken in Bangladesch. Fast die Hälfte der Waren stammt von dort. Es sind Mädchen wie Sathi Akhter, die für Heinigs vermeintliche „Volks"-Preise sorgen. Sathi Akhter ist 16 Jahre alt. Sie arbeitete in einer Kik-Zulieferfabrik in der Hauptstadt Dhaka, 10, 12, manchmal 16 Stunden pro Tag - für umgerechnet 25 Euro im Monat. Mit ihren Eltern und ihrem Bruder teilt sie sich einen knapp sechs Quadratmeter großen Verschlag als Wohnung. Frisches Wasser, erzählt Sathi Akhter, gebe es in der Fabrik nicht, oft nicht mal Spülwasser in den dreckigen Toiletten. Zusammen mit zwei Kolleginnen berichtet sie vom Fabrikmanager, der „regelmäßig zuschlage", zu spät bezahle und Überstunden oft gar nicht vergüte. Und davon, dass in der Fabrik Kinder unter 14 Jahren beschäftigt würden, was auch in Bangladesch verboten ist. Und dennoch: Selbst für solche Jobs findet sich immer irgendwer in diesem Land, in dem 156 Millionen Menschen leben und 35 Millionen hungern.

Nils Klawitter, Spiegel online, 26.9.2009

M15 Was kann ein Einzelner tun?

Umweltschutz: So handeln die Bürger	
Frage: Welche der folgenden Maßnahmen praktizieren Sie in Ihrem Haushalt? Bitte antworten Sie mit Ja oder Nein. (Anzahl der befragten Personen: 2.000; Jahr der Erhebung: 2012; %-Angaben für Zustimmung)	
Ich halte den Verbrauch von Wasser und Strom gering.	85 %
Ich halte den Verbrauch von Heizkosten gering.	79 %
Ich halte Abfälle getrennt und gebe sie in den entsprechenden Müllsystemen getrennt ab.	77 %
Ich vermeide Müll.	60 %
Ich beziehe Ökostrom.	20 %
Ich schalte gerade nicht benötigte Geräte und Lichtquellen ab.	74 %
Ich kaufe energieeffiziente Geräte.	52 %
Ich lege Geld in erneuerbare Energien an, z. B. Anteile an Anlagen, Fonds.	12 %
Ich leiste finanzielle Kompensationen (Ausgleichszahlungen) für die selbstverursachten Klimagase, z. B. im Verkehr.	9 %

Nach: Inka Bormann/René John/Jana Rückert-John, Bundesministerium für Umwelt, Naturschutz und Reaktorsicherheit (Hrsg.), Umweltbewusstsein in Deutschland 2012, Berlin/Marburg 2013, S. 43

M16 Nachhaltige Kaufentscheidungen

Allgemein bedeutet Nachhaltigkeit, die Bedürfnisse der Gegenwart so zu befriedigen, dass die Möglichkeiten künftiger Generationen, ihre Bedürfnisse zu befriedigen, nicht beschränkt werden. So wenigstens im Verständnis der Konferenz von Rio de Janeiro 1992. Wichtig ist hier vor allem, die Auswirkungen heutigen Handelns auf die Zukunft stärker zu berücksichtigen. Folgende Leitsätze können dazu beitragen:

- Die Nutzung einer erneuerbaren Ressource darf nicht größer sein als ihre Regenerationsrate.
- Die Freisetzung von Stoffen darf nicht größer sein als die Aufnahmefähigkeit der Umwelt.
- Die Nutzung nicht erneuerbarer Ressourcen muss minimiert werden. Ihre Nutzung soll nur in dem Maße geschehen, indem ein physisch und funktionell gleichwertiger Ersatz in Form erneuerbarer Ressourcen geschaffen wird.
- Das Zeitmaß der menschlichen Eingriffe muss in einem ausgewogenen Verhältnis zum Zeitmaß der natürlichen Prozesse stehen, sei es der Abbauprozess von Abfällen, der Regenerationsrate von erneuerbaren Rohstoffen oder Ökosystemen.

zur Vertiefung: Kann Fair Trade den Handel gerechter machen?

Mediencode: 71008-13

Erklärfilm „Nachhaltigkeit"

Mediencode: 71008-14

AUFGABEN

1. Erläutere, warum billig manchmal teuer sein kann (**M14**).
2. Entwickelt in Gruppen einen Einkaufsratgeber für nachhaltigen Konsum. Stellt dann in der Klasse Produkte vor, die euren Kriterien entsprechen (**M15**, **M16**).

WAS WIR WISSEN

Die Kaufentscheidung
M1

In die Entscheidung für den Kauf eines bestimmten Produkts fließen unterschiedliche Aspekte ein. Der Preis hat häufig den größten Einfluss auf die Kaufentscheidung. Wer etwas benötigt, will dafür möglichst wenig bezahlen. Aber auch Kriterien wie umweltschonende und nachhaltige Produktion, gerechte Arbeitsbedingungen bei der Herstellung des Produkts, fairer Handel, Ausstattung des Produkts etc. können beim Kauf eines Produkts eine (große) Rolle spielen.

Marken
M3, M4

Die Orientierung an Marken wird vor allem durch die Anerkennung und das Ansehen in der Gruppe bestimmt. Markenprodukte sind somit auch Statussymbole. Die Nutzung der Güter zu ihrem Gebrauch tritt in den Hintergrund zu Gunsten des Nutzens, welcher z. B. aus der Anerkennung in der Gruppe gewonnen wird.

Werbung
M5 – M9

Werbung ist fester Bestandteil unseres täglichen Lebens. Ziel jeder Werbung ist, wie der Name schon sagt, für ein Produkt zu werben, sodass es vom Kunden gekauft wird und Umsatz und Ertrag der Unternehmen steigen. Werbung informiert deshalb über die Eigenschaften des beworbenen Produkts und verschafft dem Konsumenten so einen Überblick über die angebotenen Güter. Zu beachten gilt jedoch, dass über ausgefeilte Strategien häufig „künstliche" Bedürfnisse erzeugt, Preise verschleiert und die Nachteile eines Produktes verheimlicht werden. Der Konsument bezahlt die Werbung letztlich über höhere Produktpreise.

Ökologie und Umweltschutz
M12, M13

Jegliche Produktion und damit jeglicher Konsum haben Auswirkungen auf die Umwelt. So wurde ermittelt, dass eine Jeans auf ihrem Weg bis zum Verkauf Tausende von Kilometern zurücklegt. Dies hat einen immensen Ressourcenverbrauch zur Folge. Für die Produktion werden außerdem viele umweltschädliche Chemikalien verwendet. Diese durch Transport und Produktion bedingten Umweltbelastungen werden auch als „ökologischer Rucksack" eines Produktes bezeichnet.

Nachhaltigkeit
M15, M16

Was kann der Konsument zum nachhaltigen Wirtschaften beitragen? Die Konsumenten können durch ihren Kauf oder Nichtkauf letztlich darüber entscheiden, was produziert wird. Entschließen sie sich zum Kauf ökologisch vertretbarer Produkte, werden auch solche produziert (Kauf als „Stimmabgabe"). In der Realität haben jedoch häufig andere Kaufkriterien (Preis, Prestige) Vorrang. Darüber hinaus ist es auch für den ökologisch aufgeklärten Konsumenten oft schwierig, genügend zuverlässige Informationen über die Umweltverträglichkeit von Produkten zu erhalten.

WAS WIR KÖNNEN

Simulation einer Kaufhandlung

Bei einer bewussten und überlegten Kaufentscheidung sind viele Kriterien zu beachten. Mithilfe einer Tabelle (Entscheidungsmatrix) können die Motive für die Wahl eines bestimmten Produkts besser verdeutlicht werden. Dazu müssen zunächst die für die Entscheidung bedeutsamen Kriterien ausgewählt werden (z. B. Preis, Qualität, Umweltverträglichkeit, ...). Für jedes Produkt sind allerdings andere Kriterien wichtig. Für jede Alternative (Produkt A, Produkt B, Produkt C, ...) gibt es eine Spalte in der Tabelle. In die Spalte einer Alternative wird bei jeder Merkmalsausprägung die Bewertung mit Punkten (von 1 – 5) eingetragen, wobei 1 die schlechteste, 5 die beste Bewertung ist. Anschließend werden die Bewertungen der Kriterien jeder Alternative addiert. Am besten schneidet die Alternative mit der höchsten Summe der Bewertungen ab. Zur Vertiefung: Die einzelnen Kriterien können zusätzlich gewichtet werden. Dabei werden jedem Kriterium Prozentzahlen (z. B. Preis = 30 %) zugewiesen und mit den Bewertungen multipliziert. Die Summe der Gewichtungen muss 100 % betragen.

Beispiel für eine einfache Matrix:

	MP3-Player A	MP3-Player B	MP3-Player C
Preis	5	3	3
Display	5	4	2
Design/Marke	4	3	5
Speicher	3	5	1
Akkulaufzeit	3	2	2
Summe	20	17	13

Beispiel für eine Gewichtung:
Gülcan hat viel Geld und viele Lieder. Sie gewichtet ihre Kriterien so: Preis 10 %, Display 10 %, Design 20 %, Speicher 40 %, Akku 20 %. Für sie wäre mit 370 Punkten Player B die Wahl.

Aufgaben

1. Erstellt in Gruppen für ein Produkt eurer Wahl eine Entscheidungsmatrix.
2. Begründet eure Auswahl an Kriterien und die Vergabe der Bewertungen.
3. Stellt eure Entscheidung in der Klasse vor.

8.2 Verbraucherschutz – wo können wir uns informieren?

Wie kann sich der Verbraucher informieren?

M1 Wie schützt das Recht den Konsumenten?

Sarah (14)
Der Kunde bestimmt, was, in welcher Qualität, zu welchem Preis von wem angeboten wird – der Kunde lenkt somit die Produktion. Der Kauf ist gleichsam eine Stimmabgabe für das beste Produkt. Der Kunde ist eigenständig, vernünftig und hat einen guten Überblick über den Markt.

Markus (13)
Die kaum zu überschauende Warenvielfalt, die technologisch immer anspruchsvolleren Produkte und unterschiedliche Qualitäten erschweren eine vernünftige (rationale) Kaufentscheidung des Verbrauchers. Werbespezialisten arbeiten mit undurchschaubaren Tricks, um den Verbraucher zum Kauf zu verführen. Der einzelne Verbraucher ist zu schwach, um Einfluss auf die Hersteller und deren Produkte auszuüben.

M2 Wie wird der Verbraucher gesehen? Unterschiedliche Leitbilder

Verbraucherpolitik bezeichnet alle staatlichen Maßnahmen, die dazu dienen, die Marktposition der Konsumenten gegenüber den Produzenten, Händlern und Dienstleistungsanbietern zu stärken. Die wichtigsten Handlungsfelder sind: Verbraucherinformation und Werbung, Wettbewerb, Preisgestaltung und Vertragsbedingungen, Qualität und Sicherheit der Produkte (z. B. Warentests), die Regelung der Konsumentenkredite, Rechtsberatung und Durchsetzung der Verbraucherrechte.

Der mündige Verbraucher
Das Verbraucherleitbild des mündigen Verbrauchers betrachtet den Verbraucher als grundsätzlich kompetent, informiert und in der Lage, sein Verhalten und seine Bedürfnisse kritisch zu reflektieren. Ein solcher Verbraucher kann Eigenverantwortung übernehmen und benötigt weniger staatlichen Schutz. Die Chancengleichheit von Verbrauchern und Anbietern wird unterstellt. Konsumenten- und Produzenteninteressen werden als gleichrangig gesehen. Der Staat hat lediglich die Aufgabe, die Rahmenbedingungen für ein sozialverträgliches Marktgeschehen zu schaffen, den Verbraucher in seinem Handeln zu schützen, aber nicht zu bevormunden. Der Verbraucher hat die Möglichkeit (einzeln oder organisiert), seine Interessen zu äußern und auf das Marktgeschehen durch Abwanderung, Widerspruch oder Loyalität Einfluss zu nehmen (Konsumentensouveränität).

Der unmündige Verbraucher
Dem gegenüber steht das Bild eines unmündigen, weil überlasteten, zeitknappen, inkompetenten, uninteressierten Verbrauchers, dessen Konsumentscheidungen eher impulsiv, emotional sind als vernünftig und wohl informiert. Nach dieser Auffassung gibt es Situationen auf dem Markt, in denen Verbraucher sich nicht selbst schützen können oder

überfordert sind. Dieser Schutzbedarf beruht auf der Grundlage, dass Verbraucher gegenüber den Herstellern und Vertreibern von Waren und gegenüber Dienstleistungsanbietern unterlegen sind (Produzentensouveränität), das heißt infolge geringerer Fachkenntnis, Information, Ressourcen und/oder Erfahrung benachteiligt werden können. Anliegen und Aufgabe des Verbraucherschutzes ist es, dieses Ungleichgewicht sinnvoll auszugleichen und dem Verbraucherinteresse gegenüber der Anbieterseite zu einer angemessenen Durchsetzung zu verhelfen.

M3 Was verschafft dem Konsumenten den Durchblick?

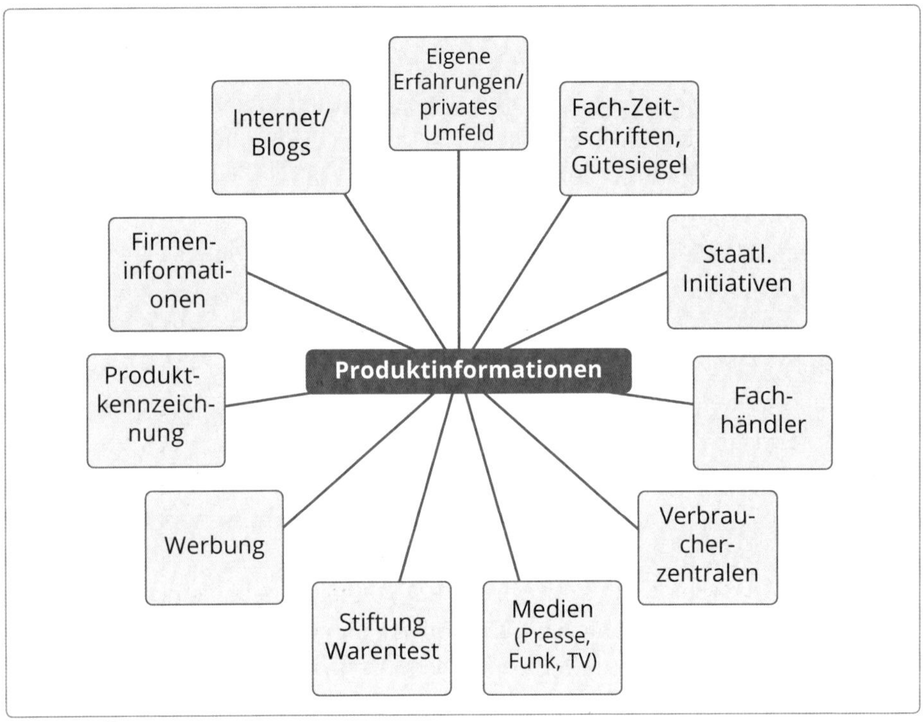

Autorengrafik

Verbraucherzentralen
Jedes der 16 Bundesländer hat eine Verbraucherzentrale (Schleswig-Holstein: *www.vzsh.de/home*). Die Verbraucherzentralen bieten Beratung zu sehr vielen Verbraucherfragen, wie z. B. zu den Themen Finanzen, Ernährung und Ökologie.

M4 Die Kennzeichnungspflicht von Lebensmitteln

Die Kennzeichnung von Lebensmitteln ist ein wichtiges Instrument der Verbraucherinformation. Das Lebensmittelkennzeichnungsrecht ist auf EU-Ebene bereits weitgehend harmonisiert. Die Regelungen stellen auf eine Grundkennzeichnung ab (wie Verkehrsbezeichnung, Angabe des Herstellers, Verpackers oder Verkäufers, Zutatenverzeichnis, Haltbarkeitsdatum, Füllmenge und Alkoholgehalt sowie unter bestimmten Voraussetzungen die Menge einzelner Zutaten). Sie gilt nicht für den Verkauf loser Ware. Neben der vorgeschriebenen Grundkennzeichnung bestehen weitere zahlreiche spezielle Kennzeichnungsregelungen (wie für Milcherzeugnisse, Öle und Fette, Wein, Fleisch und Fleischerzeugnisse).

M5 Wie zuverlässig sind Gütesiegel?

Ausgewählte Produktsiegel

Sie sind sechseckig oder rund, grün, blau oder bunt. Sie prangen auf vielen Produkten und sollen den Verbraucher über Anbau- und Produktionsbedingungen informieren. Es gibt sie für biologische und konventionelle Lebensmittel, für Holz aus nachhaltigem Anbau, für Textilien, die unter fairen Bedingungen hergestellt werden, für Fische die umweltgerecht gefangen werden. Und es werden immer mehr [...].

Ignorieren können Verbraucher beim Einkauf getrost wohlklingende Aufschriften wie „aus kontrolliertem Anbau", „unabhängig kontrolliert" oder aus „nachhaltiger" Landwirtschaft, mit denen Hersteller häufig auf ihre konventionellen Lebensmittel aufmerksam machen. Sie suggerieren dem Konsumenten nur den Kauf gesunder Lebensmittel. Tatsächlich betreiben die Verkäufer damit einen gewaltigen Etikettenschwindel, genauso wie bei Formulierungen wie „umweltschonendem Anbau" oder „unter unabhängiger Kontrolle". So ausgezeichnete Lebensmittel sind keine Biowaren, mögen die Verpackungen auch grüne Weiden und glückliche Kühe zeigen. [...]

Ein wirkliches Gütesiegel, das rein für die umweltverträgliche Herstellung, beispielsweise von Lebensmitteln steht, gibt es bislang überhaupt nicht. Es gibt zwar die beiden Bezeichnungen „Bio" und „Öko", die durch EU-Rechtsvorschriften geschützt sind und dafür stehen, dass Hersteller bei der Produktion auf bestimmte Dinge achten. „Beispielsweise auf schädliche Düngemittel oder Gentechnik verzichten", sagt Buschmann von der Verbraucherzentrale in NRW. „Bio" und „Öko" helfen dem Verbraucher besonders, um feststellen zu können, ob ein Produkt für ihn gesund ist. Weniger aussagekräftig sind die Siegel, wenn es um die umweltschonende Herstellung der Waren geht. Naturbelassen gibt es wohl nur in der Werbung. Statt 300 Zusatzstoffe wie bei konventionellen sind bei Ökoprodukten nur 47 erlaubt. Dazu zählen jedoch auch umstrittene Produkte wie Carrageen (E407). Es wird gerne bei der Milchverarbeitung eingesetzt, um zu verhindern, dass die Milch einen Rahm bildet. Carrageen wird aus Rotalge gewonnen und führte bei Tierversuchen mit Nagern unter anderem zu Darmgeschwüren sowie zu einer Beeinflussung des Immunsystems. [...]

90 Prozent der Verbraucher wünschen sich laut einer Studie des Bundesumweltministeriums ein einziges produktübergreifendes Zeichen, an dem man sich orientieren kann.

Caspar Dohmen, Stuttgarter Zeitung, 30.12.2010

Tipp
Unter *www.iporex.com* findet sich ein internationales Verzeichnis von Bio-Produzenten und -Händlern, die von Fleisch bis Ahornzucker alles im Angebot haben.
Unter *www.utopia.de* finden sich Informationen über nachhaltig und nur scheinbar nachhaltig erzeugte Produkte und ihre Produzenten.
Unter *www.oeko.de* findet man einen Überblick über aktuelle Probleme bei ökologischer Produktion.

suggerieren
einreden, einflüstern

M6 Stiftung Warentest testet Foto-Entwickler

Discounter, Drogerie oder Online-Dienste – wer Digitalfotos entwickeln möchte, hat die Qual der Wahl. Die Stiftung Warentest hat zwölf Anbieter getestet. Zwei schnitten dabei besonders gut ab.

Digitale Abzüge sind in den letzten fünf Jahren deutlich besser geworden. Hat die Stiftung Warentest im Test von 2005 die Bildqualität noch bestenfalls mit „befriedigend" beurteilt, ist sie heute oft „gut". Zwölf Anbieter von digitalen Fotodiensten haben die Prüfer bewertet. Am besten schnitt Aldi ab. Der Discounter liefert Abzüge im 10er-Format für neun Cent pro Stück und bietet damit das beste Preis-Leistungs-Verhältnis.

Auf Platz zwei hat es Foto Quelle geschafft. Bildqualität, Angebotsumfang und Bestellabwicklung waren bei beiden Diensten für Fotos wie für Poster immer mindestens „gut". Das gilt zwar auch für die Anbieter dm, Saturn und Schlecker – allerdings sind bei ihnen die Fotos teurer als bei den Testsiegern. Hinzu kommt: Nur Aldi und Foto Quelle gehen auch „gut" mit Nutzerdaten um.

Bei fast allen Anbietern lief die Bestellung weitgehend problemlos. Auf ihre Fotos mussten die Besteller im Schnitt zwei Tage warten, auf Poster einen Tag länger. Am schlechtesten bewertete die Stiftung Warentest den Dienst Foto.com. Die entwickelten Fotos waren dort „befriedigend", die bestellten Poster nur „ausreichend" und die Website gar „mangelhaft". Am Online-Auftritt hapert es aber nicht nur dort: Als einziger Anbieter hat Lidl für die Website die Note „gut" bekommen. Alle anderen Internetseiten sind „befriedigend" oder schlechter.

Isabell Noé, Digitalfotos entwickeln – am besten gehts bei Aldi, www.n-tv.de, 26.10.2010

Stiftung Warentest
Die Stiftung Warentest ist eine deutsche Verbraucherschutzorganisation, die mit dem Anspruch der Unabhängigkeit Waren und Dienstleistungen verschiedener Anbieter untersucht und vergleicht. Die Ergebnisse der Warentests, Dienstleistungsuntersuchungen und Verbraucherinformationen werden z. B. im Internet, in Zeitschriften, Sonderheften, Ratgebern oder Jahrbüchern veröffentlicht (*www.test.de*).

STIFTUNG WARENTEST
GUT (1,9)
test
www.test.de

AUFGABEN

1. Diskutiert, welcher Auffassung von der Stellung des Konsumenten ihr spontan zustimmen würdet (**M1**, **M2**).
2. Mit welchen Informationsquellen für den Verbraucher (**M3**) hast du schon Erfahrungen gemacht? Berichte darüber und nenne jeweils Beispiele.
3. Entwickle ausgehend von **M5** einen Katalog von Bedingungen, die erfüllt sein müssen, wenn Gütesiegel dem Verbraucher nützen sollen.
4. Die Siegel in **M5** geben dem Käufer zusätzliche Informationen über ein Produkt. Recherchiert weitere Siegel und sammelt Informationen dazu: Wofür stehen die Siegel, wer vergibt sie, welche Kriterien muss ein Produkt erfüllen, um das Siegel zu erhalten? Beurteilt abschließend, ob das Siegel für den Verbraucher nützlich ist.
5. Arbeite aus **M6** heraus, nach welchen Kriterien die Foto-Entwickler getestet wurden.
6. Bildet Gruppen. Wählt ein Produkt, das ihr testen wollt, und entwickelt geeignete Kriterien für euren Test.

WAS WIR WISSEN

König Kunde?
M1, M3

Das Leitbild vom Kunden als König sieht den Verbraucher mit der Freiheit ausgestattet, das für ihn beste Produkt auswählen zu können. Mit seiner „Stimmabgabe“ kann er die Produktion in seinem Sinne lenken. Voraussetzungen für diese Souveränität und Macht der Konsumenten sind, dass der Verbraucher nach dem ökonomischen Prinzip handelt, dass er eine vollständige Übersicht über den Markt hat (Markttransparenz) und eine Konkurrenzsituation der Anbieter besteht. In der Wirklichkeit sind diese Voraussetzungen jedoch nur selten gegeben. Die Warenvielfalt, mannigfaltige Produktmerkmale, die unterschiedliche Qualität der Produkte und immer ausgefeiltere Manipulationstechniken der Werbestrategen erschweren eine rationale Kaufentscheidung.

Verbraucherschutz
M2, M4 – M6

Mit Verbraucherpolitik bezeichnet man alle politischen und verbandlichen Aktivitäten und rechtlichen Maßnahmen, die dazu dienen, die Marktposition der Konsumenten gegenüber den Produzenten, Händlern und Dienstleistungsanbietern zu verbessern. So stärken eine Fülle rechtlicher Regelungen die Stellung des Verbrauchers gegenüber den Herstellern (z. B. Gewährleistungsrecht, Fernabsatzgesetz, Kennzeichnungspflichten).

Eine Vielzahl ergänzender Produktinformationen soll den Konsumenten eine überlegte Kaufentscheidung unabhängig von einseitigen Anbieterinformationen ermöglichen. Wichtige Informationsquellen sind z. B. Verbraucherberatungsstellen, Warentest-Organisationen, Produktsiegel uvm.

WAS WIR KÖNNEN

Pro und Kontra: Lebensmittel im Gesundheits-Check

Mehr als jeder zweite Deutsche ist übergewichtig, auch Kinder und Jugendliche werden immer dicker. Ein Grund dafür ist falsche Ernährung, viele Lebensmittel enthalten zu viel Zucker und zu viel Fett. Soll bei Lebensmitteln in Zukunft der Gehalt an Energie, Fett, gesättigten Fettsäuren, Kohlenhydraten, Zucker, Eiweiß und Salz gekennzeichnet werden, um eine gesündere Ernährung zu ermöglichen?

Bisherige Kennzeichnung

Gesundheits-Check (z. B. „Ampelkennzeichnung“)

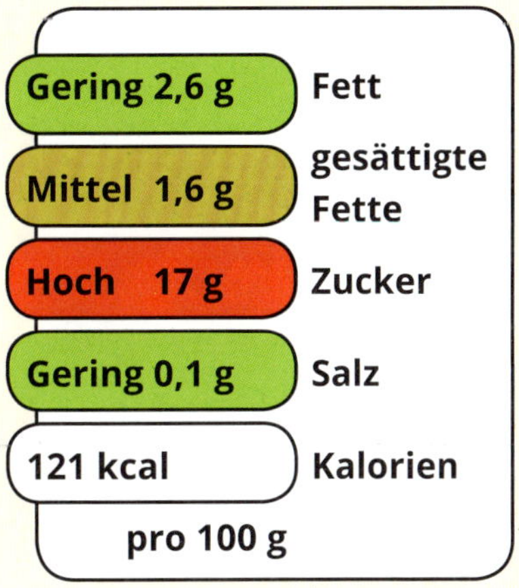

Ampelkennzeichnung
Dabei werden für jedes Produkt direkt auf der Vorderseite der Verpackung die Gehalte an den wichtigsten Nährwerten (Fett, gesättigte Fettsäuren, Zucker und Salz) in absoluten Grammzahlen angegeben. Und zwar einheitlich pro 100 Gramm bzw. 100 Milliliter, damit man verschiedene Produkte miteinander vergleichen kann. Zur leichten Orientierung wird jeder dieser vier Werte mit einer der Signalfarben Rot (für einen hohen Gehalt), Gelb (mittel) und Grün (niedrig) hinterlegt.

Nützliche Internetadressen

www.agv.de (Arbeitsgemeinschaft der Verbraucherzentralen)
www.oekotest.de (Zeitschrift Ökotest)
www.stiftung-warentest.de (Unabhängige Stiftung Warentest)
www.bmg.de (Bundesministerium für Gesundheit)
www.bml.de (Bundesministerium für Landwirtschaft und Ernährung)
http://ec.europa.eu/consumers/index_de.htm (Seite der EU zur Verbraucherpolitik)

Aufgabe
Bildet Arbeitsgruppen und sammelt Argumente für und wider die Erweiterung der Kennzeichnungspflicht. Führt anschließend eine Pro- und Kontra-Debatte durch. Berücksichtigt bei eurer Argumentation auch die Interessen von Konsumenten und Produzenten sowie wessen Position gestärkt bzw. geschwächt wird.

Wochenmarkt

Stellenmarkt

9

Was heißt Wirtschaften? – der Markt

Bei der Versorgung der Bevölkerung mit Waren und Dienstleistungen spielen Märkte eine zentrale Rolle. In diesem Zusammenhang stellen sich die Fragen, wie Märkte funktionieren, was sie leisten und wo sie versagen. Zudem treffen Menschen jeden Tag sehr viele Entscheidungen, die zum großen Bereich des Wirtschaftens, der Ökonomie, gehören. Was kann ich mir vom nächsten Taschengeld leisten? Soll ich sparen oder Geld ausgeben? Antworten auf diese Fragen erhältst du in diesem Kapitel.

KOMPETENZEN

Am Ende des Kapitels solltet ihr Folgendes können:

- erklären, warum wir wirtschaften
- grundlegende ökonomische Fachbegriffe anwenden
- beschreiben, was ein Markt ist
- unterschiedliche Marktformen voneinander unterscheiden
- Schwächen des Marktmodells benennen
- erläutern, wie sich Preise auf Märkten bilden
- erklären, welche Funktionen Preise und Märkte haben
- einen einfachen Wirtschaftskreislauf erklären
- einen Haushaltsplan erstellen und führen

WAS WISST UND KÖNNT IHR SCHON?

Versuche ausgehend von den beiden Bildern, die wesentlichen Gemeinsamkeiten jeden „Marktes" zu kennzeichnen.

Das Grundproblem – knappe Güter und grenzenlose Bedürfnisse

M1 Ich überlegte mir, was ich am dringlichsten brauchte …

[N]achdem ich gründlich darüber nachgedacht hatte, was ich am nötigsten brauchte, holte ich mir zunächst die drei Seemannskisten, die ich aufgebrochen und geleert hatte, und ließ sie auf das Floß hinab; die erste davon füllte ich mit Vorräten, und zwar mit Brot, Reis […]. Nach langem Suchen fand ich die Kiste des Schiffszimmermanns, die tatsächlich eine nützliche Beute und damals wertvoller für mich war als eine Schiffsladung Gold. […] Als nächstes kümmerte ich mich um Waffen und Munition. In der großen Kajüte hingen zwei ausgezeichnete Vogelflinten und zwei Pistolen; diese sicherte ich mir […]. Trotz meiner Annahme, ich hätte die Kajüte so gründlich durchsucht, dass nichts mehr zu finden war, entdeckte ich einen Spind mit Schubladen und in einer davon drei Rasiermesser, eine große Schere sowie 10 oder 12 gute Messer und Gabeln; in einer anderen fand ich ungefähr sechsunddreißig Pfund in Bargeld, einige europäische und brasilianische Münzen sowie spanische Pesos, ein paar in Gold, ein paar in Silber. Ich lächelte innerlich bei dem Anblick des Geldes. „Oh du Rauschmittel", sagte ich laut, „wozu bist du nütze? Es lohnt nicht einmal, dass ich dich vom Boden aufhebe […]."

Daniel Defoe, Robinson Crusoe, Erster Teil, München 1981, übersetzt von Lore Krüger, S. 68 ff.

M2 Die Rangordnung der menschlichen Bedürfnisse

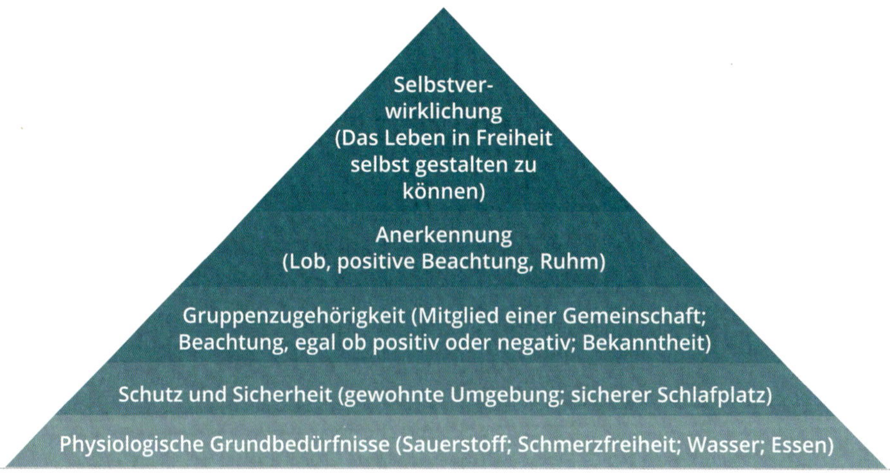

Die Stufenleiter der Bedürfnisse wurde von dem amerikanischen Forscher Abraham Maslow (1908 – 1970) entwickelt.
Die ersten vier Bedürfnisse nennt Maslow auch „Defizitbedürfnisse", da sie ein Gefühl des Mangels hervorrufen und negative Folgen wie z. B. Krankheit zu erwarten sind, wenn diese Bedürfnisse nicht ausreichend befriedigt werden. Wenn ein Bedürfnis erfüllt ist, tritt das nächst höhere an seine Stelle. Je höher das Bedürfnis, desto später in der Entwicklung einer Person entsteht es und desto weniger wichtig ist es für das reine Überleben, denn es kann leichter aufgeschoben werden.

M3 Das ewige „Mehr"

Immer mehr zu wollen, ist ein Phänomen unserer Zeit, ein Spiegelbild unserer Lebensweise, und doch ist es etwas, das selten als Phänomen erkannt wird. Es prägt unser Verhalten, ohne, dass wir es begreifen. Wir nehmen gar nicht wahr, dass dies oft unseren Emotionen und Handlungen vorausgeht.
In unseren Gefühlen und Erfahrungen nimmt das Verlangen nach „Mehr" überhand. Vielleicht gehört dieses Phänomen von Natur aus zum Menschsein. Oft organisieren wir unser Leben rund um dieses Verlangen und messen den Erfolg unseres Lebens daran, wie erfolgreich wir darin sind, uns immer mehr zu verschaffen, von was auch immer wir in einem bestimmten Moment wollen.
Zudem leben wir in der Angst nicht noch mehr zu erreichen. Wenn wir mit der Familie oder mit Freunden sprechen, dreht sich vieles darum, mehr zu bekommen: Wer hat mehr hiervon, wer mehr davon? In den USA wird „Mehr" als kultureller Wert gefeiert. Man will mehr Zimmer in seinem Haus oder einen besser durchtrainierten Körper oder Autos mit mehr PS oder mehr Status, mehr Geld, mehr Kleidung, mehr Bildung – die Liste ist endlos.

Phillipp Moffitt, www.52wege.de/mehr, übersetzt von Peter Brandenburg (30.10.2013)

Eigentlich sollte er in einem Klassenzimmer sitzen. Stattdessen sucht der zehnjährige Jawad Ali täglich im Müll nach etwas Brauchbarem, das er später auf dem Khyber-Bazar in der nordwestpakistanischen Stadt Peschawar verkaufen kann. So trägt er aktiv zum Lebensunterhalt seiner Familie bei, die vor zwei Jahren vor der Gewalt in den angrenzenden afghanischen Stammesgebieten geflohen ist.

AUFGABEN

1. Ordne die Bedürfnisse Robinsons (**M1**) und die Bedürfnisse, die sich aus deinem zusammengestellten Warenmagazin der Kapitelauftaktseite ergeben, den Stufen in **M2** zu.
2. Erläutere, welche Bedürfnisstufen Robinson auf der Insel wohl kaum erklimmen kann (**M1**, **M2**).
3. Robinson (**M1**) hält nicht viel von den Geldstücken, die er findet, obwohl diese auf der Insel rar sind. Erkläre seine Haltung.
4. Überprüfe, ob dein wirtschaftliches Verhalten vom Verlangen nach „Mehr" bestimmt wird (**M3**).
5. Sollen wir unser wirtschaftliches Verhalten vom Verlangen nach „Mehr" ausrichten? Diskutiert diese Frage in der Klasse.

F
Erläutere ausgehend vom Bild und Text in der Randspalte, inwiefern die Lebensumstände die Bedürfnisse und wirtschaftlichen Aktivitäten von Menschen bestimmen.

Wirtschaften heißt entscheiden – wie sollen wir uns bei Knappheit entscheiden?

M4 Warum gibt es von allem immer zu wenig? – Ellas Probleme

Ella ist eine ganz normale Schülerin. Sie geht in die achte Klasse des Gymnasiums und hat einen gut gefüllten Stundenplan. Da ist sie froh, dass sie noch ein Instrument spielen kann und auch noch Zeit für ihren Lieblingssport Basketball findet. Aber Ella würde gerne viel mehr machen. Deshalb hat sie einmal aufgeschrieben, was sie noch zusätzlich unternehmen würde und welche Mittel ihr zur Verfügung stehen.

Ellas Pflichtprogramm	Ellas Wunschprogramm	Ellas Mittel (Ressourcen)
• Eine Klarinettenstunde wöchentlich • Dreimal Basketballtraining in der Woche • Eltern im Haushalt helfen • Unterrichtsbesuch • Hausaufgaben machen, auf Klassenarbeiten lernen	• Freunde treffen • Chillen und Chatten • Shoppen • Saxophon lernen • Gesangsunterricht nehmen • Bei einer Musicalaufführung mitmachen • Öfter ausschlafen • Reitstunden nehmen • Einen Chauffeur, der sie zu den Terminen bringt	• Eltern können Klarinettenstunden bezahlen • Eltern können Basketballsport finanzieren • 50 Euro Taschengeld im Monat • Zeit reicht für Pflichtprogramm und eine weitere Aktivität

Nach einer Idee aus: Winand von Petersdorff, Das Geld reicht nie, 2. Aufl., Frankfurt a. M. 2008, S. 9 f.

M5 Wirtschaften heißt entscheiden

Kosten
Darunter fallen nicht nur direkte Geldkosten, sondern auch Kosten im übertragenen Sinn, wie z. B. verletzte Gefühle, entgangene Gelegenheiten oder verschwendete Zeit.

Nutzen
Darunter fallen ebenfalls nicht nur direkte in Geld messbare Nutzen, sondern im übertragenen Sinn jeglicher Vorteil, wie z. B. Zeitgewinn, Genuss oder Ansehen.

Ella hat eine Vielzahl von Bedürfnissen, ihre Mittel zur Erfüllung aller Wünsche (Geld und Zeit) sind jedoch begrenzt. Letztlich geht es allen Menschen wie Ella. Sie können sich nicht alle Wünsche erfüllen. Deshalb müssen wir alle entscheiden, für welche Wünsche wir unsere Mittel (Ressourcen) einsetzen.

Gibt es eine Regel dafür, wie wir uns entscheiden? Im wirtschaftlichen Denken besteht die Regel darin, den Nutzen einer Handlung mit den Kosten, welche die Handlung verursacht, zu vergleichen. Ella muss sich evtl. zwischen Basketball und Reiten, zwischen im Haushalt helfen und Shoppen gehen oder zwischen Ausschlafen und Chatten entscheiden. Dabei wird sie die Kosten und den Nutzen der Alternativen abwägen. Entscheidet sie sich für Basketball, sind die Kosten die entgangenen Freuden an Reitstunden, entscheidet sie sich fürs Shoppen mit Freunden, sind die Kosten der Ärger mit den Eltern, entscheidet sie sich fürs Chatten, sind die Kosten der Kampf mit dem Schlaf während des Unterrichts. Wirtschaftswissenschaftler (Ökonomen) nennen diese Kosten für die Alternativen „Alternativkosten" oder „Opportunitätskosten". Da Menschen nach Auffassung der Ökonomen bestrebt sind, den größtmöglichen Nutzen für sich zu erzielen, werden sie Nutzen und Kosten jeweils vergleichen und die Alternative wählen, bei der der Nutzen im Vergleich zu den Kosten am größten ist.

Alternativkosten
Alternativkosten sind die Kosten, die entstehen, weil die zweitbeste Handlungsmöglichkeit (Opportunität) nicht gewählt wurde. Entscheide ich mich, mit dem Fahrrad statt dem Bus zu fahren, so sind die Alternativkosten: Verzicht auf Bequemlichkeit, Verzicht auf Unterrichtsvorbereitung während der Fahrt, Verzicht auf Zeitersparnis. Entscheide ich mich, mit dem Bus zu fahren und nicht mit dem Fahrrad, so sind die Alternativkosten: Verzicht auf Ersparnis der Fahrtkosten, Verzicht auf körperliche Betätigung, Verzicht auf Unabhängigkeit vom Busfahrplan.

M6 Biofernsehen

Karikatur: Alexei Talimonov / CartoonStock

AUFGABEN

1. Stelle dein Wunschprogramm und deine Ressourcen zusammen (**M4**). Charakterisiere anschließend, ob die Knappheit, der Unterschied zwischen Wünschen und Ressourcen, groß, mittelmäßig oder gering ist.
2. Wähle für Ella eine zusätzliche Aktivität aus. Erkläre, worin jeweils die Alternativkosten bestehen. Vergleicht eure Ergebnisse (**M4**, **M5**).
3. Entwickle eine Lösung für das Problem der Knappheit und diskutiert diese in der Klasse.
4. a) Beschreibe, was in der Karikatur dargestellt ist (**M6**).
   b) Erläutere, was der Karikaturist mit der Karikatur ausdrücken möchte (**M6**).

H ZU AUFGABE 4 b)
Beantworte folgende Fragen zur Karikatur: Welche merkwürdige Entscheidung (Bedürfnisse / Kosten / Nutzen) hat die Person in der Karikatur getroffen? Sieht der Karikaturist diese Entscheidung kritisch? Wenn ja, warum?

F ZU AUFGABE 4 b)
Erläutere, ob sich das in der Karikatur angesprochene Problem lösen lässt.

Wie handelt man wirtschaftlich vernünftig?

M7 Knappheit und das ökonomische Prinzip

Sauberes Trinkwasser – aus einem ehemals freien Gut ist ein knappes Gut geworden.

Um überleben zu können, braucht der Mensch ausreichend Nahrung, Kleidung, Behausung und Ausbildung. Zur Befriedigung solcher Grundbedürfnisse benötigt der Mensch Güter bzw. Mittel, die ihm von der Natur in der Regel nicht frei, d. h. ausreichend und konsumreif, zur Verfügung gestellt werden. Man spricht deshalb von knappen Gütern. Die Knappheit von Gütern zur Bedürfnisbefriedigung ist der Grund dafür, dass Menschen wirtschaftlich handeln. Im Mittelpunkt des Lebens steht deshalb die Anstrengung, sich Güter zur Bedürfnisbefriedigung zu beschaffen, was nichts anderes ist als eine Umschreibung von menschlicher Arbeit. Da die Güter zur Bedürfnisbefriedigung knapp sind, muss der Mensch sich die vorhandenen Mittel einteilen. Wirtschaften heißt insofern angesichts knapper Güter, eine möglichst optimale Verwendung der vorhandenen Mittel anzustreben. Wir handeln dann nach dem sogenannten „ökonomischen Prinzip". Das ökonomische Prinzip hat zwei Ausprägungen: Wenn wir mit unserem Taschengeld versuchen, möglichst viele Bedürfnisse zu befriedigen, handeln wir nach dem Maximalprinzip. Wenn wir ein Bedürfnis, z. B. den Kauf einer Limonade, mit dem geringsten Mitteleinsatz befriedigen, handeln wir nach dem Minimalprinzip.

Maximalprinzip

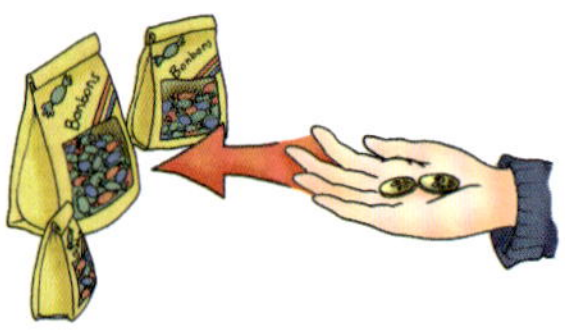

Minimalprinzip

In unserer heutigen Gesellschaft spielt neben der Befriedigung der Grund- oder Existenzbedürfnisse eine Vielzahl weiterer Bedürfnisse eine immer wichtigere Rolle. Denken wir an den Wunsch nach modischer Kleidung, schönen Einrichtungsgegenständen, besonderem Essen, Musikhören, Konzerte zu besuchen, Urlaubsreisen zu machen etc. Wenn diese Wünsche nicht erfüllt werden, empfinden wir dies als Mangel. Unser Bestreben ist es, diesen Mangel zu beseitigen, indem wir das Bedürfnis befriedigen. Grundsätzlich empfindet jeder Mensch Bedürfnisse unterschiedlich dringlich. So verwendet ein Jugendlicher sein Taschengeld hauptsächlich für sein Smartphone, während ein anderer ein Großteil seiner Mittel für seinen Lieblingssport ausgibt.

M8 Welche Güter gibt es?

Nur sehr wenige Güter sind unbegrenzt vorhanden, d. h. frei verfügbar. Zu diesen freien Gütern zählen Wind, Sonnenlicht oder Meerwasser. Sie kosten kein Geld.

Im Gegensatz zu den freien Gütern ist die große Mehrheit der Güter, die wir zum Leben brauchen, knapp. Man nennt sie wirtschaftliche Güter, weil ihre Herstellung Kosten verursacht. Sie haben einen Preis. Bei den wirtschaftlichen Gütern gilt es zwischen Sachgütern, Dienstleistungen und Rechten zu unterscheiden. Sachgüter sind dingliche Güter (Waren), die zur Herstellung anderer Güter (Produktionsgüter) benötigt werden oder ge- und verbraucht (Konsumgüter) werden können. Dienstleistungen können wir nicht sehen oder anfassen. Wir nehmen sie in Anspruch, wenn wir zum Frisör gehen oder auf der Bank Geld abheben. Auch für Rechte müssen wir bezahlen, z. B. für das Recht, ein Musikstück aus dem Internet herunterladen und anhören zu dürfen.

M9 Wirtschaftliches Handeln im Alltag

Matthias hat 500 € für seinen Urlaub gespart und sucht nun im Internet nach einem Angebot, das ihm einen möglichst langen Urlaub in einem möglichst weit entfernten Land ermöglicht.

Eine Werft benötigt für die Produktion seiner Schiffe sehr viel Strom, da die meisten Maschinen relativ alt sind. Die Unternehmensleitung beschließt gemeinsam mit den Mitarbeitern, neue Maschinen zu kaufen, die bei gleicher Leistung weniger Strom als die alten Maschinen benötigen.

In einer Jeans-Fabrik werden Bluejeans hergestellt. In der Fertigungsabteilung wird versucht, möglichst viele Jeansteile aus den Stofflagen auszuschneiden. Die unterschiedlichen Teile und Größen werden daher mithilfe eines Computers zu einem optimalen Gesamtschnittbild zusammengestellt.

Die Bahnstrecke zwischen Nürnberg und München soll zu einem möglichst niedrigen Preis ausgebaut werden, um sie mit einer Höchstgeschwindigkeit von 320 km/h befahrbar zu machen.

AUFGABEN

1. Veranschauliche den Zusammenhang zwischen Knappheit und Handeln nach dem ökonomischen Prinzip durch ein Schaubild (**M7**).
2. Gliedere die einzelnen Güterarten (**M8**) in einer übersichtlichen Struktur (z. B. mithilfe eines Baumdiagramms) und nenne jeweils ein weiteres Beispiel.
3. Erläutere, nach welchem ökonomischen Prinzip in **M9** jeweils gehandelt wird. Finde weitere Beispiele für das Handeln nach dem Maximalprinzip und Minimalprinzip aus deinem Alltag.
4. Zur Wiederholung: Auf Seite 252 ff. hast du erfahren, dass Wirtschaften heißt, sich zwischen verschiedenen Alternativen zu entscheiden. Dabei spielen persönliche Kosten und Nutzeneinschätzungen eine Rolle. Erläutere mögliche Alternativkosten für Matthias in **M9**.

F ZU AUFGABE 2
Auch Dienstleistungen lassen sich nach Konsum- und Produktionsgütern unterscheiden. Finde Beispiele dafür.

Woher stammt das Einkommen von Familien?

Aktie
Wertpapier, das den Anteil an einer Aktiengesellschaft garantiert.

Erklärfilm „Aktien"
Mediencode: 71008-15

M10 Das Einkommen der Familie Muster

Vater Muster arbeitet in der Produktion eines großen Automobilherstellers und bezieht daraus Lohneinkünfte. Außerdem hat er Aktien seiner Firma und erhält daraus einen Anteil an dem erwirtschafteten Gewinn, den man Dividende nennt. Aus seinen Sparguthaben bei seiner Bank bezieht er jedes Jahr Zinseinkünfte.
Mutter Muster arbeitet stundenweise in einem Lebensmittelgeschäft und bezieht daraus Lohneinkünfte. Sie hat von ihren Eltern ein Haus vererbt bekommen, welches sie als Geschäftshaus vermietet hat. Daraus bezieht sie jährliche Mieteinkünfte.
Sohn Markus steht kurz vor dem Abitur und jobbt in einem Getränkehandel, Tochter Marion geht in die 8. Klasse und gibt Mitschülern Nachhilfeunterricht.
Familie Muster bezieht also Einkünfte aus allen drei volkswirtschaftlichen Produktionsfaktoren: dem Faktor Arbeit, dem Faktor Boden und dem Faktor Kapital.

a) Faktor Arbeit

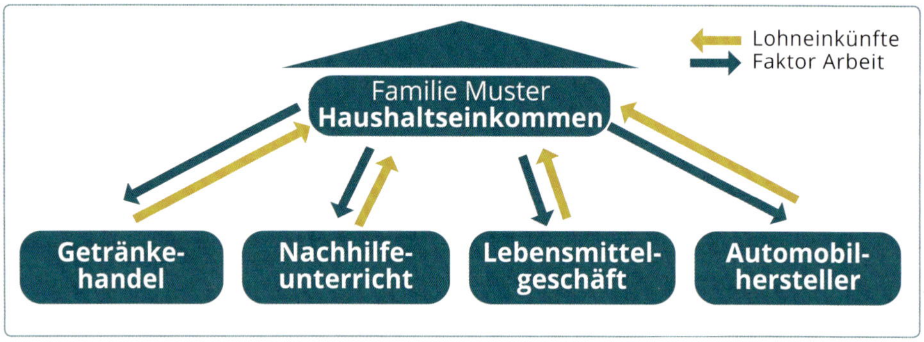

b) Faktor Boden

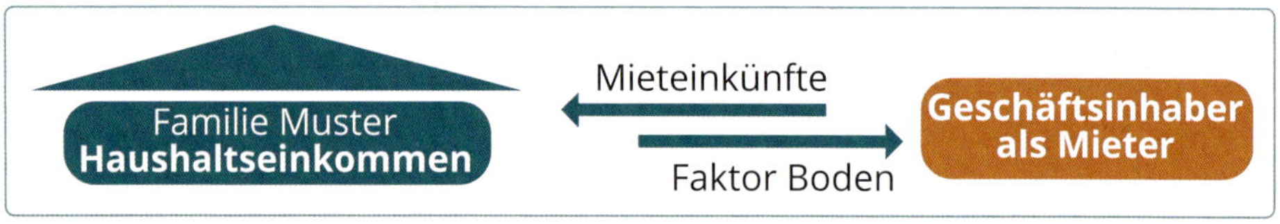

c) Faktor Kapital

M11 Der Wirtschaftskreislauf

Um die Vielzahl der wirtschaftlichen Verflechtungen in einer Volkswirtschaft überschaubar darzustellen, fasst man die Akteure in einer Wirtschaft zu Sektoren zusammen. Weil z. B. alle Angehörigen der Familie Muster in einem Haushalt leben, wird Familie Muster in einem Sektor Haushalt zusammengefasst. Unternehmen, wie der Automobilproduzent oder das Lebensmittelgeschäft werden im Sektor Unternehmen zusammengefasst. Sowohl Haushalte als auch Unternehmen haben Einnahmen und Ausgaben. Die Einkommen der Haushalte fließen in Konsumausgaben oder werden gespart. Neben den Wirtschaftssektoren Haushalt und Unternehmen fasst man noch den Staat, die Banken und das Ausland zu Wirtschaftseinheiten oder Sektoren zusammen.

Familie Muster gibt einen Teil ihres Haushaltseinkommens für die Beschaffung von Waren und Dienstleistungen aus (Konsumausgaben). Diese Ausgaben sind gleichzeitig Einnahmen der Unternehmen, die Waren und Dienstleistungen auf den Märkten anbieten.

Einfaches Kreislaufmodell einer Volkswirtschaft

Im einfachen Kreislaufmodell wird davon ausgegangen, dass die Haushalte ihr Einkommen vollständig für den Konsum ausgeben und die Unternehmen ihre Gewinne vollständig für Löhne und Gehälter.

AUFGABEN

1. Arbeite aus **M10** heraus, wie sich das Familieneinkommen erhöhen ließe.
2. Erläutere, auf welche Einkommensquellen sich Familie Muster am ehesten verlassen kann (**M10**).
3. a) Überprüfe, inwiefern das Modell des einfachen Wirtschaftskreislaufes (**M11**) von der Realität abweicht (**Randspalte**).
   b) Erweitere das Modell, indem du die Beziehungen von Staat und Banken mit einbeziehst.

H ZU AUFGABE 3 b)
Überlege dir vorab: Welche Leistungen gibt der Staat den Haushalten und Unternehmen, welche Mittel bekommt der Staat dafür von Haushalten und Unternehmen?
Beachte: Banken gewähren Kredite und verwalten Geldvermögen.

Welche Einkommensquellen haben Jugendliche?

M12 Wie viel Taschengeld ist angemessen?

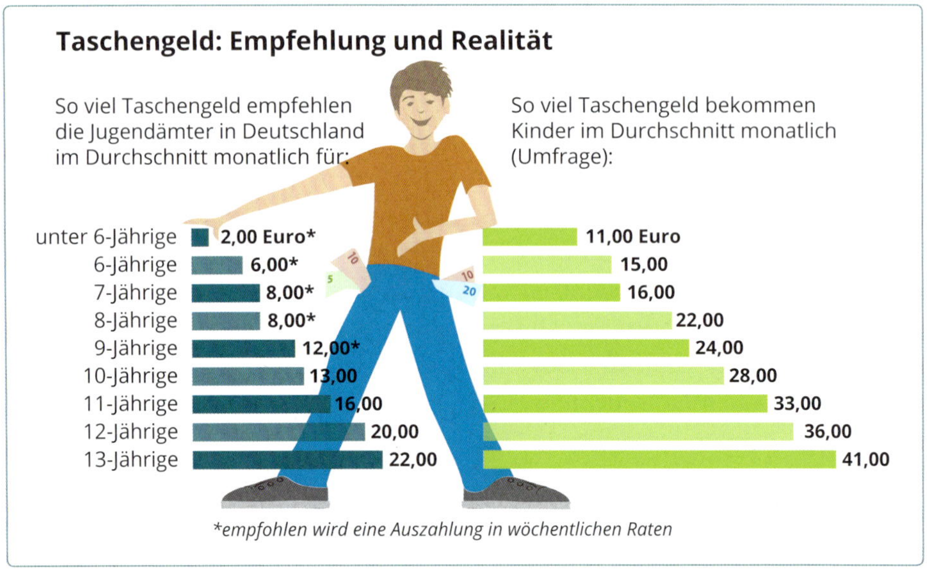

Globus-Grafik 5864; Quelle: Beratungsdienst Geld und Haushalt des Deutschen Sparkassen- und Giroverbands, Egmont Ehapa Verlag (KidsVA); Stand 2013

M13 ... und andere Einnahmequellen?

Taschengeld von den Eltern, die Oma schießt ein paar Euro dazu und zu Geburtstag und Weihnachten gibt's Geldgeschenke von den Verwandten. Im Durchschnitt geben die 13- bis 17-Jährigen 1,8 Geldquellen an. Am häufigsten (91 %) werden die Eltern als Geldquelle genannt. Weit abgeschlagen folgen die Großeltern und andere Verwandte (42 %), das selbstverdiente Geld (40 %) sowie sonstige Einkommensquellen (6 %). Die unterschiedlichen Einnahmequellen von Jugendlichen sorgen dafür, dass das zur freien Verfügung stehende Budget, z. T. spürbar über dem reinen „Taschengeld-Einkommen" liegt.

Nach: www.oeconomix.de, Umgang mit Geld – Einkommen (23.12.2013)

M14 Wofür geben Jugendliche ihr Geld aus?

23,74 Milliarden Euro werden sechs- bis 19-Jährige in diesem Jahr ausgeben. Wir verraten, wofür die Kinder das Geld auf den Kopf hauen.

Die meisten geben ihr Geld für Essen und Getränke aus

Die Kaufkraft von Kindern und Jugendlichen in Deutschland wächst weiter. In diesem Jahr werden sie 23,74 Milliarden Euro ausgeben – das sind satte 1,41 Milliarden Euro mehr als noch 2011. Jungen und Mädchen gleichen sich dabei in ihren Ausgaben an. Während die Jungen 2011 noch 2,59 Milliarden Euro mehr ausgaben als die Mädchen, beträgt die Differenz 2012 nur noch 1,08 Milliarden Euro. Die Mehrheit der Kinder und Jugendlichen gibt ihr Geld für Süßes, Getränke und Fast Food aus.

Fünf Milliarden für Klamotten

Das meiste Geld wird mit großem Abstand für Klamotten und Schmuck ausgegeben. Über fünf Milliarden machen die Kids dafür im Jahr locker. Immerhin noch fast zwei Milliarden Euro lassen sie sich die Mobilität kosten – so viel Geld fließt in die Anschaffung von Fahrrädern, Mopeds, Autos und deren Unterhalt. An dritter Stelle liegen die Ausgaben fürs Telefonieren, die mit Handygebühren, Kosten für SMS und MMS 1,7 Milliarden Euro betragen.

Nach: www.t-online.de, Dafür geben Kinder 2012 ihr Geld aus, 29.10.2012

METHODE

M15 Einen Haushaltsplan erstellen

Um die eigenen Finanzen im Blick zu behalten und nicht in die „Schuldenfalle" zu geraten, empfiehlt sich die Erstellung eines Haushaltsplans. Ergänze die Tabelle um deine persönlichen Geldquellen und Ausgabeposten. Ziehst du von den Einnahmen die Ausgaben ab, erhältst du den Saldo. Ist dieser positiv, hast du einen Überschuss, ist er negativ, ein Defizit.

Zeitraum (z. B. Woche, Monat):			
Einnahmen		**Ausgaben**	
Taschengeld		Süßigkeiten	
Nebenjob		Kino	
Geldgeschenke		Kleidung	
...		...	
		Sparen	
Gesamt		Gesamt	
Einnahmen – Ausgaben (Saldo) =			

H Rechne einmalig erhaltene Geldbeträge und feststehende Ausgabeposten auf die Bezugsgröße deines Haushaltsplans um (Woche / Monat). Hier kannst du auch schätzen.

AUFGABEN

1. Berechne anhand von **M14** um wie viel Prozent die Gesamtausgaben von Jugendlichen im Jahr 2012 im Vergleich zum Jahr 2011 gestiegen sind.
2. Vergleiche deine eigenen Konsumausgaben mit den Angaben in **M14**.
3. Erstelle deinen persönlichen Haushaltsplan (**M15**) über einen Zeitraum von vier Wochen. Halte sämtliche Einnahmen und Ausgaben fest.
4. Sollen Kinder und Jugendliche eher mehr oder weniger Taschengeld als von den Jugendämtern empfohlen bekommen? (**M12**) – Erörtere diese Frage in Form einer Rede.

F Arbeite aus **M12** heraus, um wie viel Prozent jeweils der empfohlene Wert überschritten wird.

Rollenspiel – warum Familie Ege einen Haushaltsplan braucht

M16 Die Wünsche und Bedürfnisse der Familie Ege

Vater Jürgen Ege (39 Jahre) arbeitet für ein mittelständisches Unternehmen in der Finanzbuchhaltung. In seiner Freizeit spielt er Golf und im Winter fährt er gerne Ski. Sein Motto lautet: „Wer hart und viel arbeitet, darf sich auch teure Hobbies leisten!" Jürgen Ege ist es aber auch wichtig, dass die Familie jeden Monat einen gewissen Betrag für die Anschaffung eines neuen Autos zurücklegt, da er derzeit mit einem älteren Auto täglich zur Arbeit pendelt.

Mutter Angelika Ege (37 Jahre) ist bei einer Werbeagentur beschäftigt. Da sie sich außerdem um den Haushalt und die Kinder kümmert, arbeitet sie in Teilzeit. Mit ihrer Familie möchte sie jedes Jahr einen größeren Sommerurlaub verbringen. Deshalb achtet sie genau darauf, dass jeden Monat ein bestimmter Betrag für den Urlaub zur Seite gelegt wird: „Eine Woche Strandurlaub brauche ich auf alle Fälle, um mich von den Alltagsstrapazen des ganzen Jahres zu erholen."

Sohn Leon (14 Jahre) ist eine richtige „Sportskanone": Egal ob Fußball, Tennis, Wasserski oder Judo – Leon ist in jedem Sportverein. Über die Kosten seiner Freizeitgestaltung hat er sich bisher noch keine Gedanken gemacht. Schließlich bezahlen die Eltern seine vielfältigen Aktivitäten. Sein monatliches Taschengeld in Höhe von 50 € benötigt er, um mit seinen Freunden ins Kino oder Eis essen zu gehen.

Sophie ist 12 Jahre alt und Gymnasiastin. Sie bekommt regelmäßig 40 € Taschengeld pro Monat. Darüber hinaus fördern ihre Eltern die Talente ihrer Tochter und bezahlen ihre Ballettstunden und den Musikunterricht. Ihr größter Wunsch ist es, in nächster Zeit mit dem Reiten zu beginnen und Reitstunden zu nehmen.

M17 Die Gehaltsabrechnungen von Herrn und Frau Ege

Sozialversicherung
Ca. 90 % der Bevölkerung sind in der gesetzlichen Sozialversicherung pflicht- oder freiwillig versichert. Sie umfasst die fünf Versicherungszweige Arbeitslosen-, Kranken-, Pflege-, Renten- und Unfallversicherung.

Technology Answers
Industriestraße 14
24103 Kiel

Jürgen Ege
Lilienweg 14
24340 Eckernförde

Gehaltsabrechnung September
Bruttogehalt: 3.075,00 €
Steuern: 288,00 €
Sozialversicherungen: 638,00 €

= Nettobezüge: 2.149,00 €
= Überweisungsbetrag: 2.149,00 €

Advertise & Many More
Königsplatz 117
24340 Eckernförde

Angelika Ege
Lilienweg 14
24340 Eckernförde

Gehaltsabrechnung September
Bruttogehalt: 2.650,00 €
Steuern: 751,00 €
Sozialversicherungen: 550,00 €

= Nettobezüge: 1.349,00 €
= Überweisungsbetrag: 1.349,00 €

M18 Die monatlichen Ausgaben und Rücklagen der Familie Ege

Zins- und Tilgungsrate für das Einfamilienhaus	900 €
Wasser, Strom, Heizung, Müllentsorgung etc.	300 €
Telefon (Festnetzanschluss und vier Handyverträge), Internet	110 €
Versicherungen (Haftpflicht, Unfall, Hausrat, Brandschutz etc.)	170 €
Lebensmittel, Kosmetika etc.	450 €
Beiträge für Golfclub, Sport- und Musikvereine	500 €
Benzin	240 €
Monatsfahrkarten	60 €
Steuer und Versicherung für 2 Autos	150 €
Taschengeld	90 €
Kleidung	250 €
Tageszeitung	30 €
Ausgaben für die Schule	70 €
Rücklagen für größere Anschaffungen (Auto, Waschmaschine etc.)	200 €
Rücklagen für den Urlaub	250 €
Sonstiges	50 €

Zins
Preis, den der Kreditnehmer dem Kreditgeber (z. B. Banken) für das Überlassen von Geldkapital bezahlen muss.

Tilgung
regelmäßige Rückzahlung eines Kredits in Form von Teilbeträgen

Zinsen + Tilgung =
monatliche Darlehensrate

M19 Tabelle zum Kindergeld

Höhe des Kindergelds ...	2017
für erstes Kind	192 €
für zweites Kind	192 €

AUFGABEN

1. Stelle für die Familie Ege einen Haushaltsplan auf, indem du alle Ausgaben und Rücklagen den Einnahmen gegenüberstellst und berechne den Saldo (**M16** – **M19**).
2. Die Werbeagentur, für die Frau Ege arbeitet, muss Insolvenz anmelden. Frau Ege wird überraschend arbeitslos. Die Arbeitsagentur überweist jedoch für ein Jahr Arbeitslosengeld in Höhe von 67 % ihres letzten Nettogehalts (**M17**). Analysiere die neue finanzielle Situation der Familie.
3. Was tun? Der Familienrat berät.
   a) Übernehmt in Vierergruppen jeweils die Rollen der Familienmitglieder. Entwickelt für das folgende Rollenspiel (siehe **Randspalte**) Argumente, um eure finanziellen Interessen in der Familie durchzusetzen.
   b) Einigt euch schließlich auf einen Haushaltsplan, der für alle Familienmitglieder einen möglichst hohen Nutzen ermöglicht.

Spielregeln für das Rollenspiel:
- Jeder Schüler stellt möglichst einen Charakter der Familie Ege dar (**M16**). Die Schüler, die keinen Charakter darstellen, nehmen eine Beobachterposition ein.
- Jeder Schüler entwickelt Argumente, die er anschließend gegenüber den anderen Schülern im Rollenspiel vertritt.
- Im Rollenspiel wird höflich und sachlich miteinander diskutiert.
- Am Ende des Rollenspiels sollte ein einvernehmliches Ergebnis zustande gekommen sein.

Das Marktmodell – wie bildet sich der Preis auf vollkommenen Märkten?

M20 Die Märkte – der Markt

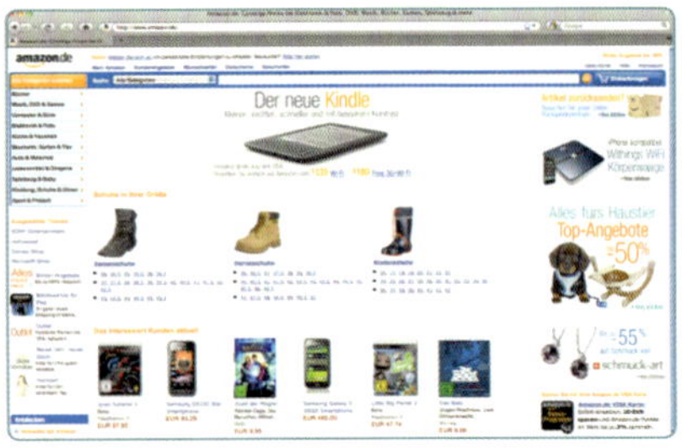

Virtueller Marktplatz

Börse in Frankfurt

Flohmarkt

M21 Preisbildung auf dem vollkommenen Markt

Vom vollkommenen Markt wird angenommen, dass alle Anbieter und Nachfrager nur nach dem ökonomischen Prinzip handeln. Darüber hinaus müssen weitere Bedingungen erfüllt sein: Die auf vollkommenen Märkten gehandelten Güter müssen sachlich gleichartig sein und dürfen sich weder durch Qualität, Aufmachung, Farbe, Geschmack oder Verpackung unterscheiden. Solche sogenannten homogenen Güter sind z. B. Aktien, Rohöl in Barrel oder Edelmetalle in Unzen. Bestimmte Vorlieben der Käufer für bestimmte Erzeugnisse oder Waren, z. B. wegen besonders ansprechender Werbung oder Gestaltung der Produkte, dürfen ebenso wenig vorhanden sein wie räumliche und zeitlichen Präferenzen (Vorlieben) oder die Bevorzugung eines bestimmten Anbieters durch den Nachfrager, z. B. wegen besonders freundlicher Bedienung. Das Fehlen räumlicher Präferenzen verschafft keinem Anbieter oder Nachfrager Standortvorteile wie es bei einem besonders günstigen Standort möglich wäre. Darüber hinaus wird unterstellt, dass vollständige Markttransparenz herrscht. Alle Marktteilnehmer haben also eine vollständige Marktübersicht: Die Anbieter wissen, bei welchen Preisen und Mengen die Nachfrager die angebotenen Güter kaufen möchten, und die Nachfrager sind darüber informiert, zu welchen Preisen und Mengen die Anbieter ihre Güter verkaufen möchten.

Duden Wirtschaft von A bis Z: Grundlagenwissen für Schule und Studium, Beruf und Alltag. 6. Aufl. Mannheim: Bibliographisches Institut 2016. Lizenzausgabe Bonn: Bundeszentrale für politische Bildung 2016

H ZU AUFGABE 1
Ziehe hierzu auch deine gewonnenen Erkenntnisse der Kapitelauftaktseite heran.

AUFGABEN

1. Vergleiche die abgebildeten Märkte (**M20**). Was haben sie gemeinsam, was unterscheidet sie?
2. Arbeite aus **M21** alle genannten Bedingungen für vollkommene Märkte heraus.
3. Prüfe, ob bei deinen persönlichen Kaufentscheidungen alle Bedingungen eines vollkommenen Marktes erfüllt sind (**M21**).

METHODE

M22 Preisbildung im Modell: „Preis-Mengen-Diagramm"

Ein paar Worte zur Methode

Ja, es gibt nichts Praktischeres als eine gute Theorie. Jedes Weltbild, jede Analyse folgt einer Theorie oder einem Modell. Anders könnte man die Realität nicht erfassen. Uns fehlte einfach die Handlungsgrundlage. Aber warum? Weil die Welt so „komplex" ist, dass zu ihrem auch nur annähernden Verständnis eine – oft erschreckend – vereinfachte Darstellung nötig ist. [...] Es ist deshalb unsinnig, ein Modell zu kritisieren, weil es zu einfach und nicht „realistisch" genug sei. Modelle sind naturgemäß nicht realistisch, und kein Ökonom ist so blind, das nicht zu sehen. Er überlegt sich ja gerade eine Theorie, um jene Phänomene, die zu komplex für unsere Hirne sind, in ihrem Kern zu erfassen; von daher auch die zwingende Notwendigkeit, sich eine vereinfachte, „unrealistische" Darstellung dieser Phänomene auszudenken. Nach dieser Methode arbeiteten schon die Wissenschaftler im Mittelalter. Physiker verwenden extrem vereinfachte Modelle von Atomen, Wirtschaftswissenschaftler benutzen nicht weniger vereinfachte Modelle von Märkten. Daraus lässt sich allerdings nicht ableiten, dass alle Theorien gleichermaßen gültig sind. Es gilt auch nicht, Modelle zu konstruieren, die so einfach sind, dass sie absurd werden. Oder, um es mit Paul Valery zu sagen: „Was einfach ist, ist falsch, was komplex ist, ist nicht brauchbar." Eine Theorie sollte so gestaltet sein, dass darin alle unwichtigen Aspekte eines Phänomens unbeachtet bleiben. Das zu erreichen ist nicht nur eine Wissenschaft, sondern auch eine Kunst.

André Fourcans, Die Welt der Wirtschaft, 4. Aufl ., Frankfurt 1999, übersetzt von Sabine Schwenk, S. 19 f.

Preisbildung unter der Lupe

Um das Prinzip der Preisbildung zu verstehen, bedient man sich eines Modells. In diesem Modell wird angenommen, dass sich Angebot und Nachfrage unabhängig voneinander bilden. Betrachten wir also zunächst die Nachfrageseite:

Für Schüler und Lehrer einer Schule soll ein Mittagessen angeboten werden. Jeden Donnerstag sollen Gemüseburger verkauft werden. Lehrer und Schüler stellen die Nachfrage auf dem Gemüseburgermarkt dar. Natürlich unterscheiden sich die Nachfrager: Manche haben mehr, manche weniger Hunger, einige haben mehr Geld für den Mittagstisch zur Verfügung als andere, nicht alle mögen Gemüseburger, für viele ist es ihr Leibgericht. Wie könnte sich also die Nachfrage nach den Bratlingen entwickeln? Nehmen wir an, 100 Schüler und Lehrer wären bereit, 3 € für ihren Gemüseburger auszugeben. Bei einem niedrigeren Preis von 2 € wären schon weitere 100 Schüler und Lehrer geneigt, den Mittagssnack zu kaufen. Nochmals 100 Schüler und Lehrer würden die Burger nachfragen, wenn der Preis dafür nur 1 € betragen würde. Es ist einleuchtend, dass die Schüler und Lehrer, die bereit gewesen wären, 2 € oder 3 € für den vegetarischen Burger auszugeben, auch für 1 € kaufen würden. Sie freuen sich lediglich, dass sie ihn so günstig bekommen. Wie man erkennen kann, ist die Nachfrage bei einem niedrigen Preis höher. Umgekehrt ist die Nachfrage geringer, wenn der Preis hoch ist. Deshalb addiert sich die Nachfrage der einzelnen Käufer mit abnehmendem Preis. Im Modell spricht man von der aggregierten (zusammengefassten) Nachfrage. Sie lässt sich grafisch so darstellen (→ S. 266):

METHODE

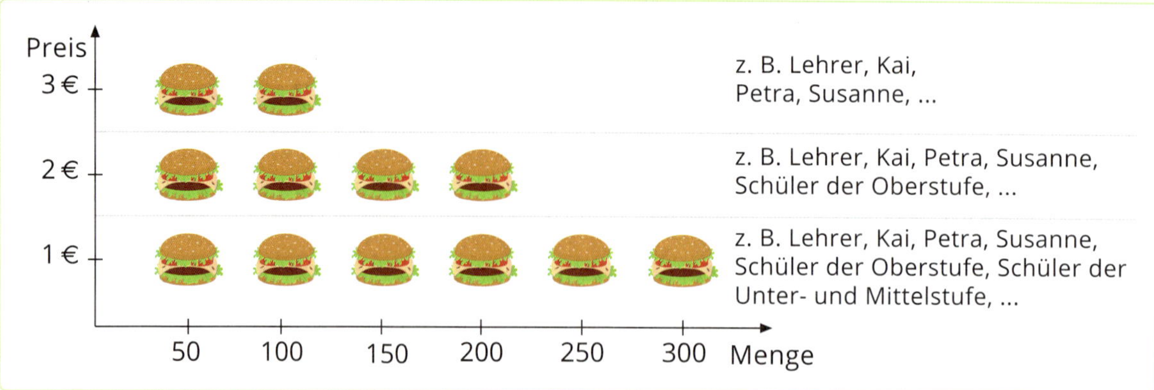

Ein gezeichneter Burger steht für 50 „echte" Burger.

Betrachten wir nun die Angebotsseite: Hausmeister, Eltern und ein Catering-Service wären bereit, die Gemüseburger anzubieten. Der Hausmeister, so nehmen wir an, könnte mit seiner Frau 100 vegetarische Bratlinge für 1 € verkaufen. Die Eltern könnten zusammen 100 Gemüseburger für 2 € anbieten, da ihr Herstellungsaufwand etwas größer wäre. Sie müssten sich abstimmen, wer wie viele Burger produziert, und den Transport zur Schule organisieren. Der Catering-Service mit hohen Personalkosten könnte weitere 100 Burger für 3 € anbieten. Selbstverständlich würden Hausmeister und Eltern auch für 3 € ihre Gemüseburger anbieten können. Hier addiert sich also das Angebot bei steigendem Preis. Man spricht vom aggregierten (zusammengefassten) Angebot. Je höher der Preis, desto größer ist die angebotene Menge. Je niedriger der Preis, desto geringer das Angebot, weil nur wenige Anbieter in der Lage sind, zu diesem Preis zu produzieren. Anbieter, die bei einem niedrigeren Preis nicht mehr gewinnbringend produzieren können, werden einfach vom Markt verdrängt. Die Angebotsseite im Beispiel lässt sich grafisch so darstellen:

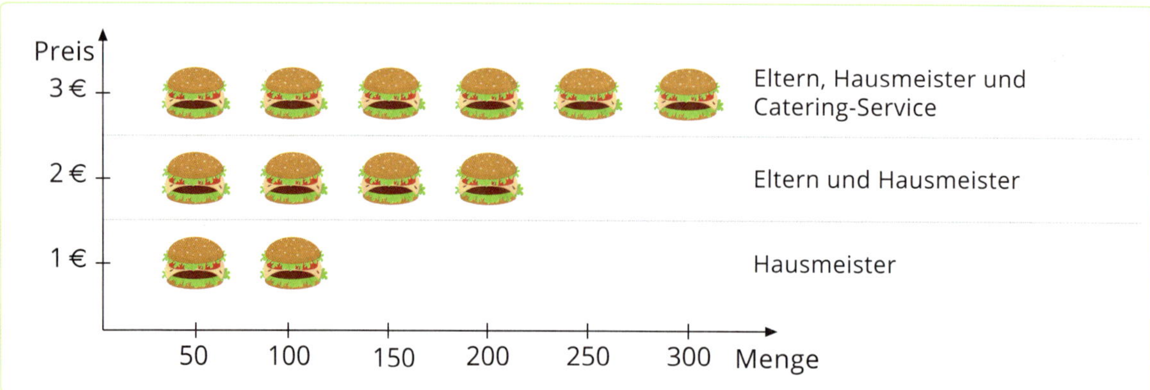

METHODE

Ungleichgewichte von Angebot und Nachfrage

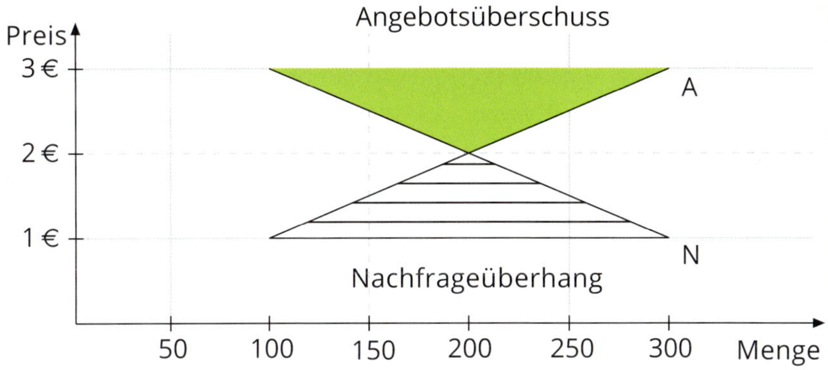

Ist der von den Anbietern festgesetze Preis höher als der Gleichgewichtspreis, so kommt es zu einer Nachfragelücke bzw. zu einem Angebotsüberschuss. Ist der Preis niedriger als der Gleichgewichtspreis, so kommt es zu einem Nachfrageüberhang.

Zum Preis von 3 € pro Gemüseburger beträgt die Nachfrage in der Schulkantine nur 100 Stück, angeboten würden jedoch 300 Burger. Die Differenz bezeichnet man als Angebotsüberschuss. Konkret bleiben diese Burger einfach übrig. Da sie nicht haltbar sind, werden die Anbieter sich überlegen, ob sie ihre Preispolitik (oder ihre Mengenpolitik) ändern. Sobald aber klar ist, dass diese Menge nur zu einem erheblich niedrigeren Preis verkäuflich ist, wird sich der Catering-Service zurückziehen. Für weniger als 3 €/Stück kann er seine Kosten nicht mehr decken. Das Angebot geht zurück, es bleiben Eltern und Hausmeister, die den Gemüseburger auch für einen Verkaufspreis von 2 € rentabel produzieren können.

AUFGABEN

1. Übertrage die Werte und zeichne die Nachfragekurve (Liniendiagramm) und die Angebotskurve (Liniendiagramm) in ein Koordinatensystem ein (**M22**).
2. Der Gleichgewichtspreis ist der Preis, zu dem sich die beiden Geraden schneiden. Hier ist der Umsatz (Menge x Preis) am höchsten. Bestimme den Gleichgewichtspreis und berechne den Höchstumsatz.
3. Fasst in Gruppenarbeit in einer Tabelle zusammen, von welchen Faktoren die Bereitschaft, Gemüseburger zu kaufen und zu verkaufen, abhängig ist (**M22**).
4. Überprüfe, ob die von dir zusammengestellten Einflussfaktoren auf Angebot und Nachfrage auch allgemein gelten.
5. Erkläre anhand der Grafik, was man unter einem Angebotsüberschuss bzw. Nachfrageüberhang versteht.

Was leisten Märkte?

M23 Die Win-win-Situation auf freien Märkten

Win-win-Situation
Wenn alle die an einer Verhandlung beteiligten Parteien ein Ergebnis vereinbaren, durch das sie mehr Nutzen erzielen als wenn sie keine Übereinkunft getroffen hätten, spricht man von einer „Win-win-Situation".

Ökonomen glauben, dass die Menschen von Grund auf eigennützig sind. Und sie nehmen an, dass dieser Eigennutz eine der Hauptursachen ist, warum ein Markt funktioniert: Der Kaufmann will viel Geld für sich und seine Familie einnehmen. Deswegen sucht er Produkte – Schokoladenriegel oder Tütensuppen, Zahnpasta oder Spaghetti –, die andere Menschen haben wollen. Er stellt sie ins Regal und bietet sie ihnen zum Verkauf an. Ganz schlicht ausgedrückt: Sein Egoismus macht die Regale voll. [...] Tütensuppen verkaufen ist für den Kaufmann nützlicher als Tütensuppen verschenken.
Das bedeutet nicht, dass Menschen im Weltbild der Ökonomen kaltherzig sind. Denn der Nutzen des einen ist nicht unbedingt der Schaden des anderen. Im Gegenteil: Der Händler liefert Tütensuppen, weil er auf mein Geld scharf ist. Ich gebe ihm mein Geld, weil ich auf seine Tütensuppen scharf bin. Beide, ich und er, sind wir nach dem Geschäft ein Stück zufriedener.

Winand von Petersdorff, Das Geld reicht nie, 2. Aufl., Frankfurt 2008, S. 16 – 20

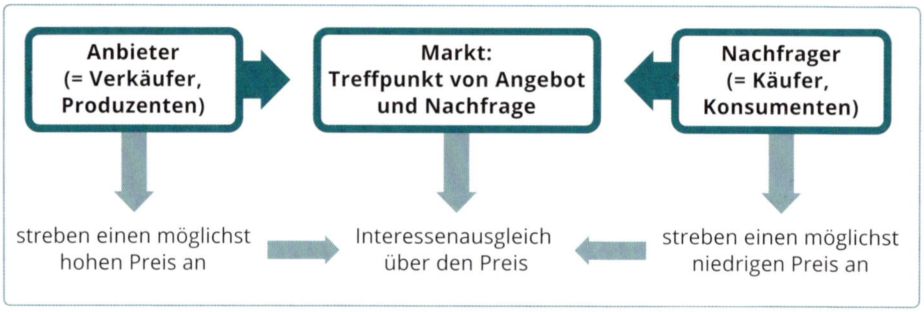

M24 Wettbewerb und Konkurrenz machen Märkte so leistungsfähig

Grundvoraussetzung für eine leistungsfähige Marktwirtschaft ist der Wettbewerb unter den Anbietern und den Nachfragern. Anbieter stehen in ständiger Konkurrenz untereinander, die erzeugten Güter an die Bedürfnisse der Nachfrager bestmöglich anzupassen, die knappen Produktionsfaktoren Arbeit, Boden und Kapital so zu verwenden, dass ihre Produktivität am höchsten ist und die Preise damit möglichst niedrig kalkuliert werden können. Anbieter, die schnell und flexibel verbesserte oder innovative Produkte den Kunden anbieten, beweisen ihre Leistungsfähigkeit auf dem Markt und werden durch Gewinne und Einkommen belohnt – es gilt das Leistungsprinzip. Auch die Nachfrager stehen im Wettbewerb zueinander. Wenn z. B. bei einem Discounter ein

preiswertes Tablet angeboten wird, kommen häufig nur die Käufer zum Zuge, die sich schnell zum Kauf entscheiden und gleich nach Ladenöffnung kaufen. Wenn die Karten für ein Sportereignis oder ein Konzert ausverkauft sind, gibt es eine Konkurrenz um die wenigen Karten, die private Anbieter z. B. bei Ebay versteigern.
Zusammenfassend hängt die Leistungsfähigkeit von Märkten von der Aufrechterhaltung des Wettbewerbs ab:

- Dieser sorgt dafür, dass wir uns eine Vielzahl von Gütern beschaffen können, die Güter aber vorrangig von den Konsumenten erworben werden, die ihnen den höchsten Wert zumessen.
- Er setzt starke Anreize, neue und bessere Produkte anzubieten.
- Er begrenzt die Macht einzelner Anbieter oder Nachfrager, ihre Interessen auf dem Markt durchzusetzen.
- Er zwingt die Anbieter, sparsam mit den Produktionsmitteln umzugehen.

Da wir diese Koordinations- und Informationsfunktionen der Märkte in der Regel nicht wahrnehmen, hat Adam Smith (1723 – 1790), ein Vordenker der Marktwirtschaft, den Begriff der „unsichtbaren Hand" geprägt. Die „unsichtbare Hand" steuert das Marktgeschehen über Angebot und Nachfrage so, dass sie den Einzelnen dazu bringt, seine wirtschaftlichen Interessen nach bestmöglicher Bedürfnisbefriedigung zu verfolgen und dass jeder dabei gleichzeitig dem Interesse der Gesellschaft nach bestmöglicher Güterversorgung dient.

Adam Smith (1723 – 1790) gilt als Begründer der klassischen Nationalökonomie. Von ihm stammt das berühmte Zitat: „Nicht vom Wohlwollen des Metzgers, Brauers und Bäckers erwarten wir das, was wir zum Essen brauchen, sondern davon, dass sie ihre eigenen Interessen wahrnehmen. Wir wenden uns nicht an ihre Menschen-, sondern an ihre Eigenliebe, und wir erwähnen nicht die eigenen Bedürfnisse, sondern sprechen von ihrem Vorteil."

Adam Smith, Der Wohlstand der Nationen, München 1974 (engl. Original: 1776), S. 17

M25 Wer hat das Sagen auf Märkten? Verkäufer- oder Käufermarkt?

In den Nachkriegsjahren lagen so genannte Verkäufermärkte vor. Es herrschte in Deutschland großer Gütermangel. Deshalb hatten die Anbieter eine starke Stellung gegenüber den Nachfragern. Selbst bei ungünstigem Preis, geringer Qualität und schlechtem Service hatten die Anbieter keine Absatzsorgen. Die Anbieter konnten ihre Produktionskapazitäten vollkommen ausnutzen und große Serien produzieren. Produktwerbung, z. B. für Fahrzeuge, war nicht notwendig.
Heute herrschen Käufermärkte vor: Anbieter stehen in einem scharfen Wettbewerb um den Kunden. Es herrscht eher ein Überangebot an Gütern aller Art. Die Verbraucher sind meist sehr preis- und qualitätsbewusst, erwarten hohe Lieferbereitschaft, hohen Service, eine große Auswahl aus einem variantenreichen und aktuellen Produktangebot, welches ihren individuellen Bedürfnissen entspricht. Die Anbieter müssen ständig Absatzmöglichkeiten aufspüren, Werbestrategien entwerfen sowie die betriebliche Produktion auf die bestmögliche Befriedigung der Kundenbedürfnisse ausrichten.

M26 Unterscheidung der Marktformen

Bei der Aufteilung der Marktformen wird auf die Menge von Anbietern und Nachfragern sowie auf dessen Mengen-Verhältnis zueinander geachtet.

	ein Anbieter	wenige Anbieter	viele Anbieter
ein Nachfrager	**„zweiseitiges Monopol"** *Beispiel Panzer: Bundeswehr – einziger Rüstungskonzern*	**„beschränktes Angebotsmonopol"** *Beispiel Spezialmedikament: wenige an der speziellen Krankheit Erkrankte – einziger Arzneimittelhersteller*	**„(Angebots-) Monopol"** *Beispiel Arbeitslosenversicherung: abhängige Beschäftigte – Staat*
wenige Nachfrager	**„beschränktes Nachfrage-Monopol"** *Beispiel Banknoten: wenige Banknotendruckereien – Zentralbank*	**„zweiseitiges Oligopol"** *Beispiel Kerosin: Fluggesellschaften – Mineralölkonzerne*	**„(Angebots-) Oligopol"** *Beispiel Autos: private Haushalte – Autohersteller*
viele Nachfrager	**„Nachfrage-Monopol"** *Beispiel Militärsocken: Alle Soldaten der Bundeswehr – einziger Sockenhersteller*	**„Nachfrage-Oligopol"** *Beispiel illustrierten-taugliche Fotostorys: Illustrierte – Fotoreporter*	**„Polypol"** *Beispiel Brot: private Haushalte – Bäckereien*

mono (griechisch) allein, einzig

oligoi (griechisch) wenige

polys (griechisch) viele

AUFGABEN

1. Beschreibe worin die Win-win-Situation auf freien Märkten besteht (**M23**).
2. Halte ausgehend von **M24** eine kurze Rede zum Thema „Warum Märkte so leistungsfähig sind".
3. Marktwirtschaft und Wettbewerb begründen sich auf dem Leistungsprinzip. Erläutere die Nachteile, die sich daraus für die Marktteilnehmer ergeben können.
4. Ordne zu, um welche Marktform es sich jeweils handelt (**M26**):
   Landwirte – Molkereien; Mineralölgesellschaften – Autofahrer; Hersteller eines biologischen Spezialgerätes – Labor; Aktienmarkt: Käufer – Verkäufer; Hersteller von Tornado-Kampfflugzeugen – Bundeswehr; einziger Hersteller eines Pkw-Ersatzteiles – Automobilhersteller; Telefongesellschaften – Telefonnutzer; Gemüsehändler auf dem Markt – Verbraucher; Straßenbaubetriebe – Staat
5. Begründe mithilfe von konkreten Beispielen, warum heute vor allem Käufermärkte vorherrschen (**M25**).

H ZU AUFGABE 3
Leistungsprinzip: Verteilung der Güter und Chancen in einer Gesellschaft allein nach der Qualität und dem Umfang seiner Leistung.

Welche Schwächen hat das Marktmodell?

M27 Ausschaltung des Wettbewerbs

Karikatur: www.nelcartoons.de

M28 Preisabsprachen verteuern das Bier

Das Bundeskartellamt hat wegen verbotener Preisabsprachen bei Bier hohe Bußgelder gegen bekannte Brauereien verhängt. Wegen der Manipulationen mussten Verbraucher für eine Kiste Bier einen Euro mehr ausgeben. Betroffen sind Bitburger, Krombacher, Veltins, Warsteiner sowie die westfälische Privatbrauerei Barre. Sie sollen insgesamt 106,5 Millionen Euro Bußgeld zahlen. Gegen zwei weitere Brauereikonzerne und vier regionale Brauereien liefen weitere Verfahren, teilte die Behörde am Montag mit. Auslöser des Verfahrens waren Informationen des Beck's-Herstellers Anheuser-Busch InBev, der als Kronzeuge ohne Geldbuße bleibt. Laut Kartellamtschef Andreas Mundt soll die Branche bei persönlichen und telefonischen Kontakten Preiserhöhungen für Fass- und Flaschenbier abgesprochen haben. Bei Flaschenbier sei 2008 eine Preiserhöhung für den Kasten Bier um einen Euro vereinbart worden. Für Fassbier gab es nach den Ermittlungen Absprachen über Preiserhöhung 2006 und 2008 von jeweils fünf bis sieben Euro pro Hektoliter (100 Liter).

FAZ.NET/dpa, Frankfurter Allgemeine Zeitung, 13.1.2014

Kartell
Eine Vereinbarung oder ein Zusammenschluss selbständig bleibender Unternehmen oder sonstiger Marktakteure zur Beschränkung ihres Wettbewerbs, z. B. durch Preisabsprachen.

Monopol
Unter einem Monopol versteht man eine Marktform, in der ein Unternehmen (Hersteller, Händler) als alleiniger Anbieter auftritt oder einen so großen Marktanteil besitzt, dass er allein die Preise kontrollieren kann und damit über eine besondere Marktmacht gegenüber den Nachfragern bzw. Konsumenten verfügt.

M29 Marktversagen

Für die Marktteilnehmer ist es verlockend zu versuchen, sich dem ständigen Wettbewerbsdruck durch wettbewerbsbeschränkende Zusammenarbeit (Kartelle) mit anderen Unternehmen oder durch die individuelle Beherrschung des Marktes (Monopolbildung) zu entziehen. Neben dieser Tendenz der Marktwirtschaft, ihre eigenen Voraussetzungen, den freien Wettbewerb, auszuschalten, gibt es weitere Schwächen:
Im Marktprozess werden Einkommen nur nach individueller Leistung gewährt, d. h. wer z. B. aus gesundheitlichen Gründen nicht die erforderliche Arbeitsleistung erbringen kann, wird ohne staatliche Unterstützung nicht überleben können. Auch die zunehmende Ungleichheit der Einkommens- und Vermögensverteilung auf der Welt, z. B. zwischen Industrieländern und Entwicklungsländern ist ein nicht von allen gewünschtes Ergebnis des Leistungsprinzips.
Der Marktmechanismus versagt auch, wenn es um wertvolle Umweltgüter geht, für die es keine Preise und auch keine Märkte gibt. Mit einer funktionierenden Marktwirtschaft wird die natürliche Umwelt nicht zwangsläufig geschützt, weil für Umweltgüter wie Wasser, Luft oder Landschaften sich auf dem Markt keine Preise bilden, welche die tatsächliche Knappheit ausdrückt. Die natürliche Umwelt wird so als freies Gut betrachtet und damit ausgebeutet, nicht zuletzt auch auf Kosten zukünftiger Generationen. Schließlich tendiert die reine Marktwirtschaft zu immer wiederkehrenden wirtschaftlichen Schwankungen, die sich in hoher Arbeitslosigkeit, Geldentwertung oder Finanzkrisen äußern können.
In der Bundesrepublik Deutschland greift der Staat in die marktwirtschaftliche Ordnung ein, um die Schwächen der Marktwirtschaft auszugleichen. In der Sozialen Marktwirtschaft sorgt der Staat für sozialen Ausgleich über Sozial- und Einkommenspolitik, er schützt den Verbraucher durch Verbraucherschutzgesetze, er überwacht den Wettbewerb über Wettbewerbspolitik, er schützt die Umwelt durch Umweltgesetze, er versucht über Konjunktur- und Strukturpolitik die Wirtschaft zu steuern, um Krisen zu vermeiden oder zu bewältigen. Schließlich stellt der Staat auch Dienstleistungen zur Verfügung, die er nicht alleine dem Markt überlässt, wie z. B. Schulen, Hochschulen oder die Verkehrsinfrastruktur.

AUFGABEN

1. Fasse zusammen, worin die Schwächen der Marktwirtschaft bestehen (**M27 – M29**).
2. Beurteile, wer auf dem Markt seine Interessen besser durchsetzen kann – Anbieter oder Nachfrager?

WAS WIR WISSEN

Knappheit und Bedürfnisse
M2 – M4, M7

Auf der Erde stehen die Bedürfnisse der Menschen in einem Spannungsverhältnis zu den vorhandenen Gütern und Mitteln. Es herrscht Knappheit an Gütern angesichts einer unbegrenzten Zahl von Bedürfnissen. Deshalb muss der Einzelne wirtschaftlich handeln. Bei Robinson geht es ums Überleben, deshalb bestimmen die Grund- und Sicherheitsbedürfnisse sein Handeln. Erst wenn diese Bedürfnisse befriedigt sind, wird Robinson sein Handeln auf darauf aufbauende Bedürfnisse, wie z. B. soziale Bedürfnisse, richten.

Wirtschaftliches Entscheiden
M5

Wirtschaftliche Entscheidungen bestehen in einer Abwägung der Kosten und des Nutzens von Handlungsalternativen. Für jede Entscheidung lassen sich Alternativkosten (Opportunitätskosten) finden. Diese bestehen aus dem entgangenen Nutzen der zweitbesten Handlungsmöglichkeit.

Ökonomisches Prinzip
M7

Wirtschaften heißt allgemein, die vorhandenen Mittel zur Bedürfnisbefriedigung möglichst wirksam (effizient) einzusetzen (ökonomisches Prinzip). Der Verbraucher kann sich bei seinen wirtschaftlichen Entscheidungen an zwei unterschiedlichen Ausprägungen des Wirtschaftlichkeitsprinzips orientieren: Beim Minimalprinzip steht die Sparsamkeit im Vordergrund: Mit möglichst wenig Mitteln soll ein bestimmter Ertrag erreicht werden. Beim Maximalprinzip geht es um die Ergiebigkeit: Mit vorgegebenen Mitteln soll ein möglichst hoher Ertrag erreicht werden.

Güter
M8

Neben Bedürfnissen lassen sich auch Güter untergliedern. So unterscheidet man Güter u. a. nach ihrer Gegenständlichkeit: Sachgüter haben materiellen Charakter. Dienstleistungen hingegen haben immateriellen Charakter. Güter lassen sich außerdem nach ihrem Verwendungszweck unterscheiden: Konsumgüter werden vom Verbraucher gekauft und selbst verbraucht bzw. verwendet. Investitionsgüter dienen hingegen der Produktion von anderen Gütern.

Wirtschaftskreislauf und Einkommensquellen
M10 – M13

Um sich einen Überblick über die vielschichtigen Vorgänge einer Volkswirtschaft zu verschaffen, fasst man die wirtschaftlich Handelnden modellhaft zu Wirtschaftssektoren zusammen: z. B. werden Einzelne oder zusammenlebende Menschen, die eine Wirtschaftsgemeinschaft bilden, als private Haushalte bezeichnet. Zwischen Haushalten und Unternehmen fließen Geld- und Güterströme. Die Haushalte beziehen Erwerbseinkommen dadurch, dass sie den Unternehmen den Produktionsfaktor Arbeit zur Verfügung stellen. Daneben können sie weitere Einkommen aus Boden und Kapital-, Miet- und Zinseinkünfte beziehen.

Haushaltsplan
M15

In einem Haushaltsplan werden die Einnahmen den Ausgaben gegenübergestellt. Er dient dazu, sich einen Überblick über die finanzielle Lage zu verschaffen.

WAS WIR WISSEN

Märkte
M21

Jeder Markt ist durch das Zusammentreffen von Angebot und Nachfrage gekennzeichnet. Der Markt ist dabei nicht zwingend an einen bestimmten Ort oder eine bestimmte Zeit gebunden. Es ist egal, ob es sich um einen zentralen Markt wie einen Wochenmarkt handelt, der an einen bestimmten Ort gebunden ist, oder ob der Markt dezentral, zum Beispiel in elektronischer Form, existiert. Man spricht überall dort von einem Markt, wo Güter getauscht werden oder wo sich ein Güteraustausch durch das Zusammentreffen von Angebot und Nachfrage anbahnt.
Der Markt erfüllt durch das Zusammentreffen von Angebot und Nachfrage eine wichtige Aufgabe: Güter können ausgetauscht werden. Dies ist die Grundvoraussetzung für eine funktionsfähige arbeitsteilige Wirtschaft. Denn wenn der Einzelne nicht mehr das produziert, was er selber benötigt, sondern sich auf die Produktion dessen spezialisiert, was er am besten kann, ist eine effiziente Koordination von Angebot und Nachfrage erforderlich. Und diese Koordination erfolgt auf dem Markt.

Preisbildung im Modell
M22

Ist die nachgefragte Menge größer als die angebotene (Nachfrageüberhang), so steigt der Preis. Ist die angebotene Menge größer als die nachgefragte (Angebotsüberschuss), dann sinkt der Preis. Der Gleichgewichtspreis ist der Preis, zu dem der größte Güterumsatz erfolgt.

Leistungsfähigkeit und Schwächen von Märkten
M23 – M29

Auf freien Märkten wird angenommen, dass es für Käufer und Verkäufer eine sog. „Win-win-Situation" gibt. Interessen der Marktteilnehmer werden optimal berücksichtigt. Wettbewerbsdruck und Konkurrenz schaffen eine hohe Dynamik und Leistungsfähigkeit der Märkte. Andererseits kann der Markt von sich aus nur unzureichend die Ausschaltung des Wettbewerbs verhindern, für eine gerechte Einkommensverteilung sorgen, die Umwelt und natürliche Ressourcen schützen sowie Wirtschaftskrisen vermeiden.

WAS WIR KÖNNEN

Planspiel – Haushalten in Krisenzeiten

Herr Müller (47) ist ein erfolgreicher Ingenieur in einem mittelständischen Maschinenbauunternehmen. Seine Frau (44) ist als städtische Angestellte ebenfalls berufstätig. Ihre Tochter Tina (18) steht kurz vor dem Abitur, Anna (14) ist in der 8. Klasse der Gemeinschaftsschule und Max (11) geht in die 5. Klasse des Gymnasiums. Der Familie geht es finanziell gut. – Doch dann passiert das Unerwartete: Herr Müller verliert seinen Job, weil seine Firma insolvent ist. Er bekommt zwar 12 Monate lang Arbeitslosengeld I, aber wie soll seine Familie mit 825 Euro weniger im Monat auskommen? Herr Müller beschließt, einen „Familienrat" abzuhalten, um einen neuen Haushaltsplan für die Familie zu erstellen.

Bisheriger Haushaltsplan		Zukünftiger Haushaltsplan	
Einnahmen/Monat	*Ausgaben/Monat*	*Einnahmen/Monat*	*Ausgaben/Monat*
Herr Müller 2.500,-	**Lebensmittel** 800,-	Herr Müller 1.675,-	
Frau Müller 1.700,-	**Miete** 1.232,- Reihenhaus inkl. Nebenkosten	Frau Müller 1.700,-	
Kindergeld 582,-	**Telefon** 200,- Internet, 5 Smartphones	Kindergeld 582,-	
	Fahrzeugkosten 800,- Herr Müller: Familienauto und Motorrad Frau Müller: Kleinwagen		
	Körperpflege 100,-		
	Kleidung 400,-		
	Kultur 200,- Theater, Kino, Bücher, Zeitschriften		
	Reisen 300,-		
	Taschengeld 150,- Tina 80,-; Anna 50,-; Max 20,-		
	Sportvereine 250,- Frau Müller: Fitness 65,-; Tina: Schwimmverein 20,-; Anna: Tennis 20,-/Golf 60,-/Reiten 75,-; Max: Fußball 10,-		
	Versicherungen 150,- Lebensversicherung, Skiversicherung, Haftpflichtversicherung, Unfallversicherung		
	Möbel, Computer 50,-		
	Sparen 150,-		
Gesamt: 4.782,-	4.782,-		

Aufgabe

Bildet Fünfergruppen. Jedes Gruppenmitglied übernimmt die Rolle eines Familienmitglieds. Diskutiert und entscheidet dann, wie der neue Haushaltsplan aussehen soll. Präsentiert eure Ergebnisse. Prüft in den Gruppen die zukünftige finanzielle Entwicklung der Familie, falls die Ausgaben die Einnahmen übersteigen und ein Kredit für 12 Monate in Höhe von 5.000 Euro aufgenommen wird (Zinssatz 8 %).

Stellt euch vor, ihr schwebt in einem Ballon „Staat". (Gebt eurem Ballon einen Namen!)
An Bord sind schwere Lastenpakete mit Aufgaben des Staates, die den Ballon immer wieder an Höhe verlieren lassen. Er droht abzustürzen. Um den Abstieg aufzuhalten, müsst ihr ein Lastenpaket über Bord werfen. Ihr müsst euch dabei überlegen, welche Staatsaufgaben ihr leicht aufgeben könnt und welche ihr so lange wie möglich an Bord behalten wollt. Der Ballon fängt sich wieder, verliert aber nach einer Weile wieder an Höhe. Ein weiteres Paket (2. Spielrunde) muss also abgeworfen werden. Dies geht so weiter, bis der Ballon sich endlich stabilisiert hat. Dokumentiert jeden Abwurf: In welcher Reihenfolge wurden die Lasten abgeworfen? Begründet jeden einzelnen Abwurf (Argumente, Kontroversen).

Anmerkung für den Spielleiter:
Alle Mitspieler erhalten die Liste mit den Lasten. Außerdem wird eine große Tabelle mit den Namen der Ballone und der mitfahrenden Spielerinnen und Spieler benötigt, um am Schluss die Ergebnisse vergleichen zu können.

10

Die Soziale Marktwirtschaft – Herausforderungen für Staat und Wirtschaft

Die Soziale Marktwirtschaft hat den Anspruch, die Vorteile einer freien Marktwirtschaft wie wirtschaftliche Leistungsfähigkeit oder hohe Güterversorgung zu verwirklichen, gleichzeitig aber deren Nachteile wie zerstörerischer Wettbewerb, Ballung wirtschaftlicher Macht oder unsoziale Auswirkungen von Marktprozessen (z. B. Arbeitslosigkeit) zu vermeiden. Die Zielsetzung der Sozialen Marktwirtschaft ist deshalb ein größtmöglicher Wohlstand bei bestmöglicher sozialer Absicherung.

KOMPETENZEN

Am Ende des Kapitels solltet ihr Folgendes können:

- Möglichkeiten und Grenzen staatlichen Handelns in der Sozialen Marktwirtschaft erörtern
- volkswirtschaftliche Zusammenhänge mithilfe des Wirtschaftskreislaufs beschreiben
- die wirtschaftliche Entwicklung Deutschlands anhand von Indikatoren beschreiben
- angemessene Kritik an der herkömmlichen Wachstumskonzeption formulieren und Alternativen aufzeigen

WAS WISST UND KÖNNT IHR SCHON?

Spielt das Ballonspiel wie in der Spielanleitung beschrieben.

10.1 Die Grundlagen der Sozialen Marktwirtschaft

Die Soziale Marktwirtschaft – Geburt eines Erfolgsmodells

M1 Die Entstehung der Sozialen Marktwirtschaft

Wirtschaft in Trümmern
Dass die Marktwirtschaft [der Planwirtschaft] überlegen ist, glaubten 1945 in Deutschland die wenigsten. Der Zweite Weltkrieg war zu Ende. [...] Die Wirtschaft lag am Boden, die Menschen hungerten, die Geschäfte waren leer, und wer etwas mehr als das Allernötigste haben wollte, der musste auf dem verbotenen Schwarzmarkt einkaufen, sein Tafelsilber bei Bauern gegen Fleisch eintauschen oder sogar stehlen. Wie war da an einen Wiederaufbau zu denken, wenn er nicht von einem starken Staat gelenkt wurde? Zumal die sowjetischen Besatzungsbehörden im Osten bereits mit der Enteignung von Industriebetrieben und landwirtschaftlichen Gütern begonnen hatten – der Voraussetzung für [die Planwirtschaft].

Streit um die Wirtschaftsordnung
Diesem Ruf nach einer Staatswirtschaft widersprachen einige Ökonomen heftig. Aus der Katastrophe Deutschlands zogen sie genau den gegenteiligen Schluss: Deutschland musste zu einer echten Marktwirtschaft werden und der Staat hatte sich auf dieses Ziel zu konzentrieren. Er sollte sich nicht mehr in die Wirtschaft einmischen, sondern nur verhindern, dass einzelne Unternehmer wie in Deutschland vor 1933 Monopole und Kartelle errichteten und so die Macht auf ihren Märkten übernahmen. Der Staat sollte also dafür sorgen, dass die Unternehmer immer im Wettbewerb untereinander standen. Außerdem sollte er verhindern, dass jemals wieder eine Inflation wie 1923 das Land zerstörte, er sollte den Geldwert sichern. [...] Von den Ordoliberalen beeinflusst war auch ein bislang völlig unbekannter Wirtschaftsprofessor aus Fürth mit Namen Ludwig Erhard (1897–1977). Nach 1945 war Erhard zunächst ein paar Monate Wirtschaftsminister in Bayern, ohne sich dabei mit größeren Erfolgen hervorgetan zu haben. Dann aber machten ihn die Briten und Amerikaner zum Wirtschaftsdirektor ihrer gemeinsamen Zonenverwaltung.

Die Währungsreform
Sie beauftragten ihn mit der Vorbereitung eines wichtigen Projektes, der Währungsreform in den westlichen Besatzungszonen Deutschlands. Diese Reform war dringend nötig, denn die Nazis hatten die alte Reichsmark durch ihre Kriegspolitik ruiniert: Es war immer mehr Geld in den Umlauf gekommen, dem keine Waren mehr gegenüberstanden. Das alte Geld musste also aus dem Verkehr gezogen und durch neues ersetzt werden: die D-Mark. [...] Das alles geschah am 20. Juni 1948. Als die Westdeutschen am Morgen des 21. Juni, dem ersten Gel-

Ordoliberalismus
Ordoliberalismus ist ein Konzept für eine Wirtschaftsordnung, bei der der Staat lediglich einen Rahmen für einen gesicherten Wettbewerb setzt, der die Freiheit der Bürger auf dem Markt gewährleisten soll, sonst aber nicht weiter in das Marktgeschehen eingreift.

tungstag des neuen Geldes, aufwachten, trauten sie ihren Augen nicht. Die Geschäfte, in denen am Abend zuvor gähnende Leere geherrscht hatte, waren plötzlich voll. Es gab alles, was man jahrelang vermisst hatte: Schinken, Schuhe, gutes Mehl, Anzüge, Kleider, Strümpfe. Der Grund für dieses Wunder war die neue D-Mark. Das Geld war wieder etwas wert, also ließen sich auch wieder Geschäfte machen.

Die Durchsetzung der Sozialen Marktwirtschaft

Erhard war zu der Überzeugung gekommen, dass Deutschland sich nur erholen konnte, wenn es möglichst schnell auf alle Methoden der Plan-, Zwangs- und Kriegswirtschaft verzichtete. Deshalb setzte er am Tage der Währungsreform fast alle Vorschriften über die staatliche Zuteilung von Nahrungsmitteln und Energie außer Kraft und hob die meisten Preisvorschriften auf. [...] Als ihn der amerikanische General Lucius Clay deshalb zur Rede stellte und fragte, wie er dazu komme, einfach Vorschriften zu ändern, sagte er, der Überlieferung nach, die legendären Sätze: „Ich habe die Vorschriften nicht geändert. Ich habe sie abgeschafft." Für viele Deutsche ist bis heute der Wiederaufstieg ihres Landes nach dem Zweiten Weltkrieg untrennbar mit dem Namen Ludwig Erhard verbunden. [...] 1949 wurde im Westen des ehemaligen Deutschen Reiches die Bundesrepublik Deutschland gegründet. Der Wirtschaftsminister der ersten Bundesregierung in Bonn wurde Ludwig Erhard. Er setzte seine Vorstellung von der richtigen Wirtschaftsordnung durch. Bald nannten sie alle die Soziale Marktwirtschaft. Es ging schnell aufwärts; man konnte sich etwas leisten: erst ausreichend zu essen, dann Wohnzimmermöbel, Waschmaschinen, Fernseher, Autos und schöne Reisen. Den Westdeutschen erschien dies, wenige Jahre nach dem verlorenen Krieg, einfach wunderbar. Deshalb sprachen sie vom deutschen Wirtschaftswunder. Ludwig Erhard allerdings widersprach immer, wenn von diesem Wirtschaftswunder die Rede war. Für ihn handelte es sich nicht um ein Wunder – der wachsende Wohlstand war ein Ergebnis des Wettbewerbs, dem sich die junge Bundesrepublik öffnete. Wirtschaftsminister Ludwig Erhard betrieb die Förderung des Wettbewerbs aus eigener Überzeugung. Im Bundestag setzte er 1957 – gegen den energischen Widerstand von Industrieverbänden – ein Gesetz gegen Wettbewerbsbeschränkungen durch und richtete das Bundeskartellamt in Berlin (heute in Bonn) ein. Dem Kartellamt wurde das Recht übertragen, den Zusammenschluss von Großunternehmen zu prüfen und gegebenenfalls zu verbieten; Firmen, die Kartelle bilden und ihre Preise absprechen, machen sich seitdem strafbar.

Nikolaus Piper, Geschichte der Wirtschaft, Weinheim/Basel 2002, S. 152 ff.

Der Wirtschaftserfolg äußerte sich in „Konsumwellen": Auf Ess-, Kleidungs- und Wohnungswelle folgte die Motorisierungswelle, schließlich die Reisewelle.

AUFGABE

1. Arbeite genau heraus, welche Bedingungen erfüllt waren, damit sich die Soziale Marktwirtschaft nach dem Zweiten Weltkrieg zu einem Erfolgsmodell entwickeln konnte (**M1**).

F ZU AUFGABE 1
Erstellt mithilfe eigener Recherchen eine Collage zur Entstehung und Entwicklung der Sozialen Marktwirtschaft (Zusammenarbeit mit Geschichte).

Die Soziale Marktwirtschaft – die wesentlichen Prinzipien

M2 Was gehört zum Grundbild der Sozialen Marktwirtschaft?

„Ich will, dass der Einzelne sagen kann: ‚Ich will mich aus eigener Kraft bewähren, ich will das Risiko des Lebens selbst tragen, will für mein Schicksal selbstverantwortlich sein. Sorge du, Staat, dafür, dass ich dazu in der Lage bin'."
Ludwig Erhard

1. Die Soziale Marktwirtschaft basiert auf der Funktion eines beweglichen und sich dynamisch entwickelnden Marktes. Wenigstens in dieser Hinsicht besteht eine gemeinsame Auffassung sehr vieler Wirtschaftspolitiker, dass die Marktwirtschaft ein wirtschaftlich effizientes, ja den anderen Ordnungen überlegenes System sei.

2. Die Soziale Marktwirtschaft ist angetreten mit dem Anspruch, durch den marktwirtschaftlichen Prozess nicht nur die Gütererzeugung anzuheben, den Bereich persönlicher freier Gestaltungsmöglichkeiten für die Einzelnen zu erweitern, sondern *auch soziale Fortschritte zu bringen.* Der marktwirtschaftliche Prozess hat fraglos eine unvergleichliche Erweiterung der Konsumkaufkraft breitester Schichten ermöglicht und auch durch sein von Jahr zu Jahr vorrückendes Wachstum Arbeitsplätze neu geschaffen, die Vollbeschäftigung gesichert und die Voraussetzung für steigende Löhne und Einkommen aller Schichten begründet.

3. Die Soziale Marktwirtschaft fordert keinen schwachen Staat, sondern sieht in einem starken demokratischen Staat die Voraussetzung für das Funktionieren dieser Ordnung. Der Staat hat nicht nur der Sicherung der Privatrechtsordnung zu dienen, er ist gerade durch die marktwirtschaftliche Theorie in einer wesentlichen Aufgabe bestärkt worden, sich für die Erhaltung eines echten Wettbewerbs als einer politischen Funktion […] einzusetzen. Die vom Staate zu sichernde Wettbewerbsordnung wehrt zugleich Machteinflüsse auf dem Markt ab.

4. Garant des sozialen Anspruchs der Marktwirtschaft ist nicht nur der Markt, dessen wirtschaftliche Leistungen sehr oft schon sozialen Fortschritt bedeuten. *Der Staat hat vielmehr die unbestrittene Aufgabe, über den Staatshaushalt und die öffentlichen Versicherungen die aus dem Marktprozess resultierenden Einkommensströme umzuleiten und soziale Leistungen, wie Kindergeld, Mietbeihilfen, Renten, Pensionen, Sozialsubventionen usw., zu ermöglichen. Das alles gehört zum Wesen dieser Ordnung, und es wäre eine Farce, nur den unbeeinflussten Marktprozess zu sehen, ohne seine vielfältige Einbettung in unsere staatliche Ordnung zu beachten.*

Das bedeutet keineswegs ein Hinüberwechseln aus dem Markt in den staatlichen Bereich, sofern man sich dabei bewusst ist, dass die Mittel, die der Staatshaushalt transformiert, von der wirtschaftlichen Leistung des Marktes abhängig bleiben und „marktkonform" sein müssen. Es muss die Grenze eingehalten werden, deren Überschreitung eine Störung der Marktvorgänge bewirkt.

5. Neben den engeren Aufgaben der Wettbewerbssicherung und den weiteren Aufgaben des sozialen Schutzes *steht der Staat seit je und heute bewusster als früher vor Aufgaben der Gesellschaftspolitik, um die heute so gern zitierte „Qualität des Lebens", d. h. die Lebensumstände für alle, zu verbessern.* Es gibt eben neben den Leistungen, die sich der Einzelne im Markte zu beschaffen hat oder die er aus den Sozialfonds des Staates erhält, eine Fülle von gesellschaftspolitischen Aufgaben. Ich nenne Erweiterung der Vermögensbildung, Verbesserungen der Investitionen im Bereiche des Verkehrs, des Gesundheitswesens, Aufwendungen für Bildung und Forschung, Schutz gegen die wachsende Verschlechterung vieler Umweltbedingungen, Städtebauförderung und eine verbesserte Gliederung des Wohn-, Arbeits- und Erholungsraumes der gesamten Bevölkerung.

Ludwig Erhard/Alfred Müller-Armack, Soziale Marktwirtschaft – Ordnung der Zukunft. Manifest '72, Berlin 1972, S. 25 ff. (Kursivierung im Original)

Sozialfonds
hier: Sozialhaushalte zur sozialen Absicherung der Bürgerinnen und Bürger

M3 Merkmale der Sozialen Marktwirtschaft

Eine der wichtigsten Aufgaben des Staates in der Sozialen Marktwirtschaft ist die Schaffung eines rechtlichen Rahmens, innerhalb dessen sich das wirtschaftliche Handeln abspielen kann. Dazu gehört die Sicherung persönlicher Freiheitsrechte [...]. Die Gewährleistung des marktwirtschaftlichen Wettbewerbs [... ist] ebenfalls von grundsätzlicher Bedeutung.
Der Anspruch der Sozialen Marktwirtschaft ist, die Vorteile einer freien Marktwirtschaft wie wirtschaftliche Leistungsfähigkeit oder hohe Güterversorgung zu verwirklichen, gleichzeitig aber deren Nachteile wie zerstörerischer Wettbewerb, Ballung wirtschaftlicher Macht oder unsoziale Auswirkungen von Marktprozessen (z. B. Arbeitslosigkeit) zu vermeiden.

Duden Wirtschaft von A bis Z: Grundlagenwissen für Schule und Studium, Beruf und Alltag. 5. Aufl. Mannheim: Bibliographisches Institut 2013. Lizenzausgabe Bonn: Bundeszentrale für politische Bildung 2013.

AUFGABEN

1. Arbeite heraus, welche allgemeinpolitischen Ziele mit der Sozialen Marktwirtschaft erreicht und welche Werte verwirklicht werden sollen (**M2**).
2. Erläutere, welche Aufgaben innerhalb der Sozialen Marktwirtschaft dem Staat und welche dem Markt zugeschrieben werden (**M2**).
3. Formuliere drei Fragen zur Sozialen Marktwirtschaft. Gib die Fragen deinem Nachbarn und bitte ihn, Antworten auf deine Fragen zu finden (**M2**, **M3**, eigene Recherchen).

H ZU AUFGABE 1
Erläutere die Prinzipien Wettbewerbs-, Marktkonformitäts- und Sozialprinzip und beschreibe mögliche Beziehungen dieser Prinzipien zueinander.

Die Soziale Marktwirtschaft – was zeichnet sie aus?

M4 Bausteine der Sozialen Marktwirtschaft

Die Soziale Marktwirtschaft fördert den freien Wettbewerb der Anbieter. Dort, wo Unternehmen ihre Freiheit missbrauchen, um z. B. Kartelle und Monopole zu bilden, greift der Staat regulierend ein (z. B. durch die Kartellbehörden).

Die Soziale Marktwirtschaft garantiert die Vertragsfreiheit, d. h. dass jeder mit jedem die Verträge abschließen kann, die für ihn vorteilhaft sind. Doch werden der Vertragsfreiheit Grenzen gesetzt. So werden die schwächeren Vertragspartner auf vielfältige Weise geschützt (z. B. durch Kündigungsfristen im Mietrecht und Arbeitsrecht oder durch das Gewährleistungsrecht).

Das Privateigentum ist in der Sozialen Marktwirtschaft garantiert. Jeder kann mit seinem Eigentum im Prinzip tun, was er möchte. Doch gibt es eine Verpflichtung: Das Eigentum soll auch dem Wohle der Allgemeinheit dienen. So muss man sich als Hauseigentümer z. B. an Vorschriften des Denkmalschutzes halten. Was auf dem Markt gewonnen wird, gilt als Eigentum; was verloren wird auf dem Markt, gilt als Verlust und davon gewährt der Staat keine Entlastung.

In der Sozialen Marktwirtschaft werden die Einkommen nicht nur nach der individuellen Leistungsfähigkeit verteilt. Der Staat sorgt für einen sozialen Ausgleich, indem er z. B. hohe Einkommen höher besteuert oder soziale Leistungen wie Kindergeld, Mietbeihilfen oder die Grundsicherung Hartz IV bezahlt.

Die Soziale Marktwirtschaft versucht mit unterschiedlichen Mitteln, negative Auswirkungen des Marktprozesses auf die Umwelt zu verhindern. So gibt es Gesetze gegen Luftverschmutzung, Pfand auf Einwegverpackungen usw.

Die Soziale Marktwirtschaft ist schon deshalb sozial, weil sie durch ihre wirtschaftliche Leistungsfähigkeit dazu beiträgt, dass alle Menschen vom technischen Fortschritt, von steigenden Einkommen und der Schaffung neuer Arbeitsplätze profitieren. Darüber hinaus betreibt der Staat in der Sozialen Marktwirtschaft Gesellschaftspolitik, er investiert in die Infrastruktur, in Bildung und Forschung, in Kultur und Städtebau.

M5 Drei Wirtschaftsordnungen im Vergleich

Freie Marktwirtschaft	Soziale Marktwirtschaft	Planwirtschaft
In der freien Marktwirtschaft hat der Staat lediglich die Aufgabe für die innere und äußere Sicherheit zu sorgen. Er greift darüber hinaus so wenig wie möglich in das Marktgeschehen und die Ergebnisse ein.	In der Sozialen Marktwirtschaft sorgt der Staat für einen freien Wettbewerb, er greift aber dort ein, wo der Markt keine guten Ergebnisse hervorbringt, und schützt die wirtschaftlich Schwächeren vor den Stärkeren.	In der Planwirtschaft gibt es keinen freien Wettbewerb. Der Staat legt fest, was, wann, wie und von wem produziert werden muss, und sorgt für die Verteilung der Güter. Dadurch soll eine möglichst große Gleichheit der Bürger erreicht werden.

M6 Die Soziale Marktwirtschaft – Wohlstand für alle!?

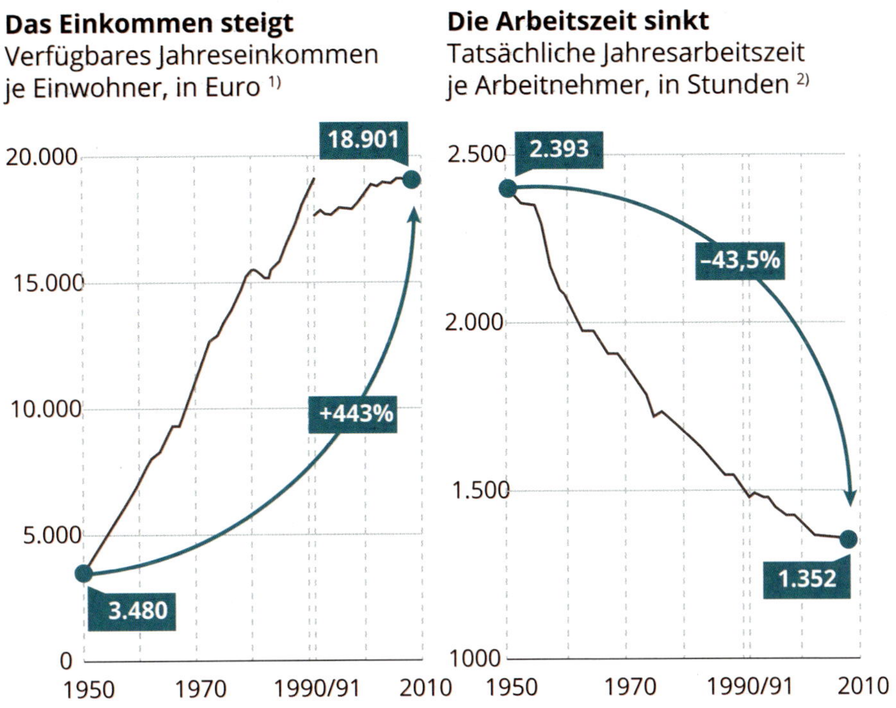

1) In Preisen von 2008. Bruttoeinkommen abzüglich Steuern und Sozialabgaben. 1950-1991: Westdeutschland, 1991-2008: Deutschland gesamt; 2) Vollzeit und Teilzeit

Quelle: www.faz.net, IW, Statista/F.A.Z.-Grafik Andre Piron, 4.3.2015

AUFGABEN

1. Überprüfe, welche der folgenden staatlichen Maßnahmen mit welcher Wirtschaftsordnung vereinbar / nicht vereinbar wären (**M4**, **M5**):
   - Der Staat legt Höchstpreise für Brot fest.
   - Der Staat legt fest, dass nur noch Autos mit Elektroantrieb produziert werden dürfen.
   - Der Staat zahlt allen Familien mit Kindern Kindergeld.
   - Der Staat verpflichtet die Menschen dazu, in eine Rentenversicherung einzuzahlen.
   - Der Staat beschließt, die Wasserversorgung privaten Unternehmen zu übertragen.
2. Erläutere, in welcher Wirtschaftsordnung die meisten Vorschriften und Regeln erlassen werden müssen (**M4**, **M5**).
3. Betrachte die Bausteine in **M4**. Erörtere, in welchen Bereichen die Soziale Marktwirtschaft deiner Meinung nach als Erfolgsmodell gelten kann, in welchen nicht (**M4**, **M6**).

METHODE

M7 Der erweiterte Wirtschaftskreislauf als Analyseinstrument

Im Modell des erweiterten Wirtschaftskreislaufs werden die gesamten Beziehungen zwischen den einzelnen Wirtschaftssubjekten einer Volkswirtschaft vereinfacht dargestellt. Dabei werden nur die Geldströme berücksichtigt.

Die Sektoren

Private Haushalte

Die privaten Haushalte stellen den Unternehmen Produktionsfaktoren (Arbeit, Boden, Kapital) zur Verfügung und verwenden ihr Einkommen, das sie von den Unternehmen beziehen, für den Konsum der von den Unternehmen produzierten Güter und Dienstleistungen. Von den Banken erhalten sie Sparzinsen oder nehmen Kredite auf. Vom Staat erhalten sie Transferleistungen, im Gegenzug entrichten sie Steuern und Abgaben (Beiträge zu den Sozialversicherungen).

Die Unternehmen

Die Konsumausgaben der privaten Haushalte sind die Einkommen der Unternehmen, im Gegenzug bezahlen sie die Einkommen der Haushalte. Von den Banken erhalten sie Sparzinsen oder nehmen Kredite auf. Vom Staat empfangen sie Subventionen, aber sie bezahlen auch Steuern.

Der Staat

Der Staat erhält von den Haushalten und den Unternehmen Steuern, Gebühren und Beiträge. Von diesen Einnahmen zahlt der Staat Beträge für unterschiedlichste Zwecke: Investitionen (z. B. Straßenbau, Bau von Schulen) und andere Sachleistungen; Gehaltszahlungen an die Angestellten und Beamten des öffentlichen Dienstes; Transferzahlungen (Zahlungen ohne direkte Gegenleistung des Empfängers) an die Haushalte in Form von sozialen Leistungen (z. B. Wohngeld, Sozialhilfe); Transferzahlungen an die Unternehmen in Form von Subventionen.

Kapitalsammelstellen (Vermögensveränderung)

Banken und Versicherungen werden als Kapitalsammelstellen bezeichnet. Sie erhalten die nicht verwendeten Teile der Einkommen von Unternehmen und Haushalten (theoretisch auch vom Staat). Damit stellen sie Haushalten, Unternehmen und dem Staat Kredite zur Verfügung. Für die ausgegebenen Kredite werden Schuldzinsen eingenommen, andererseits werden den Anlegern Guthabenzinsen bezahlt.

Zur Vertiefung: das Ausland

Der Sammelbegriff Ausland steht für ausländische Staaten, Unternehmen und Haushalte, zwischen ihnen wird nicht unterschieden. Da im Kreislaufmodell nur die Geldströme dargestellt werden, verlaufen die Ausgaben für den Import (z. B. Kauf von Erdöl aus Saudi-Arabien, Honorar für einen Architekten in Italien) und die Einnahmen aus dem Export (z. B. Verkauf eines Pkw in die USA) jeweils entgegen der Richtung der Warenströme.

Der Wirtschaftskreislauf als Analyseinstrument

Das Modell des Wirtschaftskreislaufs eignet sich dazu, um die Auswirkungen wirtschaftlicher Ereignisse in Form von Wirkungsketten zu analysieren. Angenommen, der Staat erhöht seine Transferzahlungen, zum Beispiel in Form von Kindergeld und Sozialhilfe. Welche gesamtwirtschaftlichen Folgen hätte dies?

Man kann davon ausgehen, dass Sozialhilfeempfänger und auch kinderreiche Familien einen Großteil ihres Einkommens für den Konsum verwenden. Also wird der Konsum der Haushalte deutlich und das Sparen nur etwas steigen. Der erhöhte Konsum führt zu höheren Einkommen der Unternehmen usw.

METHODE

Grafische Darstellung:

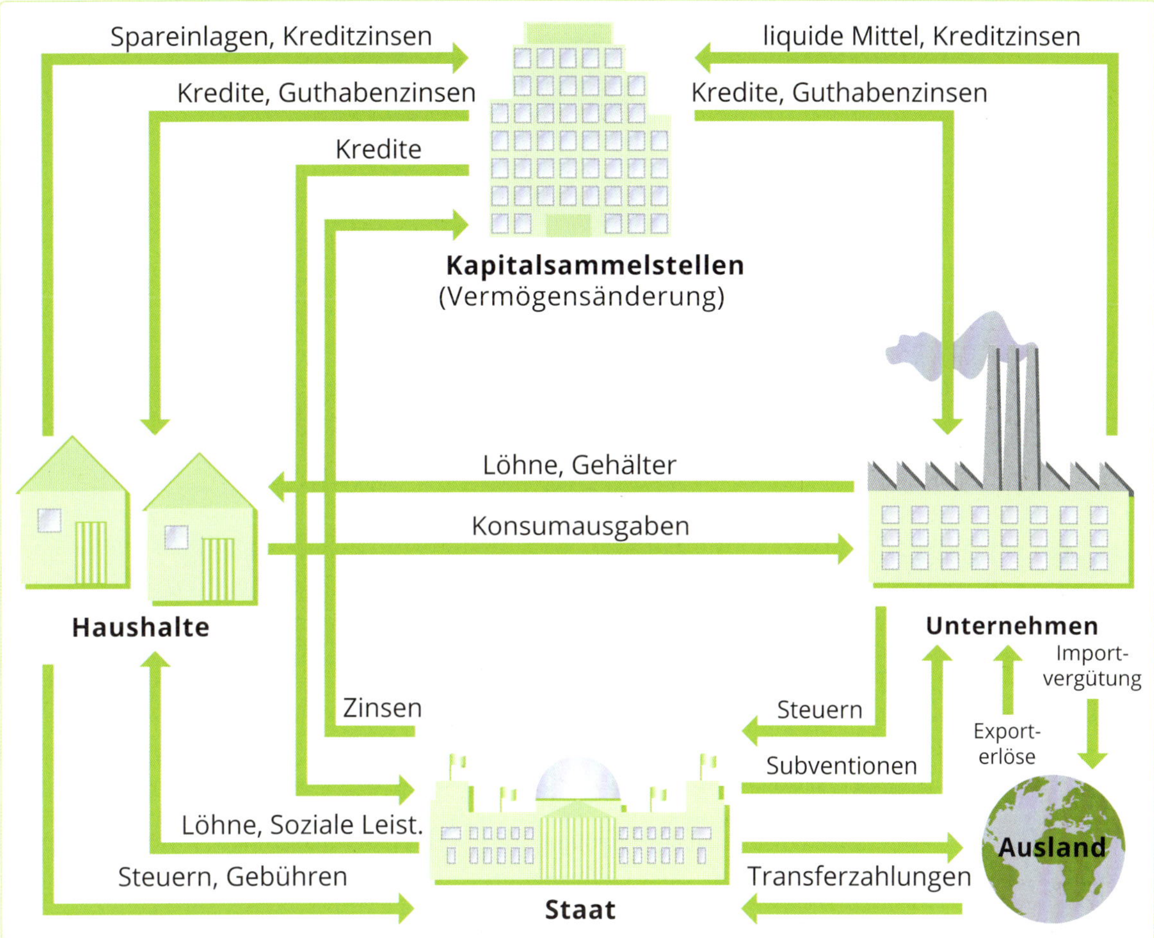

Udo Schmitz, Bernd Weidtmann, Handbuch der Volkswirtschaftslehre, Stuttgart 2000, S. 66 f.

AUFGABEN

1. Erläutere, welche Auswirkungen auf die Sektoren folgende wirtschaftliche Ereignisse haben könnten:
- Der Staat erhöht die Transfereinkommen (Kindergeld, Arbeitslosengeld II) für die privaten Haushalte (vgl. letzter Abschnitt **M7**).
- Der Preis für Rohöl steigt stark an.
- Die Zinsen für Guthaben bei den Banken steigen.
- Der Staat erhöht die Steuern für die privaten Haushalte.
- Der Staat zahlt eine Prämie, wenn Haushalte für ihre Rente zusätzlich sparen.

2. Formuliere dazu mögliche Wirkungsketten (**M7**).

Erklärfilm „Wirtschaftskreislauf"

Mediencode: 71008-16

Soziale Marktwirtschaft und Gerechtigkeit

M8 Niemand muss im Regen stehen ...

Karikatur: Aurel

M9 Das Sozialstaatsgebot im Grundgesetz

Im Grundgesetz, der deutschen Verfassung, werden die Grundrechte der Bürgerinnen und Bürger garantiert und die Organisation des Staates festgelegt. Artikel 20 fasst die wichtigsten Staatsprinzipien zusammen. Das darin enthaltene „Sozialstaatsgebot" verpflichtet den Staat dazu, das Ziel eines sozialen Ausgleichs bei allen staatlichen Maßnahmen zu berücksichtigen. In Verbindung mit dem Grundrecht auf ein menschenwürdiges Leben ergibt sich daraus ein Anspruch des Einzelnen gegen den Staat, für ihn im Falle seiner – verschuldeten oder unverschuldeten – Bedürftigkeit so zu sorgen, dass sein Existenzminimum gesichert ist. Wer zum Beispiel durch Krankheit oder Alter in eine Notlage geraten ist, muss durch die Unterstützung staatlich organisierter Sozialsysteme eine angemessene Behandlung und ausreichende Hilfe bei der Existenzsicherung erhalten. Der Staat ist auch dazu verpflichtet, „Daseinsvorsorge" zugunsten der Bürgerinnen und Bürger zu betreiben, d. h. die Versorgung mit Gas, Wasser, Strom und Schulen, öffentlichen Verkehrsmitteln u. a. sicherzustellen. Er muss dies allerdings nicht immer kostenlos tun, sondern kann dafür eine zumutbare Gegenleistung in Geld fordern.

Art. 1 GG
(1) Die Würde des Menschen ist unantastbar. Sie zu achten und zu schützen ist Verpflichtung aller staatlichen Gewalt.

Art. 20 GG
(1) Die Bundesrepublik Deutschland ist ein demokratischer und sozialer Bundesstaat.

M10 Das soziale Sicherungssystem in Deutschland

Das Kernstück des Sozialstaats in Deutschland ist die gesetzliche Sozialversicherung. Sie ist im Sozialgesetzbuch geregelt und schreibt verpflichtend vor, dass jeder Mensch, der in einem regulären Beschäftigungsverhältnis (sozialversicherungspflichtige Vollzeit- und Teilzeittätigkeiten) steht, gegen bestimmte Grundrisiken des Lebens versichert sein muss. Arbeitgeber und Arbeitnehmer beteiligen sich in etwa je zur Hälfte an der Finanzierung der einzelnen Versicherungszweige. Eine Ausnahme bildet die gesetzliche Unfallversicherung. Bei dieser Versicherung sind nur die Arbeitgeber beitragspflichtig. Auf diese Weise ist ein Arbeitnehmer versichert bei Arbeitslosigkeit, bei Krankheit, bei Pflegebedürftigkeit, im Alter, wenn er nicht mehr berufstätig sein kann, und bei Unfällen. Diejenigen, die aus der gesetzlichen Sozialversicherung keine oder keine ausreichenden Leistungen beziehen können, erhalten im Falle ihrer Bedürftigkeit eine Grundsicherung, die aus allgemeinen Steuermitteln finanziert wird. Darüber hinaus leistet der Sozialstaat auch in besonderen Lebenslagen Unterstützung, z. B. für Familien, Kinder oder die Ausbildung. Der Sozialstaat wird von dem Grundgedanken der „Solidarität" getragen, d. h. dem Prinzip gegenseitiger Hilfe. Im Bedarfsfall tritt die Gemeinschaft mit ihren Mitteln für den Hilfsbedürftigen ein.

Erklärfilm „gesetzliche Sozialversicherung"

Mediencode: 71008-17

M11 Die Säulen der sozialen Sicherung

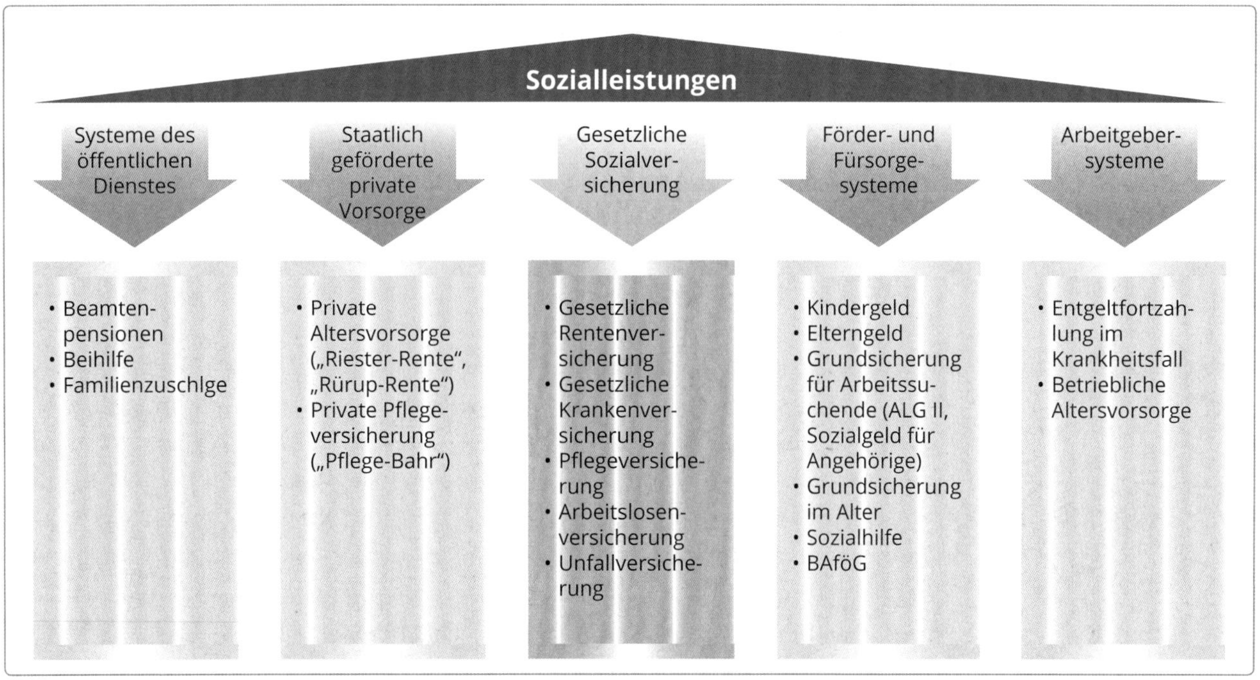

M12 Staatliche Umverteilung

Gewinne und Verluste bei der staatlichen Umverteilung, aufgeschlüsselt nach den Haushalts-Nettoeinkommen.

Haushalts-Nettoeinkommen im Monat (Euro)[1]	Staatliche Geldtransfers an Haushalte[2]	Abgaben der Haushalte[3]	Gewinne oder Verluste im Monat (Geldtransfers minus Abgaben)
unter 1.000	533	–56	+476
1.000 bis 1.500	804	–193	+610
1.500 bis 2.000	889	–380	+509
2.000 bis 2.500	970	–561	+410
2.500 bis 3.000	948	–758	+190
3.000 bis 3.500	842	–984	–142
3.500 bis 4.000	838	–1.263	–424
4.000 bis 4.500	773	–1.552	–779
4.500 bis 5.000	843	–1.829	–986
5.000 bis 6.000	760	–2.193	–1.434
6.000 bis 7.000	651	–2.772	–2.120
7.000 bis 10.000	625	–3.782	–3.156
mehr als 10.000	625	–8.470	–7.845

1) 2012. 2) Gesetzliche Renten, Kindergeld usw. 3) Einkommensteuer, Sozialversicherungs-Arbeitnehmerbeiträge usw.

Quelle: www.faz.net, IW; F.A.Z.-Grafik Thomas Heumann, 3.8.2015

M13 25 Jahre gesamtdeutsche Soziale Marktwirtschaft: Der Markt versagt, der Staat aber auch

Nicht alle Kritiker des Kapitalismus wollen ihn auch gleich abschaffen. Dazu müssten sie ein anderes Ordnungsprinzip aufzeigen als das des Marktes. Streng genommen kann das nur der Staat sein – und damit ist man wieder bei der Planwirtschaft.

Gleichwohl: Der auf Privateigentum und Eigeninteresse basierenden und von der unsichtbaren Hand gesteuerten Wirtschaft wünschen immer noch viele den systembedingten Niedergang, den Urvater Karl Marx schon vor 150 Jahren vorhersagte.

Die, die sich beim Aufbau einer gerechten Gesellschaft auf Marx beriefen – von Lenin über Mao Zedong bis Erich Honecker – haben freilich nicht viel Fortune gehabt. Man könnte auch sagen: Alle Versuche endeten in der ökonomischen und menschlichen Katastrophe.

Hat sich die Diskussion um eine grundsätzliche Alternative zum kapitalistischen System damit erledigt? Mitnichten. Sie kommt nur nicht mehr in der dogmatischen Strenge und im K-Gruppen-Kaderton der 1970er-Jahre daher. Sondern etwa als Occupy oder Blockupy. Oder als kluge und sachkundige Sahra Wagenknecht, die sich gleichwohl auf Ludwig Erhard, den Gründungsvater der Sozialen Marktwirtschaft, beruft – und im gleichen Atemzug die Verstaatlichung der Banken verlangt und anderes mehr. […]

Mit [den kapitalistisch-marktwirtschaftlichen] Prinzipien zu sympathisieren, fällt den Systemkritikern entweder unendlich schwer. Oder sie halten sie für selbstverständlich, wie etwa der Bestseller-Ökonom Thomas Piketty – mit der Folge, dass der

K-Gruppen
Sammelbezeichnung für kommunistisch orientierte Kleinparteien und Vereinigungen

Occupy
weltweite Protestbewegung, die die Bekämpfung von sozialen Ungleichheiten, Spekulationsgeschäften von Banken und den Einfluss der Wirtschaft auf die Politik fordert

überzeugte Marktwirtschaftler von den Lesern seines Buches „Das Kapital" als Marxist der Moderne interpretiert wird. Dabei kann man sich auch als Linker aus Überzeugung zum Kapitalismus bekennen, ohne dessen Verfehlungen zu verkennen. Gerhard Schick, Finanzexperte der Grünen, hat dies mit seinem Buch „Machtwirtschaft nein danke!" unter Beweis gestellt.

Der grüne Chefökonom, seit zehn Jahren im Bundestag und über seine Partei hinaus als Fachmann für Finanz- und Wirtschaftspolitik geschätzt, stammt aus der Freiburger Schule des sogenannten Ordoliberalismus. Diese Denkrichtung wurde in den 1940er- und 1950er-Jahren gegründet, zu einer Zeit also, in welcher die Auseinandersetzung zwischen Sozialismus und Kapitalismus noch nicht von der Geschichte entschieden war.

Hier Markt, dort zentralistische Planung. Zwischen beiden ficht der Ordoliberalismus für den starken Staat - aber nicht den, der Wirtschaft macht, sondern der die Regeln dafür setzt. So will er vor allem auch die Machtzusammenballungen (Kartelle, Monopole) verhindern, die den Wettbewerb, das Zentralmotiv einer Marktwirtschaft, außer Kraft setzen. Schick führt viele Beispiele auf, die seine Grundhaltung belegen: „Ja, der Markt versagt. Aber der Staat versagt auch. Denn wo Märkte versagen, handelt es sich immer auch um ein Versagen der staatlichen Ordnungsmacht." Deshalb kann er auch mit den politischen Koordinaten rechts und links nichts anfangen. Beide Lager seien im Kern für Staat und für Markt. In der Realität aber treten die Linken geradezu reflexhaft mit dem Ruf nach mehr Staat auf, um ungerechte Marktergebnisse auszubügeln. „Das ist der völlig falsche Ansatz", sagt der linke Grüne Gerhard Schick: „Linke müssen viel früher ansetzen und die Regeln für den Markt so gestalten, dass er gerechtere Ergebnisse produziert."

Das freilich geht nur, wenn man die Marktwirtschaft, also den Kapitalismus, anerkennt. Schick tut das nicht nur guten Gewissens, sondern mit glühender Überzeugung. Von anderen Linken hat man davon noch wenig vernommen.

Helmut Schneider, Südwest Presse, 14.4.2015

Blockupy
Blockupy bezeichnet ein kapitalismus- und globalisierungskritisches Netzwerk aus mehreren Organisationen, dessen Name sich von seinem Vorhaben einer Blockade und von der Occupy-Bewegung ableitet.

AUFGABEN

1. Fasse zusammen, welche Verpflichtungen sich für den Staat aus dem Sozialstaatsgebot ergeben (**M8 – M11**).
2. Nimm Stellung zum Maß der staatlichen Umverteilung (**M12**).
3. Bewerte die Soziale Marktwirtschaft auf einer Skala von eins bis fünf hinsichtlich der Frage, ob es sich dabei deiner Meinung nach um eine – alles in allem – gerechte und erfolgreiche Wirtschaftsordnung handelt (**M8 – M13**).

WAS WIR WISSEN

Soziale Marktwirtschaft
M1 – M5,
M9 – M13

Der Kern der Sozialen Marktwirtschaft liegt nach Ludwig Erhard (1897 – 1977, erster deutscher Wirtschaftsminister nach dem Zweiten Weltkrieg und Bundeskanzler von 1963 – 1966) darin, die Freiheit auf dem Markt mit dem Prinzip des sozialen Ausgleichs zu verbinden. Die Wirtschaftsordnung erfordert deshalb einen starken Staat in der Rolle des Schiedsrichters: Er überwacht das Spiel, garantiert die Wirtschaftsordnung, mischt sich selbst aber möglichst wenig in das Wirtschaftsgeschehen ein. So sichert er zum Beispiel den Wettbewerb, indem er Kartelle verbietet. Nur dann kann die Wirtschaftsordnung zu sozialem Fortschritt führen, u. a. in Form einer wachsenden Wirtschaft und steigender Massenkaufkraft der Verbraucher. Daneben gilt als weitere Staatsaufgabe eine umfassende Gesellschaftspolitik überall dort, wo der Markt nicht automatisch zu guten Ergebnissen führt, z. B. im Bereich des Umweltschutzes.
Zu den konstituierenden Prinzipien, die die Wirtschaftsordnung der Sozialen Marktwirtschaft erst ausmachen, zählen:

- ein funktionierendes Preissystem, das Informationen über veränderte Knappheiten und Präferenzen liefert und das Scharnier zwischen Angebot und Nachfrage darstellt;
- der Vorrang der Währungspolitik, die einen stabilen Binnen- und Außenwert des Geldes gewährleisten soll, um die schädlichen Wirkungen einer Geldentwertung zu verhindern. Als letzte Instanz wirkt hier die Europäische Zentralbank;
- offene Märkte: Dieses Grundprinzip meint vor allem den freien Marktzutritt, denn bei einer Schließung der Märkte besteht die Gefahr der Behinderung der vollständigen Konkurrenz;
- Privateigentum: Privates Eigentum gibt Sicherheit und Unabhängigkeit. Darüber hinaus motiviert Eigentum. Auf das, was einem gehört, passt man besser auf. Es muss gleichzeitig eingehegt sein von den Eigentumsrechten anderer, vom Wettbewerb, aber auch von klarer Haftung;
- Vertragsfreiheit: Die Wettbewerbsordnung fußt darauf, dass wirtschaftliche Entscheidungen dezentral und freiwillig gefällt werden. Einzelne Unternehmen und Individuen schließen einmütig Verträge über ihre Transaktionen ab und handeln deren Bedingungen aus – an der Metzgertheke ebenso wie in Gehaltsgesprächen oder in den Vertragsverhandlungen bei Zulieferbeziehungen;
- Haftung: das Prinzip der Haftung ist deshalb so entscheidend, weil nur derjenige, der auch für die Folgen seines Tuns vollumfänglich haftet, wirklich verantwortlich handelt;
- die Konstanz der Wirtschaftspolitik: Damit ist gemeint, dass die politischen Rahmenbedingungen zuverlässig berechenbar sein mögen, damit die wirtschaftlichen Akteure planen können. So entsteht eine Atmosphäre des Vertrauens.

Erfolgsgeschichte
M6

Gemessen am Wirtschaftswachstum (BIP) ist die Geschichte der Sozialen Marktwirtschaft seit der Gründung der Bundesrepublik Deutschland zumindest bis Ende der 1980er-Jahre eine einzige Erfolgsgeschichte. Die Wirtschaftsleistung der BRD hat sich im besagten Zeitraum nach Abzug der Preissteigerungen fast verzehnfacht.

WAS WIR KÖNNEN

Ein Werbeplakat zur Sozialen Marktwirtschaft gestalten

Bildet Gruppen. Ihr arbeitet in einer bekannten Werbeagentur und bekommt den Auftrag, im Rahmen einer Kampagne für die Soziale Marktwirtschaft ein Werbeplakat zu gestalten. Alternativ kann auch ein „Warnplakat" zu den negativen Seiten der Sozialen Marktwirtschaft gestaltet werden. Überlegt euch zunächst, welche Art von Plakat ihr gestalten wollt.

Beachtet bei der Umsetzung folgende Punkte:

- Welche Grundbotschaft wollt ihr übermitteln (Textaussage)?
- Wie soll das Plakat aufgebaut werden (Anteil Text / Bild, Farben, Schriften, Gestaltung)?
- Wie sollen Text und Bild miteinander interagieren?
- Welche Stimmungen oder Gefühle sollen provoziert werden?

Diese Hinweise solltet ihr berücksichtigen:

- einfacher Text, klare Sprache, gut lesbare Schrift
- auf komplexe Grafiken oder Bilder verzichten
- wichtige Dinge auf einer Diagonalen platzieren, die von oben links nach unten rechts verläuft
- farblich sollte ein Plakat nicht zu bunt und nicht zu voll gestaltet werden

Ballonspiel – zweite Runde

Nimm dir noch einmal das Ballonspiel der Auftaktseite dieses Kapitels vor und spiele es erneut. Welche Veränderungen beobachtest du gegenüber den Ergebnissen deines ersten Spiels? Begründe gegebenenfalls.

10.2 Wachstum – aber wie?

Brauchen wir Wachstum?

M1 „Was sollte denn Ihrer Meinung nach wachsen?"

Der Arbeitsmarkt
Textilkauffrau, 27

Das Wachstum darf nicht an den Ärmeren vorbeigehen.
Fotograf, 48

Die deutsche Bevölkerung, es soll mehr Kinder geben.
Jurastudentin, 25

Mein Einkommen
Mediaplaner, 29

Ich denke, man müsste nicht mehr Umsatz als Ziel haben, sondern dass die Produkte länger halten, qualitativ hochwertiger sind.
Inhaber eines Fotogeschäftes, 64

Zitate aus: agora42, 01/2010, S. 78 f.

M2 Wie wird das Wirtschaftswachstum gemessen?

Lange bevor es [...] zu Lohnerhöhungen und zu neuen Arbeitsplätzen kommt, muss die Wirtschaft wachsen. Die Wirtschaft an sich ist jedoch eine abstrakte Bezeichnung, die nicht wachsen kann, und so haben sich die Ökonomen stellvertretend für die Wirtschaftsleistung auf eine Größe geeinigt, die sie messen können. Da diese eine Zahl im allgemeinen Verständnis für Lohnerhöhungen, neue Arbeitsplätze und letztlich den gesamten Wohlstand der Nationen steht, wird die Publikation der jeweils aktuellen und vor allem der prognostizierten Zahl jedes Mal mit Spannung erwartet. An der Börse geht die Veröffentlichung mit großen Gewinnen oder Verlusten einher und für Politiker bietet sie Argumente für den eigenen Standpunkt oder gegen den Standpunkt des Konkurrenten.
Diese Zahl, die wichtigste der volkswirtschaftlichen Gesamtrechnung, wie das Statistische Bundesamt selbst betont, ist das Bruttoinlandsprodukt. Das Bruttoinlandsprodukt (BIP) gibt den Gesamtwert aller Güter (Waren und Dienstleistungen) an, die innerhalb eines Jahres innerhalb der Landesgrenzen einer Volkswirtschaft hergestellt wurden und dem Endver-

BIP pro Kopf
Um den (durchschnittlichen) Wohlstand der Bürger zu berechnen, verwendet man das BIP pro Kopf. Damit lässt sich auch der Wohlstand einzelner Nationen besser vergleichen. Das BIP pro Kopf ist das BIP einer Nation geteilt durch die Zahl der Einwohner der jeweiligen Nation.

brauch dienen. Wachstum ist gleichbedeutend mit einer Steigerung des BIP. Würde ein Land nur Karotten herstellen und die Menge der produzierten Karotten würde im ersten Jahr zehn Stück betragen, und würde im zweiten Jahr dieses Land elf Karotten herstellen, dann hätte dieses Land ein Wachstum des BIP von zehn Prozent. [...]

Nun ist das BIP keine Größe, die in Karotten gemessen wird, sondern für Deutschland selbstverständlich in Euro. Konsequenterweise muss bei der Messung des BIP die Teuerungsrate der jeweiligen Währung berücksichtigt werden. Das heißt, die Inflation beziehungsweise Deflation eines Landes muss bei der Ermittlung des BIP berücksichtigt werden. Denn würde in Deutschland eine Karotte einen Euro kosten, würde bei obigem Beispiel das BIP von Deutschland zehn Euro betragen. Würde im nächsten Jahr nicht die Anzahl der geernteten Karotten steigen, sondern der Preis pro Karotte um zehn Prozent, hätte Deutschland bei konstanter Produktion eine Steigerung des BIP von zehn Prozent auf elf Euro, ohne dass mehr produziert worden wäre. Um diesen Umstand zu berücksichtigen, wird beim sogenannten realen BIP die Teuerungsrate (= Inflation) herausgerechnet.

Nach: Agora42, 01/2010, S. 33 ff.

M3 Die Leistung unserer Wirtschaft

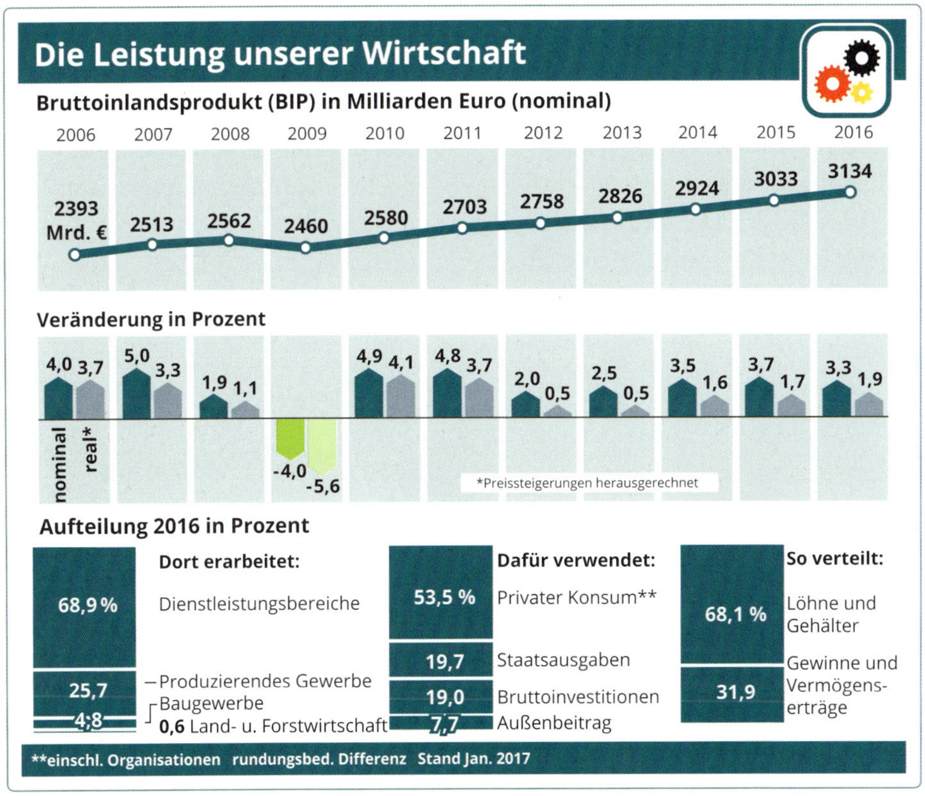

Quelle: Stat. Bundesamt; Globus-Grafik 11500

Bruttoinlandsprodukt (BIP)
Gesamtwert aller Güter (Waren und Dienstleistungen), die innerhalb eines Jahres in einer Volkswirtschaft hergestellt werden und dem Endverbrauch dienen.

nominales BIP
Wert der in einem Jahr produzierten Güter, gemessen in den Preisen, die tatsächlich dafür gezahlt wurden. Das so ermittelte BIP ist über längere zeitliche Abstände nicht gut vergleichbar, weil auf lange Sicht das allgemeine Preisniveau ansteigt (Inflation).

reales BIP
Um das BIP unabhängig von einer Veränderung der Preise zu betrachten, wird das reale BIP berechnet. Dabei wird das Wachstum des nominalen BIP mit der Inflationsrate verrechnet.

M4 Warum brauchen wir Wirtschaftswachstum?

Es gibt eine Reihe von guten Gründen, die sich als Antworten auf diese Frage formulieren lassen:

- *Wachstum erleichtert den Abbau der Arbeitslosigkeit:* Wirtschaftswachstum bedeutet, dass die Unternehmer wieder eine positive Zukunft für ihr Unternehmen erwarten. D. h. sie haben die Hoffnung, in Zukunft wieder mehr Produkte oder Dienstleistungen absetzen zu können. Das führt über kurz oder lang dazu, dass sie dann auch wieder Arbeitsplätze anbieten, denn diese Güter und Dienstleistungen müssen ja erst einmal hergestellt werden.
- *Umweltschutz erfordert Wachstum:* Konsumenten und Produzenten haben die Umwelt lange Zeit scheinbar umsonst in Anspruch genommen, z. B. indem Abgase aus Industrieanlagen ungefiltert in die Luft geblasen wurden. Unter solchen Bedingungen musste eine wachsende Wirtschaft zur Gefahr für die natürliche Umwelt werden. Heute gibt es für Unternehmen viele Auflagen, z. B. für die Abwasserreinigung, Luftfilterung usw. Dies ist für die Unternehmen teuer. Sie können diese Auflagen gut erfüllen, wenn es genügend Wachstum gibt.
- *Wachstum bedeutet steigende Einkommen:* Ein entscheidendes Argument für eine wachstumsorientierte Wirtschaftspolitik ist darin zu sehen, dass die Menschen steigende Einkommen wollen. Nur bei Wirtschaftswachstum geht es den Unternehmen so gut, dass sie bereit sind, für ihre Mitarbeiter höhere Löhne zu bezahlen.
- *Wachstum ist Grundlage der sozialen Sicherung:* Wenn die Erwerbsbevölkerung zurückgeht und die Ausgaben für Gesundheit und Rente ständig steigen, muss die Wirtschaft (und damit die Einkommen) wachsen, wenn keine Leistungskürzungen erfolgen sollen. Nur bei wachsendem Kuchen lässt sich auch mehr verteilen bzw. die Kuchenstücke können größer werden.

Statistisches Bundesamt, Wiesbaden, Sachverständigenrat zur Begutachtung der gesamtwirtschaftlichen Entwicklung: Jahresgutachten 1987/88, Ziffern 246 f., 255, 257

AUFGABEN

1. Beantwortet an eurem Tisch die Eingangsfrage von **M1** mithilfe eines Placemat und kommt darüber ins Gespräch.
2. Erkläre, wie Wirtschaftswachstum gemessen wird (**M2**, **M3**).
3. Nenne die Gründe, warum Wirtschaftswachstum sinnvoll sein kann, und prüfe, welche der Wünsche in **M1** mit einem wachsenden BIP (leichter) erfüllt werden können (**M4**).

Welches Wachstum brauchen wir?

M5 Wachstum macht noch keinen Wohlstand

Der Ökonom Hans Diefenbacher im Interview über die Schwächen etablierter Wirtschaftsindikatoren und über einen neuen Nationalen Wohlfahrtsindex.

***Der Freitag:** Wie tief wir in der Krise stecken, wird vor allem mit einer Zahl verbunden: dem Bruttoinlandsprodukt. […] Was sagt der Index wirklich über die Lage in Deutschland aus?*

Hans Diefenbacher: Das Bruttoinlandsprodukt ist eine Möglichkeit, die Wirtschaftsleistung darzustellen. Allerdings handelt es sich um eine Methode mit einigen Schwächen. […] Ein beachtlicher Teil der Wertschöpfung wird nicht einbezogen. Das betrifft etwa ehrenamtliche Tätigkeiten und Hausarbeit. Andere Teile der Wertschöpfung, die nicht über den Markt vermittelt werden, gehen dagegen in die Berechnung des BIP ein, etwa ein Schätzwert für selbst genutztes Wohneigentum. Fragen des sozialen Zusammenhalts wiederum bleiben außen vor, weil zum Beispiel die Einkommensverteilung keine Rolle spielt. Dasselbe gilt für Umweltgebrauch und Naturzerstörung. Über den tatsächlichen Wohlstand in einer Gesellschaft kann man aus dem BIP also nur bedingt etwas lernen.

Reden Politiker, Medien und Wirtschaftsexperten die ganze Zeit über die falsche Zahl?

Nicht der Indikator ist das Problem, sondern die überragende Rolle, die er in der öffentlichen Diskussion spielt. Die Summe der Werte aller im Inland hergestellten Güter gibt uns ein Bild davon, wie es ökonomisch um die Volkswirtschaft steht. Wenn sich die Regierung davon ausgehend aber allein auf Maßnahmen konzentriert, die das BIP wachsen lassen, wird eine rein quantitative statistische Betrachtung in praktische Politik umgesetzt. Darin sehe ich eine Gefahr. Ein Konjunkturprogramm ist nicht schon allein dadurch „gut", dass es auf eine Verbesserung des BIP zielt.

Aber das ist die Botschaft, die wir derzeit immer wieder hören: Wachstum löst Probleme.

Wachstum verursacht jedoch auch Probleme. Das muss man berücksichtigen. Zerstörung der Umwelt zum Beispiel. Und die ungleiche Verteilung von Reichtum hat ein erhebliches Maß erreicht, wenige haben sehr viel Geld zur Verfügung, aber sehr viele sehr wenig. Eine weltweit steigende Wirtschaftsleistung hat in der Vergangenheit soziale Probleme und Naturzerstörung oft eher verschärft. Auch die ausgeprägte Orientierung an materiellen Gütern und am Konsum als Wohlfahrtsmotor wird durch das BIP gestützt. Das sind Prioritäten, die angesichts schwindender natürlicher Ressourcen keine tragfähige Grundlage für ein zukunftsfähiges Wirtschaftsmodell mehr sein können.

Sie haben gemeinsam mit Roland Zieschank für das Umweltbundesamt einen neuen „Nationalen Wohlfahrtsindex", kurz: NWI, entwickelt. Was ist anders an diesem Indikator?

Wir haben uns an bereits vorliegenden alternativen Indikatoren orien-

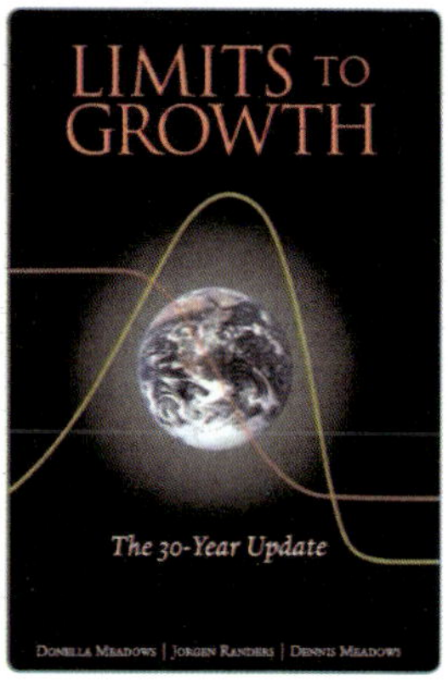

Die Studie „Grenzen des Wachstums" wurde 1972 im Auftrag des Club of Rome veröffentlicht. Im Jahr 2004 erstellten die Autoren das 30-Jahre-Update. In den meisten der errechneten Szenarien ergibt sich ein Überschreiten der Wachstumsgrenzen und ein anschließender Kollaps („overshot and collapse") bis spätestens 2100.

tiert [...]. Statt nur die reine Produktion von Gütern zu erfassen, haben wir unter anderem die Verteilung der Einkommen berücksichtigt und in den „Nationalen Wohlfahrtsindex" auch Hausarbeit und ehrenamtliche Tätigkeit als wichtigen Teil der Wertschöpfung eingerechnet. Außerdem werden die Kosten von ökologischen Schäden und unumkehrbarem Naturverbrauch abgezogen.

Interview: Tom Strohschneider, Der Freitag, 23.4.2009

M6 Zur Vertiefung: Variablen des Nationalen Wohlfahrtsindex

Der Nationale Wohlfahrtsindex (NWI) setzte sich bis zum Jahr 2012 aus 21 Variablen zusammen. Er bezieht einerseits die bisher im BIP vernachlässigten Wohlfahrtsleistungen wie z. B. Hausarbeit oder ehrenamtliche Tätigkeit positiv ein. Negativ bilanziert werden dagegen Umweltschäden. Auch soziale Faktoren wie Verteilungsgerechtigkeit, öffentliche Ausgaben für Gesundheits- und Bildungssystem sowie Kriminalität werden im NWI einbezogen. [Im Jahr 2012 wurde der Nationalen Wohlfahrtsindex weiterentwickelt und aktualisiert. Seitdem lautet seine offizielle Bezeichnung „NWI 2.0".]

Variablen des NWI bis 2012

1. Index der Einkommensverteilung
2. Gewichtete Konsumausgaben
3. Wert der Hausarbeit
4. Wert der ehrenamtlichen Arbeit
5. Öffentliche Ausgaben für Gesundheits- und Bildungswesen
6. Dauerhafte Konsumgüter Kosten / Nutzen
7. Fahrten zwischen Wohnung und Arbeitsstätte
8. Kosten von Verkehrsunfällen
9. Kosten von Kriminalität
10. Kosten alkoholassoziierter Krankheiten
11. Gesellschaftliche Ausgaben zur Kompensation von Umweltbelastungen
12. Schäden durch Wasserverschmutzung
13. Schäden im Zuge von Bodenbelastungen
14. Schäden durch Luftverschmutzung
15. Schäden durch Lärm
16. Verlust bzw. Gewinn durch die Veränderung der Fläche von Feuchtgebieten
17. Schäden durch Verlust von landwirtschaftlich nutzbarer Fläche
18. Ersatzkosten durch Ausbeutung nicht erneuerbarer Ressourcen
19. Schäden durch CO_2- Emissionen
20. Nettowertänderungen des Anlagevermögens (ohne Bauten)
21. Veränderungen der Kapitalbilanz

Nach: Hans Diefenbacher, Roland Zieschank, Wohlfahrtsmessung in Deutschland. Ein Vorschlag für einen neuen Wohlfahrtsindex, Heidelberg/Berlin 2008, S. 23 f.

M7 BIP und NWI 2.0 – Verläufe für Deutschland im Vergleich

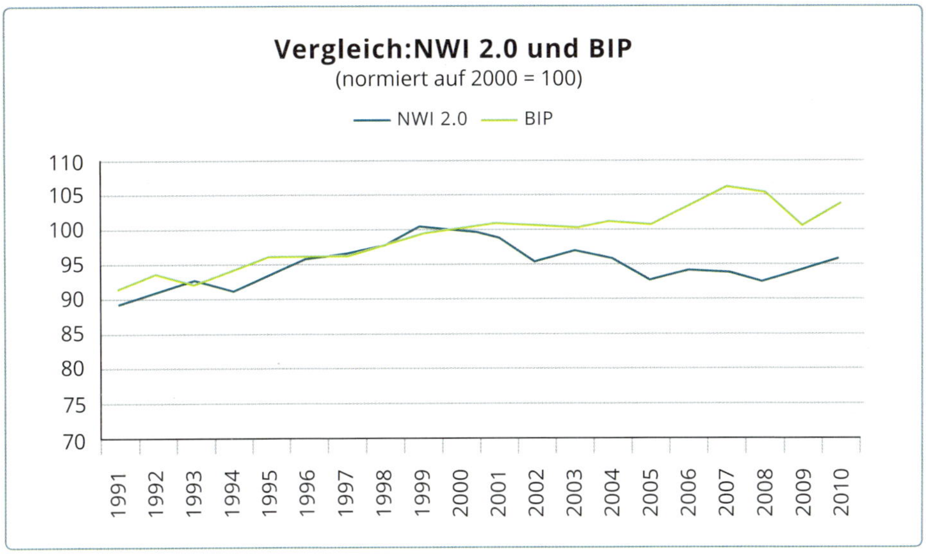

Quelle: FEST/FFU, Statistisches Bundesamt: eigene Darstellung Fest/FFU

AUFGABEN

1. Vergleiche das Bruttoinlandsprodukt mit dem Nationalen Wohlfahrtsindex, indem du die Auswirkungen folgender Fälle auf die beiden Indizes erklärst (**M5**, **M6**):

a) Auf der Autobahn A 215 in Richtung Kiel kommt es zu einem schweren Verkehrsunfall. Drei Menschen werden so schwer verletzt, dass sie mit dem Hubschrauber abgeholt und operiert werden müssen; sie liegen vier Wochen im Krankenhaus. Es kommt an den Autos und LKWs zu Schäden von über 700.000 Euro. Die Autobahn ist bereits nach 2 Stunden wieder voll befahrbar.

b) Zwei 15-jährigen Jugendlichen gelingt es, an einem Kiosk Whiskey im Wert von 48 Euro zu kaufen. Volltrunken werfen sie in der Innenstadt Lübecks Schaufensterscheiben ein.

c) Ein verwitweter Flensburger Geschäftsmann und seine Haushälterin verlieben sich ineinander und heiraten. Nach traditionellen Geschlechterrollen übernimmt die Ehefrau alle Hausarbeit, während der Mann weiter seiner Erwerbstätigkeit nachgeht. Zweimal in der Woche hilft die Frau unentgeltlich bei der Betreuung älterer Menschen in der Kirchengemeinde.

2. Nimm Stellung zu der Forderung, den Nationalen Wohlfahrtsindex als offizielles Instrument der Wohlfahrtsmessung einzusetzen (**M6**, **M7**).

WAS WIR WISSEN

Das BIP als Wachstumsindikator
M2, M3

Traditionell gilt das Bruttoinlandsprodukt (BIP) als wichtigste Maßzahl für Volkswirtschaften und den Erfolg oder Misserfolg der jeweiligen Wirtschaftspolitik. Wenn von Wachstum die Rede ist, dann ist in aller Regel das Wachstum des preisbereinigten Bruttoinlandsprodukts eines Landes gemeint, d. h. der Wert aller für den Endverbrauch hergestellten Waren und Dienstleistungen in einem Jahr innerhalb der Landesgrenzen.

Gründe für Wachstum
M4

Wachstum bedeutet für die Befürworter Sicherung und Zunahme von Arbeitsplätzen durch steigende Güterproduktion, höheres Einkommen und damit steigenden Lebensstandard, leichtere Finanzierung von Infrastrukturmaßnahmen und der sozialen Sicherung durch größeres staatliches Steueraufkommen und konfliktfreiere Umverteilung von Einkommenszuwächsen.

Kritik am BIP als Wohlstandsindikator
M5

Die starke Fixierung auf das Bruttoinlandsprodukt und auf entsprechende Wachstumsraten stößt jedoch seit geraumer Zeit auf Skepsis. Die Zweifel werden vor allem genährt durch jene Kosten in Produktion und Konsum, die nicht zu einer Erhöhung der gesellschaftlichen Wohlfahrt beitragen, wie zum Beispiel Schädigungen von Wasser, Boden und Luft und die Ausbeutung natürlicher Ressourcen. Außerdem bleibt eine Reihe von Aktivitäten im Bruttoinlandsprodukt unberücksichtigt, die positiv zur gesellschaftlichen Wohlfahrt beitragen, wie zum Beispiel Hausarbeit und ehrenamtliche Tätigkeiten.

Der NWI als alternativer Indikator
M6, M7

Der sogenannte Nationale Wohlfahrtsindex (NWI) möchte ein differenziertes Verständnis wirtschaftlichen Wachstums abbilden. Bei seinen Variablen nehmen z. B. Kosten für Umweltschäden einen großen Raum ein. Zwischen 2000 und 2008 sank der NWI bei konstant steigendem BIP. Dies wurde unter anderem auf vermehrt aufgetretene Folgen des Klimawandels, hervorgerufen durch hohe emittierte CO_2-Emissionen, zurückgeführt. Im Jahr 2012 wurden die Variablen zur Berechnung des NWI weiterentwickelt und aktualisiert („NWI 2.0“). Zwischen 2009 und 2012 verzeichnete der NWI wieder Wachstumsraten.

WAS WIR KÖNNEN

Das BIP in der Karikatur

Karikatur: Michael Holtschulte, www.totaberlustig.de

Aufgabe

Analysiere die Karikatur. Gib anschließend die Kritik des Karikaturisten am BIP als Wohlstandindikator in eigenen Worten wieder.

Lexikon
der Ausbildungsberufe
AUSGABE 2014/2015
BERUF AKTUELL
BERUF AKTUELL

11

Die Unternehmung

Unternehmen versorgen die privaten Haushalte mit Gütern und schaffen Arbeit und Einkommen. Die Unternehmensspitze entscheidet darüber, was produziert wird, wie viele Arbeitsplätze es gibt und wie diese aussehen. Diese unternehmerischen Entscheidungen treffen auf die Interessen der Mitarbeiterinnen und Mitarbeiter im Unternehmen.

KOMPETENZEN

Am Ende des Kapitels solltet ihr Folgendes können:

- wichtige Grundfunktionen, Aufbau, Aufgaben und Ziele von Unternehmen beschreiben und am Beispiel eines Unternehmensleitbildes erläutern
- grundlegende Rechtsformen des Unternehmens unterscheiden
- Arbeitsbeziehungen im Betrieb beschreiben
- Interessenkonflikte im Unternehmen identifizieren und beurteilen
- die Bedeutung der Arbeit für die Menschen beschreiben
- Gründe und Ausprägungen des Wandels der Arbeitswelt benennen

WAS WISST UND KÖNNT IHR SCHON?

Die Personen auf den Bildern stehen stellvertretend für verschiedene Lebenssituationen im Unternehmen: der Unternehmer Steve Jobs, Arbeitnehmer bei der Fahrradproduktion und Auszubildende. Stelle zu den Beziehungen zwischen Unternehmer, Arbeitnehmer und Auszubildendem im Unternehmen Vermutungen auf.

11.1 Die Welt der Unternehmen

Wie wird man Existenzgründer?

M1 Junge Gründer

Hugo: „Hallo Rudi, gut, dass ich dich treffe. Vielleicht hast du es ja schon gehört, ich habe die Idee, ein Geschäft für Fahrradreparaturen zu eröffnen. Da gibt es viel zu tun, und ich dachte, vielleicht könnten wir uns zusammentun?"

Rudi: „Mensch, das ist ja toll. Das wusste ich noch gar nicht. Hast du dir das auch gut überlegt? So als Selbständiger hat man ja doch viel zu tun."

Hugo: „Ja, das stimmt schon. Aber ich möchte doch ganz gerne mein eigener Chef sein. Und vor allem: Ich möchte gerne, dass so richtig Knete rüberkommt."

Rudi: „Und wo willst du das Geschäft aufmachen?"

Hugo: „Och, da hatte ich wirklich Glück mit den Geschäftsräumen. Die liegen ganz dicht bei meiner Wohnung, in der Goethestraße."

Rudi: „Was, da redest du von Glück? In der Straße gibt es doch schon längst ein Fahrradgeschäft. Das bedeutet doch Konkurrenz für dich. Und außerdem ist das doch auch ziemlich weit ab vom Schuss. Meinst du etwa, dass da überhaupt genug Kunden hinfinden, wenn es so weit weg ist?"

Hugo: „Einerseits hast du Recht. Aber auf der anderen Seite: Ich habe schon viele Leute klagen hören, dass die dort nur am Verkaufen interessiert sind. Wenn's danach Probleme mit dem Rad gibt, wird der Kunde eher im Stich gelassen. Ich sehe da also durchaus eine Chance."

Rudi: „Hm, stimmt auch wieder. Ich sehe, du hast dir schon deine Gedanken gemacht. Aber bevor ich mitmache, müssen wir doch noch ein paar Dinge klären. Zum Beispiel: Wie kommen wir denn zu unserem Material? Das kostet doch auch etwas. Woher sollen wir das Geld nehmen? Und wie teilen wir es zwischen uns auf, wenn wir überhaupt einen Gewinn machen?"

Hugo: „Jetzt sei mal nicht zu ängstlich. Schließlich ist doch dein Vater bei der Bank. Der kann uns bestimmt Tipps geben, wie wir geschickt an das nötige Startkapital kommen können. Außerdem habe ich ja auch etwas gespart ..."

Rudi: „Gut, gut. Aber so hundertprozentig bin ich noch nicht überzeugt: Dürfen wir das denn überhaupt, so mir nichts dir nichts ein Geschäft aufmachen? Wen können wir denn da fragen?"

Nach einer Idee des Instituts für Ökonomische Bildung, Oldenburg

M2 Erfolgsfaktoren für Existenzgründer

Persönliche Voraussetzungen
Bereitschaft, 50 – 60 Stunden in der Woche zu arbeiten und zunächst auf Freizeit und Urlaub zu verzichten; Optimismus, Weitblick und den Glauben an sich selbst.

Erfolgversprechende Geschäftsidee
Die Geschäftsidee muss eigene Stärken und Schwächen berücksichtigen und die Markt- und Konkurrenzsituation im Auge behalten. Entscheidend ist die Orientierung an den Kundenwünschen.

Unternehmenskonzept
Das Unternehmenskonzept zeigt bereits im Vorfeld, wo Stärken und Schwächen der geplanten Existenzgründung liegen. Erfolgreiche Gründer passen deshalb die Planungen laufend den neuesten Entwicklungen an.

Finanz- und Liquiditätsplanung
Die Einnahmen und Ausgaben des Betriebes müssen sorgfältig geplant und permanent überwacht werden. Zu berücksichtigen ist eine entsprechende Anlaufphase, so kann auf finanzielle Engpässe schnell reagiert werden.

Marketing
Sie kennen Ihren Markt, die Konkurrenz und die Wünsche Ihrer Kunden. Sie haben eine klare Preispolitik und wissen, wie Sie das Interesse Ihrer Kunden wecken können.

Erkennen von Marktlücken
Auch in traditionellen und gesättigten Märkten können Marktnischen aufgespürt werden. Freundlicher Umgang mit Kunden, gute Beratung und ein umfangreiches Serviceangebot sind letztlich auch Marktnischen und Erfolgsfaktoren für viele Existenzgründer.

Personal
Ein Betrieb braucht motivierte Mitarbeiter. Erfolgsfaktoren sind deshalb: regelmäßige Informationen an die Mitarbeiter, Delegation von Aufgaben und eine an der Leistung orientierte Bezahlung.

Nach: Handwerkskammer Region Stuttgart, o. J.

Unternehmen
sind rechtliche Wirtschaftseinheiten zur Produktion von Gütern oder Erbringung von Dienstleistungen. Sie können aus mehreren Betrieben bestehen.
Beispiel: Daimler Aktiengesellschaft, Zentrale in Stuttgart.

Betriebe
sind die an einen Standort gebundenen Teile eines Unternehmens.
Beispiel: Betriebe der Daimler AG in Deutschland, wie z. B. die Werke in Bremen, Rastatt und Sindelfingen.

AUFGABEN

1. Bildet Zweiergruppen in der Klasse und führt den Dialog aus **M1** fort. Wendet dabei die Erfolgsfaktoren aus **M2** für Existenzgründer an.
2. Fasst eure Ergebnisse aus Aufgabe 1 in einer Mindmap zusammen.
3. Beurteilt abschließend die Erfolgschancen von Hugos Fahrradladen, indem ihr Chancen und Risiken gegenüberstellt.
4. Unter http://www.fuer-gruender.de/wissen/geschaeftsidee-finden/geschaeftsidee-beispiele/ findet sich eine Datenbank für Geschäftsideen. Wähle eine Idee aus und begründe, warum du sie für überzeugend hältst.

Was braucht man zum Produzieren?

M3 Hugo und Rudi – was brauchen sie?

Hugo und Rudi wollen ihre Idee in die Tat umsetzen. Sie überlegen, was sie brauchen, damit ihr Fahrradgeschäft funktionieren kann. Zunächst brauchen die beiden einen Geschäftsraum, in dem sie die neuen Fahrräder ausstellen und vor den Augen des Kunden Fahrräder reparieren können. Dieser Geschäftsraum und eine alte Garage, die sie als Lager nutzen, sind der Standortboden, den Hugo und Rudi zur Produktion ihrer Dienstleistung dringend benötigen. Daneben brauchen sie ein Telefon und eine Registrierkasse, außerdem Werkzeuge und Einrichtungen, um die Fahrräder reparieren zu können. Diese Dinge stellen ihr Sachkapital dar. Um dieses Sachkapital zu erwerben und außerdem die Fahrräder beim Großhändler einkaufen zu können, müssen Hugo und Rudi ihr erspartes Geld und einen Kredit von der Bank verwenden. Sie brauchen also Geldkapital.

Entscheidend für den wirtschaftlichen Erfolg der beiden ist neben dem Kapital natürlich ihre Arbeitskraft. Dazu gehören eine Vielzahl von Fähigkeiten, z. B. die höfliche und zugewandte Art, mit den Kunden umzugehen, das handwerkliche Geschick, ein defektes Rad in kurzer Zeit zu reparieren usw. Arbeit, Boden und Kapital – ohne diese Produktionsfaktoren würde der Fahrradladen nicht existieren können.

M4 Die Produktionsfaktoren

Bezieht man sich auf die Wirtschaft als Ganzes (Volkswirtschaft), so werden diese Produktionsfaktoren unterschieden:

Volkswirtschaftliche Produktionsfaktoren		
Arbeit	**Boden**	**Kapital**
– leitende Arbeit – ausführende Arbeit	– Anbauboden (Landwirtschaft) – Abbauboden (Rohstoffe) – Standortboden (für Betriebsstätten)	– Geldkapital (Kredit) – Sachkapital (Maschinen)

Bezieht man sich auf die Güterproduktion im Betrieb, so wird folgende Einteilung der Produktionsfaktoren vorgenommen:

Betriebswirtschaftliche Produktionsfaktoren			
Betriebsmittel,	**Werkstoffe**	**Arbeitsleistungen,**	**Informationen,**
die im Umsatzprozess genutzt, aber nicht verbraucht werden (z. B. Maschinen, Gebäude).	(Roh-, Hilfs-, Betriebsstoffe), Halb- und Fertigprodukte, die in das hergestellte Produkt eingehen.	d. h. die von Menschen im Unternehmen zu erbringenden Leistungen.	die für ein zielgerichtetes wirtschaftliches Handeln notwendig sind (z. B. über die Bedürfnisse der Konsumenten).

M5 Wie entsteht Kapital?

Robinson Crusoe wird als einziger Überlebender nach einem Schiffsunglück auf eine einsame, unbewohnte Insel verschlagen. Er verfügt zunächst nur über die beiden Produktionsfaktoren Boden und Arbeit. Um seinen Lebensunterhalt zu sichern, fängt er Fische mit der Hand, eine Arbeit, die mit Hilfe eines Fangnetzes ergiebiger wäre. Dies weiß er auf Grund seiner Lebenserfahrung. Deshalb beschließt er, eine Zeitlang weniger zu essen und einen Teil der Nahrungsmittel aufzubewahren, um über sie verfügen zu können, wenn er seine Arbeitskraft zur Herstellung des Fangnetzes einsetzt. Volkswirtschaftlich entsteht durch die Herstellung des Fangnetzes ein Produktionsgut, es wird Realkapital gebildet. Robinson Crusoe leistet vorübergehend Konsumverzicht (= Sparen), und verwendet die dadurch frei gewordenen Mittel (seine Arbeitszeit) für die Herstellung eines Produktionsgutes (= Investieren = Kapitalbildung). Mithilfe des Netzes benötigt er zukünftig weniger Zeit um seine Fische zu fangen. Die gewonnene Zeit kann er nutzen, um zusätzliche Konsum- oder Produktionsgüter herzustellen. Sein Lebensstandard steigt.

Hans-Jürgen Albers, u. a., Volkswirtschaftlehre, Haan-Gruiten 2013, 10. Auflage, S. 25

Realkapital
Produktionsausrüstung (= Sachkapital)

AUFGABEN

1. Überprüfe, welche betriebswirtschaftlichen Produktionsfaktoren Hugo und Rudi für ihren Fahrradladen benötigen und nenne jeweils ein Beispiel (**M3**, **M4**).
2. Boden und Arbeit werden als „ursprüngliche“ Produktionsfaktoren bezeichnet. Erkläre, warum man Kapital auch als „abgeleiteten“ Produktionsfaktor bezeichnet (**M5**).
3. In der betriebswirtschaftlichen und häufig auch volkswirtschaftlichen Einteilung werden Informationen als eigener Produktionsfaktor genannt. Erläutere, warum Informationen wichtig für die Produktion sind (**M3** – **M5**).

Wie arbeitet ein Betrieb?

M6 Das Beispiel einer Fahrradfabrik

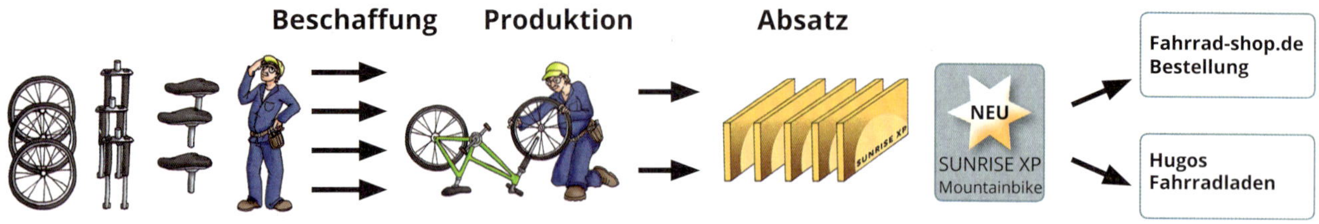

Für die Produktion muss ein Betrieb die notwendigen Vorprodukte, Arbeitskräfte und Betriebsmittel beschaffen. Erst dann kann damit ein neues Produkt erstellt werden. Dieses wird auf dem Markt verkauft. Mit dem eingenommenen Geld wird die weitere Produktion finanziert.

Werfen wir einen Blick in eine Fahrradfabrik:

Für die Fertigung von Fahrrädern muss eine große Anzahl an Teilen zugekauft, das heißt beschafft, werden: Schwerpunkte sind Gabeln sowie Lenker, Sattel, Rahmenrohre, Felgenprofile, Reifen, Naben und Speichendraht. Außerdem werden die entsprechenden Maschinen benötigt, um die Teile zusammenzusetzen. Auch sind Facharbeiter nötig, die die Maschinen bedienen und Teile montieren können. Probleme bei der **Beschaffung** können darin bestehen, dass benötigte Teile in unzureichender Menge oder Qualität geliefert werden oder nur schwer zu beschaffen sind. Deshalb muss die Lagerhaltung entsprechend organisiert werden.

Produktion bedeutet die Herstellung des Produkts Fahrrad. Der Produktionsprozess besteht in der Verbindung von Betriebsmitteln und Werkstoffen durch Arbeitskräfte. Hier findet die eigentliche Wertschöpfung statt, denn hier entsteht das neue Produkt. Der Produktionsprozess kann in einzelne Produktionsabschnitte zerlegt sein, die auf verschiedene Produktionsstätten verteilt sein können (zum Beispiel Endmontage, Rahmenbau, Laufradfertigung). Fertig montierte Fahrräder werden anschließend ins Fertigwarenlager überstellt. Dort werden sie zu Lieferungen zusammengestellt und für den Versand an den Händler vorbereitet.

Die produzierten Güter, hier die Fahrräder, müssen am Markt verkauft werden. Die Fahrräder werden an regionale Großabnehmer oder direkt an die Kunden verkauft. Hierfür betreibt die Fahrradfabrik eigene Marketingaktivitäten, um den **Absatz** zu steigern. Dazu gehören die Produktgestaltung (Design, Qualität, Ausstattung), Werbung und Preisgestaltung. Ziel ist die Steigerung beziehungsweise Erhaltung der Attraktivität des Unternehmens, um bestehende Kunden zu binden und neue Kunden zu gewinnen.

Übergeordnete Funktionen im Betrieb sind die **Leitung und Verwaltung** und die **Finanzierung** des Unternehmens.

M7 Beschaffungs- und Absatzmarkt

Jedes Unternehmen ist von zwei Seiten mit dem Wirtschaftskreislauf verbunden, und zwar mit den Beschaffungs- und den Absatzmärkten.

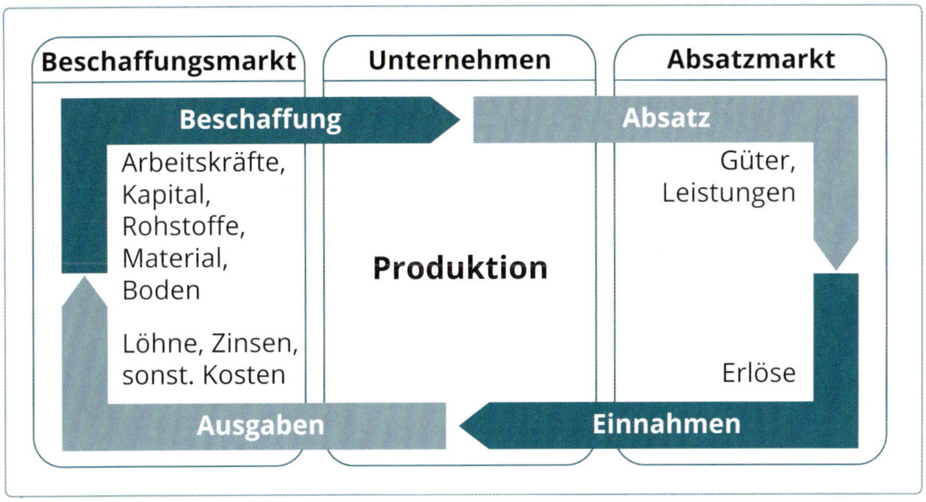

M8 Die moderne Fahrradproduktion

Das Fahrrad für Vitali Klitschko lehnt an der Wand eines kleinen Werkstattraums in Raubling bei Rosenheim. Was sofort auffällt, ist seine Größe. Doch das wirklich Besondere ist seine Bauart, die es so teuer werden lässt wie einen Kleinwagen. Es handelt sich um ein maßgefertigtes Mountainbike. Sein kolossaler Karbonrahmen wiegt kaum mehr als ein Profirennrad - und doch ist es dafür ausgelegt, den Körperkräften eines Zwei-Meter-Mannes standzuhalten [...]. Der gelernte Boxer ist inzwischen Bürgermeister von Kiew und als solcher zu beschäftigt, um sein Supervelo abzuholen. Im vorigen Sommer bestellte er das Individualmodell von Corratec, entworfen und hergestellt von Mauro Sannino, einem 70-jährigen Halbgott der Rahmenbauszene, seit elf Jahren im Dienst des oberbayerischen Fahrradproduzenten. [...] Die Preise der Raublinger Maßräder liegen bei bis zu 10.000 Euro [...]. Wenn [Deutschland] etwas gründlich aufgegeben hat, dann seine Fahrradindustrie. In nennenswerter Stückzahl kommen Zweiräder heute entweder komplett aus Asien, oder sie werden hierzulande nur noch zusammengebaut. [...] Lediglich bei zentralen Komponenten wie Bremsen, Schaltungen oder Dynamos ist ein Unternehmen aus einem Hochlohnindustrieland führend. Nur handelt es sich dabei nicht um Deutschland, sondern um Japan. Der Name des Unternehmens steht auf Bauteilen der allermeisten Fahrräder, die heute auf der Welt unterwegs sind. Als Shozo Shimano vor 47 Jahren dem Stuttgarter Kaufmann Paul Lange die Vertretung für Deutschland und Österreich übergab, bestand das Produktprogramm

SRAM-„Torpedo"-Nabe; Angelehnt an die legendäre Sachs-Dreigang-Nabe, produziert SRAM eine umschaltbare Nabe.

der Japaner lediglich aus einem Nabengetriebe mit drei Gängen und einer Kettenschaltung mit vier Gängen. Damals beherrschte das altdeutsche Unternehmen Fichtel & Sachs noch den Markt der Standardräder, der italienische Komponentenhersteller Campagnolo den Rennzirkus. Heute umfasst das zentrale Hochregallager von Lange in Stuttgart Bad Cannstatt 9.000 Quadratmeter und reicht längst nicht mehr aus. Die Paul Lange & Co. OHG erweitert laufend den Hallenkomplex. Es ist das größte Shimano-Vertriebszentrum außerhalb Japans. Etwa zehn Millionen Teile gehen jährlich von hier aus in den Handel [...]. Und was ist aus Fichtel & Sachs geworden? Das Unternehmen war einst der Großmeister der Nabenschaltung, die Torpedo-Dreigang-Mechanik Grundausstattung von Radlergenerationen. Etwa 70 Millionen der fränkischen Schaltwerke wurden von 1924 an etwa 70 Jahre lang gebaut. Shimano beendete die Torpedo-Ära Mitte der Neunziger mit einem Volltreffer: Ein geschmeidiges Siebenganggetriebe namens Nexus setzte fortan den Standard. Fichtel & Sachs hatte bereits das Interesse am Fahrradgeschäft verloren und die Sparte abgestoßen. Sie landete 1997 bei dem Unternehmen SRAM aus Chicago [...]. Unter anderem ließ SRAM am Sachs-Standort Schweinfurt eine neue Fabrik für Nabenschaltungen errichten. Doch die Shimano-Modelle waren meist billiger und besser. Vor vier Jahren verlagerte SRAM die Produktion nach Asien. In Schweinfurt verblieb allein die Entwicklungsabteilung. Etwa 80 Ingenieure, die ihre Ideen an die Fabriken in Fernost kabeln, sind die letzten Statthalter des fränkischen Torpedo-Mythos. Entwicklungschef Bernhard Johanni [...] hat noch bei Sachs angefangen. Mit seinen Leuten hat er für SRAM unter anderem eine neue Nabengeneration entwickelt, die sauber schaltet. Besonders stolz ist er auf seine jüngste Innovation bei Kettenschaltungen: einen hinteren Zahnkranz mit elf Übersetzungen, aus einem Stück gefräst und extrem leicht. Johanni hält das Ding feierlich hoch und blickt durch das löchrige Gebilde. Es sieht ein bisschen aus wie eine Kunstschnitzerei. [...] Eine weitere Hightechfirma, die im Fahrradbau eine Nische gefunden hat, befindet sich am Nordrand von Kassel. Das Unternehmen von Bernhard Rohloff fertigt die nach ihm benannte 14-Gang-Nabenschaltung, die als beste der Welt gilt. Shimano persönlich soll auf einer Fahrradmesse gefragt haben: „Herr Rohloff, wie machen Sie das?" Das patentgeschützte Zahnräderwerk zählt zu den Mirakeln der jüngeren Fahrradmechanik. Rohloffs Nabengetriebe deckt ein Übersetzungsspektrum ab wie die Kettenschaltungen von Profis, hält enormen Drehmomenten stand und wiegt mit 1,7 Kilogramm ein Pfund weniger als eine Achtgangnabe von SRAM. [...] Die Firma [...] ist ein mikroskopisches Muster, wie Fahrradindustrie in Deutschland noch funktionieren kann: als Entwicklungslabor für Serienprodukte, die später in Fernost hergestellt werden – und gleichzeitig als Produzent von Luxusgütern made in Germany.

Christina Wüst, Zauber der Pedalkraft, in: Der Spiegel, 28/2014, 7.7.2014

M9 Absatz: der Marketing-Mix

Ein Unternehmen muss nicht nur gute Produkte herstellen, es muss sie auch verkaufen. Die Marketingmaßnahmen, die dem Konsumenten am meisten auffallen, stammen aus dem Bereich der Werbung. Tatsächlich sind es aber sehr vielfältige Maßnahmen, die das Unternehmen einsetzt, um seine Kunden zu erreichen. Diese Maßnahmen werden oft in vier Bereiche eingeteilt – entsprechend der englischen Bezeichnungen in die „4 P" des Marketing. In allen vier Bereichen sind zahlreiche Entscheidungen zu treffen, die auch für die anderen Bereiche relevant sind. Es würde keinen Sinn machen, nur eine dieser Maßnahmen einzusetzen, z. B. nur auf eine aufwändige Fernsehwerbung zu vertrauen, ohne diese durch andere Maßnahmen zu unterstützen, wie z. B. eine entsprechende Produktgestaltung. Da diese Maßnahmen gut aufeinander abgestimmt – also gut „gemischt" – sein müssen, spricht man auch vom „Marketing-Mix". Bei allen Maßnahmen ist die erwartete Wirkung mit den durch die Maßnahme verursachten Kosten in Bezug zu setzen. Entscheidend für die Wirkung einer Marketingmaßnahme ist unter anderem, ob es ihr gelingt, die richtige Zielgruppe anzusprechen. Dies ist besonders wichtig bei Produkten, die für jugendliche Konsumenten bestimmt sind.

Marketing-Mix

P – Product
Produktpolitik
Wie wird das Produkt gestaltet?
(Design, Funktionen etc.)
Wie ist die Verpackung gestaltet?
Ist das Produkt in ein Sortiment eingebettet („Marke")?
Welcher Produktname ist geeignet?

P – Place
Distributionspolitik
Wie gelangt das Produkt zum Kunden?
(Vertrieb über Einzelhandel, Großhandel, Internet, Vertreter, ...)
Wie wird das Ladenlokal gestaltet?

P – Price
Konditionenpolitik
Wie hoch ist der Preis?
(Anpassung an die Konkurrenz, Deckung der Stückkosten)
Gibt es Sonderpreise für bestimmte Kundengruppen?
Wie werden Rabatte gestaltet?

P – Promotion
Kommunikationspolitik
Welches Werbekonzept verspricht am meisten Erfolg (Medien, Botschaft, Budget)
Wie kann das Image des Unternehmens verbessert werden?
(Public Relations, z. B. Sponsoring, Zusammenarbeit mit Schulen)

AUFGABEN

1. Beschreibe für ein Fahrradgeschäft, welche Schwierigkeiten in den Bereichen Beschaffung, Produktion und Absatz auftreten könnten (**M6**, **M7**).
2. Gib wieder, wie der weltweite Fahrradmarkt heute organisiert ist und was das für den Produktionsstandort Deutschland bedeutet (**M8**).
3. Bildet Gruppen. Sucht euch aus **M9** ein Marketinginstrument aus und entwickelt für einen Fahrradladen eine geeignete Maßnahme aus einem der Bereiche.

F ZU AUFGABE 3
Entwickelt eine weitere Maßnahme aus einem anderen Bereich.

Profit als einziges Unternehmensziel?

M10 Welche Ziele sollte ein Unternehmen verfolgen?

Erich Harsch (Vorsitzender der dm-Geschäftsführung): „Unser Ziel heißt Entwicklung, [...] Wachstum ist dann möglicherweise die Folge. [...] Es geht nicht darum, den Gewinn zu maximieren, sondern den Kundennutzen."

Milton Friedman (Wirtschaftsnobelpreisträger): „Die einzige soziale Verantwortung des Unternehmens ist es, seine Gewinne zu steigern."

Erich Harsch im Interview mit Bernd Freytag, www.faz.net, 15.4.2011 und New York Times Magazine, 09/1970

M11 Die Ziele des Unternehmens

Die unterschiedlichsten Gruppen, zu denen die Unternehmenseigentümer, die Manager, die Arbeitnehmer, die Lieferanten, die Kunden und die Konkurrenten, die Fremdkapitalgeber, aber auch der Staat und die Öffentlichkeit zählen, tragen ihre Interessen und Erwartungen an die Unternehmen heran. Während die Eigentümer und Kapitalgeber an einem möglichst hohen Gewinn und damit an einer möglichst hohen Verzinsung ihres eingesetzten Kapitals interessiert sind, strebt das Management gegebenenfalls nach mehr Macht und einer Ausweitung seiner Gestaltungsspielräume. Die Mitarbeiter sind vor allem an einer sicheren und leistungsbezogenen Entlohnung sowie an guten Arbeitsbedingungen interessiert. Die Kunden erwarten qualitativ hochwertige Produkte zu möglichst günstigen Preisen. Der Staat und die Öffentlichkeit hoffen auf die Erhaltung oder Schaffung von Arbeitsplätzen und ein hohes Steueraufkommen. Diese unterschiedlichen Erwartungen und Interessen gilt es, in Einklang zu bringen. Die Unternehmensziele dienen dabei als Orientierungsgrundlage für alle unternehmerischen Entscheidungen.

M12 Unternehmensleitbild – das Beispiel der Drogeriekette dm

„So wie ich mit meinen Mitarbeitern umgehe, so gehen sie mit den Kunden um." Diese einfache [...] Erkenntnis liegt der Arbeitsgemeinschaft dm-drogerie markt zugrunde. Sie beinhaltet die ständige Herausforderung, das Unternehmen so zu gestalten, dass die Konsumbedürfnisse der Kunden veredelt werden, die zusammenarbeitenden Menschen Entwicklungsmöglichkeiten erhalten und dm als Gemeinschaft vorbildlich in seinem Umfeld wirkt. Dazu ist es erforderlich, die Eigentümlichkeit jedes Menschen anzuerkennen und mit den individuellen Wesenszügen der Beteiligten umzugehen.

dm-Kundengrundsätze

Wir wollen uns beim Konsumenten – dem Wettbewerb gegenüber – mit allen geeigneten Marketinginstrumenten profilieren, um eine bewusst einkaufende Stammkundschaft zu gewinnen, deren Bedürfnisse wir mit unserem Waren-, Produkt- und Dienstleistungsangebot veredeln.

Sich die Probleme des Konsumenten zu Eigen machen

dm-Mitarbeitergrundsätze

Wir wollen allen Mitarbeitern helfen, Umfang und Struktur unseres Unternehmens zu erkennen und jedem die Gewissheit geben, in seiner Aufgabe objektiv wahrgenommen zu werden.

Transparenz und Geradlinigkeit

Wir wollen allen Mitarbeitern die Möglichkeit geben, gemeinsam voneinander zu lernen, einander als Menschen zu begegnen, die Individualität des anderen anzuerkennen, um die Voraussetzungen zu schaffen, sich selbst zu erkennen und entwickeln zu wollen und sich mit den gestellten Aufgaben verbinden zu können.

Bereitschaft zur Zusammenarbeit in Gruppen

dm-Partnergrundsätze

Wir wollen mit unseren Partnern eine langfristige, zuverlässige und faire Zusammenarbeit pflegen, damit für sie erkennbar wird, dass wir ein Partner sind, mit dem sie ihre Zielsetzungen verwirklichen können.

Erkennen seines Wesens; Anerkennen seiner Eigentümlichkeit

Nach: © www.dm.de, Grundsätze: Einander begegnen und voneinander lernen, www.dm.de (23.2.2016)

„dm beliebtester Händler der Bundesbürger!"

Studie der Unternehmensberatung OC&C (Proposition Index 2013)

M13 Eine Dimension mehr

Im Januar 2012 meldete Schlecker, Langzeit-Champion der Drogerieketten, Insolvenz an. Der Konkurrent dm steht blendend da. Warum?

Die Preise

Die kleinteilige Filialstruktur erhöhte die Stückkosten, und so schnitt Schlecker im Preisvergleich mit dm [...] regelmäßig schlecht ab. Konkurrenzfähig waren bei Schlecker allenfalls Sonderangebote, die zusätzliche Kunden in die Märkte locken sollten. Ähnlich wie die großen Elektronikmarkt-Ketten behauptete Schlecker nur, billig zu sein. De facto konnten die Kostenoptimierer beim Preis nicht mithalten. Die Rechnung ging für Schlecker nur so lange auf, wie seine Kunden noch die Preise der alten, familiengeführten Drogerien im Hinterkopf hatten. Seit Jahren aber vergleichen die Verbraucher eher mit Supermärkten wie [...] Aldi – oder eben mit dm [...].

Lange Jahre warb dm mit dem Slogan „Große Marken, kleine Preise" und erhob damit von Anfang an den Anspruch, [...] billiger als die Konkurrenz zu sein. Dabei griff der Drogerie-Discounter in den Anfangsjahren auch auf handelsübliche Methoden wie Rabattaktionen oder Lockvogel-Angebote zurück. Ende der Achtzigerjahre wurde die Strategie geändert. Götz Werner spricht von der Entdeckung der „vierten Dimension". Zu den üblichen drei Dimensionen – die richtige Ware zum richtigen Preis am richtigen

Ort – kam ein weicher Faktor. Werner baute die konsumkritische Haltung der Öko- und Friedensbewegung in sein Geschäftsmodell ein. Der Slogan hieß fortan: „Hier bin ich Mensch, hier kauf ich ein." So wurde dm zu einem der ersten Unternehmen, die sich durch einen moralischen Mehrwert vom Wettbewerb absetzen wollen – allerdings ohne dabei den Anspruch auf Preisführerschaft aufzugeben.

Die praktische Schlussfolgerung war: Schluss mit den üblichen Mätzchen, die aufgeklärte Verbraucher als unehrlich empfinden – dm führte den sog. Dauertiefpreis ein. Die selbst gesetzte Regel lautete, dass ein Preis vier Monate nicht erhöht werden darf. Damit fällt die Option weg, laufend mit Preissenkungen zu werben, die in Wahrheit keine sind. Im Wettbewerb gegen Schlecker scheint diese Strategie aufgegangen zu sein. [...]

Die Filialen

Ein Besuch in den meisten Schlecker-Filialen ist wie eine Zeitreise in die Anfänge des Hard-Discounts. Grobe Metallregale säumen enge Gänge. Das Mobiliar hat oft Gebrauchsspuren aus mehreren Jahrzehnten. Bildet sich vorn eine Schlange, wirkt gleich der halbe Laden wie lahmgelegt. Zwar wurden in den Monaten vor der Insolvenz einige Hundert Filialen modernisiert. Doch dieses Umdenken kam zu spät [...]. Möglichst viel Ware auf kleinem Raum ist ebenso out wie ein ausgedünntes Sortiment. [...] dm hat besonders seit Ende der Achtzigerjahre kontinuierlich daran gearbeitet, dass sich die Kunden in den Filialen wohlfühlen. Weniger ist wie so oft mehr. Regale stehen häufig schräg. Das ist zwar von der Raumaufteilung nicht ganz so effektiv, macht den Raum aber übersichtlicher und verkürzt Laufwege. Eine Vorgabe für die Innenarchitekten lautet: Jeder Gang muss so breit sein, dass zwei Kinderwagen aneinander vorbeikommen. Lichtdesigner komponieren Effekte, die an Wellness-Einrichtungen erinnern. [...]. Aus Kundensicht resultiert aus der Größe ein weiterer Vorteil: Selbst bei gleichem Personalschlüssel findet sich in einer dm-Filiale fast immer eine Verkäuferin oder ein Verkäufer mit Zeit für Beratung.

Schlecker-Filialen sind oft nur mit einer Person besetzt. Sitzt sie gerade nicht an der Kasse, muss sie Regale auffüllen. Wünscht ein Kunde Beratung, wartet oft schon jemand an der Kasse.

Thomas Ramge, Eine Dimension mehr, in: Brandeins Wirtschaftsmagazin 4/2012, S. 100 – 105

F ZU AUFGABE 1
Überlegt, welche weiteren Ziele ein Unternehmen haben sollte und sortiert diese anschließend nach Wichtigkeit (z. B. mithilfe einer Punktabfrage).

AUFGABEN

1. Stellt ausgehend von den Aussagen in **M10** dar, welche Ziele ein Unternehmen haben sollte.
2. Entwirf ein Radialdiagramm, welches darstellt, welche Gruppen am Unternehmen interessiert sind. Formuliere auf den Ästen die einzelnen Interessen (**M11**).
3. Analysiere das Leitbild deiner Schule auf wichtige Ziele hin und vergleiche sie mit den Zielen des Unternehmens dm (**M12**).
4. Arbeite die unterschiedlichen Leitbilder von Schlecker und dm heraus und ergänze so deine Ergebnisse aus Aufgabe 3 (**M13**).
5. Entwickle je eine Frage an die Geschäftsführer (**M13**).

Radialdiagramm

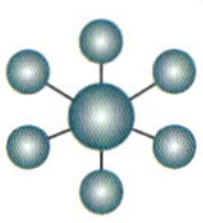

Nachhaltigkeit als Unternehmensziel?

M14 Vom Kokon zum fairen Nachthemd

Der grüne Hügel duftet nach blühenden Sträuchern und Kräutern. Eine kleine Herde brauner Kühe wandert durch einen Wald aus 700.000 Maulbeerbäumen, der hier seit 1996 gepflanzt wurde: Seidenraupen lieben Maulbeerblätter. Gesetzt wurden auch 5.000 Obst- und andere Bäume, die Nistplätze und Beschattung bieten - und eine spürbare Verbesserung der Boden-, Wasser- und Luftqualität brachten. „Saba" heißt das Paradies auf 70 Hektar. Die weltweit erste Farm zur Herstellung biodynamischer Seide liegt 150 Kilometer nördlich der boomenden 14-Millionen-Metropole Chengdu.

„Auf dem Hügel war ja nichts", erinnert sich Julius Obermaier, 78. Der Berater in Sachen biologisch-dynamischer Landwirtschaft reist seit vielen Jahren rund um die Welt und leistet lokalen Demeter-Projekten Geburtshilfe. In China war es Mitte der 1990er-Jahre soweit. Auf Anfrage des Schweizer Unternehmens Alkena - bis zu einem Eigentümerwechsel kürzlich Namensgeber der Seidenraupenfarm und des Konfektionsbetriebs - kam der Experte vom badischen Salem in die chinesische Provinz Sichuan. Heute werden auf der Saba-Farm im Lauf eines Jahres fünf Millionen Kokons gewonnen - jeder Kokon gibt mehr als einen Kilometer hauchdünnen Seidenfaden. Vor dem Verpuppen futtern die Seidenraupen insgesamt 900.000 Kilogramm Maulbeerblätter. Auf der Seidenraupenfarm arbeiten ganzjährig sechs Mitarbeiter und saisonal bis zu 200 Menschen aus der Region. Für Obermaier ist Saba längst „ein Projekt, das landesweit Ausstrahlung hat". „Das ist der organische Kompost, und hier stellen wir die Präparate her", sagt Betriebsleiter Zhao Xing-Yuan beim Rundgang. An die Zeit mit Julius Obermaier erinnert sich der 40-Jährige noch gut. 2004 war der Chinese dann auf Gegenbesuch in Deutschland, lernte auf einem Demeter-Hof am Bodensee, wie biologisch-dynamische Landwirtschaft funktioniert. Mit dem Kieselpräparat 501 wird die Pflanzenphysiologie verbessert, erklärt er. Gesunde Maulbeerblätter sind eine wichtige Voraussetzung für besonders reißfeste Seide. Die wird gesponnen, dann gestrickt oder gewoben, gefärbt und schließlich in der Saba-Mutterfirma Otex („Organic Textiles") in Chengdu konfektioniert.

Der 1996 als Joint Venture von Alkena gegründete Betrieb produziert heute außer für Rösch noch für die Freiburger Triaz-Gruppe (Waschbär). Die Tübinger Modemacher lassen bei Otex Seidennachthemden für ihre edle Lizenzmarke Féraud fertigen - und seit neuestem auch eine eigene Rösch-Kollektion: Nachtwäsche aus Bio-Seide, zertifiziert mit dem weltweit anerkannten GOTS-Siegel. Der „Global Organic Textile Standard" gilt als führend bei der ökologisch und sozial verantwortlichen Verarbeitung von Textilien.

„Der Erfolg von Otex und der Saba-

Nachhaltigkeit
Nachhaltigkeit bedeutet, von der Natur nur so viel zu verbrauchen, wie auf natürliche Weise nachwachsen kann. Mittlerweile hat sich das Nachhaltigkeitsdreieck als Sinnbild für Nachhaltigkeit durchgesetzt, da es ökologische, ökonomische und soziale Aspekte der Nachhaltigkeit verbindet. Zukunftsfähig wirtschaften bedeutet also: Wir müssen unseren Kindern und Enkelkindern ein intaktes ökologisches, soziales und ökonomisches Gefüge hinterlassen.

Nachhaltigkeit im Unternehmen (Angaben in %)

Bestandteil des Leitbildes	83,0
Beitrag zur Kostenreduktion	72,6
wichtig für Zukunftsmärkte	65,1
verantwortliche Stelle/Person	62,3
konkrete Nachhaltigkeitsziele	60,4
wichtig für Mitarbeitermotivation	60,4
Verknüpfung mit dem Kerngeschäft	59,4
berücksichtigt bei der Lieferantenwahl	54,7
regelmäßige Kontrolle der Zielerfüllung	51,9
Nachhaltigkeitsberichterstattung	49,1
wichtig für Unternehmensbewertung	43,4
wichtig aufgrund der Medienberichte	36,8
Nachhaltigkeitsberichte geplant	10,4
Sonstiges	2,8

Mohammad Mahammadzadeh, Institut der deutschen Wirtschaft Köln e.V. (Hrsg.): IW-Umweltexpertenpanel 2/2012, Befragung von 157 Umweltexperten der Wirtschaft im März/April 2012

Im chinesischen Chengdu stellen Näherinnen im Konfektionsbetrieb Otex Bio-Seidennachthemden für die Textilfirma Rösch her. Löhne und Arbeitsbedingungen werden regelmäßig von der „Fair Wear Foundation" überprüft.

Farm liegt uns sehr am Herzen", sagt Rösch-Geschäftsführer Andreas Söffker: „Als Vorzeigeprojekt kann es den dringend nötigen Wandel der chinesischen Wirtschaft zu mehr Nachhaltigkeit unterstützen." [...]. Das chinesische Fernsehen interessiert sich sehr für das Projekt, Söffker sagt beim Interview: Das Beispiel Otex-Saba könne einen Weg zeigen, wie das Land seine wachsenden Umweltprobleme in den Griff bekommen kann. Nach offiziellen Angaben ist ein Fünftel der Agrarfläche Chinas mit Kadmium, Nickel und Arsen verseucht. Auch viele Flüsse sind kontaminiert, die Luft in vielen großen Ballungsgebieten ist schlecht.

Die Luft im großen Nähsaal ist gut. Tageslicht scheint durch hohe Fenster auf die Nähmaschinen der Arbeiter/innen. Über hundert meist weibliche Angestellte arbeiten bei Otex. Ob sie jederzeit zur Toilette gehen darf? Huang Cui Rong schaut ein wenig ungläubig, als ihr die Frage ins Chinesische übersetzt wird – und muss dann lachen. „Ja", sagt die 48-jährige Näherin, „das dürfen wir alle." [...] Cui Rong gehört dem neunköpfigen Betriebsrat an, der alle zwei Jahre gewählt wird. Sie verdient 3.000 Yuan (rund 350 Euro) im Monat, Überstunden inklusive. Im Firmendurchschnitt kommen die Arbeiter/innen auf 2.710 Yuan (320 Euro). Das ist mehr als doppelt so viel wie der regionale Mindestlohn – und liegt auch über dem unabhängig ermittelten „Living Wage". Damit gemeint ist ein Lohn, der die grundlegenden Lebenshaltungskosten eines Arbeiters oder einer Arbeiterin deckt: Ernährung, Kleidung, Wohnen, Gesundheit, Schule und Ausbildung. Gezahlt wird bei Otex nach „Piece Rate", einer Art Akkordlohn. Die vertragliche Wochenarbeitszeit liegt bei 40 Stunden, je nach Auftragslage können es aber auch mal 50 bis 55 Stunden werden. Cui Rong jedenfalls ist mit den Arbeitszeiten zufrieden. Für Überstunden gibt es 150 Prozent, für Wochenendarbeit 200 Prozent des regulären Lohns. Bei Krankheit zahlt die Firma weiter – in einem Fall geschah das ein ganzes Jahr lang. Alle Angaben werden regelmäßig vor Ort von einer unabhängigen Institution überprüft, Interviews mit Arbeiterinnen inklusive: von der „Fair Wear Foundation" (FWF), einer Stiftung mit Sitz in Amsterdam. Im Vorstand sind gleichberechtigt Gewerkschaften, Nichtregierungsorganisationen (NGOs) und Vertreter von derzeit 80 Textil- und Outdoor-Firmen (mit 120 Marken) aus sieben europäischen Ländern vertreten. [...] Gerechter Handel, ethischer Konsum – das ist ein Trend, über den Rösch-Geschäftsführer Söffker sagt: „Die Kunden wollen das." Bei Händler-Schulungen höre er häufig von Verkäuferinnen: „Wir werden mehrfach am Tag gefragt: Wo kommt das her, wie wurde das produziert?" [...] „Wir haben alle genug Hosen und Hemden", sagt Söffker. Es gehe bei Kleidung und Mode weniger um Bedarfskäufe als um „Selbstverbesserung", um „die Darstellung innerhalb der Peergroup, gegenüber dem Partner" – oder sich selbst. Dazu gehört: ein gutes Gefühl. Doch das will sich bei vielen Menschen angesichts von Horrorbildern aus ausbeuterischen Sweatshops partout nicht mehr einstellen: „Dann wird gezweifelt – und weniger gekauft." „Das Bewusstsein der Kunden ändert sich", sagt Otex-Geschäftsführer Michael Wang, 50. „Sie wollen sich selbst etwas Gutes tun – aber auch der Umwelt und den Arbeitern."

Volker Rekittke, Vom Kokon zum fairen Nachthemd, Schwäbisches Tagblatt, 1.6.2014

M15 Alles nur schöner Schein? Vorsicht – Greenwashing

Kapitalmarkt, Geschäftspartner und Endverbraucher verlangen von Unternehmen, dass sie Verantwortung zeigen: Sie sollen ökologische und soziale Anforderungen berücksichtigen [...]. Wie z. B. Produktionsunglücke und Produktrückrufe zeigen können, haben manche Unternehmen lediglich „grüne Fassaden" aufgebaut. [...]

Typische Greenwashing-Strategien hat die Organisation TerraChoice definiert:

- Versteckte Zielkonflikte: Ein Produkt wegen einer einzelnen Eigenschaft als umweltfreundlich bewerben, obwohl andere Produkteigenschaften umweltschädlich sind.
- Fehlende Nachweise: Aussagen treffen, die nicht durch unabhängige Stellen verifiziert oder durch aussagekräftige Studien belegt werden können.
- Vage Aussagen: Unklar definierte Begriffe verwenden, die leicht missverstanden werden können.
- Falsche Labels: Von unseriösen Instituten oder selbst erfundene Labels verwenden, die praktisch keinen Aussagewert haben.
- Irrelevante Aussagen: Aussagen treffen, die zwar stimmen, aber keinen Aussagewert haben (Beispiel: Ein Produkt wird mit der Aussage FCKW-frei beworben, obwohl dies nur gesetzliche Vorgaben umsetzt).
- Kleineres Übel: Ein Produkt mit einem noch weniger umweltfreundlichen Produkt vergleichen, um es in besserem Licht erscheinen zu lassen.
- Unwahrheiten: Faktisch unzutreffende Werbebotschaften senden (Beispiel: Es wird ein Bio-Siegel verwendet, obwohl das Produkt gar nicht für dieses Siegel zertifiziert wurde).

Patrick Albrecht/Dieter W. Horst, © PricewaterhouseCoopers, Vorsicht, Greenwashing: Konsumenten blicken hinter die grüne Fassade, www.pwc.de (1.12.2015)

Greenwashing
Greenwashing betreibt, wer zu Unrecht nachhaltiges Engagement für sich in Anspruch nimmt. Der Begriff bezieht sich vor allem auf Unternehmen, die sich mit ökologischen oder auch sozialen Leistungen brüsten, die entweder nicht vorhanden sind oder die minimal sind im Verhältnis zu negativen öko-sozialen Auswirkungen des Kerngeschäfts. Manche Werbekampagnen stufen Analysten klar als Greenwashing ein.

Lexikon der Nachhaltigkeit, Greenwashing, www.nachhaltigkeit.info, 31.7.2015

Marken im „Greenwashing-Check"
Je negativer der Wert, desto weniger „grün" ist das Unternehmen als tatsächlich öffentlich wahrgenommen:

Unternehmen	Wert
McDonald's	- 16,1
Microsoft	- 11,5
IKEA	- 10,4
SAP	- 8,1
Nissan	- 7,5
Nike	- 7,2
Coca Cola	- 7,0
Kellogs	- 5,8
Shell	- 5,8
Nintendo	- 5,7

Quelle: Interbrand (Best Global Green Brands 2012), Stand: 18.10.2012

AUFGABEN

1. Beschreibe, welche Motive bei den Unternehmen vorherrschen, wenn sie Nachhaltigkeit als Unternehmensziel ausweisen (**Umfrage in Randspalte**).
2. Erläutere, wie die Firma Rösch die ökologische Verantwortung des Unternehmens umsetzt (**M14**).
3. Untersucht bekannte Produkte bzw. Firmen nach den typischen Greenwashing Strategien, wie sie in **M15** beschrieben werden. Stellt eure Ergebnisse in einem Referat der Klasse vor.

Welche Rechtsform braucht ein Unternehmen?

M16 Wie findet man als Existenzgründer die richtige Rechtsform?

Jedes Unternehmen hat eine bestimmte Rechtsform, die bei der Gründung festgelegt werden muss. Diese hat rechtliche, finanzielle und steuerliche Folgen. Für die Wahl der Rechtsform sind folgende Überlegungen entscheidend:

M17 Die wichtigsten Unternehmensformen

Gesellschaft bürgerlichen Rechts (GbR)

Schließen sich mindestens zwei Gesellschafter zur Führung eines Geschäftsbetriebes zusammen, ohne dabei eine neue juristische Person zu gründen, so kommt die Rechtsform der GbR in Betracht. Alle Gesellschafter sind geschäftsführungs- und vertretungsbefugt. Sie haften neben dem Gesellschaftsvermögen persönlich und unbeschränkt für die Verbindlichkeiten der Gesellschaft. Das interne Vertragsverhältnis kann weitgehend frei gestaltet werden. Der Gesellschaftsvertrag ist an keine Form gebunden, sollte aber schriftlich gefasst werden. Betreiben allerdings die Gesellschafter einer GbR ein Gewerbe von einer bestimmten Größe, so müssen sie sich in das Handelsregister eintragen. Die Firma wird dann zur Offenen Handelsgesellschaft (OHG). Es enstehen weitere Auflagen bezüglich der Führung des Geschäftsbetriebs.

Juristische Person
Zusammenschluss von Personen (und Vermögen) zu einer eigenen Rechtspersönlichkeit mit Rechten und Pflichten (z. B. Verein)

Einzelunternehmen

Besonders gut für den Einstieg geeignet ist die Einzelunternehmung: Sie kommt ohne weitere Formalitäten allein durch Aufnahme der Geschäftstätigkeit (üblicherweise nach Erteilen des Gewerbescheins und einer Mitteilung gegenüber dem Finanzamt) zustande. Dafür ist kein Mindestkapital erforderlich. Als Einzelunternehmer ist der Gründer uneingeschränkt „Herr im Haus". Gewinne fließen ungeteilt in seine Taschen – er muss dafür aber auch bei Verlusten oder Schäden in vollem Umfang mit seinem Privatvermögen geradestehen. Die überwiegende Anzahl der Unternehmen in Deutschland sind Einzelunternehmen.

Gesellschaft mit beschränkter Haftung (GmbH)

Die GmbH wird in zunehmendem Maße im wirtschaftlichen Bereich eingesetzt, weil sie vielseitig verwendbar und das Haftungsrisiko durch Beschränkung auf das Vermögen der GmbH kalkulierbar und überschaubar ist. Sie ist eine Kapitalgesellschaft mit eigener Rechtspersönlichkeit, die zu jedem gesetzlich zulässigen Zweck von einer oder mehreren natürlichen oder juristischen Personen errichtet werden kann. Nach außen wird die GmbH durch den/die Geschäftsführer vertreten. Fremdgesellschaftsführung ist möglich, das heißt, die Geschäftsführung muss nicht in den Händen der Gesellschafter liegen. Sie können vielmehr gesellschaftsfremde Personen zu Geschäftsführern bestellen. Wirksamkeit erlangt die GmbH durch die Eintragung im Handelsregister. Das Haftungsrisiko ist auf das Gesellschaftsvermögen beschränkt. Das Mindeststammkapital der GmbH beträgt 25.000 Euro. Der Betrag der Stammeinlage kann für die einzelnen Gesellschafter verschieden bestimmt werden.

Erklärfilm „Einzelunternehmung"

Mediencode: 71008-18

Aktiengesellschaft (AG)

Die AG ist eine Kapitalgesellschaft mit eigener Rechtspersönlichkeit (juristische Person). Rechtsgrundlage ist das Aktiengesetz. Eine AG kann durch eine (kleine AG) oder mehrere Personen gegründet werden mit einem Grundkapital von mindestens 50.000 Euro. Dieses Grundkapital wird aufgeteilt in Anteile (Aktien), die für die Anteilseigner oder Aktionäre bestimmte Rechte verbriefen. Die AG haftet mit ihrem Firmenvermögen für Schulden; die Aktionäre tragen nur das Risiko des Wertverlustes ihrer Aktien, was bis zum Totalausfall führen kann. Organe einer AG sind der Vorstand als Leitungsgremium der Gesellschaft, der Aufsichtsrat als Kontrollorgan für den Vorstand und die Hauptversammlung als Zusammenkunft der Aktionäre, die z. T. den Aufsichtsrat wählt und formal über die Geschäftspolitik beschließt. Aktiengesellschaften werden vor allem dann gegründet, wenn große Mengen Kapital beschafft werden müssen.

Erklärfilm „Personengesellschaft"

Mediencode: 71008-19

AUFGABEN

1. Ordne die passende Rechtsform für folgende Unternehmen zu: Bäckerei, Fahrradgeschäft mit deinem Freund, Unternehmen zur Entwicklung eines neuartigen Motors (**M16**, **M17**).
2. Begründe, warum im Zuge der Industrialisierung Aktiengesellschaften gegründet wurden und welche Vorteile damit bis heute verbunden sind (**M16**, **M17**).

WAS WIR WISSEN

Betriebliche Grundfunktionen
M6, M7

In einem Betrieb fallen sehr viele Tätigkeiten und Aufgaben an. Diese Aufgaben und Tätigkeiten werden allgemein in die betrieblichen Grundfunktionen Beschaffung, Produktion und Absatz unterteilt. Beschafft werden müssen Rohstoffe, Halb- und Fertigprodukte. Zur Produktion gehört die Erstellung des eigenen Produkts bzw. der eigenen Dienstleistung, die Koordination der Aktivitäten der Mitarbeiter, die Forschung und Entwicklung neuer Produkte. Zum Absatz gehören alle Maßnahmen, die dazu führen, den Erfolg des Produktes und des Unternehmens am Markt zu sichern, also Marktbeobachtung und -analyse, Werbung, Preispolitik usw.

Unternehmensziele
M10 – M12

Die Unternehmensziele werden von der Unternehmensleitung formuliert. Sie muss dabei auch die Interessen anderer Gruppen, wie z. B. der Arbeitnehmer, der Eigentümer, der Gesellschaft, der Lieferanten, der Kunden ... berücksichtigen. Insbesondere bei Massenentlassungen entbrennt immer wieder eine öffentliche Debatte darüber, welche Ziele Unternehmen in erster Linie verfolgen sollten.

Wirtschaftliche Ziele
M10, M11

Das Streben nach einem Gewinn, der die Existenz des Unternehmens und damit letztlich auch die Arbeitsplätze und das Einkommen der Arbeitnehmer und des Unternehmers sichert, ist das wichtigste Ziel aller im freien Wettbewerb stehenden Unternehmen.

Soziale und ökologische Ziele
M10, M14

Viele Unternehmer sehen die Schaffung bzw. den Erhalt von Arbeitsplätzen und die Garantie menschenwürdiger Arbeitsbedingungen als soziale Aufgabe der Unternehmen an, was idealerweise auch für die Zulieferbetriebe gilt. Wenn das Unternehmen ökologische Verantwortung wahrnimmt, zielt es auf eine nachhaltige Wirtschaftsweise. Nachhaltig zu wirtschaften heißt, die Bedürfnisse der gegenwärtigen Generation zu befriedigen, ohne dabei zu riskieren, dass zukünftige Generationen ihre Bedürfnisse nicht mehr befriedigen können. Ergreift ein Unternehmen solche nachhaltigen Maßnahmen, kann das die Qualität der Produkte erhöhen. Und nicht zuletzt profitieren die Unternehmen von einem verbesserten Image. Gleichzeitig ist zu beobachten, dass noch relativ wenige Unternehmen die Idee der Nachhaltigkeit ernsthaft umsetzen.

Rechtsformen
M16, M17

Unternehmen sind nach festgelegten Regeln organisiert, sie haben eine bestimmte Rechtsform. Diese kann frei gewählt werden. Die Rechtsformen unterscheiden sich z. B hinsichtlich der Finanzierungsmöglichkeiten und der Haftung. So sind je nach Rechtsform die Möglichkeiten zur Aufnahme neuen Eigen- oder Fremdkapitals eingeschränkt oder auch – wie im Fall von Aktiengesellschaften erweitert. Bei Personengesellschaften und Einzelunternehmen umfasst die Haftung, neben dem Betriebsvermögen auch das gesamte Privatvermögen der Eigentümer.

WAS WIR KÖNNEN

Unternehmensziele?

Aufgabe
Interpretiere die Zeichnung und erläutere daran den Unterschied zwischen echten Unternehmenszielen und reinem Marketing oder Greenwashing.

11.2 Die Organisation des Unternehmens und die Rolle des Unternehmers

Organisation im Wandel

M1 Der Aufbau eines Unternehmens

Um seine Ziele zu verwirklichen, steht jedes Unternehmen vor der schwierigen Aufgabe, sich eine passende Organisationsstruktur zu geben. Man unterscheidet dabei die Aufbau- und die Ablauforganisation. Die **Aufbauorganisation** legt fest, welche Stellen und Abteilungen ein Unternehmen hat und wie die einzelnen Aufgabenbereiche voneinander abgegrenzt werden. Sie hat also mit den statischen Aspekten der Organisation zu tun und bildet das hierarchische Gerüst eines Unternehmens. Mit anderen Worten regelt sie die Zuständigkeiten für die arbeitsteilige Erfüllung der Unternehmensaufgabe. Typisch sind Instanzen- und Abteilungsbildung, die in einem Organigramm oder den Stellenbeschreibungen wiederzufinden sind. Das Organigramm beantwortet unter anderem Fragen wie „Wer ist der Chef?", „Wer hat wem was zu sagen?", „Wer ist für das Personal verantwortlich?" usw. Die kleinste organisatorische Einheit eines Unternehmens bildet die Stelle, also der einzelne Arbeitsplatz und die damit verbundene Aufgabenbeschreibung.

Die **Ablauforganisation** befasst sich mit der Gestaltung des Arbeitsprozesses, z. B. der Gliederung der Arbeit in einzelne Schritte, der zeitlichen Reihenfolge der Arbeitsschritte, dem Einsatz von Sachmitteln, der räumlichen Gliederung des Arbeitsprozesses usw. Sie stellt damit den dynamischen Aspekt der Arbeit dar und zielt auf die optimale Auslastung der Betriebsmittel und Arbeitskräfte. Bei Produktionsbetrieben steht insbesondere die Frage im Mittelpunkt, wie die Produktion und die dazu nötigen Abläufe organisiert werden sollen.

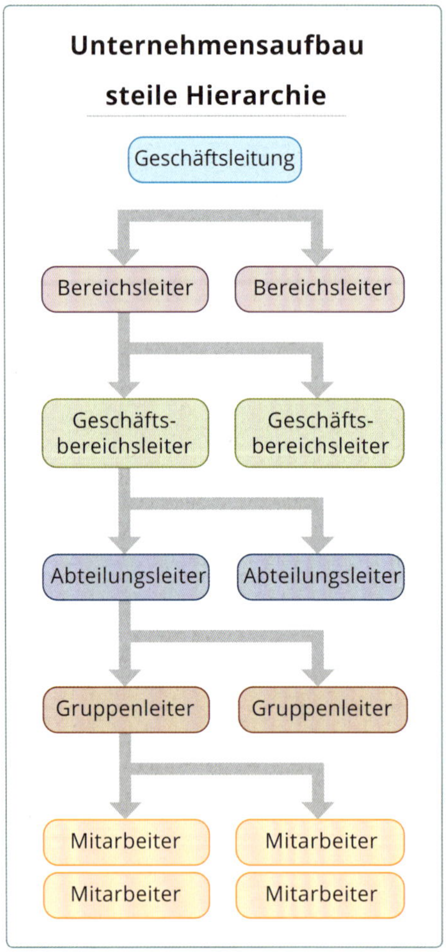

M2 Der Wandel der Produktionsorganisation

Grundtypen	**Fordismus** (erstmals eingeführt bei Ford, seit ca. 1920)	**Toyotismus** (erstmals eingeführt bei Toyota, seit ca. 1970)
Produkte	wenige, standardisierte Produkte (hohe Stückzahlen)	zunehmende Produktvielfalt (auch kleinere Stückzahlen)
Produktionsorganisation	viele direkte Zulieferer, große Lagerhaltung, Fließbandfertigung	starke Abnahme der Direktlieferanten, Just-in-time-Produktion, geringe, jedoch störanfällige Lagerhaltung, Fließband mit Arbeitsgruppen
Arbeitsorganisation	einfache Arbeiten in vorgegebener Folge, Fertigung durch an- und ungelernte Arbeitskräfte, Trennung von Fertigung, Wartung und Qualitätskontrolle 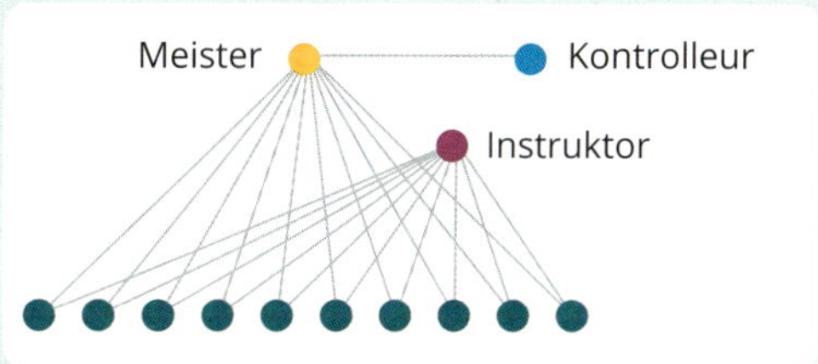	Gruppenarbeit, zunehmende Anforderung an die Qualifikation der Arbeitskräfte, Verantwortung der Gruppe für das Endprodukt, Integration von Fertigung, Qualitätskontrolle, Wartung und Reparatur 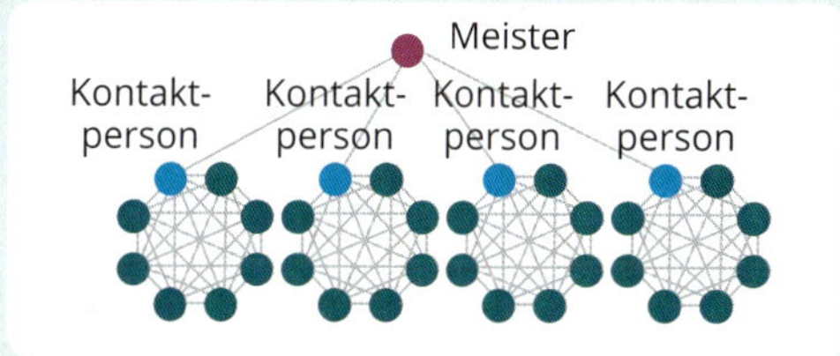

M3 Moderne Automobilproduktion: Smartville in Hambach

Warum der Produktionsstandort Hambach insgesamt auch als „smartville" bezeichnet wird, erklärt ein Blick aus der Vogelperspektive: Im Zentrum des Industriekomplexes mit einer Gesamtfläche von 68 Hektar - davon 17,5 Hektar bebaut - steht das smart Zentralgebäude, das von separaten Hallen für die Systempartner umgeben ist. Diese produzieren dort Komponenten, montieren Module vor oder erbringen Logistikdienstleistungen. Im Zentralgebäude in Form eines Plus-Zeichens findet die Endmontage der Fahrzeuge statt: Die Fahrzeuge laufen auf dem Fließband durch jeden der vier Ausläufer („Äste") mit den jeweiligen Montagestationen. Dank der langen Außenwände dieser Äste können alle Module und Teile unmittelbar an den Montagestationen zum Einbau bereitgestellt werden, und zwar exakt zur richtigen Zeit (‚just in time') sowie in der richtigen Reihenfolge (‚just in sequence') für jedes individuelle Fahrzeug. Die Bereitstellung durch die Systempartner erfolgt direkt über Transportbrücken, weitere Umfänge werden über die zahlreichen Lkw-Andockstellen angeliefert. In der Mitte des Plus-Zeichens befinden sich weitere Stockwerke für den Verwaltungsbereich des Werks, ein achteckiger überdachter Innenhof ermöglicht den jederzeitigen Blickkontakt zur Produktion. Die Kantine im obersten Stockwerk steht allen Beschäftigten am Standort smartville zur Verfügung und ist damit auch tägliche Begegnungsstätte für die smart Mannschaft und die Mitarbeiter der Systempartner.

Zu den Systempartnern auf dem Werksgelände zählen unter anderem

smart fortwo, gefertigt in „smartville" Hambach

Magna Chassis (tridion-Sicherheitszelle), Magna Doors (Türen, Heckklappe), Faurecia (Bodypanels), ThyssenKrupp (Hinterachsantriebsmodul und Vorderachse) und SAS (Cockpit). Die Systempartner haben eine weitgehende Verantwortung für ihre Module. So prüft beispielsweise Magna Doors an speziellen Geometriestationen die exakte Maßhaltigkeit der Kunststofftüren des neuen smart fortwo, so dass bei der Endmontage am Fahrzeug keine Justiermaßnahmen mehr notwendig sind.

Auf dem Gelände von smartville gibt es außerdem eine insgesamt rund 1,5 Kilometer lange Teststrecke zur Vorserien-Erprobung und Qualitätssicherung, mit der das Fahrzeugverhalten auf vielen unterschiedlichen Fahrbahnoberflächen, darunter auch einer Rüttelstrecke, untersucht werden kann.

© 2015 Daimler AG, 20 Jahre Standortentscheidung: smart Werk Hambach schreibt nächstes Kapitel seiner Erfolgsgeschichte, www.media.daimler.com, 20.10.2014

M4 Abschied vom Kramen und Suchen – Abläufe verbessern

Hightech und Schwarzwaldidyll, weltweite Geschäfte und tiefste Provinz – bei Wiha Werkzeuge in Schonach ist der Kontrast alltägliche Realität. Seit 1943 stellt man in der Schwarzwaldgemeinde [...] hochwertige Werkzeuge her. Unter anderem entstehen Schraubendreher, Bits, Stiftschlüssel, Zangen, Hämmer und Drehmomentwerkzeuge – Präzisionsgeräte für den professionellen Anwender. Handwerker, Elektriker, Industriemechaniker aus der ganzen Welt greifen auf die hochpreisigen Werkzeuge aus Schonach zurück. Dabei ist es gar nicht so einfach, in Schonach ein hochqualitatives Produkt herzustellen. Fast ein halbes Jahr herrscht in der Gemeinde auf rund 900 Metern Höhe Winter, und die sprichwörtliche Enge lässt trotz guter Geschäftsentwicklung keine großen Bauvorhaben zu. Eingeklemmt zwischen Berghängen und tiefen Tälern, stoßen mögliche Erweiterungen schnell an ihre Grenzen.

Seit 1966 gibt es deshalb ein zweites Werk im rund 20 Kilometer entfernten Mönchweiler, und seither müssen die dort produzierten Metallrohteile ständig mit dem Lastwagen nach Schonach transportiert werden, wo man sie zum Endprodukt weiterverarbeitet. Auch dies ist eine logistische Herausforderung. Bis zur nächsten Autobahn sind es 50 Kilometer, enge Passstraßen erfordern von den Fahrern einiges Geschick und eine gute Stunde Fahrtzeit. Doch Firmenchef Wilhelm Hahn betont die Vorteile der Region. Die ausgeprägte Tüftlertradition etwa. „Dadurch, dass wir hier ständig mit so vielen Herausforderungen zu kämpfen hatten, waren wir immer auf Innovationen und die Verbesserung von Arbeitsprozessen angewiesen." Bei jedem Arbeitsschritt frage man sich, wie man ihn besser und unkomplizierter erledigen könne, um Ressourcen, Platz und Zeit zu sparen.

Das hat sich ausgezahlt und dem Familienunternehmen beim MX Award jetzt auch den erstmals vergebenen Sonderpreis für das beste kleine und mittelständische Unternehmen (KMU) eingebracht. Die Juroren waren beeindruckt von dem hohen Grad an Prozessoptimierung. Lean Production, Kanban, Milkrun – was anderenorts noch heiß diskutiert wird, ist bei Wiha schon Realität. Die wirtschaftliche Entwicklung gibt dem Unternehmen recht. Auf knapp 50 Millionen Euro kletterte der Umsatz 2013, und auch für 2014 zeichnet sich eine positive Geschäftsentwicklung ab. Als besonders erfolgreich stellte sich die Einführung des Kanban-Systems im Jahr 2006 heraus. Unter dem japanischen Begriff versteht man eine Produktionssteuerung, die sich am tatsächlichen Bedarf von Rohwaren orientiert. Für die jeweiligen Produktionsschritte werden dadurch immer genau so viele Materialien zur Verfügung gestellt wie gebraucht werden.

Bei Wiha funktioniert das mittels sogenannter Kanban-Karten. Ist beispielsweise der Vorrat an einer bestimmten Schraubenart aufgebraucht, legt der Mitarbeiter eine Karte an eine zentrale Tafel, das Kanban-Board. Dadurch ist für alle ersichtlich, dass entsprechende Teile aufgefüllt werden müssen. Das minimiert die Vorratshaltung und senkt die Lagerkosten.

Viermal täglich läuft ein Logistiker eine festgelegte Strecke ab und füllt nur dort auf, wo tatsächlich etwas benötigt wird. Er macht den Milkrun, den Milch-Lauf, wird diese Art der Produktionssteuerung genannt. Wie ein Milchbote in früheren Zeiten, der die Häuser abfährt und nur die Milchflaschen ersetzt, die leer vor der Haustür stehen, schaut sich der Logistiker genau an, wo Materialien nachgefüllt werden müssen. Die Mitarbeiter haben also immer eine ausreichende Menge an Rohmaterial zur Verfügung und müssen es sich nicht selbst mühsam im Lager zusammensuchen. Die dadurch erreichte Art der Produktionsoptimierung ermöglicht auch eine größere Vielfalt an Produkten. Rund 3.500 Artikel sind im Wiha-Katalog gelistet. Tatsächlich produziert werden aber mehr als 11.000. Dazu zählen auch Sonderanfertigungen und Aufträge von Fremdfirmen, die nicht unter dem Namen Wiha auf den Markt gehen.

Wilhelm Hahn ist sicher, dass man bei Wiha durch die optimierten Prozesse gut auf die kommenden Herausforderungen vorbereitet ist – und gleichzeitig für Arbeitnehmer interessant bleibt. Um die 350 Menschen arbeiten bei Wiha in Schonach und Mönchweiler. Ein eigenes Entwicklungsbüro in Waldkirch bei Freiburg soll die Anbindung an die Großstadt erleichtern. Gemeinsam mit ihren Kollegen in Schonach arbeiten die Entwickler dort sowohl an neuen Materialien und Oberflächen für die Werkzeuge als auch an ganz neuen Produkten. Anregungen dafür liefern regelmäßige Befragungen von Anwendern.

Michael Saurer, Hightech in Schwarzwaldidylle, www.welt.de, 14.11.2014

AUFGABEN

1. Entwirf mithilfe von **M1** ein Organigramm deiner Schule.
2. Erläutere die Vor- und Nachteile, die mit der Produktionsweise des smart fortwo verbunden sind (**M2**, **M3**).
3. Die Firma Wiha hat den MX Award erhalten. Dieser zeichnet jedes Jahr verschiedene Industriebetriebe aus, die in ihrem Umgang mit Kunden, Produkten und Prozessen besonders innovativ sind und damit anderen als Vorbild dienen. Begründe die Preisverleihung schriftlich (**M4**).

Die Rolle des Unternehmers

M5 Pioniere der Wirtschaft

Jakob Fugger (1459 bis 1525)
Der Augsburger gilt als der mächtigste Frühkapitalist in Europa. Jakob Fugger finanzierte den Adel, Klerus, Könige und den Kaiser. Im Gegenzug erhielt er Handelsprivilegien, Ländereien und Bodenschätze. So durfte er z. B. die Silberminen der Habsburger ausbeuten. Jakob Fugger errichtete ein Kupfermonopol in Europa und beteiligte sich 1505 sogar am Gewürzhandel mit Ostindien.

Alfred Krupp (1812 bis 1887)
Bereits mit 13 Jahren begann er 1825 in der Gussstahlfabrik seines verstorbenen Vaters zu arbeiten. Damals stellten sieben Arbeiter Werkzeugstahl und Feilen her. Mehrmals stand er am Rande des Ruins. Doch als er 1887 starb, beschäftigte Alfred Krupp 20.200 Menschen, 13.000 davon in der Gussstahlfabrik. Bekannt wurde er unter anderem durch seine Kanonen, doch die Rüstungsproduktion machte nur einen kleinen Teil des Umsatzes aus. Krupp erkannte früh, welche Vorteile die Großfertigung hat, und erweiterte außerdem ständig seine Absatzgebiete – durch neue Stahlprodukte wie durch regionale Expansion.

John D. Rockefeller (1839 bis 1937)
Er gründete 1870 die Standard Oil Company, mit der er im ausgehenden 19. Jahrhundert die Ölindustrie Amerikas dominierte. Innerhalb von zwölf Jahren schuf er für sein Unternehmen praktisch eine Monopolstellung. Die agressiven Geschäftspraktiken seiner Gesellschaft führten 1890 zu den ersten Anti-Trust-Gesetzen, in denen die US-Regierung die Marktmacht von Großunternehmen massiv einschränkte. Rockefeller teilte daher sein Firmengeflecht auf und legte die Unternehmen dann wieder zusammen. Erst 1911 erklärte der Oberste Gerichtshof in Amerika Standard Oil für illegal. Der Konzern wurde aufgelöst.

Nach: Rainer Hank, Was Sie schon immer über Wirtschaft wissen wollten, Frankfurt 2008, S. 197 f.

M6 Die Rolle des Unternehmers in Wirtschaft und Gesellschaft

Der britische Premierminister Winston Churchill sagte einmal treffend: „Viele sehen den Unternehmer als einen Tiger, den man erschießen sollte. Andere als eine Kuh, die man melken kann. Und nur wenige sehen ihn als das, was er wirklich ist, das willige Pferd, das den Karren zieht." Das erstaunt, ist doch der positive Zusammenhang von Unternehmertum und wirtschaftlichem Wachstum weltweit gut belegt. Wo sich private Unternehmer entfalten können, ist „mehr Wohlstand für alle" leichter möglich. Unternehmer schaffen und nutzen neues Wissen, um die Wünsche der Menschen besser zu befriedigen. Sie setzen neue Ideen praktisch um. Unternehmer entwickeln neue Produkte, führen bessere Herstellungsverfahren ein, öffnen neue Märkte, erschließen neue Ressourcen und organisieren ganze Branchen neu. Mit der „schöpferischen Zerstörung", die sie dabei auslösen, halten sie die wirtschaftliche Entwicklung in Gang. In der Marktwirtschaft sind Unternehmer die Spezialisten für die Zukunft. Sie versuchen, Entwicklungen richtig vorherzusagen, reagieren darauf und verändern die Welt mit ihren Aktivitäten. Dabei entdecken sie immer wieder neue Ressourcen, neue Wünsche und neue Möglichkeiten. Sie tun dies aus vielerlei Gründen, ein wichtiger ist, Gewinne zu erzielen. Wenn alles gut läuft, sind Unternehmer ein Glücksfall für die Gesellschaft. Sie machen eine Gesellschaft reicher. [...]

Noch bis Mitte der 1970er-Jahre wurde der Unternehmer in kleinen und mittleren Unternehmen nicht wirklich ernst genommen. Lange herrschte die Meinung vor, große Unternehmen seien die eigentlichen Motoren. Kleine und mittlere Unternehmen galten als dem Untergang geweiht, Unternehmerpersönlichkeiten als eine aussterbende Spezies. Diese Sicht ist überholt. Mit der Globalisierung erlebten Unternehmergeist sowie kleine und mittlere Unternehmen eine Wiederauferstehung.

Nach: Rainer Hank, Was Sie schon immer über Wirtschaft wissen wollten, Frankfurt 2008, S. 196 f.

AUFGABEN

1. Arbeite aus den Porträts in **M5** heraus, welche Eigenschaften ein Unternehmer haben sollte.
2. Erläutere, wie Unternehmer als „schöpferische Zerstörer" die Entwicklung einer Volkswirtschaft beeinflussen und nenne Beispiele dafür (**M6**).
3. Unter http://unternehmerpersoenlichkeiten.de werden Unternehmerpersönlichkeiten porträtiert. Stelle eine Persönlichkeit deiner Wahl ausführlich vor.

WAS WIR WISSEN

Aufbau eines Unternehmens
M1

Die Ablauforganisation befasst sich mit der Gestaltung des Produktionsprozesses, d. h. der zeitlichen und räumliche Abfolge der Arbeitsschritte von der Beschaffung über die Produktion bis hin zum Absatz der Produkte. Die Aufbauorganisation hat demgegenüber eher mit den statischen Aspekten zu tun. Sie schafft grundlegende Ordnungen im Unternehmen. Die Aufbauorganisation nimmt eine Aufgliederung des Unternehmens in organisatorische Teilbereiche und die entsprechende Aufgabenverteilung vor. Typisch sind Instanzen- und Abteilungsbildung, die in einem Organigramm oder den Stellenbeschreibungen wiederzufinden sind.

Ablauforganisation im Wandel
M2 – M4

Fordismus
M2

F. E. Taylor untersuchte Ende des 19. Jahrhunderts systematisch die Vorteile der Arbeitsteilung im Produktionsprozess (Taylorismus). Dies führte ca. 1920 zur Einführung der Fließbandfertigung beim amerikanischen Autohersteller Ford. Dabei wurde der komplizierte Produktionsprozess in viele, meist einfache Arbeitsschritte zerlegt, die auch ungelernte Arbeiter ausführen konnten. Dadurch konnte die Produktion erheblich gesteigert und verbilligt werden. Der Fordismus blieb bis in die 1970er-Jahre hinein der Maßstab für eine effiziente Produktionsweise.

Toyotismus
M2

Die Zerlegung der Arbeit hatte aber auch negative Folgen. Die Arbeit wurde eintönig und die Arbeitnehmer fühlten sich nicht mehr verantwortlich für die Qualität des Gesamtproduktes. Zu Beginn der 1970er-Jahre entwickelte deshalb der japanische Autobauer Toyota eine neue Produktionsweise. Dabei wurde selbstständigen Arbeitsgruppen mehr Verantwortung für einen Teil des Fertigungsprozesses übertragen. Flexibilität und Qualität der Produktion konnten dadurch gesteigert werden.

Rolle des Unternehmers
M5 – M7

Unternehmer setzen Innovationen auf dem Markt um. Damit sind sie eine wichtige Triebfeder der wirtschaftlichen und gesellschaftlichen Entwicklung. Unternehmen handeln nach dem ökonomischen Prinzip und versuchen die Effizienz der Produktion zu steigern. Dabei werden einerseits Arbeitsplätze geschaffen (z. B. bei Produktinnovation), andererseits auch vernichtet (z. B. durch Rationalisierung). Der Ökonom Joseph A. Schumpeter nannte dies den Prozess der „schöpferischen Zerstörung". Persönliche Voraussetzungen für eine Unternehmertätigkeit sind eine hohe Risikobereitschaft, Fleiß und der Glaube an die eigene Geschäftsidee.

WAS WIR KÖNNEN

Er hat einfach diesen Instinkt

Karikatur: Kai Felmy / Baaske Cartoons

Aufgabe

Analysiere die Karikatur.

11.3 Arbeitsbeziehungen und Konflikte im Betrieb

Konfliktfall Lohn – wie verlaufen Tarifverhandlungen?

M1 Konfliktfall Lohn – das Tauziehen in der Tarifauseinandersetzung

IG-Metall begründet Forderungen
„Wer mehr Wert schafft, hat auch mehr verdient." Unter diesem Motto starten die Tarifverhandlungen für die rund 75.000 Stahl-Beschäftigten in Nordwestdeutschland. Die IG Metall fordert sieben Prozent mehr Geld, die unbefristete Übernahme der Auszubildenden und eine bessere Altersteilzeit.

Dritte Verhandlung bringt Ergebnis für Beschäftigte
3,8 Prozent höhere Einkommen und die unbefristete Übernahme der Ausgebildeten. Das haben IG Metall und Arbeitgeber heute in der dritten Tarifverhandlung in Düsseldorf für die 75.000 Stahlbeschäftigten in Nordrhein-Westfalen, Niedersachsen und Bremen vereinbart. Der Tarifvertrag zur Altersteilzeit wurde verlängert.

Erste Verhandlungsrunde – keine Annäherung
Die erste Verhandlungsrunde für die 75.000 Stahlbeschäftigten in Nordrhein-Westfalen, Niedersachsen und Bremen am Freitag brachte keine Annäherung zwischen Arbeitgebern und IG Metall.

Die Arbeit in den Stahlbetrieben ruht
Die IG Metall-Tarifkommission hat entschieden: Am morgigen Mittwoch wird es die ersten Warnstreiks in der nordwestdeutschen Stahlbranche geben.

IG Metall entscheidet über Warnstreiks
Die Arbeitgeber legten auch in der zweiten Stahl-Tarifverhandlung in Gelsenkirchen kein Angebot vor.

Nach: © igmetall.de, Tarifrunden, www.igmetall.de (24.2.2016)

M2 Die Gestaltung der Arbeitswelt durch Tarifverträge

Tarifverträge

Arbeitgeberverbände
einzelne Arbeitgeber

Gewerkschaften
(Arbeitnehmerverbände)

Tarifvertrag
regelt: Rechte und Pflichten der Tarifvertragsparteien, Inhalt, Abschluss und Beendigung von Arbeitsverhältnissen, betriebliche und betriebsverfassungsrechtliche Fragen

Manteltarifvertrag
regelt: allgemeine Arbeitsbedingungen wie Arbeit, Urlaub, Kündigungsfristen, Akkord
Laufzeit: mehrere Jahre

Rahmentarifvertrag
regelt: Lohngruppeneinteilung nach Tätigkeitsmerkmalen
Laufzeit: mehrere Jahre

Lohntarifvertrag
regelt: Löhne und Gehälter, Akkordlöhne, Zulagen und Zuschläge
Laufzeit: meist ein Jahr

Nach: Bergmoser + Höller Verlag AG, Zahlenbilder 240 021

M3 Die Tarifautonomie

Die Tarifautonomie überantwortet die Lohnfindung, aber auch die Gestaltung vieler Details der Arbeitswelt den Tarifvertragsparteien. Die Tarifautonomie ist in Art. 9 Abs. 3 Grundgesetz garantiert. Darin heißt es: „Das Recht, zur Wahrung und Förderung der Arbeits- und Wirtschaftsbedingungen Vereinigungen zu bilden, ist für jedermann und für alle Berufe gewährleistet. Abreden, die dieses Recht einschränken oder zu behindern suchen, sind nichtig, hierauf gerichtete Maßnahmen sind rechtswidrig." Tarifvertragsparteien sind Gewerkschaften, einzelne Arbeitgeber sowie Vereinigungen von Arbeitgebern. Der Staat schafft den rechtlichen Rahmen, darf sich aber in die konkreten Auseinandersetzungen der Tarifpartner nicht einmischen. Die Mitglieder der Tarifpartner sind zur Einhaltung der ausgehandelten Tarifverträge verpflichtet. Die Rechte und Pflichten der Tarifparteien werden im Tarifvertragsgesetz genauer geregelt.

M4 Die Tarifpartner: Arbeitgeberverbände und Gewerkschaften

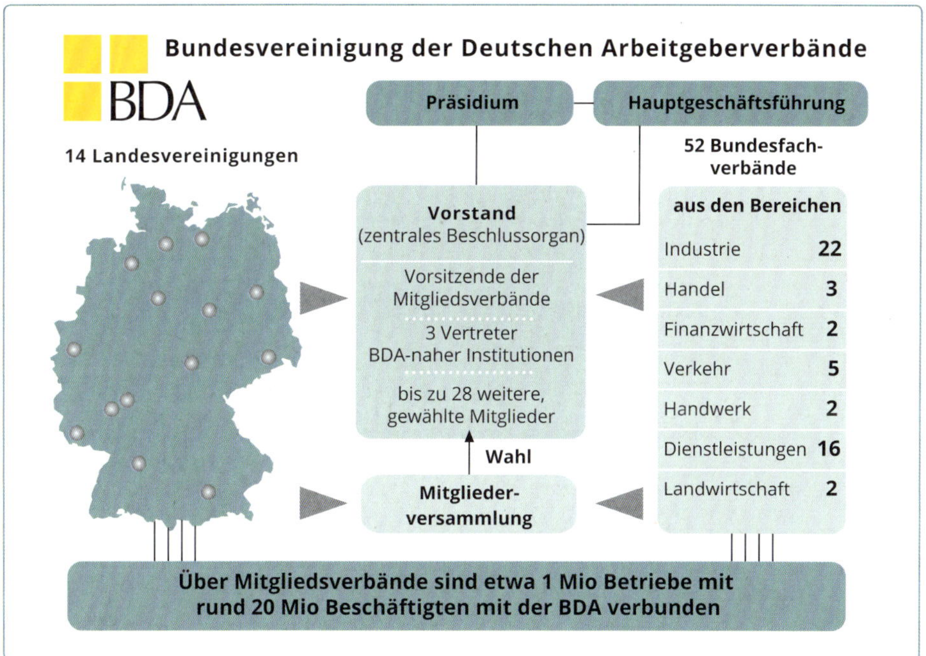

Bergmoser + Höller Verlag AG, Zahlenbilder 236 150 *Quelle: BDA Stand: 2014*

Die Arbeitgeber sind heute in einer Vielzahl von Verbänden und Vereinigungen organisiert. Einer der wichtigsten Dachverbände ist die Bundesvereinigung der Deutschen Arbeitgeberverbände. Als Tarifpartei gegenüber den Gewerkschaften treten einzelne Arbeitgeber oder die Fachverbände der Bundesvereinigung der Deutschen Arbeitgeberverbände auf.

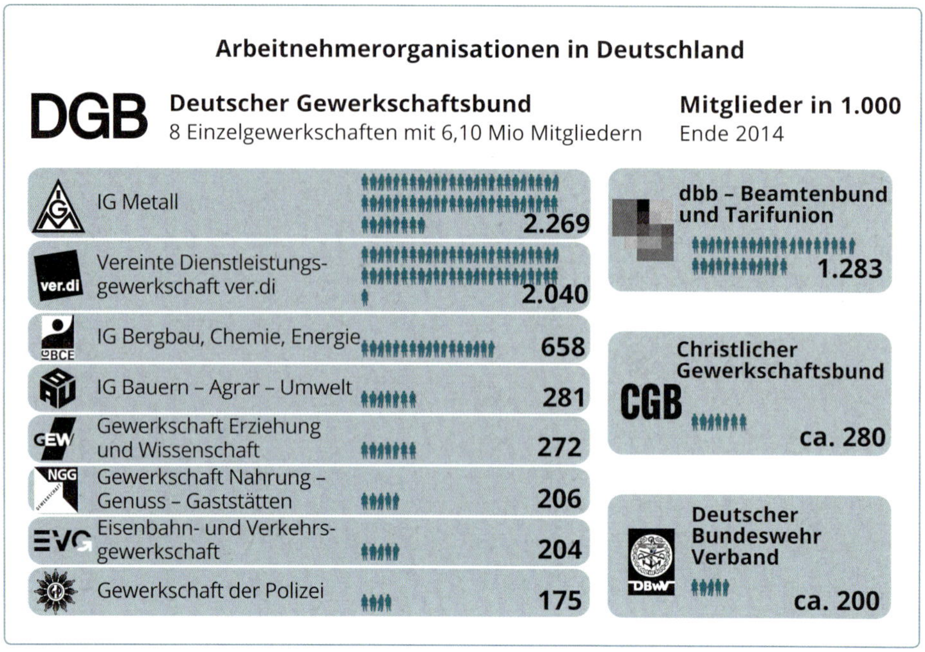

Bergmoser + Höller Verlag AG, Zahlenbilder 240 110

Die Gewerkschaften vertreten die Ansprüche der Arbeitnehmer. Sie sehen ihre Aufgabe vor allem darin, in Tarifverträgen bessere Lohn- und Arbeitsbedingungen zu verankern und die Mitbestimmungsrechte der Arbeitnehmer zu sichern.

M5 Spielregeln für den Arbeitskampf

Erklärfilm „Streik"

Mediencode: 71008-20

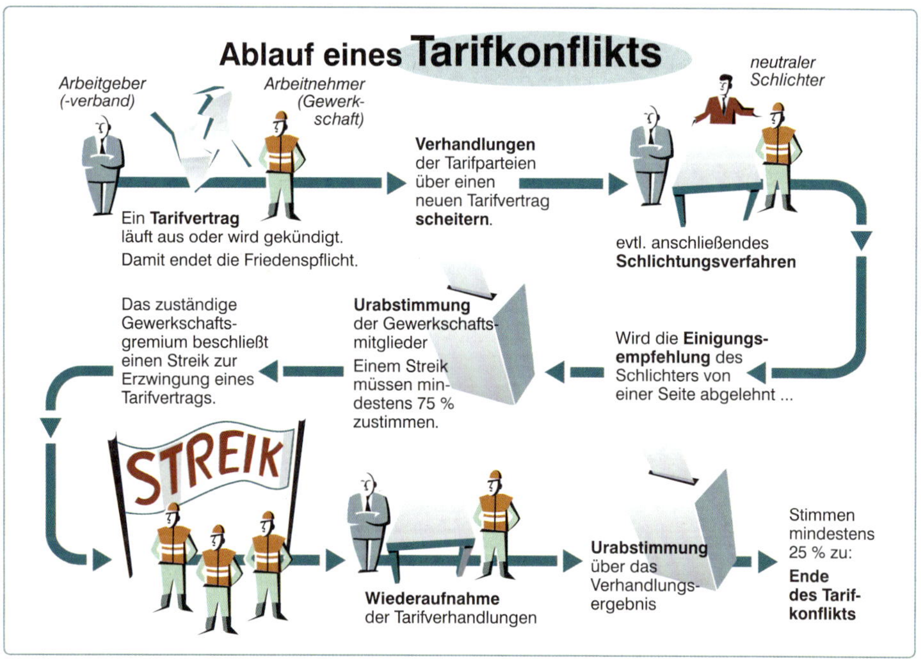

Bergmoser + Höller Verlag AG, Zahlenbilder 244 108

M6 Kontrovers diskutiert: Argumente in der Lohnpolitik

Der Einfluss der Gewerkschaften

Gewerkschaften verfolgen in Deutschland eine Reihe von Zielen: Dazu gehören Lohnerhöhungen und mehr Mitbestimmung für die Arbeitnehmer, politische Ziele und Umverteilung der Einkommen. Grundsätzlich können Gewerkschaften dafür zwei Wege einschlagen: den Weg über Tarifverhandlungen mit den Arbeitgebern oder über das Einwirken auf politische Entscheidungen der Gesetzgebung. [...] Die Lohnpolitik der Gewerkschaften lässt sich nach Konzepten gliedern: Sie kann

- sich an der Produktivität orientieren,
- versuchen, die Arbeitskosten konstant zu halten,
- versuchen, Löhne stärker zu erhöhen als die Arbeitsproduktivität (expansive Lohnpolitik),
- Vollbeschäftigung anstreben.

Die Reaktion der Arbeitgeber

Wenn die Löhne schneller steigen als die Arbeitsproduktivität, steigen die Lohnstückkosten und sinken die Gewinne der Unternehmen. Kaum anzunehmen, dass Unternehmen das wollen. Mögliche Reaktionen auf eine aggressive gewerkschaftliche Lohnpolitik sind:

1. Überwälzen von Lohnkosten: Steigen die Lohnkosten, können Unternehmen versuchen, über Preiserhöhungen diese gestiegenen Kosten wieder „herein zu holen". Dabei besteht die Gefahr einer so genannten Lohn-Preis-Spirale, welche die gesamtwirtschaftliche Stabilität gefährden kann. Der Staat muss dann seine Rolle als Vermittler (Schlichtung) konsequent nutzen, um dies zu verhindern.
2. Mehr produzieren: Dies geht nur, wenn bei den Unternehmen noch ungenutzte Kapazitäten vorhanden sind und die Nachfrage steigt. Dies birgt allerdings die Gefahr einer Inflation.
3. Rationalisieren: Bei höheren Lohnkosten können Unternehmen versuchen, Arbeitskräfte durch vermehrten Einsatz von Kapital zu ersetzen – zum Beispiel durch Maschinen. Die Arbeitslosigkeit wächst.
4. Verlagern der Produktion in Niedriglohnländer: Unternehmen können in Länder mit niedrigeren Löhnen abwandern. Allerdings ist der Lohn nur ein Argument bei der Entscheidung für den Standort. Andere Argumente sind: Produktivität der Arbeitnehmer, Image des Unternehmens, politische Stabilität im Niedriglohnland.
5. Investitionen einschränken: bedeutet wiederum Arbeitslosigkeit.

© 2015 Wirtschaftslexikon.co, Lohnpolitik, www.wirtschaftslexikon.co, (24.2.2016)

Arbeitsproduktivität
Arbeitsproduktivität bedeutet, dass sich die Wertschöpfung in Bezug auf den Arbeitseinsatz erhöht hat bzw. das angestrebte Ergebnis mit einer geringeren Menge von Arbeitsstunden erreicht wurde. Einfluss auf die Arbeitsproduktivität haben vor allem technischer Fortschritt und Arbeitsintensität.

Produktivität
Arbeitsergebnis/Arbeitseinsatz

zur Vertiefung: Methode – eine Tarifverhandlung durchführen
Mediencode: 71008-21

AUFGABEN

1. Sortiere die Meldungen über die Tarifverhandlungen in der Metallbranche chronologisch. Ordne die Ereignisse, die genannt werden, anschließend in das Ablaufschema für Tarifkonflikte ein (**M1**, **M5**).
2. Beurteile das Ergebnis der Verhandlungen (**M1**, **M5**).
3. Erkläre hypothesenartig, warum sich Arbeitgeber und Arbeitnehmer zu großen Interessenverbänden zusammenschließen (**M2** – **M6**).
4. Analysiert ausgehend von **M5** den Ablauf einer aktuellen Tarifauseinandersetzung.

Konfliktfall Kündigung – die Rolle des Betriebsrates im Unternehmen

M7 Konfliktfall Kündigung

Für ein mittelständisches Unternehmen, das Werkzeugmaschinen herstellt, hat sich aufgrund der internationalen Situation in den letzten beiden Jahren die wirtschaftliche Lage drastisch verschlechtert.
Die daraus resultierenden Umsatzeinbußen und die nicht mehr ausgelasteten Kapazitäten veranlassen die Unternehmensleitung, bei den Personalkosten Einsparungen vorzunehmen.
Eine Maßnahme betrifft die Dreherei des Unternehmens. Von bisher vier beschäftigten Drehern soll ein Arbeitnehmer entlassen werden.
In der Dreherei sind folgende Arbeitnehmer beschäftigt:

Heiner Schmidt ist 54 Jahre alt und seit 18 Jahren im Betrieb. Er ist verheiratet und hat zwei Kinder, die 16 und 19 Jahre alt sind. Die Ehefrau ist nicht berufstätig. Die Familie hat große finanzielle Belastungen durch den Bau eines Eigenheims. Die Leistungen von Heiner Schmidt werden als zufriedenstellend beurteilt. Der für Heiner Schmidt zuständige Meister ist der Auffassung, dass er sich nicht in die Bedienung der neuen Maschine einarbeiten kann. Sein Bruttomonatslohn beträgt etwa 2.900,- €.

Silke Wortmann, 25 Jahre alt, ist nicht verheiratet und seit acht Jahren im Betrieb. Ihre Leistungen werden mit sehr gut beurteilt. Der Bruttomonatslohn beträgt etwa 2.500,- €.

Kurt Reiche, 30 Jahre, ist seit einem Jahr im Betrieb und hat Erfahrungen mit modernen Produktionsanlagen und -verfahren. Seine Leistungsbeurteilung ist gut. Sein Bruttomonatslohn beträgt etwa 2.700,- €.

Michael Hansen, seit zwölf Jahren im Betrieb, ist 38 Jahre alt und verheiratet. Er hat ein Kind (13 Jahre), die Ehefrau ist berufstätig. In seiner Beurteilung steht, dass Michael Hansen mit schwierigen Situationen fertig werden kann. Sein Bruttomonatslohn beträgt etwa 3.100,- €.

Nach: Institut für ökonomische Bildung

M8 Kündigungsgründe

Betriebsbedingte Gründe	Personenbedingte Gründe	Verhaltensbedingte Gründe
z. B.: Absatzschwierigkeiten, Rationalisierungsmaßnahmen, Änderung des Produktionsverfahrens, Betriebseinschränkungen ...	z. B.: Fehlende Eignung des Arbeitnehmers, mangelhafte oder abnehmende Leistungsfähigkeit, häufige oder lang andauernde Krankheit ...	Unterlassene oder unberechtigte Krankmeldung, unentschuldigtes Zu-Spät-Kommen, Beleidigung des Arbeitgebers ...

Jugendvertretung
In Betrieben mit in der Regel mindestens fünf Arbeitnehmern, die das 18. Lebensjahr noch nicht vollendet haben oder zu ihrer Berufsausbildung beschäftigt sind und das 25. Lebensjahr noch nicht vollendet haben, sind nach dem Betriebsverfassungsgesetz Jugend- und Auszubildendenvertretungen zu wählen (§§ 60 ff. BetrVG). Die Jugend- und Auszubildendenvertretung nimmt die spezifischen Interessen der beiden Gruppen wahr und kann Betriebsratsbeschlüsse einmal für die Dauer von einer Woche zwecks Erörterung von Verständigungsmöglichkeiten aussetzen lassen. Sie kann zu allen Betriebsratssitzungen Vertreter entsenden. Der Betriebsrat hat die Jugend- und Auszubildendenvertretung zu Besprechungen zwischen Arbeitgeber und Betriebsrat hinzuziehen, wenn Angelegenheiten der betreffenden Gruppen vom Betriebsrat behandelt werden.

M9 Die allgemeinen Mitbestimmungsrechte des Betriebsrates

Horst-Udo Niedenhoff, Mitbestimmung in der Bundesrepublik Deutschland, 13. Auflage, Köln 2003, S. 87

Betriebe ab 5 Mitarbeitern müssen laut Betriebsverfassungsgesetz auf Wunsch der Belegschaft einen Betriebsrat einrichten. Dieser ist das gesetzliche Organ zur Vertretung der Arbeitnehmerinteressen und zur Wahrung der betrieblichen Mitbestimmung gegenüber dem Arbeitgeber in Betrieben des privaten Rechts. Der Betriebsrat hat die Aufgabe, die Beschäftigten bei Einstellungen in Lohn und Gehaltsfragen sowie bei Kündigungen und vielen weiteren Themenbereichen vor der Willkür des Arbeitgebers zu schützen. Arbeitsbedingungen sind mit dem Betriebsrat so zu gestalten, dass sie die Bedingungen aus Recht und Gesetz sowie nach den Tarifverträgen erfüllen. Bei den vielen unterschiedlichen Interessen zwischen Arbeitgebern und Beschäftigten können sich die einzelnen Arbeitnehmer nur schwer allein durchsetzen. Der Betriebsrat jedoch vertritt die Interessen aller Arbeitnehmer im Betrieb.

AUFGABEN

1. Im Fall von **M7** muss der Unternehmer eine Entscheidung treffen. Bildet Zweiergruppen. Dabei vertritt einer die Interessen des Unternehmens, der andere die des Betriebsrates. Ihr habt 10 Minuten Zeit, um euch zu entscheiden. Der Unternehmer teilt seine Entscheidung mit, der Betriebsrat muss dazu gehört werden. Stellt das Ergebnis der Klasse vor.
2. Erkläre, warum der Staat die gesetzliche Pflicht zur Einrichtung eines Betriebsrates geschaffen hat (**M7** – **M9**).

WAS WIR WISSEN

Tarifkonflikte
M1 – M5

In einem Unternehmen haben Arbeitgeber und Arbeitnehmer das gemeinsame-Interesse am Erfolg des Unternehmens. Wenn es um die Verteilung des erwirtschafteten Gewinns oder um die Folgen wirtschaftlicher Misserfolge geht, unterscheiden sich die Interessen jedoch.
In der Öffentlichkeit werden besonders die Auseinandersetzungen um die Bezahlung von Arbeitskräften, die Tarifkonflikte, wahrgenommen. Gewerkschaften und Arbeitgebervereinigungen haben das Recht, ohne staatliche Einmischung Tarifverträge auszuhandeln (Tarifautonomie). Diese Tarifverhandlungen bestehen aus zahlreichen Schritten, in denen die Tarifparteien versuchen, ihre Interessen durchzusetzen. Endergebnis dieser Verhandlungen sind Tarifverträge, die für den Zeitraum eines oder mehrerer Jahre Löhne und Arbeitsbedingungen ganzer Wirtschaftszweige regeln.

Der Betriebsrat
M9

Mitarbeiter und Unternehmens- oder Betriebsleitung haben oft auch unterschiedliche Interessen, wenn es um die Gestaltung von Arbeitsverhältnissen geht. Besonders konfliktträchtig sind dabei Personalfragen, insbesondere bei Kündigungen und Fragen der Arbeitszeitregelung. Die Interessenvertretung der Arbeitnehmer im Betrieb ist der von den Arbeitnehmern gewählte Betriebsrat. Betriebe ab fünf Mitarbeitern müssen laut Betriebsverfassungsgesetz auf Wunsch der Belegschaft einen Betriebsrat einrichten. Dieser hat abgestufte Rechte der Mitwirkung in wirtschaftlichen, personellen und sozialen Angelegenheiten. Die Mitbestimmung im engeren Sinn besteht im Zustimmungsrecht (zum Beispiel bei Einstellungen) und im Mitbestimmungsrecht (zum Beispiel bei der täglichen Arbeitszeit). Bei Kündigungen muss der Betriebsrat angehört werden.

WAS WIR KÖNNEN

JAV-Arbeit

Jugend- und Auszubildendenvertretungen (JAVen) setzen sich für ihre jungen Kollegen/-innen am Ausbildungs- und Arbeitsplatz ein. Sie nehmen die Zukunft in die Hand – für sich und andere.

Als aktive JAV achtet ihr vor allem auf die Einhaltung von Gesetzen und Tarifverträgen. Ihr setzt euch ein, für die Übernahme möglichst vieler Auszubildender. Und für eine qualifizierte und moderne Ausbildung.

Jugend- und Auszubildendenvertreter/-innen (JAVis) sind in der Regel selbst in der Ausbildung. Sie erleben hautnah, wo genau an ihrem Ausbildungs- und Arbeitsplatz der Schuh drückt. Denn auch bei allgemeinverbindlichen Gesetzen, Verträgen und Regelungen, sind jeder Betrieb und jede Dienststelle und ihre Mitarbeiter/-innen doch speziell.

Auch während der Arbeits- und Ausbildungszeit können Jugendliche und Auszubis mit Problemen oder Anregungen zu ihrer JAV kommen. Es geht schließlich um ihre Ausbildung!

Wer selbst in die JAV gewählt wurde, findet in diesem Bereich Ideen und Untersützung für den JAV-Alltag: Hintergrundinfos, Anregungen und Material für kreative Aktionen. Bei den Herausforderungen der JAV-Arbeit steht euch die ver.di Jugend als starke Partnerin zur Seite. Vor Ort oder hier im Netz! Stellt eure Fragen, diskutiert und tauscht euch auf dem JAV-Blog mit an-deren JAV-Mitgliedern aus!

© ver.di – Vereinte Dienstleistungsgewerkschaft, JAV Arbeit, www.jav.info (3.2.2106)

Aufgabe

Es handelt sich hier um eine Info der Gewerkschaft ver.di auf ihrem Portal der Jugend- und Auszubildendenvertretung (JAV). Angenommen, du bist in der Ausbildung und die JAV kommt mit der Bitte auf dich zu, dich bei der nächsten JAV-Wahl als Kandidat/in zur Verfügung zu stellen. Du musst dich entscheiden, ob du zu- oder absagst. (Weitere Informationen zur JAV erhältst du z. B. über den angegebenen Link in der Quellenangabe.) Erläutere deine Entscheidung

11.4 Arbeit und Arbeitswelt im Wandel

Welche Arbeit braucht der Mensch?

Arbeit
Der Begriff umschreibt in erster Linie Erwerbsarbeit. Sie sichert die Lebensgrundlage der Arbeitnehmerinnen und Arbeitnehmer und ihrer Familien. Wurde sie in früheren Zeiten vor allem als Mühsal und Plage empfunden, so ist die Arbeit heute ein wichtiger Bestandteil der Identität, denn in der Arbeit kann der Mensch seine Fähigkeiten unter Beweis stellen. Arbeit verleiht Ansehen und Bedeutung. Sie gibt dem Leben einen Sinn und eine Struktur.

M1 Aussagen zu grundsätzlichen Einstellungen zur Arbeit

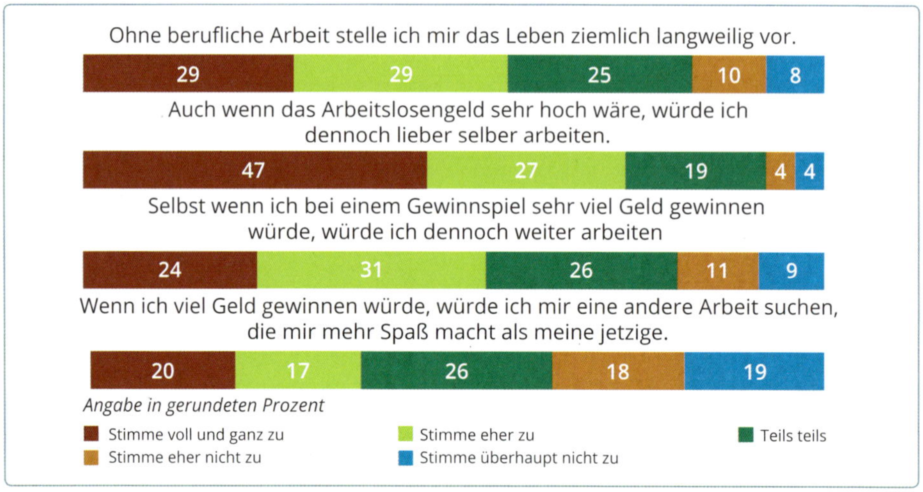

Quelle: Studie „Bedeutung der Arbeit" (gemeinsame Studie vom GfK Verein und der Bertelsmann Stiftung); Onlinebefragung; 1062 Befragte – GfK Compact, Fokusthema, 09/2015

M2 Was Arbeit für den Menschen bedeutet

M3 Weshalb Arbeit wichtig ist ...

Die Grafik stützt sich auf die sogenannte Bedürfnispyramide des amerikanischen Psychologen Abraham Maslow (1908 – 1970). Von ihm stammt der Gedanke, dass der Mensch eine höhere Stufe seiner Bedürfnisse befriedigen will, wenn die darunterliegenden Bedürfnisse erfüllt sind. Entsprechend sind die „Grundbedürfnisse" auf der untersten Stufe bzw. die „Bedürfnisse nach Selbstverwirklichung" auf der obersten Stufe der Maslow´schen Bedürfnispyramide zu finden.

Die menschlichen Bedürfnisse ...	und ihre Befriedigung durch Arbeit An der Arbeit ist für den Menschen wichtig:
Bedürfnisse nach Selbstverwirklichung	- dass er den Arbeitsablauf und die Arbeitsorganisation selbständig bzw. mitgestalten kann - dass er dabei seine Kenntnisse, Fähigkeiten und Fertigkeiten anwenden kann - dass Arbeit interessant ist und Spaß macht
Ich-Bedürfnisse	- dass die eigene Tätigkeit als sinnvoll angesehen werden kann - dass er dabei die Verantwortung trägt bzw. Verantwortung übertragen bekommt - dass er Anerkennung durch andere erfährt - dass er dadurch Selbstachtung gewinnt
Soziale Bedürfnisse	- dass er Kontakte und Beziehungen zu anderen Menschen, z. B. zu seinen Arbeitskollegen hat
Sicherheitsbedürfnisse	- dass die Sicherheit am Arbeitsplatz gewährleistet ist - dass er und seine Familie im Alter, bei Krankheit, Unfall und im Fall der Arbeitslosigkeit geschützt sind
Grundbedürfnisse	- dass er dadurch den Lebensunterhalt für sich und seine Familie verdienen kann

Nach: Walter Gagel / Wolfgang Hilligen / Ursula Buch, Sehen – Beurteilen – Handeln, Arbeitsbuch für den politischen Unterricht, Frankfurt a. M. 1979, S. 137

Zitate über Arbeit

„Wer Leistung fordert, muss Sinn bieten."
Walter Böckmann (1923 – 2014)

„Je mehr Freude du an deiner Arbeit hast, desto besser wird sie bezahlt."
Mark Twain (1835 – 1910)

„Such dir eine Arbeit, die du gerne tust. Dann brauchst du keinen Tag in deinem Leben mehr zu schuften."
Konfuzius (551 – 479 v. Chr.)

M4 Wenn Arbeit krank macht

Insbesondere Beschäftigte in der stationären Pflege haben ein vergleichsweise hohes Risiko, psychisch zu erkranken.

„Der Krankenstand der Beschäftigten in bayerischen Pflegeheimen ist um mehr als 40 Prozent höher als der Durchschnitt der Beschäftigten aller Branchen", teilte […] Bayerns größte Krankenkasse in München mit. Im Klartext heißt das: In keinem anderen Beruf erkranken die Mitarbeiter so oft und so lange – und das liege eindeutig an den täglichen Belastungen. Bereits beim vorangegangenen „Report Pflege 2013" hatte die AOK auf diesen Trend in der Altenpflege hingewiesen. Für die Mehrzahl der in den Pflegeheimen Beschäftigten […] hat sich offenbar nichts verbessert. Im Gegenteil: „Der Gesamtkrankenstand der Branche hat 2014 seinen bisher höchsten Wert erreicht", heißt es im neuen Report – und das gilt auch für gravierende Krankheitsfälle: „Die Pflegebranche weist einen deutlich höheren Anteil an Ausfalltagen durch Langzeiterkrankungen auf", stellen die Autoren der Studie fest. […]

Die AOK-Spezialisten, die allein im vergangenen Jahr in 338 bayerischen Alten- und Pflegeheimen mit Mitarbeitern und Führungskräften passende Gesundheitskonzepte ausgearbeitet haben, erklären sich dies so: Pflegekräfte seien mehr als viele andere Berufstätige „gefühlsmäßig belastenden Situationen" ausgesetzt – etwa bei der Begleitung Sterbender. Belastungsfaktoren seien auch die unregelmäßige Arbeitszeit sowie die vielen Bereitschafts- und Wochenenddienste. Die Beschwerden durch schweres Heben und Tragen – etwa wenn bettlägerige Menschen umgehoben werden müssen – verursachen indes neben den psychischen Erkrankungen die längsten Ausfallzeiten.

Dietrich Mittler, Süddeutsche Zeitung, 1.10.2015

AUFGABEN

1. Werte die Umfrage zu den Einstellungen zur Arbeit aus (**M1**).
2. Warum möchtest du später arbeiten?
   a) Zähle auf, was dir an einer zukünftigen Arbeit wichtig ist.
   b) Werte **M2** aus und ergänze deine Liste ggf. um weitere Aspekte.
   c) Wähle 5 Aussagen aus **M2** aus und erläutere an Beispielen, wie diese durch Arbeiten erfüllt werden können.
3. Ordne die Aspekte in **M2** den Bedürfnissen in **M3** zu.
4. Arbeit kann auch Ursache von Erkrankungen sein. Arbeite aus **M4** die Ursachen und Merkmale von „Burnout" heraus.
5. Arbeit kann auch Ursache von Erkrankungen sein. Erläutere, weshalb gerade Mitarbeiter in Pflegeheimen besonders häufig psychisch erkranken. Diskutiert anschließend ausgehend von **M4**, welche weiteren Berufsgruppen möglicherweise einem höheren Krankheitsrisiko ausgesetzt sind.

F ZU AUFGABE 3
Recherchiere die Bedürfnispyramide nach Maslow und stelle sie in der Klasse vor.

Wie verändern sich Berufe?

M5 Der letzte seines Standes? Die Arbeit eines Schriftsetzers

Oskar Bernhard ist einer der letzten Schriftsetzer in Deutschland. Er arbeitet in Nördlingen in einem rund 400 Jahre alten Haus direkt an der mittelalterlichen Stadtmauer. Noch heute hat er Aufträge, die von der Geburtsanzeige über die Speisekarte bis zum kleinen Buch reichen. Im Gegensatz zum normierten Großbetrieb macht er seinen Kunden Vorschläge, welche Schriftart, welche Größe oder Farbe die Schrift haben könnte. Aus in Blei gegossenen Buchstaben, die der Schriftgießer herstellt, setzt der Schriftsetzer einen Text zusammen, den ihm ein Autor vorgelegt hat. Die Buchstaben, die er verwendet, haben eine genau genormte Höhe. Das ist später wichtig für einen gleichmäßigen Druck in der Druckmaschine. Auch Bilder oder Schmuckbestandteile der Seite müssen diese Höhe einhalten. Dabei geht es manchmal um Hundertstel-Millimeter. Damit die Höhe stimmt, werden die Nicht-Text-Bestandteile einzeln vermessen, bevor sie in die Seite eingebaut und gegebenenfalls unterlegt werden. [...] Die gesamte Arbeit des Schriftsetzers erinnert sehr an einen Baukasten: Aus vorgenormten Teilen entsteht immer wieder etwas Neues. Allerdings hatte das Setzen in der „guten alten Zeit" wenig von der Beschaulichkeit, wie es heute den Anschein hat. Denn der Schriftsetzer wurde nach Zeit bezahlt. 1.000 bis 1.200 Buchstaben in der Stunde waren normal. Wer also schnell setzte, konnte mehr arbeiten und mehr verdienen.

Wolfgang Zehentmeier, Der letzte seines Standes, www.br-online.de (12.9.2010)

Ein Schriftsetzer bei der Arbeit – diesen Beruf gibt es nicht mehr.

M6 Mediengestalter – Alleskönner am PC?

Dieser Ausbildungsberuf hat die „alten" Berufe Schriftsetzer, Reprohersteller, Medien- und Werbevorlagenhersteller und den Fotogravurzeichner abgelöst.

Mediengestalter Digital und Print arbeiten bei Marketingkommunikationsagenturen, Designstudios, Unternehmen der Druck- und Medienwirtschaft, Mediendienstleistern, Verlagen sowie in Marketing- und Kommunikationsabteilungen von Unternehmen und öffentlichen Institutionen. Ihre Arbeitsaufgaben sind so unterschiedlich wie die Medien, die sie herstellen und bearbeiten. Ausgebildet wird dieser Beruf in den drei Fachrichtungen:

- Gestaltung und Technik,
- Beratung und Planung,
- Konzeption und Visualisierung.

Mediengestalter am PC – Pixel haben das Blei abgelöst.

M7 Social Media und 3D bieten neue Möglichkeiten

Social Media und 3D erfordern neue Inhalte in der Ausbildung: Mediengestalter Digital und Print.

Content
Inhalt

Social Media
Digitale Medien und Technologien

Der Wandel des Internets von einer Informations- und Wissensplattform hin zu einem Kommunikations- und Kooperationsmedium hat Auswirkungen auf die Tätigkeiten in der Medien- und Werbewirtschaft: Facebook, Twitter & Co. sind zu lukrativen Marketingkanälen geworden. Durch eine Modernisierung der Ausbildungsordnung „Mediengestalter/-in Digital und Print" wurde nun ein Ausbildungsangebot geschaffen, mit dem Betriebe auch für diese Tätigkeitsfelder ausbilden können.

[So wurden] neue Wahlqualifikationen für die Bereiche Content-Erstellung, Social Media und 3D-Grafikerstellung geschaffen. Die bestehenden Berufe „Dekorvorlagenhersteller" und „Fotomedienlaborant" wurden abgeschafft und durch entsprechende Wahlqualifikationen ersetzt. Social Media wird von vielen Firmen zu Marketingzwecken genutzt. Deshalb wurde in der neuen Ausbildungsordnung die Position „Plattformen zur interaktiven Kommunikation" als neue Wahlqualifikation für Social Media-Inhalte geschaffen. [...]

Alternativ können die Social Media-Inhalte auch mit der Wahlqualifikation „Kommunikationsplanung und Erfolgskontrolle" kombiniert werden. Hier erwerben die Auszubildenden die Qualifikation, Kunden zu beraten und Kommunikationsmaßnahmen für verschiedene Medien zu konzipieren. Kaum ein Internetauftritt kommt heutzutage ohne Grafiken, Animationen oder Filmbeiträge aus. Dies ist das Tätigkeitsfeld von Mediengestaltern, die im neuen Ausbildungsbereich „3D-Grafik" die Erstellung von dreidimensionalen Standbildern und Animationen erlernen, zum Beispiel die Rundum-Betrachtung von Gegenständen, wie sie in vielen Onlineshops üblich ist.

Nach: Frank Muck, © Bundesinstitut für Berufsbildung, Pressemitteilung: Social Media und 3D-Grafik: Mediengestalter Digital und Print mit neuen Ausbildungsmöglichkeiten, www.bibb.de, 2.7.2013

AUFGABEN

1. Beschreibe, über welche Fähigkeiten Schriftsetzer und Mediengestalter verfügen müssen. Erläutere an diesem Beispiel den Wandel der Berufe und benenne mögliche Ursachen für diese Entwicklung (**M5 – M7**).
2. Gruppenarbeit: Sucht nach anderen Beispielen, die diesen Wandel ebenfalls deutlich machen und gestaltet ein Wandplakat zum Thema „Berufe im Wandel der Zeit".
3. Böttcher, Hufschmied oder Pinsel- und Bürstenmacher sind heutzutage noch anerkannte Ausbildungsberufe. Erklärt, weshalb diese Berufe aber vom Aussterben bedroht sind, und recherchiert nach weiteren Beispielen.
4. Diskutiert in der Klasse, wie sich der beschriebene Wandel der Berufe bzw. die neuen Anforderungen der Arbeitswelt auf eure persönliche Studien- und Berufswahl auswirken könnten.

H ZU AUFGABE 3
früher Sekretärin – heute Assistentin
früher Automechaniker – heute KFZ-Mechatroniker
früher Krankenschwester – heute Gesundheits- und Krankenpfleger/in
früher Bürokaufmann/frau – Kaufmann/frau für Büromanagement

Wie verändern sich die Beschäftigungsverhältnisse?

M8 Die Schattenseiten der neuen Arbeitswelt

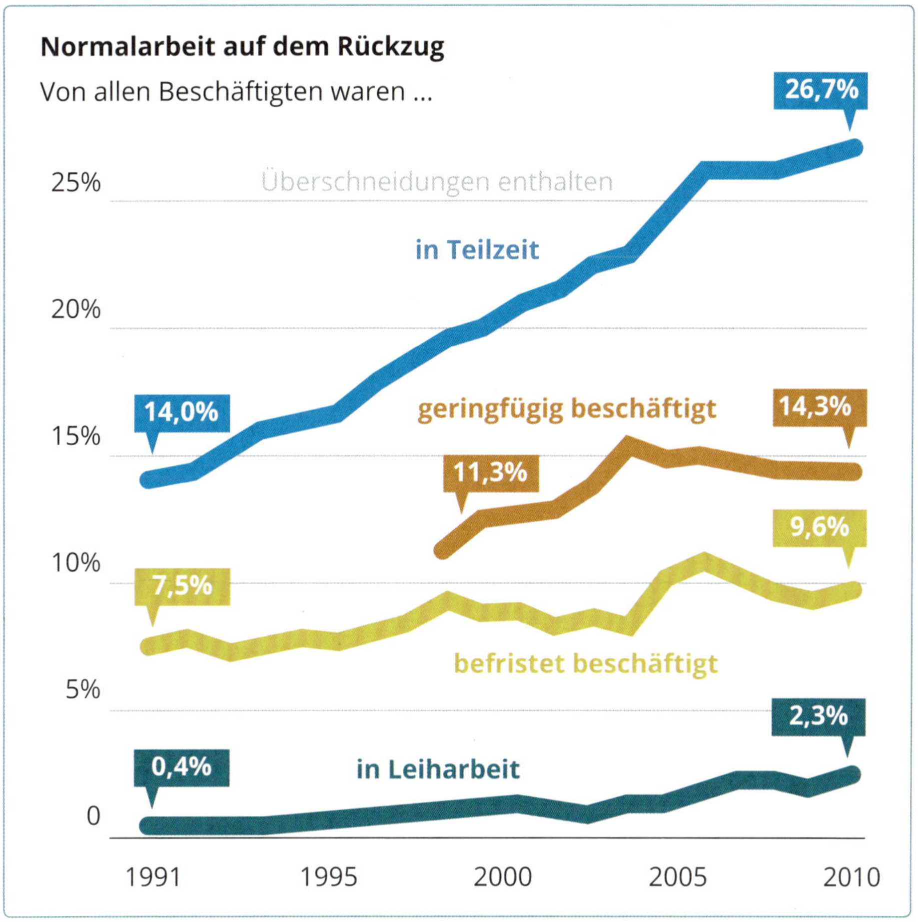

Quelle: Keller, Schulz, Seifert; © Hans-Böckler-Stiftung 2012

Typisches Arbeitsverhältnis
Normalarbeitsverhältnis
Unbefristetes Vollzeitarbeitsverhältnis (i. d. R. 37,5 – 42 Wochenstunden), das mit regelmäßigem und vertraglich festgelegtem Lohn oder Gehalt entlohnt wird und voll sozialversicherungspflichtig ist.

M9 Droht der Fünftagewoche das Aus?

Wer außerhalb der Arbeitszeiten ständig erreichbar ist, wird auf Dauer krank, sagt man. Aber wie heilig sind den Deutschen die Stunden nach 17 Uhr eigentlich? Hier sprechen Menschen aus verschiedenen Berufen über ihr Verhältnis zur Freizeit.

a) Erna Pollin, 54, ist Produktionsmitarbeiterin bei Porsche
„Ab 13.45 Uhr lass' ich los" – Ich arbeite im Schichtbetrieb, seit fast 25 Jahren: eine Woche von sechs bis 13.45 Uhr, die nächste von 13.45 bis 21.15 Uhr. Wenn ich Spätschicht habe, fühle ich mich so, als hätte ich nie Feierabend, denn vormittags, da muss ich mich um den Haushalt kümmern. Aber wenn ich Frühschicht habe, dann kann ich nach Feierabend

Atypische Arbeitsverhältnisse
Befristete Beschäftigung
Arbeitnehmer und Arbeitgeber vereinbaren von Anbeginn eines Beschäftigungsverhältnisses, dieses zu einem bestimmten Datum oder mit einem bestimmten Ereignis ohne Kündigung zu beenden.

Teilzeitarbeit
Ein Teilzeitbeschäftigungsverhältnis liegt vor, wenn die Arbeitszeit, die ein Arbeitnehmer regelmäßig arbeitet, kürzer ist als die Arbeitszeit bei Vollzeitbeschäftigung. Die Arbeitszeit kann dabei innerhalb der Woche unterschiedlich verteilt sein. So kann täglich kürzer oder nur an bestimmten Tagen in der Woche gearbeitet werden.

(Tele-)Heimarbeit
Als Telearbeit wird eine Tätigkeit bezeichnet, die sich auf die moderne Informations- und Kommunikationstechnik stützt und ausschließlich oder zumindest zeitweise an einem Arbeitsplatz erledigt wird, der außerhalb des Betriebes liegt (z. B.: unterwegs im Zug, zu Hause oder beim Kunden; über Laptop, Internet und Handy sind sie mit dem Betrieb verbunden).

Mini-Jobs
Die sog. Mini-Jobber dürfen im Monat max. 450 Euro verdienen. Das Einkommen ist steuerfrei. Auch müssen die Mini-Jobber keine Beiträge für die Arbeitslosen-, Kranken- und Pflegeversicherung bezahlen. Lediglich in die Rentenversicherung wird ein kleiner Beitrag eingezahlt, von dem man sich allerdings auch befreien lassen kann. Die Arbeitgeber zahlen hingegen einen pauschalen Betrag in die Sozialversicherung ein. Mini-Jobs bezeichnet man auch als „geringfügige Beschäftigungsverhältnisse".

total abschalten: Ich gehe in den Garten, oder ich unternehme was mit meinem Mann – Freunde besuchen, ins Kino gehen, Nordic Walking. [...] Klar, manchmal bin ich dann schon ziemlich kaputt. Ich muss mich bei der Arbeit sehr konzentrieren. Wenn ich einen Fehler mache, bekommen die Autos falsche Teile. Wenn wir ein neues Modell haben, kann ich manchmal nach der Arbeit nicht abschalten. Ich mache mir dann Sorgen, ob ich alles richtig gemacht habe. Aber ich arbeite sehr gerne, und wenn ich mich mal nicht mehr konzentrieren kann, gehe ich vor Ort an die Arbeitsplätze und gucke nach meinen Bestellungen.

b) Peter Buchheim, 48, ist selbständiger MLP*-Berater und Leiter einer Geschäftsstelle der MLP Finanzdienstleistungen
„Ich bin gelassener geworden" – Mir ist eine vernünftige Balance zwischen Arbeitszeit und Freizeit sehr wichtig. Deswegen sage ich meinen Kunden: „Das Wochenende ist mir heilig. Das gehört der Familie und dem Sport." Aber im Kopf schalte ich eigentlich nie ab. Mein Beruf macht mir Spaß, ich habe nie das Gefühl, dass ich Pause machen sollte. Die Beziehung zu den Leuten, die ich berate, ist meist über Jahre gewachsen, ich kenne ihre Familien, es gibt da keine klare Trennung zwischen Freizeit und Job. Ich habe mich selbst schon gefragt, ob das normal ist, aber meine Arbeit zieht mich eben nicht runter. Deswegen lasse ich mein Handy auch meistens an; es beruhigt mich, zu wissen, dass meine Kunden mich im Notfall auch zu ungewöhnlichen Zeiten erreichen können.
Im Urlaub mache ich das Handy aus, mein Team vertritt mich dann. Früher, als junger Berater, da hatte ich immer ein schlechtes Gefühl, wenn ich mal wegfuhr und nicht erreichbar war. Ich hatte Angst, dass gerade dann ein Großauftrag reinkommen und mir durch die Lappen gehen würde. Inzwischen bin ich gelassener. **Finanzdienstleistungsunternehmen*

c) Erika Hollmann, 51, ist Grundschullehrerin
Das Problem bei uns Lehrern liegt ja auf der Hand, weil wir den Unterricht von zu Hause aus vor- und nachbereiten. Hinzu kommt jede Menge Organisatorisches. Da ist es wichtig, zu Hause klare Grenzen zu ziehen und zu sagen: „Ich arbeite jetzt noch zwei Stunden, und dann höre ich auf und kümmere mich um die Familie." Das ist jedenfalls meine Art, dafür zu sorgen, dass ich keinen Burnout kriege. Es gibt aber auch Tage, die sehen so aus: Schule – Schreibtisch – Bett. Ich arbeite vierzig bis fünfzig Stunden die Woche, bei einer Dreiviertelstelle. Das Handy ist immer an, ich bekommen jeden Tag Mails von Kollegen und Schulleitung; wenn ich die abends nicht lese, habe ich am nächsten Tag ein Problem, weil ich nicht auf dem neuesten Stand bin und improvisieren muss. Je älter ich werde, desto deutlicher merke ich, dass ich mir Pausen gönnen und auf mich achten muss.

d) Lars Böske, 42, ist freiberuflicher Licht- und Mediengestalter
„Frei ist, wenn es passt" – Ich kenne keinen Feierabend. Und kein Wochenende. Von alldem habe ich mich verabschiedet, für mich ist jeder Tag gleich. Wenn es was zu tun gibt, dann mach ich das. Ich programmiere Lichtshows in Verbindung mit Videos und Fotos. Dazu reise ich beruflich durch ganz Europa. Zehn bis zwanzig Tage im Monat bin ich unterwegs. Wenn ich zu Hause bin, arbeite ich als Mediengestalter, mit freier Zeiteinteilung. Heute Morgen zum Beispiel bin ich erst spazieren gegangen und habe mich dann an den Rechner gesetzt. Es gibt für mich keine Grenze zwischen Job und Freizeit. Mein Job ist auch mein Hobby. Was es gibt, sind Zeiten, wo es wenig zu tun gibt. Dann beruhige ich mich damit, dass wieder andere Zeiten kommen. Frei mache ich, wenn nichts zu tun ist.

e) Kai Könecke, 48, ist Geschäftsführer bei Unilever Deutschland
„Im Kopf arbeite ich immer" – Ich muss meinen Feierabend bewusst planen. Allerdings kann ich auch tagsüber mal Pause machen, weil wir ein Arbeitsmodell haben, das eine flexible Zeiteinteilung zulässt. Wenn ich was erfolgreich zu Ende geführt habe, kann ich mich also belohnen, indem ich zum Beispiel zwei Stunden laufen gehe, mitten am Tag. Danach dusche ich und setze mich wieder in eine Sitzung, in ein Mitarbeitergespräch oder in den Zug. Im Kopf arbeite ich immer. Auch abends und am Wochenende, da arbeite ich Mails ab oder denke über Strategien nach. In meiner freien Zeit mache ich viel Sport oder bin zu Hause bei der Familie. Faulenzen tue ich fast nie. Am deutlichsten spüre ich die Grenze zwischen Arbeit und freier Zeit, wenn ich im Urlaub bin oder wir ein Wochenende lang wegfahren. Darauf bereite ich mich richtig vor, ich arbeite dann alle Mails ab und lasse den Computer zu. Aber das Handy bleibt meistens an, ich möchte für meine Kollegen im Notfall erreichbar sein. Ich habe nicht das Bedürfnis, es abzuschalten.

Katrin Hummel, Jetzt aber Feierabend, Frankfurter Allgemeine Zeitung, 5.9.2014

Leih- oder Zeitarbeit
Bei der Leiharbeit „überlässt" der Arbeitgeber den Arbeitnehmer für einen gewissen Zeitraum einem anderen Arbeitgeber. Deshalb spricht man auch von „Arbeitnehmerüberlassung".

Projektarbeit auf Zeit
Der Arbeitnehmer wird nur für die Dauer eines bestimmten Projektes eingestellt oder er führt als Selbständiger für ein Unternehmen ein Projekt durch.

AUFGABEN

1. Analysiere die Entwicklung der Erwerbsformen seit dem Jahr 2000 und nimm kritisch Stellung zur Art der Darstellung in **M8**.
2. Nimm Stellung: Siehst du eher Vorteile oder Nachteile mit einer kürzeren Arbeitszeit verbunden (**M9**)? Führt darüber in der Klasse ein Streitgespräch.
3. Arbeitet in Gruppen. Wählt eines der atypischen Beschäftigungsverhältnisse aus den Randspalten aus und erläutert, was aus Sicht der Arbeitnehmer und Arbeitgeber dafür bzw. dagegen spricht.

F ZU AUFGABE 1
Arbeite aus der Grafik **M8** die für dich zwei auffälligsten Entwicklungstrends heraus.

Arbeit 4.0 – die Arbeitswelt von morgen

M10 Einchecken beim Roboter

Diese Rezeptionistin ist ein Roboter mit menschlichem Antlitz (Humanoide) und bedient an der Rezeption des Hotels „Henn na Hotel" in Sasebo/Japan seit Juli 2015 die Gäste.

Am Hotelempfang wartet ein Roboter, der aussieht wie ein grimmiger Dinosaurier. „Wenn Sie einchecken wollen, drücken Sie die Eins", sagt das Urzeittier auf Englisch. Neben dem Saurier klimpert ein weiblicher Humanoide mit den Wimpern. Er ist für die Japanisch sprechenden Gäste zuständig. In seiner Herberge in einem Vergnügungspark im Südwesten Japans setzt Betreiber Hideo Sawada zur Kostensenkung fast vollständig auf Roboter – von der Rezeptionistin bis zum Kofferträger.

Die Geräte sind für ihn keine Spielerei, sondern ein ernstes Bemühen um mehr Effizienz. Das Hotel nutzt Gesichtserkennungs-Technologie statt normaler elektronischer Schlüssel. Dazu wird das digitale Bild des Gastes beim Einchecken registriert. Der Grund? Roboter sind nicht gut darin, Schlüssel wiederzufinden, sollte ein Gast seinen verlieren. [...]

Bei der Sicherheit stützt sich das Henn na Hotel allerdings doch noch auf Menschen. Es gibt jede Menge Überwachungskameras – und echte Menschen verfolgen alles auf einem Monitor. Das soll sicherstellen, dass den Gästen nichts passiert und sich niemand mit einem der teuren Roboter aus dem Staub macht. Die, gesteht Sawada, „können immer noch keine Betten machen".

©SZ.de/Reuters/AFP/ihe/chwa/jobr, Check-in beim Roboter, Süddeutsche Zeitung, 17.7.2015

M11 Computer machen die Arbeit

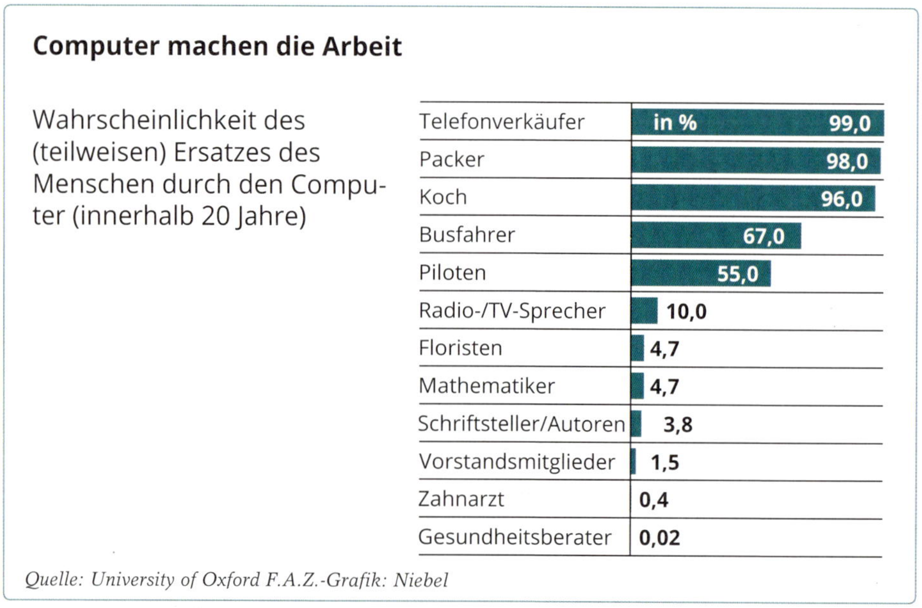

Aus: Johannes Pennekamp, Angriff der Roboter, www.faz.net, 1.4.2014

M12 Nehmen uns die Maschinen bald die Arbeit weg?

Nehmen uns die Maschinen die Arbeit weg? Welche Auswirkungen wird der Aufstieg der Roboter in den kommenden Jahrzehnten auf Gehälter und Beschäftigung haben? Diese Fragen treiben gerade wieder viele Menschen um: Die von der Digitalisierung befeuerte Automatisierung könnte schneller Arbeitsplätze zerstören, als neue entstehen, warnen Forscher aus Oxford und von der amerikanischen Eliteuniversität Massachusetts Institute of Technology (MIT). Fast die Hälfte der amerikanischen Arbeitsplätze sei potentiell gefährdet, in Deutschland sogar noch mehr. Es drohten schwerwiegende soziale Verwerfungen. Neu ist diese Sorge nicht: Sie begleitet die Menschen seit den Tagen der industriellen Revolution. [...] Bewahrheitet hat sich bisher keine dieser Befürchtungen. Denn frühere Maschinenstürmer saßen einem Trugschluss auf: Sie gingen davon aus, dass die Summe der verfügbaren Arbeit begrenzt ist. Je mehr Arbeit also von Maschinen ausgeführt wird, desto weniger bleibt für den Menschen übrig. Diese Annahme lässt außer Acht, dass durch den technischen Fortschritt auch neue Arbeitsplätze entstehen können. In der Vergangenheit war das bisher immer der Fall. Jedes Mal, wenn eine Industrie unterging, wurden an anderer Stelle neue Arbeitsplätze geschaffen. Waren Anfang des 20. Jahrhunderts noch 80 Prozent der deutschen Bevölkerung in der Landwirtschaft beschäftigt, sind es heute weniger als 5 Prozent - zu Massenarbeitslosigkeit kam es trotzdem nicht. [...] Der amerikanische Ökonom David H. Autor [...] hat [...] eine neue Studie vorgestellt, die zumindest teilweise Entwarnung gibt. Auf der einen Seite, schreibt Autor, würden zwar viele Berufe durch den technischen Fortschritt obsolet, da Maschinen die erforderlichen Aufgaben schneller und billiger ausführen könnten. Besonders gefährdet seien Berufe, in denen Routineaufgaben ausgeführt werden müssen, zum Beispiel repetitive Arbeiten am Fließband oder Verwaltungsaufgaben. [...] Auf der anderen Seite wachse aber die Nachfrage nach Arbeitskräften, die keine Routineaufgaben ausführen. [...] Trotz aller Veränderungen senke das aber nicht die Gesamtzahl der Arbeitsplätze:

Die Automatisierung verändere vielmehr die Art der Arbeit, die Menschen leisten. Maschinen könnten menschliche Arbeit nicht dauerhaft vollständig ersetzen. [...] Sie haben nämlich ein entscheidendes Manko: Maschinen können immer nur das tun, was ihnen der Programmierer vorgegeben hat. [...] Viele Tätigkeiten können wir nicht einmal selbst klar erklären, geschweige denn einen Computer darauf programmieren, sie auszuführen.

Johannes Fischer, Keine Angst vor Robotern, Frankfurter Allgemein Zeitung, 24.8.2015

Arbeit 1.0
Beginnende Industriegesellschaft am Ende des 18. Jahrhunderts

Arbeit 2.0
Industrielle Revolution und Beginn der Massenproduktion am Ende des 19. Jahrhunderts, Entstehung der sozialen Frage und Anfänge des Sozialstaates

Arbeit 3.0
Ausbildung des Sozialstaats und der Arbeitnehmerrechte auf Grundlage der Sozialen Marktwirtschaft. Seit den 80er Jahren des 20. Jahrhunderts wird die Produktion durch den Einsatz von Informationstechnologie und Elektronik weiter automatisiert.

Arbeit 4.0
Arbeitswelt der Zukunft, sie wird vernetzter, digitaler und flexibler sein, allerdings ist noch nicht klar, wie die zukünftige Arbeitswelt im Einzelnen aussehen wird.

AUFGABEN

1. Das Roboter-Hotel – Faszination oder Schrecken?
   Nennt in Gruppenarbeit die Vor- und Nachteile des Robotereinsatzes im Hotel Henn na (**M10**).
2. Nehmen uns die Maschinen künftig die Arbeit weg? Wertet die Tabelle (**M11**) aus und erklärt, weshalb manche Berufe vom digitalen Wandel mehr betroffen sind als andere.
3. Diskutiert die Frage auch vor dem Hintergrund von **M12**.

WAS WIR WISSEN

Bedeutung der Arbeit für den Menschen
M1 – M4

Arbeit als Erwerbsarbeit ist die Grundlage für den Wohlstand unserer Gesellschaft, gleichzeitig ist sie aber viel mehr als nur Gelderwerb. Arbeit gibt unserem Leben eine Struktur, sie vermittelt uns den Kontakt zur Außenwelt, lässt uns unsere Fähigkeiten und Grenzen erfahren. Schließlich bestimmt sie über unsere Stellung innerhalb der Gesellschaft. So leiden Arbeitslose zum Beispiel darunter, vom „normalen" Alltag ausgeschlossen zu sein und den gewohnten Tagesablauf zu verlieren. Viele Rentner müssen nach dem Ende ihrer Lebensarbeitszeit erst wieder „lernen", wie der Alltag ohne die tägliche Arbeit gestaltet werden kann.

Berufe im Wandel
M5 – M7

Der Arbeitsmarkt in Deutschland und den europäischen Staaten ist zunehmend durch sog. „atypische" Beschäftigungsverhältnisse gekennzeichnet. Zu diesen Beschäftigungsformen zählen u. a. die Teilzeitarbeit, die geringfügigen Beschäftigungsverhältnisse (Mini-Jobs), die Leiharbeit und die befristete Beschäftigung. Diese orientieren sich nicht an unbefristeter Vollzeitarbeit (dem sog. Normalarbeitsverhältnis), die i. d. R. tarifvertraglich geregelt ist und den vollen Schutz der sozialen Sicherungssysteme in Deutschland gewährt. Auf der einen Seite bieten atypische Arbeitsverhältnisse tatsächlich zusätzliche Erwerbschancen insbesondere im Dienstleistungssektor, zeichnen sich gleichzeitig aber oft durch Abweichungen vom jeweiligen tarif-, unternehmens- oder betriebsüblichen Standard hinsichtlich Arbeitszeiten, Entlohnung oder Bestandssicherheit aus. Die Notwendigkeit der Regulierung atypischer Beschäftigungsformen steht deshalb auf dem Prüfstand und wird je nach Perspektive – beschäftigungspolitische vs. sozialpolitische Orientierung – unterschiedlich bewertet.

Neue Beschäftigungsverhältnisse und die Arbeitswelt von morgen
M8 – M12

Auch wenn das Normalarbeitsverhältnis nach wie vor das am meisten verbreitete Beschäftigungsverhältnis ist, hat sich daneben eine Vielfalt neuer Beschäftigungsformen entwickelt. Neben den neuen Selbständigen, befristet Beschäftigten, Leiharbeitern oder Homeoffice-Arbeitern, sind es vor allem die Beschäftigten in Teilzeit und mit flexiblen Arbeitszeitmodellen, die die Beschäftigungslandschaft in Deutschland zunehmend prägen. Für viele Arbeitnehmer bedeutet diese Entwicklung eine bessere Vereinbarkeit von Familie und Beruf. Doch wird dieser Trend auch mit großer Sorge betrachtet, denn die atypischen Beschäftigungsverhältnisse führen zu einer Belastung der Sozialversicherungssysteme und bieten den Beschäftigten oft keine ausreichende Vorsorge für ihre Rente. Viele dieser Beschäftigungsverhältnisse tragen nicht einmal zur Existenzsicherung bei, deshalb wünschen sich die meisten Menschen nach wie vor ein klassisches Normalarbeitsverhältnis mit geregeltem Einkommen und einer geregelten Arbeitszeit. Mit der technischen und globalen Entwicklung geht auch ein Wandel der Arbeit einher. Die Arbeitswelt der Zukunft wird vernetzter, digitaler und flexibler (Arbeit 4.0) sein. Noch ist allerdings nicht absehbar, wie sich diese neue Arbeitswelt auf den Einzelnen konkret auswirken wird.

WAS WIR KÖNNEN

Bald kommt das Kleinkind mit ins Büro

Die Babypause ist vorbei, der Job ruft. Wohin mit dem Kind? Vor dieser Frage stehen viele Mütter und Väter. Die Großeltern: wohnen oft weiter entfernt. Ein Kindermädchen: teuer, manchmal gewöhnungsbedürftig als Mitbewohnerin. Bleibt die Kindertagesstätte. Vielen Eltern fällt es aber schwer, sich vom Kind zu trennen, wenn es noch im Windelalter ist. [...]
Arbeiten zu Hause, das ist oft nur theoretisch eine gute Idee. Da ist die Ablenkung: Das Kind verwüstet die Wohnung, zwischendurch wird die Waschmaschine angeworfen. So hat es die Anwältin Sandra Runge, 37, erlebt. Die Mutter von zwei Söhnen gehört zum Team von „Coworking Toddler".
Das Berliner Projekt verbindet die Idee des Gemeinschaftsbüros (Coworking Space) mit Kindern im Krabbelalter (Toddler). „Man hat die Möglichkeit, ohne schlechtes Gewissen zu arbeiten, weil man den Kontakt und die Nähe zu den Kindern hat", sagt Runge.
Die „Coworking Space" haben sich seit ein paar Jahren in vielen Städten ausgebreitet. Meist mieten sich in den Kollektivbüros Berufstätige ein, die nur einen Computer brauchen und sich gerne beim Cappuccino mit anderen austauschen. Kinder sind in Laptopzonen selten.
In Leipzig gibt es das Projekt „Rockzipfel", das schon einige Ableger hat, darunter in Hamburg und München. Eltern oder Babysitter passen im Gemeinschaftsbüro auf den Nachwuchs auf. Eltern, die ihre Kleinen noch eingewöhnen, arbeiten mit Blickkontakt zum Kind, wie Gründerin Johanna Gundermann, 37, erklärt. Andere, die wirklich arbeiten müssen und nicht mehr eingewöhnen, ziehen sich zurück. Sie werden nur geholt, wenn die Kinder sie brauchen.
Stillen, wickeln, füttern, ins Bett legen – das machen die „Rockzipfel"-Eltern. „Das Prinzip ist ja, dass sie für ihre Kinder in diesen wichtigen Schlüsselsituationen da sein sollen", sagt Gundermann. Für die Erwachsenen blieben so etwa drei bis vier Stunden fürs eigene Arbeiten. [...]
Bei „Coworking Toddler" in Berlin sollen sich professionelle Erzieherinnen um die Kinder kümmern. Geplant ist eine Vollzeitbetreuung. Die Mütter und Väter können in Kontakt mit dem Nachwuchs bleiben und zusammen Mittagessen. Der Austausch mit den Erzieherinnen soll sich nicht auf Flurgespräche beschränken. Wenn der Sohn abends eine Beule hat, weiß die Mutter, wie das tagsüber passiert ist.
Eine Idee ist, dass ein Pieper am Schreibtisch den räumlich getrennt sitzenden Eltern Bescheid gibt, wenn ihr Kind sie braucht. Etwa sechs bis sieben Stunden Arbeit könnten für die Eltern möglich sein, schätzt Sandra Runge. Zur Zielgruppe gehören Selbstständige, Angestellte, die zu Hause im Homeoffice arbeiten können, oder Firmen, die ihren Mitarbeitern einen familienfreundlichen Wiedereinstieg bieten wollen.

Caroline Werner, Bald kommt das Kleinkind mit ins Büro, www.welt.de, 26.5.2015

Aufgabe

Arbeitet aus dem Text heraus, inwiefern sich im „Coworking Space" der Wandel der Arbeit und der Beschäftigungsverhältnisse widerspiegelt.

Kleines Politiklexikon

Abgeordnete
Die gewählten Mitglieder eines Parlaments

Ablauforganisation
Die Ablauforganisation definiert die Gestaltung des Arbeitsprozesses, z. B. die Gliederung in einzelne Arbeitsschritte und die Arbeitsteilung.

Arbeit
Der Begriff umschreibt in erster Linie Erwerbsarbeit. Diese sichert die Lebensgrundlage der Arbeitnehmer/innen und ihrer Familien. Arbeit ist heutzutage ein wichtiger Bestandteil der Identität, denn in der Arbeit kann der Mensch seine Fähigkeiten unter Beweis stellen. Arbeit verleiht dem Leben einen Sinn.

Arbeitgeberverband
Zusammenschluss von Arbeitgebern (Unternehmer) zum Zweck gemeinsamer Interessenvertretung gegenüber Gewerkschaften und Staat.

Arbeitslosengeld
Unterstützungsleistung für arbeitslose Arbeitssuchende. Zu unterscheiden ist zwischen Versicherungsleistungen aus der Arbeitslosenversicherung (in Deutschland das ALG I, das i. d. R. für ein Jahr gezahlt wird) und aus Steuergeldern finanzierten Mindestsicherungssystemen (ALG II, Hartz IV).

Asylrecht
Recht eines Ausländers, durch Gestattung des Aufenthalts in einem fremden Staat, vor unmittelbarer Bedrohung geschützt zu werden. In der Bundesrepublik Deutschland grundsätzlich durch Art. 16a (1) GG politisch Verfolgten garantiert.

Atypisches Beschäftigungsverhältnis
Unter atypischen Beschäftigungsverhältnissen werden Arbeitsverhältnisse verstanden, die vom Normalarbeitsverhältnis (unbefristete, sozialversicherungspflichtige Vollzeitstelle) abweichen. Darunter fallen Formen der Teilzeitarbeit, befristete Arbeitsverhältnisse, Leih- und Telearbeit. Diese können für die betroffenen Arbeitnehmer/innen zu arbeitsrechtlichen Benachteiligungen, zu Wettbewerbsnachteilen auf dem Arbeitsmarkt (z. B. mangelnde Weiterbildungs- und Aufstiegschancen) sowie geringeren Löhnen führen.

Aufbauorganisation
Die Aufbauorganisation legt fest, welche Stellen und Abteilungen ein Unternehmen hat und wie die Aufgabenbereiche gegliedert sind. Aus dem Organigramm lässt sich auch die hierarchische Gliederung des Unternehmens ablesen.

Bedürfnis
Bedürfnis ist der Wunsch, einen Mangel zu beseitigen.

Beruf
Tätigkeit, die ein Mensch i. d. R. gegen Entgelt erbringt bzw. für die er ausgebildet, erzogen oder berufen ist. Im Allgemeinen dient die Ausübung eines Berufes der Sicherung des Lebensunterhaltes.

Binnenmarkt
Ein Wirtschaftsraum, in dem einheitliche Bedingungen für den Verkehr von Waren, Dienstleistungen und Kapital herrschen. Bürger können ihren Wohn- und Arbeitsort frei wählen. Der Binnenmarkt in der EU wurde zum 1. Januar 1993 verwirklicht.

Bruttoinlandsprodukt (BIP)
Messgröße, mit der die wirtschaftliche Leistungskraft eines Landes dargestellt wird. Das BIP umfasst den Geldwert aller in einem Jahr innerhalb der Landesgrenzen produzierten Waren und Dienstleistungen (von In- und Ausländern).

Bürgerinitiative
Lockerer, zeitlich befristeter Zusammenschluss von Bürger/innen, die wegen eines bestimmten Anliegens Einfluss auf die Politik nehmen möchten.

Bürgerliches Gesetzbuch (BGB)
In ihm stehen die wichtigsten rechtlichen Regelungen, die das Zusammenleben der Bürger betreffen, z. B. zu den Rechten und Pflichten beim Kaufvertrag.

Bundeskanzler
Der Chef der Bundesregierung. Er bestimmt die Richtlinien der Politik und trägt die Verantwortung dafür.

Bundespräsident
Das Staatsoberhaupt der Bundesrepublik. Er repräsentiert Deutschland nach außen. Außerdem gehören zu seinen Aufgaben die Ernennung und Entlassung der höchsten Staatsbeamten und die Unterzeichnung der vom Bundestag verabschiedeten Gesetze.

Bundesrat
Der Bundesrat ist ein Teil der Legislative. Über ihn wirken die Länder an der Gesetzgebung des Bundes mit. Der Bundesrat muss bei Gesetzen, die Länderinteressen berühren oder die Verfassung ändern, zustimmen, damit diese in Kraft treten können. Bei anderen Gesetzen kann er Einspruch erheben, der aber vom Bundestag überstimmt werden kann.

Bund (Bundesstaat)
siehe Föderalismus!

Bundestag
Name des (bundesdeutschen) Parlaments, siehe dort!

Bundesverfassungsgericht
Höchstes deutsches Gericht mit Sitz in Karlsruhe. Das Bundesverfassungsgericht wacht darüber, dass Parlamente, Regierungen und Gerichte in Deutschland das Grundgesetz einhalten.

Demografischer Wandel
So werden die Veränderungen in der Bevölkerungszusammensetzung hinsichtlich ihrer Größe und Struktur (z. B. Alterszusammensetzung) bezeichnet.

Demokratie
Das Wort stammt aus dem Griechischen und bedeutet „Herrschaft des Volkes“. Die Beteiligung aller Bürger/innen an allen

Abstimmungen kann nur in sehr kleinen Staatsgesellschaften verwirklicht werden (direkte Demokratie). Wo dies nicht möglich ist, wählt das Volk Vertreter (Repräsentanten), die für das Volk handeln (repräsentative Demokratie).

Einkommen
Allgemein meint man damit das Arbeitseinkommen für Erwerbstätigkeit (Lohn, Gehalt, Gewinn). Darüber hinaus gibt es auch Einkommen als Entgelt für die Bodennutzung (Miete, Pacht) oder als Entgelt für die Nutzung von Kapital (Sparzinsen, Kreditzinsen). Einkommen, die der Staat ohne Gegenleistung bezahlt, nennt man Transfereinkommen.

Europäische Union
Die Gemeinschaft von heute (2017) mit 28 europäischen Staaten wurde 1957 als Wirtschaftsbündnis gegründet. Neben der gemeinsamen Politik in allen wirtschaftlichen Bereichen wurde im Vertrag von Maastricht (1992) auch eine Zusammenarbeit in der Außen- und Sicherheitspolitik sowie der Justiz- und Innenpolitik beschlossen.

Erziehung
Erziehung nennt man alles, was dazu beiträgt, die Persönlichkeit eines Menschen zu bilden und zu fördern.

EU-Organe
Zu den wichtigsten Organen der EU – vergleichbar mit den Verfassungsorganen in der Bundesrepublik Deutschland – gehören der Ministerrat, die Europäische Kommission, das Europäische Parlament, der Europäische Gerichtshof und der Europäische Rat.

Exekutive
Die ausführende Gewalt, d. h. Regierung und Verwaltung.

Familie
Gemeinschaft, die bei uns i. d. R. aus den Eltern und Kindern besteht. Im weiteren Sinne ist eine Familie eine Gruppe von Menschen unterschiedlicher Generationen, die unter einem Dach zusammenleben, füreinander Verantwortung übernehmen und sich gegenseitig unterstützen. In unserer Gesellschaft gibt es viele unterschiedliche Formen der Familie: Kleinfamilie, Patchworkfamilie, Großfamilie, allein erziehende Mütter oder Väter mit ihren Kindern, Stieffamilie usw.

Flüchtling
Person, die aufgrund ihrer ethnischen Zugehörigkeit oder Religion in ihrem Heimatstaat verfolgt wird bzw. aufgrund der sozialen, wirtschaftlichen oder politischen Bedingungen bzw. eines (Bürger-)Krieges ihr Heimatland verlassen muss.

Föderalismus
Gliederung eines Staates in Gliedstaaten (in der Bundesrepublik Deutschland die Bundesländer) mit eigener Verfassung, Regierung und Parlament. Bezeichnet auch das Bestreben, die Rechte der Gliedstaaten zu wahren.

Fraktion
Vereinigung im Parlament, die i. d. R. aus den Abgeordneten einer Partei besteht. Auch Mitglieder verschiedener Parteien, die gleichgerichtete politische Ziele verfolgen, können sich zu einer Fraktion zusammenschließen.

Fünf-Prozent-Klausel
Vorschrift, dass alle Parteien bei einer Wahl mind. fünf Prozent der gültigen Zweitstimmen erhalten müssen, um ins Parlament zu kommen.

Gemeinde
Die Gemeinden (Kommunen) bilden das unterste politische Gemeinwesen in der Bundesrepublik Deutschland. Gemeinden besitzen das Recht der Selbstverwaltung (Art. 28 GG) und regeln im Rahmen der Gesetze alle Angelegenheiten der örtlichen Gemeinschaft in eigener Verantwortung.

Gemeinwohl
Unter Gemeinwohl versteht man das Wohlergehen einer gesellschaftlichen Gruppe (z. B. eines Staates, einer Religionsgemeinschaft, einer Schule, einer Klasse). Das Gemeinwohl zu steigern, ist ein Ziel politischer Entscheidungen. Dazu müssen einzelne oder persönliche Interessen manchmal aufgegeben oder durch einen Kompromiss ausgeglichen werden.

Generationenvertrag
Bezeichnung für das Grundprinzip der gesetzlichen Rentenversicherung, nach dem der heute arbeitende Teil der Gesellschaft für die Rentenzahlungen an den nicht mehr arbeitenden Teil aufkommt.

Gerechtigkeit
Einstellung, Prinzip, Zustand, bei dem jede Person das erhält, was ihr zusteht. Wie dieser Zustand zu erreichen ist, ist umstritten. So unterscheidet man Chancengerechtigkeit, Leistungsgerechtigkeit, Bedarfsgerechtigkeit und Teilhabegerechtigkeit.

Geschäftsfähigkeit
Die Fähigkeit, gültige Rechtsgeschäfte abzuschließen. Die beschränkte Geschäftsfähigkeit beginnt mit der Vollendung des 7. und endet mit der Vollendung des 18. Lebensjahres. Mit Vollendung des 18. Lebensjahres erhält man die volle Geschäftsfähigkeit.

Gesellschaft
Eine Gesellschaft bezeichnet einen relativ dauerhaften Verbund von Gemeinschaften/Gruppen, die innerhalb einer politischen und wirtschaftlichen Ordnung leben und gemeinsame Normen und Werte teilen.

Gesetz
Ein Gesetz ist eine verbindliche Vorschrift, die das Ziel hat, das Zusammenleben der Menschen zu regeln. Es muss in einem dafür vorgesehenen Verfahren rechtmäßig zu Stande kommen. Gesetze werden von den Parlamenten (Bundestag, Landtag) beschlossen.

Gewaltenteilung
Verteilung der drei Staatsgewalten Gesetzgebung (Legislative), Verwaltung (Exekutive) und Gerichtsbarkeit (Judikative) auf verschiedene, voneinander unabhängige Verfassungsorgane. I. d. R. sind dies Parlament, Regierung und Verwaltung sowie eine unabhängige Richterschaft. In der Bundesrepublik Deutschland ist die klassische Gewaltenteilung teilweise durchbrochen (Gewaltenverschränkung).

Gewerkschaft
Freiwilliger Zusammenschluss von Arbeitnehmer/innen, um gemeinsame wirtschaftliche, soziale und berufliche Interessen gegenüber den Arbeitgebern besser durchsetzen zu können.

Grundgesetz
Die Verfassung der Bundesrepublik; sie regelt den Aufbau, die Aufgaben und das Zusammenspiel der Verfassungsorgane.

Grundrechte
In der Verfassung garantierte Rechte, die für jeden Einzelnen gewährleistet werden, wie z. B. die Meinungsfreiheit, die Versammlungsfreiheit und die Menschenwürde.

Gruppe/soziale Gruppe
Ein „sozialer Verband" von mindestens drei Menschen, die durch ein bestimmtes „Wir-Gefühl" miteinander verbunden sind. Dabei gibt es Gruppen, in die man hineingeboren wird (Familie) oder die man sich nicht aussuchen kann (z. B. Schulklasse). Diese Gruppen nennt man Zwangsgruppen. Und es gibt Gruppen, für die man sich freiwillig aufgrund von Freundschaften oder gemeinsamen Interessen (z. B. Sport, Politik, Religion) entscheidet.

Güter
Güter sind ganz allgemein Mittel (z. B. Waren, Dienstleistungen, Rechte), mit denen Bedürfnisse befriedigt werden können. Sie haben einen Preis und sind i. d. R. nicht unbegrenzt verfügbar. Nur wenige Güter auf der Erde (z. B. Luft, Sand in der Wüste) sind freie Güter, d. h. unbegrenzt vorhanden.

Haushaltsplan
Die genaue Aufstellung der geplanten Einnahmen und Ausgaben für einen bestimmten Zeitraum (meist das kommende Jahr). Die Einnahmen werden nach den Quellen unterschieden, die Ausgaben nach dem Zweck der Verwendung.

Herrschaftsformen
Herrschaftsformen charakterisieren die tatsächliche Art und Weise der Herrschaftsausübung und berücksichtigen hierbei unter anderem, welche Personen oder Gruppen politische Macht ausüben. So übt in der Demokratie das Volk die politische Herrschaft aus.

Integration
Im allgemeinen Sprachgebrauch versteht man darunter die Eingliederung oder Einbindung eines (fremden) Einzelnen oder einer Minderheit in eine größere Gruppe.

Interessenverband
Organisatorisch fester Zusammenschluss von Personen in einen bestimmten Lebensbereich, die ihre gemeinsamen Interessen in der Öffentlichkeit durchsetzen wollen. Dazu versuchen sie u. a. auf die Gesetzgebung Einfluss zu nehmen. Im Gegensatz zu Parteien nicht wählbar.

Judikative
Die rechtsprechende Gewalt; sämtliche Gerichte der Bundesrepublik Deutschland.

Jugendstrafrecht
Das Jugendstrafrecht ist ein besonderes Strafrecht für Jugendliche, das im Jugendgerichtsgesetz (JGG) geregelt ist. Es findet Anwendung auf Jugendliche zwischen 14 und 18 Jahren. Auf Heranwachsende zwischen 18 und 21 Jahren kann es angewendet werden. Kinder unter 14 Jahre sind strafunmündig. Während Erwachsene mit Haft- oder Geldstrafen bestraft werden, sieht das JGG einen breiten Katalog von Strafmöglichkeiten vor, der Strafzweck der Erziehung steht im Vordergrund.

Kabinett
Im Bund der Kanzler, die Minister und politischen Beamten (Staatssekretäre).

Knappheit
Knappheit entsteht dadurch, dass unsere Wünsche und Bedürfnisse unbegrenzt, die vorhandenen Güter auf der Erde jedoch begrenzt sind. Knappheit ist also letztlich der Grund für die wirtschaftliche Betätigung des Menschen. Güter zur Befriedigung von Bedürfnissen müssen von den Menschen hergestellt werden, die Preise der Güter sind ein Gradmesser für ihre Knappheit.

Koalition
Zusammenschluss zweier oder mehrerer Parteien, die gemeinsam eine Regierung bilden.

Konflikt
Ein Konflikt ist ein Spannungszustand zwischen Personen oder auch Staaten. Er entsteht dadurch, dass es zwischen den Personen, Personengruppen oder Staaten unterschiedliche Zielvorstellungen und Interessen gibt, die (zunächst) unvereinbar gegeneinander stehen.

Konstruktives Misstrauensvotum
Der Bundestag kann den Bundeskanzler nur durch die Wahl eines neuen Kanzlers (konstruktiv!) zum Rücktritt zwingen.

Legislative
Die gesetzgebende Gewalt; sie wird in der Bundesrepublik Deutschland von Bundestag und Bundesrat ausgeübt (auf Landesebene von den Länderparlamenten).

Mandat
Auftrag; der Wähler beauftragt durch die Wahl einen Politiker, seine Interessen zu vertreten.

Markt
Der reale oder virtuelle Ort, an dem Angebot und Nachfrage nach Gütern und Leistungen aufeinandertreffen und Preise gebildet werden (z. B. Automarkt, Börse). Das Grundprinzip des Marktes ist der Tausch.

Marktwirtschaft
In der Marktwirtschaft steuern Angebot und Nachfrage, Wettbewerb und freie Preisbildung den Wirtschaftsprozess. Das Privateigentum an den Produktionsmitteln wird garantiert.

Massenmedien
Sammelbezeichnung für Presse, Rundfunk, Fernsehen und Internet. Allgemein Kommunikationsmittel, mit denen Informationen durch Schrift, Ton oder Bild einseitig an ein sehr breites Publikum übermittelt werden können.

Mediendemokratie
Form der Demokratie, in der die Artikulation und Diskussion von politischen Problemen in erster Linie von den Medien angestoßen und vermittelt wird.

Mehrheitswahlrecht
Danach ist gewählt, wer in seinem Wahlkreis die Mehrheit der Stimmen erhalten hat, die Minderheiten werden nicht berücksichtigt. Relative Mehrheit: Gewählt ist, wer die meisten Stimmen hat. Absolute Mehrheit: Gewählt ist, wer mehr als die Hälfte der Stimmen erzielt. Qualifizierte Mehrheit: Eine vereinbarte Mehrheit, z. B. 2/3 der Stimmen, muss erreicht werden.

Menschenrechte
Die persönlichen Rechte, die jedem Menschen von Geburt an zustehen, z. B. das Recht auf Meinungsfreiheit.

Migration
Im Laufe der Geschichte haben sich immer wieder kleinere oder größere Gruppen von Menschen oder ganze Völker auf Wanderungen begeben. Dies hatte ganz unterschiedliche Gründe: So wurden die Menschen aus religiösen oder politischen Motiven verfolgt, andere waren arm und sahen für sich und ihre Kinder keine Zukunft mehr in ihrer Heimat. Alle diese Wanderungen (lat. migrare = wandern) nennt man Migration.

Nachhaltigkeit
Der Begriff bedeutet, dass man nicht mehr von einem Rohstoff (der Natur) verbrauchen soll, als nachwachsen kann. In Bezug auf die Umwelt heißt das, dass man den Ausgangszustand für die folgenden Generationen bewahren soll und die Umwelt nicht durch Abgase und Müll irreparabel schädigen darf.

Ökologie
So bezeichnet man die Wissenschaft von den Wechselbeziehungen zwischen den Lebewesen und ihrer Umwelt.

Ökonomisches Prinzip
Das ökonomische Prinzip besagt, dass die vorhandenen Mittel (Geld, Zeit) optimal eingesetzt werden sollen, um ein bestimmtes Ergebnis zu erreichen. Bei vorgegebenen Mitteln soll ein möglichst hoher Ertrag erzielt werden (Maximalprinzip). Bei einem vorgegebenen Ertrag sollen möglichst geringe Mittel eingesetzt werden (Minimalprinzip).

Opposition
Alle Personen und Gruppen, die der Regierung im Parlament gegenüberstehen und sie kritisieren.

Parlament
Die Versammlung der vom Volk gewählten Abgeordneten. Das Parlament regt Gesetze an, bewilligt sie und kontrolliert die Regierung. In einer parlamentarischen Demokratie nimmt vor allem die Opposition die Kontrollfunktion wahr, da die Mehrheit im Parlament die Regierung trägt.

Parteien
Politische Gruppen, die über einen längeren Zeitraum Einfluss auf die politische Willensbildung nehmen. Sie sind bereit, in Parlamenten und Regierungen Verantwortung zu übernehmen.

Politik
Politik bedeutet die allgemeinverbindliche oder auf Allgemeinverbindlichkeit zielende Problemlösung oder Gestaltung des Gemeinwesens. Unterschieden werden drei Dimensionen der Politik: policy (Inhalte), polity (Rahmen), politics (Konflikte).

Preisbildung
Prozess, in dem sich in einer Marktwirtschaft auf den Märkten die Preise bilden. Preisbildung ist abhängig von Marktform und Anzahl der Anbieter und Nachfrager. Sie vermittelt zwischen Produktion und der Befriedigung bestehender Bedürfnisse.

Pressefreiheit
Garantie für die freie Berichterstattung und Veröffentlichung von Informationen und Meinungen. Sie ist in Art. 5 GG festgeschrieben und gilt als Grundlage der Demokratie, da sich die Bürger/innen nur mithilfe der Informationen an politischen Entscheidungen beteiligen können.

Produktion
Bezeichnet den Prozess der Herstellung von Produkten durch den Einsatz betrieblicher Produktionsfaktoren. Dies können im weiteren Sinne auch Dienstleistungen (z. B. Haarschnitt beim Friseur) sein.

Produktionsfaktoren
Dies sind Güter und (Dienst-)Leistungen, die eingesetzt werden, um andere Güter und (Dienst-)Leistungen herzustellen bzw. zu erbringen. Die klassischen Produktionsfaktoren sind Arbeit, Kapital und Boden. Im betriebswirtschaftlichen Fertigungsprozess unterscheidet man diese Produktionsfaktoren: Betriebsmittel (z. B. Maschinen), Werkstoffe (werden verarbeitet), Arbeit und Informationen.

Rechtsfähigkeit
Mit der Geburt ist der Mensch Träger von Rechten und Pflichten.

Rechtsstaat
Ein Rechtsstaat ist ein Staat, in dem die öffentliche Gewalt an eine objektive Rechtsordnung gebunden ist. In einem Rechtsstaat ist die Macht des Staates begrenzt, um die Bürger vor gesetzloser Willkür zu schützen.

Rolle
Das menschliche Verhalten, das andere Menschen in bestimmten Situationen erwarten. Eng damit verbunden ist der Begriff des Rollenkonflikts, der dann eintritt, wenn an eine Person, die eine Rolle einnimmt, unterschiedliche und auch sich widersprechende Erwartungen gestellt werden.

Schülervertretung
Die Schülervertretung (häufig SV abgekürzt) vertritt die Interessen der Schüler/innen bei der Gestaltung des schulischen Lebens. Alle Schüler/innen können an ihrer Interessenvertretung mitwirken. Die Gruppe der Klassen- und Jahrgangsstufensprecher bildet den Schülerrat, der das Schulsprecher-Team und die Vertreter in die verschiedenen Konferenzen wählt.

Soziale Marktwirtschaft
Die Soziale Marktwirtschaft ist die Bezeichnung für die Wirtschaftsordnung der Bundesrepublik Deutschland, die den Grundsatz der Freiheit auf dem Markt mit dem des sozialen Ausgleichs verbindet.

Sozialisation/Sozialisationsprozess
Der lebenslange Erziehungs- und Entwicklungsprozess eines Menschen aufgrund von Einflüssen aus seiner Umwelt. Durch die Sozialisation wird ein Individuum zu einem vollwertigen Teil der Gesellschaft.

Sozialstaat
Bezeichnung für einen Staat, der seinen Bürger/innen ein Existenzminimum sichert, wenn sie in Not geraten sind, und für einen gerechten Ausgleich zwischen Reichen und Bedürftigen sorgt. In Deutschland geschieht dies z. B. durch die Sozialversicherungspflicht und durch staatliche Unterstützung, wie Sozialhilfe, Kindergeld oder Ausbildungs- und Arbeitsförderung.

Sozialversicherungssystem
Bezeichnung für die Gesamtheit gesetzlicher Pflichtversicherungen in Deutschland (Arbeitslosen-, Renten-, Kranken-, Pflege- und Unfallversicherung). Die Sozialversicherung versichert den Einzelnen gegen Risiken für seine Existenz. Sie ist organisiert nach dem Solidarprinzip. Sozialversicherungspflichtig sind alle abhängig Beschäftigten.

Staatsangehörigkeit
Zugehörigkeit zu einem Staat. Als Staatsbürger besitzt man bestimmte Rechte und Pflichten in dem jeweiligen Land. So darf man wählen oder gewählt werden, muss aber auch Steuern bezahlen.

Staatsformen
Beschreiben die äußere politische Organisationsform eines Staates. Es gibt zwei unterschiedliche Typen von Staatsformen: Republik und Monarchie. Das Unterscheidungskriterium ist das Staatsoberhaupt: Während eine Monarchie über ein gekröntes oder fürstliches Staatsoberhaupt verfügt, sind alle Staaten ohne Kaiser, König oder Fürsten Republiken.

Steuern
Steuern sind Zwangsabgaben, die der Staat von seinen Bürgern und Unternehmen ohne eine spezielle Gegenleistung erhebt. Sie sind die Haupteinnahmequelle des Staates.

Subsidiaritätsprinzip
Prinzip, nach dem ein Problem auf der Ebene gelöst werden soll, auf der es entsteht. „Was der Einzelne tun kann, sollen nicht andere für ihn tun." Erst wenn auf dieser Ebene keine Abhilfe möglich ist, soll die nächst höhere Ebene sich des Problems annehmen (Familie, Gemeinde, Land, Bund, EU).

Tarifvertragsparteien
Dazu zählen Gewerkschaften (vertreten die Arbeitnehmer/innen) und Arbeitgeberverbände (vertreten die Arbeitgeber/innen). Im Rahmen der Tarifautonomie handeln diese beiden Interessengruppen ohne Einmischung des Staates in eigener Verantwortung Tarifverträge aus, die Löhne, Arbeitszeiten und sonstige Arbeitsbedingungen regeln sollen.

Unternehmen
Dauerhafte organisatorische Einheit zur Produktion bzw. zur Erbringung von Dienstleistungen, die mehrere Betriebe umfassen kann. Je nach Träger werden private, öffentliche oder gemeinwirtschaftliche Unternehmen unterschieden, je nach Rechtsform Einzel-, Personen- und Kapitalgesellschaften.

Verbraucherschutz
Maßnahmen zum Schutz der Gesundheit der Verbraucher und zur Stärkung ihrer Rechte als Konsumenten. Mit bestimmten Gesetzen (z. B. zur Kennzeichnung von Lebensmitteln oder zur Gewährleistung), aber auch durch eine verbesserte Information und Aufklärung (z. B. durch Produktsiegel und Warentests) soll die Position der Verbraucher gegenüber den Anbietern verbessert werden.

Verhältniswahlrecht
Jede Partei bekommt so viele Sitze im Parlament, wie sie prozentual Stimmen von den Wählern erhalten hat.

Vier Freiheiten
Wirtschaftliche Freiheiten des europäischen Binnenmarktes: Freiheit des Warenverkehrs, Personenfreizügigkeit, Dienstleistungsfreiheit, freier Kapital- und Zahlungsverkehr.

Verfassungsorgan
Staatsorgan, dessen Rechte und Pflichten in der Verfassung festgeschrieben sind.

Volkspartei
Partei, die aufgrund ihres Programms für Wähler/innen und Mitglieder aller gesellschaftlichen Schichten unterschiedlicher Weltanschauungen offen ist.

Währungsunion
Zusammenschluss souveräner Staaten mit vorher unterschiedlichen Währungen zu einem einheitlichen Währungsgebiet. Im Gegensatz zu einer Währungsreform bleibt der Geldwert beim Übergang zu einer Währungsunion erhalten.

Wahlen
Verfahren der Berufung von Personen in bestimmte Ämter durch Stimmabgabe einer Wählerschaft. In Demokratien werden die wichtigsten Staatsämter durch Wahlen besetzt. Freie Wahlen müssen bestimmte Wahlgrundsätze erfüllen. Bei den Bundestagswahlen sind dies nach Art. 38 (1) GG die fünf Wahlgrundsätze allgemein, unmittelbar, frei, gleich und geheim. Das genaue Wahlverfahren (Verhältniswahl, Mehrheitswahl) ist meist in Wahlgesetzen geregelt.

Werbung
Im wirtschaftlichen Sinne die Bekanntmachung von Gütern oder Dienstleistungen mit der Absicht, bei den Konsumenten eine Kaufhandlung auszulösen. Wird dies versteckt gemacht, spricht man von Schleichwerbung.

Wirtschaftskreislauf
Modell, in dem die Tauschvorgänge zwischen den Wirtschaftssubjekten (private Haushalte, Unternehmen, Staat, Banken; erweiterte Darstellung umfasst auch das Ausland) dargestellt werden.

Wirtschaftsordnung
Setzt sich zusammen aus den Regeln und Institutionen, die die Rahmenbedingungen wirtschaftlichen Handelns abstecken. Klassisch werden v. a. Fragen der Eigentumsrechte, der Preisbildung und der Steuerung von Wirtschaftsprozessen entschieden.

Zentralverwaltungswirtschaft/Planwirtschaft
Bezeichnung für ein Wirtschaftssystem, deren Produktion durch zentrale Pläne (einer staatlichen Planungsbehörde) gelenkt wird. Es gibt kein Privateigentum an Produktionsmitteln.

Register